Wigbert Winkler

Der Seelenbeweis

Das Wissen über die Seele in Philosophie und Wissenschaft

Deutsche Originalausgabe
1. Auflage 2018
© Crotona Verlag GmbH & Co.KG
Kammer 11 • D-83123 Amerang
www.crotona.de

Umschlaggestaltung: Annette Wagner

Druck: CPI • Birkach

ISBN 978-3-86191-094-7

Wigbert Winkler

DER SEELENBEWEIS

Das Wissen über die Seele
in Philosophie und Wissenschaft

Inhalt

Vorwort

Der Weg zu diesem Buch dauerte mehrere Jahrzehnte. Begonnen hat alles mit sechzehn Jahren. Ich hatte ein kleines mystisches Erlebnis. Da war ein Moment – ich war im Halbschlaf – in welchem ich mich mit der Welt vereinigt empfand. Ich wollte mit jemandem darüber reden. Schließlich entschied ich mich, meinen Religionsprofessor anzusprechen. Ich habe bei seiner nächsten Unterrichtsstunde genau zugehört. Danach brauchte ich kein Gespräch mehr. Jedenfalls entschied ich mich dann, nur mehr das glauben zu wollen, wo Wissenschaft und Religion übereinstimmen. Das war der Beginn meiner Suche, denn ich wollte nun mehr über den Menschen, das Universum und den Sinn unserer Existenz wissen.

Eine weitere wichtige Etappe zu diesem Buch war mit neunzehn Jahren eine andere Unterrichtsstunde, diesmal eine Physikstunde, in der die Relativitätstheorie »erklärt« wurde. Es war ein Schock; denn ich fand die Erklärungen unlogisch – zumindest verstand ich sie nicht. Alle meine folgenden jahrelangen Bemühungen, diese Theorie zu verstehen, führten in eine Art Sackgasse. Das Thema ließ mich von da an nie ganz los, und ich kam nicht weiter.

Mit dreiundzwanzig Jahren entdeckte ich die indische Philosophie und erfuhr, dass dort das, was man Seele nennen könnte, mehrere Ebenen hatte, und jede dieser Ebenen aus einer feinstofflichen Materieart bestand. Ich dachte mir damals: »Das möchte ich beweisen.« Plötzlich gab es eine Verbindung zwischen Religion, Philosophie und Wissenschaft. Zumindest fast. Die Relativitätstheorie stand irgendwie dagegen, denn mit dieser Theorie war der »Lichtäther« abgeschafft worden. Man brauchte diesen aber als feinstoffliche Materie, um das Licht als Wellenphänomen verstehen zu können, denn Wellen benötigen immer ein Übertragungsmedium. In der modernen Physik fehlte nun seit der

Speziellen Relativitätstheorie die Möglichkeit eines feinstofflichen Übertragungsmediums.

Danach dauerte es fast noch einmal dreiundzwanzig Jahre, bis ich den verbindenden Schlüssel fand und damit das Dilemma, in dem ich mich befand, endlich auflösen konnte. Aber was nun? Einstein kritisieren? Das haben viele versucht und sind bislang gescheitert.

Aber das Thema ließ mich nicht los. Ich erstellte mindestens zwanzig Inhaltsverzeichnisse für ein Buch und verwarf alle wieder, weil ich wusste, dass es so nicht gelesen werden würde.

Schließlich fand ich die Möglichkeit, das Thema »Seele und feinstoffliche Materie« auf ganz wenige, sehr wesentliche und verständliche Punkte zu reduzieren. Es besteht nun aus kommentierten Schaubildern. Diese belegen die Existenz von Seelen, die Existenz feinstofflicher Materie und erklären, warum diese Themen heute noch mit einem Tabu belegt sind und wie diese Tabus überwunden werden können.

Der Vorteil von Schaubildern liegt darin, dass sie nach dem Erfassen (mit weiterer Lektüre oder ohne) immer wieder konsultiert werden können, um Zusammenhänge erinnern und nachvollziehen zu können.

Die Verbindung von Philosophie, Physik und den Grenzwissenschaften, im Speziellen der Parapsychologie, machte aus meiner Untersuchung eine METASTUDIE. Die dabei entwickelte übergeordnete Sichtweise sollte das Verständnis für das Thema nachhaltig verbessern.

Statt einer Einleitung...

Wenn es Seelen gibt, müssen wir alles überdenken!

Die Frage, ob es Seelen gibt, ist ein Schlüssel für unsere Zukunft. Wenn es Seelen gibt und damit eine Art Jenseits, bedarf es einer Neuordnung unseres Weltbildes und auch unseres Handelns auf allen Ebenen.

Die westliche Welt ist heute von einer materialistischen und damit atheistischen Weltsicht dominiert. Aber gerade diese Weltsicht entwickelt ausgezeichnete Instrumente, mit denen man die Frage nach der Existenz von Seelen schon klären könnte.

Eines der größten Rätsel unserer Zeit ist es, zu verstehen, wie das Bewusstsein funktioniert. Im 19. Jahrhundert hat man sich nur auf wissenschaftlich beobachtbare und empirisch überprüfbare Daten des menschlichen und tierischen Verhaltens gestützt (radikaler Behaviourismus). In der modernen »Philosophie des Geistes« wurde dies dann »aufgeweicht«, indem man Empfindungen, Schmerzen, Träumen, Hoffnungen etc. Raum gab, dies allerdings nur so lange, wie sie als Prozesse verstanden werden, die von der »Maschinerie des Hirns« hervorgebracht werden (kognitiver Behaviourismus).[1]

*Neben dieser **Produktionshypothese**, nach welcher das Hirn wie ein Computer alle Bewusstseinsprozesse »produziert«, gibt es auch die **Transmissionshypothese**, nach der das Gehirn wie ein Funkgerät als Überträger zwischen der materiellen und der feinstofflichen Welt wirkt.*

Die Frage, ob das Bewusstsein ein Produkt des Körpers ist oder von einer geistigen Instanz inspiriert wird, ist heute keineswegs beantwortet.

Diese Frage lässt sich plakativer so formulieren:

Gibt es Seele? Und wie kann man sie wissenschaftlich beweisen?
Wenn die Existenz von Seelen bestätigt werden kann, müssen wir viele Fragen neu überdenken.

- *Was ist der Mensch und wie entstand er?*
- *Was ist der Kosmos und wie entstand er?*
- *Welche Auswirkungen hat die Existenz von Seelen auf die Wissenschaften?*
- *Welche Aufgabe hat unsere Existenz und was bedeutet dies für die Politik?*
- *Was bedeutet dies für die Religionen? Wird es eine auf wissenschaftlicher Basis ruhende Weltreligion geben?*
- *Wie können wir das Potenzial des Menschen am besten fördern?*

Das Thema »Seele« ist sensibel.

Man trifft auf Menschen mit unterschiedlichen Haltungen. Bei einem Vortrag oder auch einem Buch sollte man die Zuhörer oder Leser dort abholen, wo sie stehen. Wie macht man das aber, wenn es sehr unterschiedliche Standpunkte gibt? Darum möchte ich zunächst die grundlegenden Haltungen zum Thema »Seele« vorstellen. Ich möchte sie nach zwei Kriterien gliedern: Die erste Unterscheidung ist jene des **GLAUBENS**, ob man die Existenz von Seelen für möglich oder für unmöglich hält. Dabei gibt es unterschiedliche Sicherheiten. Man kann sich in beide gegensätzliche Richtungen sehr sicher sein; und man kann zwischen diesen extremen Positionen eine Haltung der Unsicherheit, des Zweifels, einnehmen.

Dann gibt es noch die Unterscheidung hinsichtlich der **KENNTNISSE** zum Thema »Existenz der Seele«. Für die meisten Menschen ist dies ein Thema, mit dem sie sich nie nachhaltig beschäftigt haben. Außerdem gibt es noch die Forscher, die abhängig von ihrem Forschungsansatz oder ihrer Grundhaltung für oder gegen die Existenz von Seelen argumentieren. Sie verfügen über Wissen, kommen aber je nach Spezialisierung zu unterschiedlichen und damit einander widersprechenden Ergebnissen.

Schließlich sind da noch diejenigen Menschen, die behaupten, auf verschiedensten Wegen **ERFAHRUNGEN** ihrer Existenz als Seelen gemacht zu haben. Da diese Erfahrungen weitgehend subjektiv sind, kann man ihnen glauben oder kann ihre Erklärungen mangels objektiver Beweise anzweifeln. Für Atheisten, also jene, die die Existenz von Seelen verneinen, ist die Gruppe der »Erfahrenen« sehr suspekt. Menschen mit außersinnlichen Erfahrungen erleben verschiedentlich diese Ablehnungen, und so ziehen es viele vor, über ihre Erfahrungen gar nicht zu sprechen.

Vielleicht verstehen Sie nun meine Schwierigkeit, jeden dort abzuholen, wo er steht.

Der Titel »DER SEELENBEWEIS« ist bewusst etwas provokant gewählt. Vor allem mag dies die Gruppe der Atheisten so empfinden. Autoren wie Richard Dawkins (Der Gotteswahn, Die Schöpfungslüge), Rupert Sheldrake (Der Wissenschaftswahn), Hans-Joachim Zillmer

Wie kann man die Existenz von Seelen beweisen?

SCHRITT 1	SCHRITT 2
Warum ist die Existenz von Seelen noch nicht untersucht und geklärt?	Konklusion: Seelen könnten aus einem feinen Stoff bestehen!

Der Grund ist der in Wissenschaftskreisen verbreitete GLAUBE, dass es keine Seelen gibt! Es gilt sogar ein Tabu, sich mit derartigen Themen zu beschäftigen.

Ist unsere Vorstellung von Materie zutreffend? Gibt es einen Seelenstoff? Dies führt uns in den Bereich der Physik! Dort gibt es den Begriff des Lichtäthers. Die Suche nach ihm ist heute ebenfalls mit einem Tabu belegt.

Eine umfassende Analyse der drei grundsätzlichen Weltanschauungen schafft Überblick. Jede besitzt eigene Vorstellungen über die Existenz und das Wesen von Seelen!

Der Lichtäther lässt sich in sechs Schritten unzweifelhaft nachweisen. Dies kann von jedem leicht verstanden werden.

Der konkrete SEELENBEWEIS ist mehrstufig!

SCHRITT 3

Die Existenz des Lichtäthers ist bewiesen, auch wenn das die "offizielle" Physik noch nicht "bemerkt" hat!

Damit wird auch die Nachweisbarkeit von feinstofflichen Seelen wahrscheinlich. Es gibt dafür unzählige Ansatzpunkte.

Wir beginnen mit jenen Bereichen, in denen die Forschung schon so weit fortgeschritten ist, dass Zweifel nicht mehr angebracht sind:
• Nahtoderlebnisse
• Spontane Rückerinnerungen von Kleinkindern an Vorleben

SCHRITT 4

Auch wenn die Existenz von Seelen bewiesen ist, kann man nicht erwarten, dass dies von der (wissenschaftlichen) Öffentlichkeit so einfach akzeptiert wird.

Es gibt noch viele Bereiche, die auf die Existenz von Seelen hindeuten, aber noch nicht ausreichend untersucht wurden.

Umfassende Analyse der sonstigen Indizien für die Existenz von Seelen inklusive kritischer Beurteilung.

(Die Evolutionslüge), die sich mit ähnlichen Themen kontrovers oder in großen Zügen ähnlich beschäftigen, wählen auch provokante Titel. Aber es geht auch darum, den anspruchsvollen Titel einzulösen und objektive Beweise zu finden, zusammenzutragen und auch kritisch zu bewerten, denn nicht jeder der sogenannten Beweise ist genügend erforscht oder hält einer kritischen Betrachtung stand.

DAS ZIEL DIESES BUCHES IST ES, DIE EXISTENZ VON SEELEN DURCH EINE METAANALYSE ZU BEWEISEN.

Unter dem Begriff Metaanalyse versteht man eine Zusammenfassung von Primäruntersuchungen zu Metadaten. Die vorliegende Arbeit versucht einen möglichst breiten Überblick durch die umfassende Betrachtung aus philosophischer, wissenschaftstheoretischer, physikalischer und grenzwissenschaftlicher Sicht zu geben.

Das Problem, diesen BEWEIS zu führen, liegt weniger am Vorhandensein von konkreten Beweisen, sondern an der Argumentation, daran, an diese »Beweise« heranzuführen. Es ist auch sensibel, die weltanschaulichen Grenzen deutlich zu machen und diese langsam zu erweitern.

Diese Schwierigkeiten sind der Grund, warum ich dieses Buch nun zum dritten Male schreibe. Beim ersten Mal habe ich begeistert die »Beweise« gesammelt. Beim zweiten Mal habe ich mich darauf konzentriert, die Kenntnisse zum Thema »Seele« zu erweitern. Beim dritten Mal liegt der Fokus auf dem »Transfer«, auf der Berücksichtigung der verschiedenen Haltungen, die man beim Lesen des Buches haben kann.

Ein einleitendes Beispiel – Augenblickliche Heilungen

Im Frankreich des 19. und beginnenden 20. Jahrhunderts lebte ein Mann mit besonderen Kräften, die wegen ihrer Unerklärlichkeit Widerstand und Unruhe bei den einen, Dankbarkeit und Glauben bei den anderen hervorriefen. Abgesehen von einigen Auftritten an den Fürstenhöfen Europas und einem mysteriösen Erscheinen in Amerika vollzog sich sein irdisches Dasein in und um die Stadt Lyon. **Anthelme Nizier Philippe** (1849 – 1905), meist Maître Philippe oder Maître Philippe de Lyon genannt, war ein Heiler. Von den vielen verbürgten Heilungen sei eine Prüfung seiner Fähigkeiten durch eine dreiköpfige

Ärztekommission, darunter Prof. Dr. med. Paul Brouardel, ein Mitglied der Französischen Akademie der Wissenschaften, geschildert. Die drei Ärzte besuchten Maître Philippe in seinem Haus, in welchem schon eine beträchtliche Anzahl von Menschen auf den Meister wartete. Der Heiler erklärte sich zu einer Demonstration bereit und überließ der Ärztekommission die Auswahl des Kranken.

»Die Kommission wählte eine enorm Wassersüchtige aus, die in extremis schien. Ihre Beine waren wie Säulen, ihr Rumpf wie ein Turm und ihre Arme wie provenzalische Kürbisse, das Ganze war drauf und dran zu platzen... Man stellte die Frau auf ein Trittchen. ‚Sie sind hier?‘, fragte Philippe die Kommission, ‚und Sie sehen auch gut?... Nun, da... Das ist gemacht...‘ Der Rock (der Frau) war gefallen und bildete ein Stoffbündel um die Knöchel der Wundergeheilten. Die Wassersüchtige fand sich zwar nackt, jedoch schlank und geheilt. Man sah nicht einen einzigen Tropfen Flüssigkeit auf dem Boden des Trittes, noch sonst wo...«[2]

Dieses Beispiel gehört zu den sogenannten »paranormalen Heilungen«, also Heilungen, »bei denen der Wirkzusammenhang der Heilung unklar erscheint«. Wie hier: Jemand schnippt mit dem Finger und sagt: »Das ist gemacht.« Und eine unförmige »unheilbar« Kranke verwandelt sich in einem Augenblick und vor medizinischen Experten in eine wohlproportionierte, völlig gesunde Person.

Der Wirkzusammenhang ist in der Tat völlig unklar. Das Verschwinden des Wassers erkannte man zunächst als höchst bemerkenswert. Aber bei näherer Betrachtung erscheint dies nur als ein Nebenphänomen.

In einem Augenblick verschwand nicht nur alles kranke, entzündete, aufgedunsene Gewebe, es erschien auch augenblicklich gesundes Gewebe – genau dort, wo es hingehörte. Es bedeutet nicht nur, dass das Zuviel verschwunden war, sondern auch alle Organe, alle Adern mussten ihre Form, Position und ihr Struktur verändert haben, so dass alles wieder gut zusammenpasste und dem Zustand von Gesundheit entsprach. Das ist noch unglaublicher, wenn man bedenkt, dass lebende Zellen verschwinden und gesunde andere entstehen oder vielleicht besser noch »erscheinen«.

Wie sollen wir das verstehen?
Ein lebender Körper ist, wie wir aus der Physiologie heute wissen,
etwas sehr Komplexes. Die augenblickliche Verwandlung eines sehr
kranken Körpers in einen gesunden Körper kann man sich nicht ohne
einen Plan, ein »geistiges Modell«, vorstellen. Ein solches für jeden
Menschen angepasstes Modell kann man als eine der »Funktionen der
Seele« bezeichnen.

An sich ist dieses Beispiel der Spontanheilung ein Beweis für die
Existenz eines subtilen Modells für den Körper, an den sich die Materie
– woher auch immer sie kam – ausrichten kann.
Auch Professor Brouardel verstand die Situation nicht. Er war dann,
ohne das Geschehene zu leugnen, nicht bereit, seine Unterschrift unter
ein Protokoll der anderen anwesenden Ärzte zu setzen.
Auch Philippe verstand seine Heilergabe nicht.

> »Ich weiß gar nichts von mir. Das Mysterium meiner selbst
> habe ich nie verstanden und (auch) niemals versucht, es mir zu
> erklären. Seit dreizehn Jahren bewerkstellige ich Wunderhei-
> lungen. Ich bin ein unbewusster Mittler zwischen der Mensch-
> heit und einer Macht, die über deren Ebene steht. Die erstaunli-
> chen Ergebnisse, die ich tagtäglich erziele – ich bewundere sie,
> aber – ich verstehe sie nicht.«[3]

Man könnte nun an der Authentizität so eines ungewöhnlichen Falles
zweifeln. Man erwartet auch eine Erklärung dafür, warum wir von so
außergewöhnlichen Ereignissen nicht schon längst über verschiedenste
Kanäle Kenntnis haben sollten. Um also die Authentizität dieses Falles
zu unterstreichen, möchte ich ein um eine weitere ungewöhnliche Fa-
cette reicheres Beispiel anführen. Es handelt sich um die Geschichte,
wie Maître Philippe zu seinem Doktortitel kam:
Es spricht sich üblicherweise herum, wenn es irgendwo einen besonderen Heiler gibt. Es ist dann der jeweils ansässigen Ärzteschaft
nicht angenehm, wenn ihr jemand die Grenzen ihrer Kunst so »überzeugend« aufzeigt. Maître Philippe bekam aus diesem Grund oft vor-
gehalten, dass er kein Ärztediplom besäße. Er wurde auch wiederholt
wegen illegaler Ausübung der Medizin angezeigt und, weil er sich
nicht verteidigte, vom Gericht in Lyon verurteilt. 1887, 1890 wie auch

1892 wurde von dem Gericht jeweils ein Buße von 15 Francs verhängt.[4] Andererseits hatten sich seine Leistungen so weit herumgesprochen, dass er Kontakt zu den königlichen Familien von Italien, Montenegro, England, Belgien und auch Russland hatte. Zar Nikolaus schenkte Maître Philippe bei einem Aufenthalt in Petersburg ein Automobil, einen großen Smaragd und zwei wunderschöne Windhunde.

Als der Zar in Frankreich weilte, bestellte er Maître Philippe nach Compiègne, einer großen Schlossanlage ca. 60 km nördlich von Paris. Bei diesem Besuch, er fand am 20. September 1901 statt, ersuchte Zar Nikolaus seinen Minister M. Delcasse um ein Ärztediplom für Maître Philippe. Wie Polizeiprotokollen zu entnehmen ist, verweigerte der Minister das Diplom auf Anraten der russischen Polizei in der Pariser Botschaft. Da entschied sich der Zar, ihm in eigener Kompetenz ein russisches Ärztediplom zu schenken. Seine Minister wiesen ihn daraufhin auf die rechtliche Unmöglichkeit einer solchen Handlung hin. Schließlich fand man die Lösung darin, Maître Philippe einem Examen zu unterziehen. Es wurde eine Prüfungskommission zusammengestellt, die sich im Palast einfand. Sie wies Maître Philippe einige Bettnummern von Patienten im Spital zu, die er, ohne sich dorthin zu begeben, sofort an Ort und Stelle diagnostizierte. Er beschrieb die Kranken, und diese waren von da an geheilt. Die Professoren prüften im Spital alles nach, und Maître Philippe wurde zum Doktor der Medizin im Grade eines Generals mit dem Titel eines Hafeninspektors des Gesundheitswesens ernannt.[5]

Die Authentizität der Leistungen von Maître Philippe steht, sofern man sich damit beschäftigt, außer Zweifel.

Einige Leser werden sich nun fragen: Was hat dieses Beispiel mit der Seele zu tun?

Ich möchte hier die wichtigsten Punkte noch einmal zusammenfassen:

Wir haben es hier mit einem wiederholten und damit verifizierten Phänomen einer augenblicklichen Umwandlung kranker Körper in gesunde Körper zu tun. Beim einleitenden Beispiel der Wassersüchtigen ist eine große Menge Materie verschwunden. Wahrscheinlich war die glückliche Dame nach der Gesundung mindestens 30 kg leichter.

- In diesem Fall der Wassersüchtigen war also das überschüssige Wasser verschwunden und die überschüssige Haut ebenfalls. Es hatte sich gleichzeitig gesundes Gewebe mit gesunden Zellen gebildet. Alle Organe haben ihre Größe, Form und Position verändert. Alle Adern bis hin zu den feinsten Äderchen haben sich von der Versorgung eines riesigen, von Wasser aufgeblasenen Körpers hin zur Versorgung eines wohlproportionierten, gesunden Körpers umgewandelt. Auch wenn wir nicht wissen, wie dieses Phänomen abgelaufen ist, so wissen wir doch, dass alles offensichtlich nach einem unsichtbaren Modell eines gesunden Körpers vonstatten gegangen sein muss.

- Ein unsichtbares Modell, gleichsam wie ein Magnet unter einem Glas, auf dem sich Eisenfeilspäne befinden, hilft der physischen Substanz, sich zu ordnen und so einen Körper zu bilden. Man könnte dieses Modell nun als Seele oder zumindest einen ihrer Aspekte bezeichnen. Der griechische Philosoph Aristoteles (384 – 322 v. Chr.) hat dies gemacht, indem er die Seele als Formursache für den physischen Körper bezeichnete.

- Da in diesem Buch auch physikalische Aspekte zur Sprache kommen, sei noch ein seltsamer Umstand angeführt, der vom Standpunkt der modernen Physik ein großes Problem darstellen sollte. Verschwindende Materie sollte sich nämlich nach der Formel $E = m*c^2$ in eine sehr große Energiemenge verwandeln. Wenn man die theoretische Energiemenge der 30 kg nach Einsteins Formel errechnet, dann hat sie ein Äquivalent von (!) 50.000[6] Atombomben der Sprengkraft, wie sie in Hiroshima 1945 abgeworfen wurde. Bei der von Maître Philippe vorgenommenen Heilung der Wassersüchtigen verschwand die Masse einfach, ohne dass ein energetisches Phänomen wahrgenommen worden wäre. Dies wirft auch ein großes Fragezeichen auf Einsteins Theorie vom Energie-Masse-Äquivalent.

Das erwähnte Seelenkonzept einer »Formursache« für den physischen Körper wird für viele Leser sehr ungewohnt und überraschend neu sein. Üblicherweise bringt man die detaillierte Form und Ausgestaltung des

Körpers nicht mit dem Seelenbegriff in Verbindung. Aber die Seele dürfte komplexer sein. Wir werden uns damit im nächsten Kapitel beschäftigen.

Aber auch bei Aristoteles finden wir schon die Darstellung einer »mehrteiligen Seele«. Seine Seele hat drei Schichten.

1. Eine unterste Ebene mit der *»Vital-Seele«* als belebendem Prinzip: Sie hält den physischen Körper mit allem Drum und Dran in Gang und am Leben.
2. Eine mittlere Ebene mit der *»animalen Seele«*: Diese vermittelt dem Menschen Wahrnehmung, Fühlen und Begehren.
3. Eine oberste Ebene mit der *»Vernunft-Seele«*: In ihr werden Fühlen und Begehren zum Willen und Wahrnehmung zur Erkenntnis.

Man könnte es aber auch anders formulieren:

Aristoteles hat drei unterschiedliche Seelen postuliert. Aber für Aristoteles existierte die Seele nicht abseits vom physischen Leib, denn sie ist Entelechie der leib-seelischen Ganzheit. *En-tel-echeia* bedeutet, dass in diesem Falle die Seele ein Ziel in sich hält und damit die Ursache für das Vorhandensein und die Beschaffenheit des Körpers ist. Die Seele bewirkt die Erschaffung und Lenkung des Körpers. Die Seele gibt die Form, in diesem Fall in einem mehrstufigen Prozess. Die *»Vernunft-Seele«* formt und lenkt die *animale Seele* und diese wiederum die *Vital-Seele*, die dann die Formursache und Lenkerin des physischen Körpers ist.

So wird »Seele« zu etwas Geformten, und man kann sich fragen, woraus die einzelnen Seelenebenen oder Seelenkörper wohl bestehen. Daraus ergibt sich die Idee, dass diese Ebenen aus subtilen Substanzen, aus subtilen Materieformen bestehen müssen.

»Wer glaubt denn heute noch an die Seele?«

Vor einigen Jahren besuchte ich eine universitäre Lehrveranstaltung zum Thema »Das Leib-Seele-Problem«. Das erste Thema war Platons *Phaidon*. Es ist dies jener Dialog, in welchem Sokrates über die Unsterblichkeit der Seele spricht, die sich durch Seelenwanderung nacheinander mit verschiedenen Körpern verbindet. Besonders ergreifend dabei ist, dass Sokrates während dieses Gesprächs im Gefängnis den Schierlingsbecher trinkt. Das Gespräch endet dramatisch mit seinem würdevollen Tod oder – nach seiner im letzten Gespräch erläuterten Lehre – besser mit der Auflösung der Verbindung seiner Seele mit dem Körper.

Ich wollte dann in dem Universitätsseminar Platons Interpretation der Seelenwanderung thematisieren. Aber die Lehrperson fragte nur: »Wer glaubt denn heute noch an die Seele?« Von den etwa zwanzig Teilnehmern am Seminar zeigten nur zwei auf: Ein Kollege, der neben Philosophie auch Theologie studierte, und ich. Eine Gegenprobe, um herauszufinden, wer definitiv nicht an die Existenz von Seelen glaubt, wurde mir leider verwehrt.

Dass das Thema der Existenz von Seelen in einer universitären Lehrveranstaltung über das »Leib-Seele-Problem« nicht angesprochen, geschweige denn diskutiert werden kann, hat mich in der Folge länger beschäftigt. Schließlich erkannte ich, dass die Ansicht oder Meinung, es gäbe keine Seele, nicht mehr als ein Glaube ist, wie sich dies an der Frage »Wer *glaubt* denn heute noch an die Seele?« auch zeigt.

Es muss ein Glaube sein, denn wie soll man beweisen, dass es *keine* Seelen gibt? Nichtexistenz ist wissenschaftstheoretisch nicht zweifelsfrei beweisbar!

Lassen Sie uns dies an einem Beispiel darstellen:

Nehmen wir das »**Ungeheuer von Loch Ness**«. Wir verfügen heute über keinen objektiven Beweis für die Existenz von »Nessi«. Die wenigen kursierenden Fotos nähren für viele Menschen zwar die Annahme der Möglichkeit der Existenz eines geheimnisvollen Wesens, aber trotz umfangreicher Versuche, einen Nachweis zu führen, ist ein objektiv überzeugender Beweis nicht gefunden worden. Man kann aber auch nicht objektiv beweisen, dass es *kein* einer großen Schlange oder einem Dinosaurier ähnliches Wesen im Loch Ness gibt. Selbst wenn man das gesamte Loch Ness auspumpen und dessen Boden umfassend untersuchen und dabei nichts finden würde, wäre damit die »Nichtexistenz« des »Ungeheuers« nicht bewiesen. Es wäre nach einer so umfassenden Untersuchung zwar angebracht, davon auszugehen – also zu glauben – dass es kein Ungeheuer von Loch Ness gäbe; aber als ein gegen *jeden*

Zweifel erhabener Beweis könnte auch eine derart umfangreiche Untersuchung nicht gelten.

Wenn aber morgen am Loch Ness ein riesiger schlangenartiger Körper angeschwemmt werden würde, der dann untersucht werden könnte, und dieser Körper wäre mit den verschiedenen Fotos des Ungeheuers von Loch Ness in Einklang zu bringen, dann wäre das »Ungeheuer« nachgewiesen. Die Untersuchung würde schließlich ergeben, worum es sich dabei handelte.

Solange dies oder Vergleichbares nicht passiert, so lange sind der Glaube an die Existenz wie auch an die Nichtexistenz des »Ungeheuers von Loch Ness« legitim. Aber es handelt sich dabei jeweils um Glauben oder Meinung, aber keinesfalls um fundiertes Wissen.

Über Wissende und Gläubige

Bauen wir das Beispiel vom Ungeheuer von Loch Ness noch etwas aus. Nehmen wir an, Professor X besuchte Loch Ness, und bei diesem Besuch tauchte das Tier, das zum »Ungeheuer« stilisiert wurde, tatsächlich gut sichtbar auf. Da der Professor Biologe ist, kann er das »Ungeheuer« genau klassifizieren. Jedoch hat er gerade keine Kamera bei sich und ist so leider nicht in der Lage, seine umfangreichen Beobachtungen entsprechend zu dokumentieren. Professor X ist somit nun ein Wissender; aber mangels Belegbarkeit kann sein Wissen nicht objektiviert werden. Er kann es nicht so übertragen, dass es von anderen Forschern ohne Zweifel als Wissen identifiziert und damit akzeptiert werden kann. Sein erfahrenes Urteil würde möglicherweise ein gewisses Gewicht haben, und aus den Hinweisen würden sich wahrscheinlich gute Strategien ableiten lassen, die einen tatsächlichen Beweis ermöglichen würden, aber bis diese erfolgreich wären, würde es keinen über jeden Zweifel erhabenen Beweis geben.

Der griechische Philosoph **Parmenides** (520 – 460 v. Chr.) unterschied schon zwischen »Wahrheit« und »Meinung«. Einer Meinung fehlt das unzweifelhaft fundierte Wissen. Die Meinung kann wahr sein, aber da der Träger der Meinung ohne eingehende Untersuchung zu dieser Meinung gekommen ist, ist er auch sich selbst gegenüber nicht in der Lage, den Inhalt der Meinung zu beweisen. Meinungen basieren somit auf Glauben, sie können wahr sein, aber der tatsächliche Wahrheitsgehalt bleibt ohne nähere Untersuchung immer ungewiss.

Bei der Frage nach der Existenz von Seelen kann es viele »Wissende« geben, die aber mangels objektivierbarer Beweise ihr Wissen nicht zu allgemeingültigem Wissen machen können. Es mag viele Menschen geben, die schon eine außerkörperliche Erfahrung (Out-of-Body-Erlebnis) oder ein Nahtod-Erlebnis hatten und aus diesem Grund »wissen«, aber mangels objektivierbarer »Beweise« ist es nicht möglich, dieses Wissen zu einem Erkenntnisschatz der Menschheit zu machen.

Selbst wenn es gelänge, einer Reihe von Personen zu solchen Erfahrungen zu verhelfen und diese dann auch »wissen«, ist es nicht möglich, dies als objektives Wissen zu verallgemeinern. Es bleibt für diejenigen, die keine eigenen Erlebnisse haben, Meinung oder Glaube.

Ob es Seelen gibt, ist wichtig zu wissen, denn es beeinflusst das Lebenskonzept

Eine Untersuchung, ob es Seelen gibt oder nicht, ist nicht nur philosophisch relevant, sondern bei der Entscheidung für ein Lebenskonzept unverzichtbar. Menschen, die an die Existenz von Seelen glauben, gestalten ihr Leben anders als Menschen, die nicht über so einen Glauben verfügen. Um wie viel klarer würden alle Entscheidungen, wenn man WÜSSTE, dass es Seelen gibt. Wenn es Seelen gibt, muss uns klar sein, dass wir Seelen sind, denn das Bewusstsein ist mit der Seele verbunden und nicht mit dem Körper.

Heute ist das Verhältnis zur Seele – egal ob man für oder gegen deren Existenz ist – zumeist Glaube. Sogar jene Autoren, die Bücher zum Thema »Atheismus« schreiben, können nicht mit Sicherheit behaupten, vollkommene Atheisten zu sein. Es bleibt immer ein – wenn auch oft sehr kleiner – Rest agnostischer Haltungen, das sind Haltungen des Nicht-Wissens (*a-gnosis*), des Zweifelns. Es gelingt den Atheisten also nicht, die Existenz von Seelen und die Existenz von Gott oder Göttern vollkommen auszuschließen.

Das Ziel dieses Buches ist es, die Kenntnisse zum Thema »Seele« und besonders die Möglichkeit des objektiven Beweises der Existenz von Seelen zusammenzutragen und so verständlich zu beschreiben und zu bewerten, dass die Existenz von Seelen wissenschaftlich als bewiesen gelten kann. Dazu ist es notwendig, den Kenntnisstand über das Thema stark zu erhöhen und nachzuweisen, dass die Haltung, diese Frage apriori als keiner Untersuchung würdig zu betrachten, unwissenschaftlich und sogar wissenschaftstheoretisch bedenklich ist.

Was heißt »Seelenbeweis«?

Der im Titel verwendete Begriff SEELENBEWEISE mag für manche Leser den Anschein eines Paradoxons haben, denn der erste Teil des Titels, der Begriff »Seele«, kommt vor allem aus dem Religiösen; und der zweite, der Begriff »Beweis«, kommt aus der Mathematik und aus der Wissenschaft mit ihren hohen Ansprüchen an Logik, Folgerichtigkeit und Wiederholbarkeit.

Mancher wird sich fragen, wie man etwas beweisen will, das es gar nicht gibt. Andere werden meinen, dass man etwas Geistiges wie die unsterbliche Seele doch nie wirklich beweisen könne.

Ich stehe jedoch zu diesem Begriff und meine, ihn »einlösen« zu können. Wenn man die Seele als etwas sieht, das auf die Materie lenkend oder, wie **Aristoteles** meinte, formbildend einwirkt, dann sollte dieser Einfluss nachweisbar sein. Die moderne Wissenschaft besitzt zunehmend die Fähigkeit zu sehr genauen Messungen. Sie ist heute in der Lage, die Anzahl der Schwingungen eines Atoms zu zählen. So ist heute eine Sekunde als jene Zeit festgelegt, in der das Cäsium-Atom 9.192.631.770 Male schwingt.[7] Die Wissenschaft kann die Hebung des Bodens um einen Vulkan im Bereich von Millimetern wahrnehmen – und vieles Vergleichbares mehr. So meine ich, dass das Instrumentarium zur Wahrnehmung von Seelen schon besteht.

Es fehlt aber noch etwas sehr Wichtiges. Wenn es Seelen gibt, dann sind diese etwas sehr Subtiles, sehr Feines, über das man nicht einfach durch Zufall stolpert. Man kann etwas sehr schwer Wahrnehmbares nur wahrnehmen, wenn man sich bemüht, es zu finden, und dies wird man nur tun, wenn man seine Existenz *für möglich hält*. Gerade diese Grundhaltung fehlt aber heute in den wissenschaftlichen Kreisen. Das gewaltige Messinstrumentarium der Wissenschaften wird eingesetzt, um unterirdische Lagerstätten verschiedenster Materialien aufzuspüren, um Aktivitäten zur Atomrüstung oder die Existenz von Leben in anderen Sonnensystemen nachweisen zu können und vieles mehr. Die

Seele als Untersuchungsgegenstand ist derzeit aber noch außerhalb der Vorstellung des Mainstreams der Wissenschaften. Dies möchte ich ändern.

Die vier Ansätze zum »Seelenbeweis« in diesem Buch

Ansatz 1: Das Thema Wissenschaftstheorie

Hier geht es vor allem um die in der bisherigen Einleitung schon angeschnittenen Fragen:

- Warum ist das Thema »Seele« so exotisch?
- Warum beschäftigt man sich wissenschaftlich nicht mit dem Thema Seele?
- Warum wird das Thema sogar tabuisiert?

Diese Haltung beruht, wie schon gezeigt wurde, nicht auf fundiertem Wissen, sondern lediglich auf einer Art Glauben oder einer Anpassung an eine Mode des Denkens. Die Frage, ob es Seelen gibt, ist nicht deswegen kein Thema, weil sie geklärt wäre, sondern weil man sie zum Bereich der Religion zugehörig sieht. Religion stellt nach Ansicht vieler Wissenschaftler jedoch eine irrationale Gegenposition zu den Wissenschaften dar.

Die Wissenschaften sollten aber vor allem im eigenen Bereich nach Aspekten suchen, die nicht als »wissenschaftlich« angesehen werden können. Diese treten sogar gehäuft in Bezug auf jene Themen auf, die für die Frage nach der Existenz von Seelen relevant sind.

Zum Beispiel fragte ich mich, wie man zu einer fundierten Meinung über die Richtigkeit einer Theorie oder Hypothese kommen kann. Es hat sich gezeigt, dass es eines sehr komplexen Prozesses bedarf, um nachzuweisen, wie fundiert eine Hypothese oder Theorie ist. Viele Sätze der Wissenschaften beruhen auf sogenannten »Axiomen«, das sind grundsätzliche Aussagen, die ohne Beweis angenommen werden. Gerade diese gehörten einer umfassenden Überprüfung unterzogen. Zumindest sollte man sich dieser »Annahmen« immer bewusst sein.

Seit der Evolutions- und der Urknall-Theorie wurde die Entwicklung des Kosmos von seiner Geburt an verstehbar. Alles schien sich nach rein physikalischen Gesetzen zu vollziehen. Der Astronom und erklärte Atheist **Carl Sagan** (1934 – 1994) stellte 1988 fest:

»Für einen Schöpfer bleibt nichts zu tun.«

Wenn man dann nachforscht, wie der Urknall stattgefunden haben könnte, kommt man zur Erklärung, dass sich der Urknall jenseits der Grenzen aller »gültigen« Naturgesetze abgespielt haben muss. Wenn man sich mit der Evolutionstheorie beschäftigt, erkennt man, dass die »Zuchtwahl« nur anwendbar ist, wenn sich das Leben schon gebildet hat. Die Evolutionstheorie klammert damit den so wichtigen Beginn des Lebens völlig aus. So wird das Wissen über die Entstehung des Kosmos und des Lebens und die dabei wirkenden Kräfte sehr relativ. Somit sind Argumente, welche die Existenz von etwas Göttlichem ausschließen, nicht zwingend.

Wenn man nicht weiß, was den Urknall ausgelöst hat, könnte es auch Gott gewesen sein – zumindest ist es nicht ausschließbar.

Wissenschaftstheoretische Untersuchungen sind gerade deshalb so wichtig, weil die Frage nach der Existenz von Seelen die Grenze der jeweiligen Weltanschauung der Menschen berührt. Sie berührt dann auch die Fragen nach der Entstehung des Kosmos und des Lebens.

Somit muss man die Tendenz zur Tabuisierung des Themas auch verstehen, doch Tabuisierungen führen meist an der Wahrheit vorbei.

Die wissenschaftstheoretischen Betrachtungen sind nicht in einem eigenen Abschnitt des Buches konzentriert, sondern ziehen sich durch das gesamte Buch.

Ansatz 2: Die Auseinandersetzung mit der Philosophie oder: Was ist die Seele?

Die Menschen verfügen heute kaum über nennenswertes Wissen über den Begriff »Seele«.

Ich behaupte dies, obwohl gerade in den letzten Jahren viele Bücher mit dem Begriff »Seele« im Titel verlegt und offensichtlich auch gekauft und gelesen wurden. Ich behaupte dies, weil ich in meinen Seminaren hunderte Menschen mit unterschiedlichsten Bildungshorizonten dazu befragt habe.

Heute dominiert eine materialistische Weltsicht, und damit herrschen keine guten Voraussetzungen für die Beschäftigung mit dem Thema »Seele«. Dies hat dazu geführt, dass Weltanschauungen, die von einer materialistischen Sichtweise abweichen, kaum angemessen dargestellt oder diskutiert werden.

Es ist also notwendig, sich mit den Theorien zum Thema »Seele« zu beschäftigen. Die grundsätzlichen philosophischen Theorien und Lehren zum Thema Seele werden im Teil 1 *Was ist die Seele?* oder *Die Seele und die Philosophie* in einer möglichst anschaulichen Art dargestellt und verglichen.

Ansatz 3: Die Physik und die Möglichkeit der Existenz feinstofflicher Materie

Obwohl sich dieser Abschnitt nicht direkt mit der Seele beschäftigt, ist er wesentlich. Er öffnet die Vorstellung der grundsätzlichen Beweisbarkeit der Existenz von Seelen, indem er zeigt, dass unsere gängigen Vorstellungen über die Materie nicht so fundiert sind, wie das in den Medien und der Sekundärliteratur dargestellt wird. Als alternative Theorie existiert die Vorstellung eines mehrstufigen Aufbaus der Materie. Über die bislang wissenschaftlich nachweisbaren Materieteilchen hinaus kann es noch nicht detektierbare feinstoffliche Teilchen geben, die sich im Zwischenraum zwischen bislang entdeckten Teilchentypen befinden. Wenn man eine feinstoffliche Materie, den sogenannten »Äther«, nachweisen könnte, dann hätte dies erhebliche Auswirkungen auf die Frage nach der Existenz von Seelen – und zwar in zweierlei Richtung:

Der Nachweis der Existenz einer Art feinstofflicher Materie würde zwar noch nicht die Existenz von Seelen beweisen, aber es machte sie denkmöglich. Es wäre die Abkehr von der empiristischen Maxime, dass wahre Erkenntnis zuerst und ausschließlich auf Sinneserfahrungen beruhe.

Obwohl heute in der Theorie unter »Sinneserfahrung« auch die Verwendung wissenschaftlicher Instrumente inkludiert ist, hat der empiristische Standpunkt zur Ablehnung alles »Feinstofflichen« geführt.

Die Idee der Existenz von feinstofflichen Materiearten verändert die Vorstellungen über die Seele. Eine feinstoffliche Seele wäre dann »materiell«. Eine aus feinstofflicher Materie bestehende Seele wäre damit grundsätzlich – also mit geeigneten Instrumenten – feststellbar und untersuchbar. Ob das Untersuchungsziel sich diesseits oder jenseits der derzeitigen Messmöglichkeiten befindet, kann man erst entscheiden, wenn man sich mit der Frage beschäftigt hat.

An sich war geplant, in dem physikalischen Abschnitt des Buches, die Geschichte des Äthers, also einer Art feinstofflicher Materie, zusammenzufassen. Aber dieses Thema hat sich im Zuge der Bearbeitung so entwickelt und erweitert, dass es als Ganzes nicht mehr in dieses Buch passte. So wird nun nur ein anderer wesentlicher Aspekt behandelt, nämlich der Übergang in der Physik vom Äther-Weltbild im 19. Jahrhundert zum ätherlosen physikalischen Weltbild im 20. Jahrhundert. Der Übergang basiert auf einigen fatalen Fehlinterpretationen, die im Teil 2 dieses Buches eingehend betrachtet werden.

Ansatz 4: Die Sammlung von Beweisen und Indizien aus dem Bereich der Grenzwissenschaften

Die Beweise für die Existenz von Seelen existieren schon. Sie wurden aber noch nie gesammelt präsentiert. Einzeln betrachtet und nicht eingebunden in ein sie erklärendes Weltbild können die einzelnen Beweise durchaus rätselhaft erscheinen und sogar Unbehagen hervorrufen. Darum ist es verständlich, wenn diese Themen immer wieder ausgegrenzt wurden.

Ein Grund für die mangelnde Gesamtschau liegt auch darin, dass die verschiedenen parapsychologischen Phänomene relativ isoliert voneinander bearbeitet werden. Spezialisierte Forscher wollen ihr Forschungsgebiet gar nicht überschreiten. Zum Beispiel erfolgen die Forschungen zum Thema »Nahtod-Erfahrungen« praktisch völlig getrennt von den Forschungen zum Thema »Spontane Rückerinnerungen von Kleinkindern«. Die »Reinkarnationsforschung mittels Hypnosetechniken« ist wieder ein weitgehend getrennter Forschungsbereich. Ich habe den Eindruck, dass diese Forscher ihr Gebiet »rein« halten wollen. Da jeder dieser Forschungsbereiche um Akzeptanz ringt, möchte man sich wohl nicht mit anderen ebenfalls nicht akzeptierten Bereichen belasten. Hier zeigt sich auch der Mangel einer übergeordneten Theorie oder Weltanschauung, in welche man die verschiedenen Forschungsansätze einordnen kann. Gesammelt und geordnet ergeben die Forschungsansätze dann ein Panorama, das mittels der Annahme der Existenz von Seelen eine umfassende Logik erhält.

Die Sammlung allein der augenfälligsten Beweise und Indizien zur Frage nach der Existenz von Seelen ist sehr umfangreich, so dass sie eigentlich gar nicht adäquat dargestellt werden können.

Einige ausgewählte Ansätze werden im Teil 3 zusammengestellt und jeweils bezüglich ihres Forschungsstandes oder ihrer Relevanz als Indiz oder Beweis für die Existenz von Seelen analysiert und beurteilt.

- Wieweit kann man sie tatsächlich als Beweise ansehen?
- Welche Zweifel oder Unklarheiten bleiben?
- Was sollte noch einmal oder mit modernen Mitteln genauer untersucht werden?

Auch wenn die Darstellung in diesem Buch *Seelenbeweise* umfassend ist, fehlt gerade im grenzwissenschaftlichen 3. Teil Platz für eine Gesamtschau. Die Seelenbeweise, die mittels technischer Untersuchungen gemacht wurden, werden erst in einem zweiten Buch enthalten sein.

Teil 1

Was ist die Seele?
oder
Die Seele und die Philosophie

Kapitel 1

Drei Weltanschauungen – nur so kann man verstehen, warum es so verschiedene Vorstellungen über die »Seele« gibt

Was man über die Seele denkt, hängt von der Weltsicht ab. Hier Klarheit zu schaffen, ist nicht so schwierig, denn es gibt nur drei grundsätzliche Weltanschauungen. Man kann sie durch die folgenden drei Sätze charakterisieren:

1. Es gibt nur die Materie!
2. Gott hat das Universum geschaffen!
3. Alles, was existiert (physisch und geistig), ist Gott (das Eine)!

Ausgehend von jedem dieser fundamentalen Sätze haben sich sehr unterschiedliche Weltanschauungen gebildet.

Jede dieser Weltanschauungen hat eigene Vorstellungen über die Entstehung des Universums, die Entstehung des Menschen, das richtige Zusammenleben und vieles mehr gebildet.

So auch über die Seele!

Die Kenntnis dieser Weltanschauungen erlaubt es, vieles besser zu verstehen.

Die 3 Weltanschauungstypen

1 Materialistisch-atheistisches Weltbild

Standpunkte:

- Es gibt nur die Materie!
- Es gibt keinen Gott!

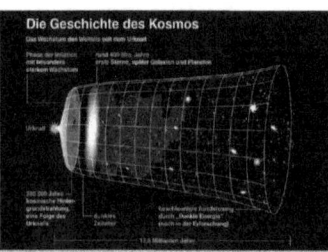

- **Wichtige Grundlagen:**
  Die Urknalltheorie und die Evolutionstheorie.
- **Träger des Weltbilds:**
  Die moderne Wissenschaft, analytische Philosophie, Kommunismus und Kapitalismus

2 Dualistisch-theistisches Weltbild

Standpunkte:

- Es gibt einen Gott!
- Dieser Gott hat alles, was ist, geschaffen!

Es gibt also
Gott und Materie.

Darum wird es dual genannt.

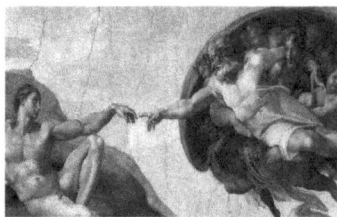

- **Wichtige Grundlagen:**
  Die Offenbarungen der monotheistischen Religionen
- **Träger des Weltbilds:**
  Die monotheistischen Religionen Judentum, Christentum und Islam

Drei grundsätzliche Arten, die Welt zu sehen

Monistisch-pantheistisches Weltbild

3

Standpunkte:

* Alles ist Gott! Die Natur ist Gott!
* Es gibt nur ein Prinzip (mono), denn es gibt nichts außer Gott oder dem Einen, wie es in der Philosophie genannt wird.
* Die Natur und Gott haben Ruhephasen, in denen alles feinst aufgelöst ist und Aktivitätsphasen, in denen sich viele Materiearten von fein bis grob bilden.

In diesem Weltbild gibt es feinstoffliche Arten von Materie!
Die Materie kann sich in feinere und dichtere Formen verwandeln.

* **Wichtige Grundlagen und Träger des Weltbilds:**
  Platonismus, östliche Philosophie, Kabbala

Beginnen wir mit einer Vorstellungsübung. Stellen Sie sich vor, irgendwo anders auf der Welt geboren worden zu sein. Stellen Sie sich dort
die Umgebung vor, dann die Gesellschaft, das politische System und
die Religion. Sie wären also nun Teil einer nach anderen Regeln ge-
ordneten Gemeinschaft. Sie würden aber andere Gemeinschaften, etwa
eine Gemeinschaft, die so organisiert ist wie unsere eigene, nicht gut
kennen.

Ganz offensichtlich wären wir, wenn wir irgendwo anders auf der
Welt geboren worden wären, anders geprägt. Die Eltern, Freunde, die
Religion in unserer Umgebung, das politische System, unsere Lehrer,
die Bücher, die wir gelesen haben, wären anders und hätten uns anders
geprägt. Unsere Einstellungen, unsere Meinungen über »richtig« oder
»falsch« wären anders. Was ist aber dann wahr? Das, was wir jeweils
glauben würden, oder doch das, was wir jetzt für wahr halten – oder
etwas ganz anderes, das wir erst suchen müssen.

Die materialistisch-atheistische Weltsicht

Beginnen wir mit dem heute zumindest auf wissenschaftlichem Gebiet
vorherrschenden Weltbild. Dieses Weltbild bestimmt derzeit weitgehend, was als »wahr und wissenschaftlich gelten« kann. Daher kommt
der heute übliche Umgang, die Existenz von Seelen einfach zu negieren
– so als wäre diese Frage ein für alle Male geklärt und bewiesen.

»Materialistisch« bedeutet in diesem Falle, die Materie so absolut zu
sehen, dass angenommen wird, es gäbe nichts als die Materie. Damit
ist diese Art, die Welt zu sehen, auch atheistisch, denn wenn es nur die
Materie gibt, fehlt der Platz für ein anderes Prinzip.

Auch wenn die Wissenschaftstheorie sagt, dass die Wissenschaft die
Frage nach Gott lediglich nicht behandelt, sich aber keine Aussage darüber anmaßt, basiert das praktische wissenschaftliche Denken weitestgehend auf einer materialistisch-atheistischen Grundannahme (Paradigma). Wenn jemand sein Denken und Bewusstsein darauf ausrichtet,
Naturgesetze zu suchen, für den ist die Möglichkeit eines Eingreifens
von Gott oder einer geistigen Wesenheit nicht akzeptabel und liegt daher außerhalb des Vorstellbaren. Die Idee der Existenz einer geistigen
Ebene harmoniert nicht mit dem nach Erfahrung suchenden Vorgehen
der Wissenschaften.

Auch einige politische Weltanschauungen gehören zum materialistisch-atheistischen Weltanschauungstyp – vor allem der Kommunismus. Der Atheismus ist zentraler Bestandteil der kommunistischen Grundsätze. Der Sozialismus äußert sich üblicherweise nicht zur Frage, ob es einen Gott geben könne, er handelt im Wesentlichen aber so, als würde es ihn nicht geben. Dies wird auch nicht durch die Möglichkeit beeinträchtigt, dass es tief gläubige sozialistische Politiker geben kann. Auch die scheinbare politische Gegenposition zum Kommunismus oder Sozialismus, der Liberalismus, gehört zum materialistisch-atheistischen Weltanschauungstyp. Die Idee der Freiheit des Menschen im materialistischen Sinne ist mit der Idee des Göttlichen kaum harmonisierbar. Darum neigen Menschen mit einem liberalen Weltbild mehrheitlich zu atheistischen Grundannahmen.

Wissenschaftliches Denken, Kommunismus, Sozialismus, Liberalismus wie auch der Kapitalismus negieren (= offen) oder ignorieren (= unausgesprochen) die Möglichkeit, dass es hinter der sichtbaren Welt eine transzendente Ebene geben könnte. Dies beeinflusst natürlich nicht nur das Denken, sondern auch das Fühlen, die Entscheidungen und letztendlich auch das Handeln.

Sehr pointiert fasst **Michael Schmidt-Salomon** (*1963) in seinem *Manifest des evolutionären Humanismus* wesentliche Aspekte dieser Weltsicht zusammen. Für ihn ist der Mensch nichts anderes, als ein »unbeabsichtigtes, kosmologisch unbedeutendes und vorübergehendes Randphänomen eines sinnleeren Universums«.[8]

Man kann die materialistisch-atheistische Weltsicht heute als die in der Welt herrschende Weltsicht ansehen. Ihre Existenz ist selbstverständlich berechtigt, denn es gibt bislang keinen völlig überzeugenden objektiven Gottesbeweis. Andererseits muss man auch bemerken, dass die materialistisch-atheistische Weltsicht auch keinen überzeugenden Anti-Gottesbeweis entwickelt hat. So ist es nur natürlich, dass atheistische und theistische Weltanschauungen nebeneinander existieren.

Problematisch an der materialistisch-atheistischen Weltsicht ist die Tendenz zur Förderung von Egoismus. Wenn der Mensch nur ein einziges Leben besitzt und dieses nach der atheistischen Theorie keinem weiterführenden Zweck dient, dann fördert dies die Tendenz, dass jeder persönliche Vorteil gut ist, dass es vor allem darum geht, die verbleibenden Lebensjahre »bestmöglich« in einem eigennützigen Sinne zu verbringen. So zeigt sich diese Weltanschauung für das Zusammenleben langfristig nicht förderlich. Die heutige konsumorientierte Gesellschaft, die ungehemmte Ausbeutung von Ressourcen sowie die zunehmende Umweltverschmutzung sind das anschauliche Ergebnis.

Die dualistisch-theistische Weltsicht

Die zweite, die Weltpolitik stark bestimmende Kraft ist dualistisch. Hier wird der Materie eine transzendente Kraft gegenübergestellt, die als Ursache der materiellen Welt angesehen wird. Diese zweite Kraft wird Gott genannt.

Auch wenn Gott als »die eine Ursache von allem« angesehen wird, ist das Denken von Dualitäten bestimmt. Dadurch, dass Gott in diesem Weltbild ein Werk schafft, das nicht Gott ist, ist die Weltsicht dual. Es gibt dann mehrere Dualitäten: Gott und Schöpfung, Gott und Mensch, Gott und Teufel, das Gute und das Böse. Gegensätze prägen diese Weltsicht.

Damit ist auch klar, dass die Repräsentanten dieser Weltsicht die monotheistischen Religionen sind. Judentum, Christentum und Islam gehören zu diesem Weltanschauungstyp. Sie sind heute bedeutende Kräfte der Weltpolitik.

Es kommen in dieser Weltsicht auch verschiedene Strömungen vor. So existieren unterschiedliche Auffassungen darüber, ob Gott in die Welt eingreift (Theismus) oder sie nur geschaffen hat und nicht weiter eingreift (Deismus).

Als wesentlicher Vorteil ist erkennbar, dass es in diesem Weltanschauungstyp ethische Normen gibt, die das Zusammenleben regeln können. Allerdings finden wir auch die Tendenz zu Religionskriegen oder zumindest Religionskonflikten.

Für diese Weltsicht gilt nun in einem Aspekt dasselbe wie für die materialistische-atheistische Weltsicht: Sie hat keinen allgemein als objektiv annehmbaren Gottesbeweis geliefert, denn innere Erlebnisse der Gläubigen zählen für Atheisten nicht.

Andererseits können Atheisten auch keinen Anti-Gottesbeweis liefern. Sogar **Richard Dawkins** (*1941), der moderne »Vorkämpfer« des Atheismus, bekennt sich nicht als Atheist, sondern nur als weitestgehenden Agnostiker.

Es existiert kein logisches Argument, das die Existenz Gottes ausschließen könnte.

Die monistisch-pantheistische Weltsicht

Dieses Weltbild basiert auf der Annahme, dass es nur ein Wesen (das Eine) gibt. Es gibt also ein allumfassendes Wesen. Alles, was existiert, ist Teil dieses Wesens. Der Begriff *monistisch* bezieht sich auf diesen einen Ursprung.

Pantheistisch als philosophischer oder theologischer Begriff bedeutet dasselbe. Der Ausdruck *Pantheismus* (von altgriechisch *pān* »alles« sowie *theós* »Gott«) bezeichnet die Auffassung, dass Gott eins mit dem Kosmos und der *Natur* ist.

Diese dritte Art, die Welt zu betrachten, ist in den letzten Jahrhunderten so in den Hintergrund getreten, dass man sie heute kaum mehr versteht. Alle drei Weltsichten existieren zwar zu jeder Zeit, aber es ist möglich, dass eine Weltsicht eine Zeit lang so in den Hintergrund gedrängt wird, dass man sie in der Öffentlichkeit nicht mehr wahrnimmt. Dies passiert vor allem dann, wenn es für einen Weltanschauungstyp keine Ausbildungsinstitutionen mehr gibt. Und dies ist mit dieser dritten Weltsicht passiert. In Europa hat sie ihre wichtigste Ausbildungsinstitution im Jahre 529 verloren, als die Platonische Akademie auf Anordnung des römischen Kaisers Justinian I. (483 – 527) geschlossen wurde. Die heutige Unkenntnis dieser Art der Weltsicht ist so groß, dass Richard Dawkins in seinem Werk *Der Gotteswahn* den Pantheismus als aufgepeppten Atheismus (*sexed-up atheism*) bezeichnet.

Daraus ersieht man, dass dieses Weltbild sehr umfangreich beschrieben werden muss, denn es basiert auf derzeit kaum bekannten Vorstellungen, die auch die Möglichkeit zu einem objektiven Beweis der Existenz von Seelen beinhalten.

Der Gottesbegriff

In dieser Weltsicht ist Gott die Natur oder noch umfassender ausgedrückt, einfach alles. »Pan« heißt auf Griechisch »Natur« und »alles«. Es gibt nichts außer (diesem) Gott. Alles, was »existiert«, ist Teil (dieses) Gottes, ist in ihm und gleichzeitig Teil von ihm.

Shankara (um 788 – um 820), ein religiöser Lehrer und Philosoph des Hinduismus und im Speziellen des Advaita-Vedanta, drückte dies so aus:

> »Ich bin der Atman [die Weltseele], bin Brahman [der Schöpfer]. Ich bin Vishnu [der Erhalter]; ich bin Shiva [der Zerstörer]. Ich bin dieses Weltall. Nichts ist, doch ich bin. Ich wohne im Inneren. Ich bin draußen. Ich bin vorn und hinten. Ich bin im Süden. Ich bin im Norden. Ich bin oben und unten.
> Welle, Schaum, Wirbel, Strudel – sie alle sind im Grunde Wasser. Ähnlich sind die Körper und das Ich in Wirklichkeit nichts als reines Bewusstsein. Alles ist im Grunde Bewusstsein, Reinheit, Freude.
> Dieses ganze Weltall, von dem wir sprechen, über das wir nachdenken, ist nichts als Brahman. Brahman wohnt jenseits des Bereiches von Maya [der Illusion].«[9]

Die Philosophen nannten dieses höchste Wesen üblicherweise nicht Gott. **Parmenides** (520 – 460 v. Chr.) nannte es das SEIENDE, **Platon** (428 – 348 v. Chr.) und **Plotin** (205 – 270 n. Chr.) nannten es das EINE. Der letztere Begriff wird seither am häufigsten verwendet.

Wenn das EINE alles ist, dann kann das EINE keine Grenze haben, denn wenn es eine Grenze hätte, gäbe es etwas Größeres als das EINE.

Das EINE muss also unendlich groß sein und kann keinen wirklichen Anfang haben, denn wer sollte es geschaffen haben. Das EINE kann auch kein Ende haben, denn wer sollte es zerstören und wohin sollte es gehen.

Diese Auffassung, dass alles, was existiert, Teil eines einzigen Wesens ist, hat große Auswirkungen auf das Selbstverständnis des Menschen. Der Mensch empfindet sich als Teil von etwas Unendlichem von etwas Göttlichem. Das Göttliche ist damit »erreichbar«. Es treten in Kulturen mit monistisch-pantheistischer Weltsicht auch Persönlichkeiten mit außergewöhnlichen »göttlichen« Fähigkeiten auf, und die gelebte Ethik ist in solchen Kulturen wesentlich höher. Das gesamte Leben inklusive des politischen Lebens ist in diesen Zivilisationen von Spiritualität durchdrungen. Es wird auch versucht, den »Himmel« auf der Erde zu gestalten. In Ägypten war der Nil das irdische Pendant zum »himmlischen Nil«, der Milchstraße. In solchen Kulturen war der Tempelbau mit vielen symbolischen Anspielungen eine zentrale Aufgabe des Staates.

Über die Entstehung des Kosmos im monistisch-pantheistischen Weltbild

Da die physische Welt sich – wie wir deutlich erleben können – ständig ändert, muss sie einmal entstanden sein. Wir haben hier also das ewige und unendliche EINE und eine sich ständig ändernde Welt. In der sich ständig ändernden Welt gibt es Entstehung und Auflösung, Geburt und Tod. Diese Gegensätze vereinigen sich in der Vorstellung, dass das EINE »Tag« und »Nacht«, also Phasen der Manifestation und Phasen der Ruhe durchlebt. In Indien ist dies mit den Begriffen »Manvantara« für einen Weltentag und »Pralaya« für eine Weltennacht bezeichnet.

Wichtig ist nun die Vorstellung darüber, wie ein Weltentag beginnt und endet. Das Pralaya ist vorstellbar als vollkommene Nacht. Es ist eine Nacht, in der alles »finster« ist. Es existiert nichts, nicht einmal ein Gedanke. Gleichzeitig ist alles vorhanden, weil es eine »geistige Materie« gibt. Die Inder nennen sie *Mulaprakriti*, das heißt »Wurzelmaterie«. Sie ist ewig und überall, es gibt keinen Punkt, an dem sie nicht ist. Sie ist im Pralaya völlig in Ruhe und völlig homogen.

Das Manvantara, also der manifestierte Kosmos, beginnt, wenn die völlig homogene Wurzelmaterie ihren Ruhezustand durch einen Anstoß – über den wir hier nicht weiter nachdenken werden – aufgibt. Die winzigen Teilchen bilden erste winzige Zusammenballungen. Man kann es auch mit der Entstehung von Nebel vergleichen. Diese Teilchen bilden dann die erste Manifestationsebene. Hier können sich dann erste »geistige« Strukturen bilden. Diese Teilchen verbinden sich nun wiederum und bilden größere Klumpen. Nach vielen Wiederholungen erscheint am Ende des Prozesses die physische Materie. Die jeweils feinstofflichere Ebene ist dabei immer die Grundlage für die nächst gröbere Ebene.

Somit ist der Begriff »Entstehung« nicht der richtige, um eine möglichst exakte Vorstellung des Vorganges zu bekommen. Wesentlich besser wäre es, vom »Erscheinen« des Kosmos zu sprechen. Der Kosmos wird sichtbar, und am Ende des Manvantaras entschwindet er wieder.

Der Materiebegriff

Die Materie kann man im monistisch-pantheistischen Weltbild folgendermaßen erklären:

Da das EINE keine Grenze haben kann, muss es überall sein, also an jedem Punkt. Dies bedeutet, dass es keinen Punkt geben kann, an dem es nichts gibt, denn ein Loch im EINEN wäre eine Grenze des EINEN.

Die Vorstellung, dass es an keinem Punkt nichts geben kann, ist nun ein sehr grundsätzlicher Unterschied zwischen dem auf Einheit basierenden monistischen Weltbild und dem rein materialistischen und atheistischen Weltbild. Dieser Unterschied führt zu einer völlig anderen Vorstellung über die Materie und die Entstehung des Kosmos. Der Neuplatoniker Plotin beschreibt mit dem Begriff »Hypostase« eine schrittweise Entstehung von feinstofflichen Ebenen dadurch, dass sich das EINE manifestiert, dass es »ausströmt«. Das griechische Wort *hypóstasis* bedeutet eigentlich »Niederschlag«, wie etwa der Bodensatz beim Wein.

Die neuplatonische Erklärung entspricht sehr genau den schon erwähnten orientalischen Vorstellungen. Eine andere östliche Erklärung beruht auf der Mischung von *Purusha* (Geist) und *Prakriti* (Materie). Die oberste Ebene besteht vollständig aus Purusha. In jeder tieferen Ebene kommt etwas Prakriti hinzu. Die Ebene unserer physischen Materie besteht nach dieser Lehre vollständig oder fast vollständig aus Prakriti.

Man ist hier geneigt, die tieferen Ebenen als »dichter« zu bezeichnen. Wir leben gerade in einer dichten Welt, und uns umgeben auch feinstoffliche, weniger »dichte« Ebenen. Aber man muss sich dies genau umgekehrt vorstellen. Die konkrete Materie besteht aus großen »Klumpen«, zwischen denen sehr viel Platz für kleinere »Klumpen« besteht. Stufenweise setzt sich dies dann bis zur Wurzelmaterie fort. Somit füllt jede feinere Ebene immer die jeweiligen Zwischenräume der jeweils gröberen aus und ist damit in Wirklichkeit dichter.

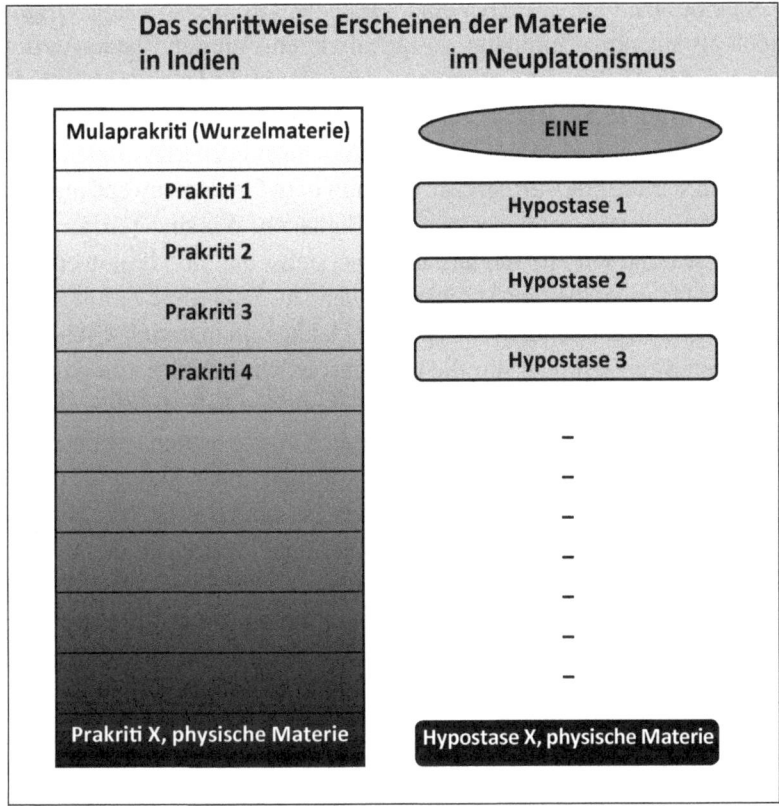

Abb. 1: Die materiellen Ebenen und ihr Ursprung im monistisch-pantheistischen Weltbild

Alles lebt

Im monistisch-pantheistischen Weltbild verbindet sich die Idee des Geistigen mit der des Materiellen. Alles ist materiell, sogar die allerfeinste »geistigste« Ebene, und alles ist gleichzeitig geistig, weil es für alles Manifestierte eine Verbindung zur höchsten und damit feinsten Ebene gibt.

In dieser Weltsicht ist auch alles vielfältig belebt. So sind wir Menschen lebendig, und gleichzeitig befinden sich in unserem Körper lebendige Organe, die auch transplantiert werden können. Diese wiederum bestehen aus Zellen, die vollkommene lebendige Einheiten sind. Auch die

Zellen besitzen Organe. Hier sind wir an der Grenze, so kleine Organe noch als lebendige Einheiten zu identifizieren. Auf den Ebenen darunter, bei den Molekülen, Atomen und atomaren Teilchen fehlt uns die Fähigkeit, diese als lebend zu identifizieren. Allerdings sind wir auch nicht in der Lage, sie eindeutig als nicht »lebend« zu klassifizieren.

Wenn wir unsere Aufmerksamkeit nun dem Großen zuwenden, dann sind wir Teile verschiedener größerer Einheiten. Wir sind Teil der Erde, mit dieser sind wir ein Teil des Sonnensystems und mit diesem ein Teil unserer Galaxie, die wir Milchstraße nennen. Sind diese nun lebendig oder nicht? Unser heutiges »normales« Denken im materialistisch-atheistischen Sinn sieht hier nur die naturgesetzliche Abfolge von physikalischen Prozessen. Im monistischen Weltbild hat jede dieser Einheiten Bewusstsein. Planeten, Sonnen, Galaxien, Galaxiehaufen sieht man damit als übermenschliche Wesenheiten, die man in der Antike als Götter bezeichnete. Die größte lebende Einheit ist dann das EINE, das alles umfasst und unendlich ist, denn es kann nichts außerhalb des EINEN geben.

Damit ist nun gezeigt, was es bedeutet, dass im monistischen Weltbild alles als belebt betrachtet wird. Es ist eine philosophische Grundhaltung, die weder bewiesen noch widerlegt werden kann.

Wo tritt nun diese Weltsicht auf? Wir finden sie in alten Kulturen wie der indischen und ägyptischen. Es ist auch das Weltbild im heutigen Hinduismus und Buddhismus. Wir finden die monistische Weltsicht auch ausgearbeitet in der Philosophie als Platonismus. Der Platonismus zieht sich dann durch die gesamte Philosophiegeschichte.

Da alles materiell und gleichzeitig geistig ist, verfügt diese Weltsicht über sehr entwickelte Lehren zum Konzept der Seele.

Man kann sagen, dass das Verständnis für das monistische Weltbild in der Epoche der Aufklärung im 18. und 19. Jahrhundert praktisch verschwunden ist. Aber schon mit **Arthur Schopenhauer** (1788 – 1860) tauchte es in seinem 1819 erschienenen Hauptwerk *Die Welt als Wille und Vorstellung* wieder in einer unglaublich vollständigen Darstellung auf.

Heute ist die monistische Weltsicht im »Esoterismus« wieder aktuell. Ein Indiz dafür kann in dem zunehmenden Glauben an die Reinkarnation gesehen werden, der in der westlichen Welt aktuell Werte zwischen 10 und 45% annimmt.[10] Der an der Universität Freiburg/Schweiz emeritierte Schweizer Religionswissenschaftler **Richard Friedli** bemerkte schon 1981:

> »Die innereuropäischen Geistesströmungen und die Durchdringung Europas mit der Gegenmission aus Indien haben eine Mentalität entstehen lassen, in der die Idee der Reinkarnation mehr und mehr als plausibel und evident angenommen wird. (…) Was bisher als Beobachtung des Zeitgeistes und als Vermutung erschien, ist jetzt durch Untersuchungen zur Präsenz des Reinkarnationsgedankens in der europäischen Mentalität auch qualitativ und quantitativ bestätigt.«[11]

Der Begriff »Esoterik« wird wieder häufig verwendet. Er gilt aber vor allem in akademischen Kreisen als »irrational« und »versponnen«. Das Problem ist dabei, dass wenige gute Standardwerke in einem Wust von – ich nenne es – »Eso-Literatur«, die vieles zusammenmischt und der es an Klarheit fehlt, versteckt sind.

Erwähnt sei hier, dass der Begriff »Esoterik« eine ehrwürdige Herkunft besitzt. Er geht auf den griechischen Philosophen Pythagoras (~570 – ~510 v. Chr.) zurück, der in seiner Schule einen inneren (griechisch: *esóteros – der innere*) Kreis, die *mathematikoi* (Wissende, Gelehrte) und einen äußeren (griechisch: *exóteros – der äußere*) Kreis, die *akusmatikoi* (die Hörer) unterrichtete. Zu den letzteren gehörten die Schüler drei Jahre lang, in denen sie bei den Vorträgen des Pythagoras keine Fragen stellen durften.

Ich verwende, wenn möglich, den im Deutschen selten benutzten Begriff »Esoterismus«, um anzudeuten, dass es neben dem »Eso«-Trend auch seriöse Veröffentlichungen gibt. Im Literaturverzeichnis gibt es eine Auswahl.

Das monistisch-pantheistische Weltbild ist heute also kaum bekannt. Es ist aber sehr wichtig, diese drei Weltanschauungstypen (materialistisch-atheistisch, dualistisch-theistisch und monistisch-pantheistisch) immer wieder zu vergleichen. Daraus kann man sehr viel Klarheit gewinnen.

Der »verunsicherte« Mensch durch Mischung von Werthaltungen

Welche Weltsicht definiert den normalen Menschen im Europa beziehungsweise im »Westen«? Zunächst ist das öffentliche Leben im Wesentlichen geprägt von einer materialistisch-atheistischen Grundhaltung. Diese Grundhaltung wird von den Medien suggeriert. Vor allem das visuelle Medium Fernsehen mit seinen Serien, den Sitcoms, der Werbung und auch seinen Dokumentationen vermittelt in überwiegendem Maße materialistische und auch atheistische Einstellungen. Bei der Erziehung in den Schulen und den Lehrveranstaltungen an den Universitäten dominiert ebenfalls die materialistische und atheistische Weltsicht. Sehr wichtig ist auch, dass die Wirtschaft, die als Institution unser Leben sehr maßgeblich lenkt, in überwiegendem Maße aus der materialistisch-atheistischen Position gesteuert wird.

Trotzdem sind die Menschen von ihrem jeweiligen religiösen Umfeld, etwa der christlichen oder islamischen Erziehung, beeinflusst. Die Einflüsse sind vorhanden, aber sie sind in der vorherrschenden materialistisch-atheistischen Weltsicht nicht stark. Es ist bezeichnend, dass Menschen mit starken religiösen Haltungen den Ruf, fanatisch oder sektiererisch zu sein, bekommen.

Das monistische Weltbild zeigt sich im Interesse am Yoga, der östlichen Philosophie und allgemein »esoterischen« Themen. Ideen wie Karma und Wiedergeburt beeinflussen die Wertungen der Menschen, auch wenn diese Haltungen vielfach diskret verborgen werden.

Damit sind alle Weltanschauungstypen im Bewusstsein des »normalen« westlichen Menschen zu einem undefinierbaren »Etwas« vermischt.

Was bedeutet diese Vermischung? Sie bedeutet, dass die Menschen die verschiedenen Situationen, die auf sie im Leben zukommen, mit verschiedenen Wertsystemen beurteilen. Die materialistisch-atheistische Weltsicht favorisiert eine eher ichbezogene Grundtendenz. Die dualistisch-theistische Weltsicht bringt die anerzogenen traditionellen Werthaltungen ein, und allfällige östliche oder esoterische Einflüsse bringen tendenziell altruistische Werte ein.

Wenn nun ein Mensch vor einer Entscheidung steht, dann beginnen diese verschiedenen vorhandenen Werthaltungen zu konkurrieren, und es ist schwierig, eine Entscheidung zu treffen. Welchem Wertesystem soll der Mensch folgen, vor allem wenn er sich der Herkunft seiner Haltungen nicht bewusst ist? Erschwerend zeigen sich die Werthaltungen üblicherweise nicht als gleichwertig und gleich bewusst. Es können bewusste Aspekte gegen kaum bewusste oder völlig unbewusste antreten. Dann weiß der Mensch entweder nicht, warum er nicht handelt, oder warum er – wenn er gehandelt hat – möglicherweise ein Unbehagen empfindet. Die in den letzten Jahrzehnten stark gestiegenen psychischen Krankheiten mögen wohl auch eine Ursache in dieser unklaren inneren Situation haben.

Das Problem ist somit der Mangel an Bewusstsein. DIE FRAGE NACH DER EXISTENZ VON SEELEN IST EINE FRAGE DANACH, WER WIR SIND. Sich diese Frage zu stellen, sollte nicht verdrängt werden. Unser Problem liegt dabei vor allem darin, dass die Verdrängung auf gesellschaftlicher Ebene geschieht. Diese Barriere zu durchbrechen und das Thema »auf den Tisch« zu bringen, ist die Aufgabe dieses Buches.

Kapitel 2

Was ist die Seele?

Carl du Prel 1888 in seinem Werk »Die monistische Seelenlehre«:

> *»In Bezug auf die Seele des Menschen sind drei Anschauungen möglich:*
>
> - *Der Materialismus leugnet sie.*
> - *Der Spiritualismus setzt sie dem Körper entgegen.*
> - *Der Monismus verbindet sie mit dem Körper.*
>
> *Da die beiden ersteren Anschauungen kritisch zersetzt sind – was nicht hindert, dass sie von wissenschaftlichen Nachzüglern noch vertreten werden – so muss das in allen Zweigen der modernen Wissenschaft leitende Prinzip, der Monismus, auch auf die Seele angewendet werden, indem wir Materialismus und Spiritualismus zur höheren Synthese vereinen.«*[12]

Genau das soll das nächste Kapitel für die heutige Zeit wiederbringen – einen systematischen Überblick über das Thema. Die drei grundsätzlichen Weltsichten bringen Struktur und Klarheit sowie eine Möglichkeit, die Existenz von Seelen auch objektiv zu beweisen.

Was ist die Seele?

1

Die Seele im materialistisch-atheistischen Weltbild

Physiologische Theorie von Dr. John Roy:

Das Gedächtnis beruht auf einer komplexen netzwerkartigen Struktur von Nervenzellen, die über das gesamte Gehirn verteilt ist.

Philosophie des Geistes

- **Physikalismus:** Es gibt nur die Materie. Alle Bewusstseinsphänomene beruhen auf physischen Prozessen.

- **Epiphänomenalismus:** Auf der physischen Ebene läuft alles kausal ab. Es gibt aber eine geistige Ebene, die keinerlei Einfluss auf die physische Ebenen besitzt, so wie der Rauch einer Dampflok die Lokomotive nicht beeinflusst.

Seele
als Begriff für vom Gehirn rein materiell geschaffene Gefühle und Gedanken

Körper

Eine wesentliche Grenze ist, dass parapsychologische Phänomene mit auf das Gehirn zentrierten Konzepten nicht plausibel erklärt werden können.

2

Die Seele im dualistisch-theistischen Weltbild

Gott erschafft die Seelen "ex nihilo", aus dem Nichts.

Die Seele ist der Grund dafür, dass der Körper lebt. Nach **Aristoteles** stirbt die Seele mit dem Körper. Nach **Platon** lebt die Seele nach dem physischen Tod eigenständig weiter. Von den monotheistischen Religionen wurde Platons Sichtweise für das Weiterleben im Wesentlichen übernommen.

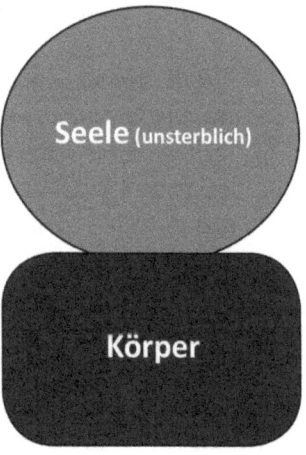

Seele (unsterblich)

Körper

Parapsychologische Phänomene können als Wunder von Gott verursacht oder auch von einem Teufel bewirkt "erklärt" werden.

Woraus besteht der Mensch?

3

Die Seele im monistisch-pantheistischen Weltbild

Griechenland

Im griechischen Konzept des Menschen ist die Seele (psyche) der Mittler zwischen dem physischen Körper und der unsterblichen Essenz des Menschen (nous).

Indien

Hier sind vier Körper entwickelt und drei noch nicht. Jeder Körper besteht aus einer eigenen Materieart – je höher desto feiner. Der jeweils höhere Körper ist das Modell für den niedrigeren, gröberen Körper.

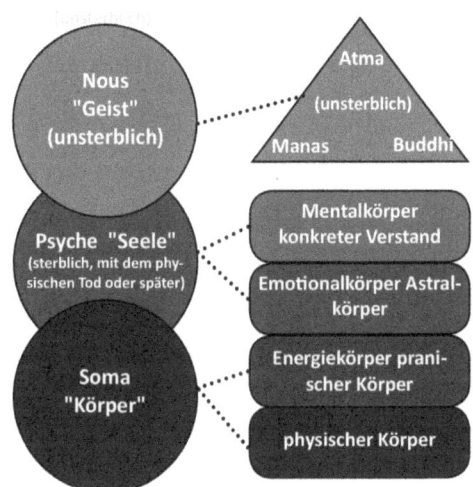

In diesem Weltbild gibt es die Möglichkeit, viele Phänomene zu erklären und auch zu bewirken.

Die wohl umfassendste Darstellung der parapsychischen Fähigkeiten (siddhis) findet man in den *Yoga-Sutras* von Patanjali (2. Jh.).

Schlussfolgerungen für den SEELENBEWEIS:

- Jede Weltsicht hat ihre eigene Seelendefinition. Wenn man die der anderen nicht kennt, redet man aneinander vorbei.
- Nur im monistischen Weltbild gibt es die Möglichkeit der Beweisbarkeit der Existenz von Seelen, weil die Seelen aus feinstofflicher Materie bestehen sollen.

Was soll bewiesen werden?

Zunächst die dem physischen Körper nächstfeineren Seelenaspekte – der Energiekörper und der Astralkörper.

Dies ist auch der Grund warum es wesentlich ist, das Konzept des Äthers wieder einzuführen und den Lichtäther nachzuweisen.

Es gibt auch Versuche, den unsterblichen Aspekt indirekt durch Nachweis der Unwahrscheinlichkeit der zufälligen Entstehung des Lebens nachzuweisen.

Gestatten Sie mir, dass ich diese Frage zunächst Ihnen stelle:
»Was ist die Seele?«
Ich habe diese Frage in meinen Seminaren oft benutzt. Sie gehört zu
den »unfairen Fragen«, für die ich mich am Anfang meiner Seminare
immer pauschal entschuldige. Sie dienen mehr dazu, Themen zu öffnen, als dass man hier wirkliche Antworten erwarten könnte. Die direkte Frage zum Begriff »Seele« erwies sich als zu schwierig. Ich habe
sie darum durch eine andere der in der Philosophie zentralen Fragen
ersetzt:
»Was ist der Mensch?«
Auch diese »unfaire« Frage ist ohne längere Beschäftigung mit dem
Thema kaum zu beantworten, und darum habe ich sie schließlich durch
eine noch konkretere ersetzt:
»Woraus besteht der Mensch?«
Diese Frage ist viel praktischer, und ich ersuche Sie, liebe Leser, hier
zehn Sekunden nachzudenken und – ehe Sie weiterlesen – zu versuchen, diese Frage zu beantworten.
Ich denke, Ihre Antwort zu kennen. Letztlich gibt es drei Antwort-
gruppen:

- »Der Mensch besteht aus ca. 60% Wasser, ca. 16% aus Proteinen.
  …«
- »Der Mensch besteht aus Zellen, Gewebe, Organen …« oder Ent-
  sprechendes.
- »Der Mensch besteht aus einem Körper und einer Seele.«
- »Der Mensch besteht aus Körper, Seele und Geist oder aus Kör-
  per, Geist und Seele.«

Diese vier Antworten treten auf. Eigentlich gibt es keine anderen Antworten, die der Essenz nach nicht auf diese zurückzuführen wären.
Wenn Sie sich jetzt diese Antwortmöglichkeiten ansehen, welche ist
für Sie die **treffendste**? Sollten Sie mehrere Antworten als zutreffend
betrachten, dann ersuche ich Sie, sich jene auszusuchen, die Ihr Bewusstsein, Denken und Weltbild am besten wiedergibt.
Die Konkretisierung auf nur eine einzige Antwort ist deswegen so
wichtig, weil wohl niemand leugnen wird, dass der menschliche Körper
zu ca. 60% aus Wasser besteht. Nur wenn jemand sich für genau eine

dieser Antworten entschieden hat, repräsentiert diese Antwort ein bestimmtes Weltbild. Da wir vier Antworten haben, können wir somit die schon erwähnten grundsätzlichen Weltbilder unterscheiden.

Die erste Antwort »Der Mensch besteht zu ca. 60 % aus Wasser ....« deutet, wenn man die anderen Antworten, in denen der Begriff Seele vorkam, als unzutreffend ausgeschieden hatte, auf das schon erwähnte materialistische und damit auch atheistische Weltbild hin. In diesem Weltbild gibt es den Begriff Seele lediglich als eine Bezeichnung für das Bewusstsein, also für unsere Gefühle und Gedanken. Diese werden als irgendwie durch unseren Körper hervorgerufen betrachtet, etwa durch unser Gehirn, das als eine Art Computer fungiert.

Die zweite Antwort »Der Mensch besteht aus Körper und Seele« repräsentiert die dualistische Weltsicht. Hier steht ein rein materieller Körper einer rein »geistigen« Seele gegenüber. Die Seele kann hier als jene geistige Substanz angesehen werden, die Träger des Lebens oder formgebende Substanz ist. Dies ist ein Gedanke von Aristoteles, der sowohl im Christentum als auch im Islam als zutreffend angesehen wird.

Eine derartige Weltsicht ist theistisch. Es gibt darin einen Gott, der das Universum geschaffen hat. Im Christentum nimmt man eine Schöpfung aus dem Nichts an. Im Wesentlichen wird diese Weltsicht von allen monotheistischen Religionen favorisiert.

In neuerer Zeit akzeptiert diese Weltsicht teilweise auch den Urknall, weil ja beim Urknall die Ursache nicht angegeben werden kann. Damit ist Gott als Schöpfer möglich.

Die Urknalltheorie war vom dem belgischen **Abbé Georges Edouard Lemaître** (1894 – 1966), einem Theologen, Priester und Astrophysiker, erstmals formuliert worden. Er postulierte 1931 die Möglichkeit eines heißen Anfangszustandes des Universums, für den er den Begriff »primordiales Atom« oder »Uratom« verwendete. Lemaître äußerte sich über diese Theorie, dass er sie aus rein physikalischen Überlegungen formuliert habe. Es wurde jedoch bekannt, dass er in informellem Kreise zugab, dass ihn bei der Formulierung auch die Idee des Schöpfergottes inspirierte.

Bei der dritten oder vierten Antwort: »Der Mensch besteht aus Körper, Seele und Geist« benötigt die genaue Beurteilung üblicherweise noch ein Gegenfragen, denn die Begriffe »Seele« und »Geist« werden auf verschiedene Arten interpretiert, so dass auch eine materialistisch-atheistische Interpretation der Seele als Gefühle und des Geistes als Verstand möglich ist.

Wenn wir diese materialistische Interpretation hier ausklammern, deutet die Antwort auf eine monistische Weltsicht hin. Hier stellt man sich den Menschen als ein Kontinuum vor, das aus verschiedenen Ebenen besteht. Die jeweils feinere Ebene ist der »Bauplan« für die jeweils niedrigere »dichtere« Ebene. Die jeweils niedrigere Ebene stellt ein (unvollständiges) Symbol für die jeweils feinstofflichere Ebene dar. Jede dieser Ebenen besteht aus einer eigenen Stoffart, wobei die feineren Ebenen für unsere normalen Sinne unsichtbar sind.

In dieser Weltsicht existieren einige komplexe Varianten, den Menschen zu erklären. Was aber noch wichtiger ist, es gibt viele praktische Ansätze zur Erziehung und Vervollkommnung des Menschen.

Außerdem existieren jenseits der physischen Ebene noch feinstoffliche Ebenen. Aber auch »feinstofflich« ist stofflich, materiell und damit grundsätzlich der wissenschaftlichen Untersuchung zugänglich. Daraus lässt sich dann die Idee der Beweisbarkeit der Existenz von Seelen ableiten.

Betrachten wir den Seelenbegriff in den drei Weltbildern nun genauer.

Der Seelenbegriff im materialistisch-atheistischen Weltbild

In diesem Weltbild existiert der Begriff »Seele« als Entität nicht. Was es gibt, ist das Bewusstsein, also unsere Empfindungen, Gefühle und Gedanken, welche zu fassen und zu verstehen erhebliche Schwierigkeiten bereitet. Dieses Gebiet wird manchmal unter dem Begriff »Seele« zusammengefasst.

Der Seelenbegriff und die Gehirnforschung

Gemeinhin nehmen wir an, dass die Empfindungen, Gefühle und Gedanken im Gehirn entstehen. Es wurden auch Erkrankungen ausgewertet, die zu Gedächtnisausfällen führten. Dabei wurden Hirnareale gefunden, die für bestimmte Funktionen zuständig sind.[13] Nach neueren Erkenntnissen der Hirnforschung lassen sich die Funktionen des Gedächtnisses jedoch nicht eindeutig lokalisieren. **Dr. E. Roy John** (1924 – 2009) entwickelte eine heute weithin anerkannte Modellvorstellung, nach der das Gedächtnis mit einer netzwerkartigen Struktur verbunden ist.[14] Danach bildet ein komplexes Netz von Nervenzellen, das über das gesamte Gehirn verteilt ist, das Gedächtnis. Es dürfte sich dabei um Module handeln, die teilweise hierarchisch, teilweise parallel miteinander verschaltet sind. Neuronale Netzwerke sind Informationen verarbeitende Systeme, die aus einer großen Zahl einfacher Schalteinheiten zusammengesetzt sind. In ihnen wird Information durch Aktivierung und/oder Hemmung von Neuronen verarbeitet.[15]

> »Natürlich hat die kognitive Leistung, die wir Gedächtnis nennen, eine materielle Basis (…). Das Organ des Denkens hat (…) einen Ort im Gedächtnis, woraus folgt, dass das Gedächtnis keinen Ort im Gehirn haben kann. (…) Alle Erfahrung kann gleichzeitig überall sein. Das ganze Gehirn ist das Gedächtnis.«[16]

Auch dieser Versuch, das Problem des Gedächtnisses doch irgendwie mit dem Gehirn zu verbinden, hat Grenzen bei parapsychologischen Phänomenen. Außersinnliche Wahrnehmungen, außerkörperliche Erfahrungen, Hellsehen und andere Begabungen können mit den auf das Gehirn zentrierten Erklärungen nicht plausibel erklärt werden.

Der Seelenbegriff und die »Philosophie des Geistes«

In der modernen Philosophie wird das Thema des Bewusstseins heute unter dem Schlagwort **»Philosophie des Geistes«** diskutiert. Wir dürfen aber nicht glauben, dass hier die Diskussion des Begriffes »Seele« eine große Rolle spielt. Es geht nicht um die Seele als Wesenheit. Da wir uns hier im Umfeld der materialistisch-atheistischen Weltsicht befinden, geht es um das weitestgehend ungelöste Rätsel des Bewusstseins.

Bislang ist es nicht gelungen, das Phänomen des Bewusstseins zu klären – auch wenn dies allenthalben behauptet werden sollte. Auch

wenn wir wissen, dass bei der Entstehung des Bewusstseins das Gehirn eine wichtige Rolle spielt, weiß man nicht, wie es tatsächlich
funktioniert.

Diese Schwierigkeit, das Bewusstsein erklären zu können, ist wahrscheinlich der Grund, warum man vom »Leib-Seele-PROBLEM«
spricht. Das »PROBLEM« ist, dass der Mangel an Verständnis für das
Bewusstsein an den Fundamenten des materialistisch-atheistischen
Weltbildes nagt.

Der Schweizer Philosoph und Schriftsteller **Peter Bieri** (*1944) hat
das Problem sehr gut im »Bieri-Trilemma« dargestellt.

Es geht beim Leib-Seele-Problem darum, wie mentale Phänomene zu
physischen Prozessen oder Handlungen führen können. Wie wird ein
Gedanke oder Wunsch in die Tat umgesetzt?

Bieri formulierte 1981 drei Sätze, von denen jeder für sich genommen
Sinn ergibt. Nimmt man nun jeweils zwei Sätze, dann widersprechen
sie immer dem verbleibenden dritten Satz. Alle drei Sätze führen immer zu einem Widerspruch:

1. *Mentales/psychisches Geschehen und Physisches sind verschie-*
   den. Grund für diese Aussage ist, dass das Bewusstsein durch
   seine grundsätzliche Struktur – insbesondere das subjektive Erleben – von jedem physischen Ereignis verschieden zu sein scheint.
2. *Mentales/Psychisches hat (kausalen) Einfluss auf Physisches.*
   Grund für diese Aussage ist die Beobachtung, dass mentale Phänomene, wie zum Beispiel Angst, der Grund für physische Phänomene wie das Weglaufen sind.
3. *Der Bereich physikalischer Phänomene ist kausal geschlossen:*
   Nur Physisches kann auf Physisches wirken. Die Begründung
   dieser Aussage ist, dass in der physischen Welt immer hinrei-
   chende physische Ursachen auffindbar zu sein scheinen. Letztendlich ist dies eine wesentliche Voraussetzung für die Naturwissenschaft, wie sie heute gesehen wird.

Die Leugnung des ersten Prinzips führt zum **Physikalismus**, eine Strömung, die davon ausgeht, dass lediglich die Materie existiert und alle
Phänomene, also auch unser Bewusstsein, auf physischen Prozessen
beruhen.

Die Leugnung des zweiten Prinzips führt zum **Epiphänomenalismus**. Dieser besagt, dass auf der physischen Ebene alles kausal abläuft, dass es aber auch eine geistige Ebene gibt, die aber keinen Einfluss auf die physische Ebene besitzt. Dies würde bedeuten, dass mein Körper dieses Buch schreibt und mein Verstand nur die von den Fingern auf der Tastatur gewählte Buchstabenfolge nachvollzieht. Es wird im Epiphänomenalismus oft das Bild einer fahrenden Dampflokomotive gezeichnet, wobei die Abläufe der Dampflokomotive den Abläufen im physischen Körper entsprechen und die Rauchfahne den geistigen Prozessen. Der Rauch kann nicht auf die Lokomotive zurückwirken. Die Lokomotive, das Physische, folgt streng dem Gesetz der Kausalität, der Rauch und Dampf, das Geistige, ist lediglich ein Ausdruck des kausalen physischen Prozesses.

Die Leugnung des dritten Grundsatzes überschreitet die Grenze des materialistisch-atheistischen Weltbildes und führt zu einem **Dualismus**. Hier gibt es einen Geist, der agieren kann. Das Weltbild ist nun dual, denn es gibt die Materie und einen Geist. Im Rahmen der Philosophie des Geistes – die ja ein Kind der materialistischen und atheistischen sogenannten »Analytischen Philosophie« ist – bricht man hier allerdings ab und behandelt das Thema nicht weiter. Eine Auseinandersetzung mit der Frage nach der Existenz von Seelen, Gott oder Göttern findet nicht statt.

Warum findet diese Auseinandersetzung nicht statt? Vom objektiv-wissenschaftlichen Standpunkt ist dies völlig inakzeptabel. Aber die Wissenschaften sind Kinder des materialistisch-atheistischen Weltbildes. Die Auseinandersetzung mit der Frage nach der Existenz von Seelen würde das Weltbild überschreiten.

Der Physikalismus – die heute dominierende Strömung

Heute dominiert die als **Physikalismus** bezeichnete Strömung, die die Materie als einziges existierendes Prinzip annimmt, wobei wir uns diese Materie wie die in der modernen Physik postulierte vorstellen können. Im Rahmen der »analytischen Philosophie« wird der Physikalismus als nahezu unbezweifelbare Hintergrundannahme angesehen.

Physikalisten sehen die Welt aus Elementarteilchen zusammengesetzt. Alle Objekte sind Anordnungen von jeweils kleineren Objekten.

Allerdings vollzieht sich dies nach einem von **Paul Oppenheim** (1885 – 1977) und **Hillary Putnam** (*1926) vorgeschlagenen »Schichtenmodell der Realität«. Jedes Objekt wird durch Objekte der jeweils niedrigeren Schicht zusammengesetzt. Dies vollzieht sich aber in mehreren Schichten. Jedes Objekt kann man sich dabei aus Objekten der nächstniedrigeren Schicht zusammengesetzt vorstellen.

Die Elementarteilchen bilden zunächst Atome, die sich in einem weiteren Schritt zu Molekülen zusammenschließen. Aus Molekülen bilden sich Zellen, aus diesen sind wiederum Lebewesen gestaltet. Lebewesen gestalten noch »soziale Gruppen«. Alles »erklärt sich« von unten. Aber das Schichtenmodell wirft aus meiner Sicht mehr Fragen auf, als dass es zur Klärung beitragen würde.

Wir besitzen als Lebewesen ein Bewusstsein und bestehen aus Zellen, die, wie wir aus ihrem Verhalten z. B. im Körper ersehen können, auch eine Art von Bewusstsein haben müssen. Zellen besitzen also eine Art von Bewusstsein und bestehen aus Molekülen, die sich im Rahmen chemischer Reaktionen bilden oder verändern können.

Da es nun um die Erklärung von Bewusstsein geht, muss man sich fragen, was die sehr komplexen Molekülprozesse in den Zellen steuert. Daraus könnte man auch auf ein Molekülbewusstsein schließen. So wissen Chemiker, dass sich neue Verbindungen im Labor oft nur mit Mühe herstellen lassen. Wenn aber eine neue Verbindung in einem industriellen Prozess hergestellt wird, dann wird es bald viel leichter, so als wüssten die Atome bzw. Moleküle nun was zu tun sei – und dies egal wo auf der Welt.

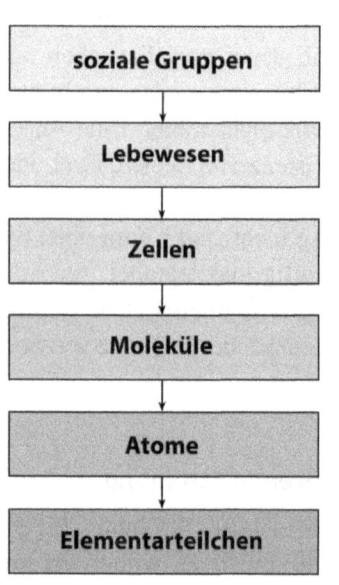

Abb. 2: Entitätsebenen nach dem »Schichtenmodell der Realität« nach Paul Oppenheim und Hillary Putnam

Das ist aber genau das, was die materialistisch-atheistische Weltsicht bestreitet. Aktionen, die auf Bewusstsein basieren, gelten nicht als kausal. Sie können nicht als lediglich auf Naturgesetzen basierend beschrieben werden. Auch der Schritt vom Lebewesen zu den sozialen Gruppen ist problematisch. Natürlich bestehen soziale Gruppen aus Lebewesen, die eine bestimmte Art des Denkens, Fühlens und Verhaltens besitzen. Aber ist deswegen aus materialistisch-atheistischer Sicht eine soziale Gruppe eine Entität? Nach dem Modell sollte eine soziale Gruppe auch ein eigenes Gruppenbewusstsein haben.

Damit zeigt sich der Physikalismus angreifbar. Aber angreifbar bedeutet nicht, dass er leicht verworfen werden könnte. Auch hier ist die Möglichkeit des Verwerfens mit dem Fall des Weltbildes verbunden. Und dazu gibt es enorme Widerstände.

Die »Philosophie des Geistes« mit ihrer Undurchsichtigkeit, der Vielfalt an Argumenten für oder gegen die verschiedensten philosophischen Positionen zeigt, dass man in diesem Weltbild zu keiner Klarheit gekommen ist. Dies bedeutet, dass die Grundlagen des Weltbildes wenig auf Wissen, sondern mehr auf Meinung und Glauben beruhen.

Der Seelenbegriff im dualistisch-theistischen Weltbild

Das dualistisch-theistische Weltbild ist geprägt von Gegensätzen. Hier gibt es einen geistigen Gott, der aus sich heraus die materielle Welt erschuf. Es war eine Erschaffung »*ex nihilo*«, also aus dem Nichts. Es existieren nur der geistige Gott und seine materielle Schöpfung.

Dies hat auch Auswirkungen auf den Seelenbegriff. Auch hier folgen die Vorstellungen dem dualistischen Schema. Der physische Körper wird von einer geistigen Seele geformt und gelenkt.

Dieses Weltbild darf nicht unterschätzt werden. Solange die Ursache von allem nicht zweifelsfrei geklärt ist, hat die Annahme eines übergeordneten Wesens seine Berechtigung. Dies umso mehr, als wir gezeigt haben, dass es dem materialistisch-atheistischen Weltbild nicht möglich ist, zu »beweisen«, dass es KEINEN Gott und KEINE Seele geben kann. Woran es dem dualistisch-theistischen Weltbild nun ebenso mangelt, ist die Fähigkeit, ihren eigenen Glauben, die Existenz Gottes, auch unzweifelhaft zu beweisen.

In der Praxis wird hier oft die Metapher »persönliche Glaubenserfahrung« verwendet, aber dies kann Zweifler nicht überzeugen. In diesem Weltbild steht der Glaube im Zentrum, was möglicherweise auch damit zu tun hat, dass ein objektiver Beweis nicht möglich erscheint. Es gibt im dualistischen Weltbild keinen einheitlichen Seelenbegriff, denn jede Religion schafft sich ihre eigenen Vorstellungen. Die Wurzeln dieser Seelenbegriffe sind aber vor allem die Lehren von Platon und Aristoteles.

Diese wollen wir als Einleitung kurz darstellen:

Beginnen wir mit Platon, der von einer unsterblichen Seele ausging, einer Seele, die schon vor der Geburt existiert und auch den Tod überlebt. Platon war ein Verfechter der *Metempsychose*, der Seelenwanderung[17]. Den Platonismus haben wir der monistisch-pantheistischen Weltsicht zugeordnet. Was von Platon im dualistisch-theistischen Weltbild blieb, war die Idee der Unsterblichkeit der Seele.[18]

Aristoteles war gegen die Seelenwanderung, und er vertrat damit eine dualistische Ansicht. Bei ihm entsteht die Seele mit der Geburt gleichsam als »tabula rasa«, als leere Tafel. Diese Tafel wird dann erst durch die über die Sinne aufgenommenen Informationen »beschrieben«. Die Definition aus seinem Werk *De anima* (*Über die Seele*) sieht die Seele als Entelechie, also als etwas, das sein Ziel (*telos*) in sich selbst hat. Die Seele hat das Ziel und die Fähigkeit zu leben und ist damit der Grund dafür, dass der Körper lebt. Sie ist ein eigenständiges Wesen. Der Körper allerdings erhält seine Form erst durch die Seele. Hier haben wir den dualen Ansatz, dass es zwei Entitäten gibt, Körper und Seele.

Bei Aristoteles sind die beiden aber nicht voneinander trennbar.[19] Damit kommt der Seele bei Aristoteles, im Gegensatz zu Platon, kein eigenständiges Dasein zu. Die Seele ist bei Aristoteles sterblich.

Die Seele als Lebensprinzip für alle Lebewesen kann nun unterschiedliche Fähigkeiten besitzen, wie man sie an den Pflanzen, Tieren und Menschen ersehen kann:

- *vegetatives Vermögen:* Es besteht aus der Fähigkeit der Ernährung und Fortpflanzung sowie der ersten Sinneswahrnehmungen. Dieses Seelenvermögen besitzen auch die Pflanzen, sich etwa zur Sonne hinwenden zu können.

- *strebendes Vermögen:* Es besteht aus der Fähigkeit zur Bewegung und aus der Fähigkeit zur Sinneswahrnehmung. Sinne, wenn auch in der einfachsten Form nur als Tastsinn, bewirken die Unterscheidung von Angenehmem und Unangenehmem und damit ein Begehren, also ein Gefühlsleben, auch wenn dieses wie bei vielen Tieren noch auf instinkthafte Affekte beschränkt ist.

- *rational wirkendes Vermögen:* Hier beginnt die Sphäre des Menschen, der mittels der Klugheit lernen kann, die Affekte zu kontrollieren. Ethische Tugenden sind das Ergebnis der Beherrschung der Affekte.

- *reine Rationalität:* Hier geht es um reine Betrachtung, um reine Verstandestätigkeit, eine Fähigkeit, die das Ziel des Philosophen ist. Als reine Verstandestätigkeit hat man in der Antike zum Beispiel die Beschäftigung mit der Astronomie angesehen, die lediglich auf der Betrachtung des Himmels basierte.

Diese voneinander abweichenden Vorstellungen von Platon und Aristoteles hatten nun Einfluss vor allem auf die Jahrhunderte nach diesen beiden Philosophen entstandenen monotheistischen Religionen Christentum und Islam. Es entstanden Mischungen, die einmal mehr Platon ein andermal mehr Aristoteles zuneigten.

Das Judentum, das heute zu den dualistischen Religionen zu zählen ist, war schon vor Platon und Aristoteles entstanden. Die Kabbala zeigt allerdings, dass in dieser Religion noch heute monistisches Gedankengut nachweisbar ist. Solches ist in oft bekämpften Randströmungen der anderen beiden dualistischen Religionen Christentum und Islam ebenfalls auffindbar.

Die monotheistischen Religionen zeigen auch heute noch aristotelische und gleichzeitig platonische Züge:

- Die Vorstellungen aller monotheistischen Religionen gehen von einer *Schöpfung der Seele bei der »Entstehung« eines neuen Menschen aus.* Das ist aristotelisch. Ob die Seele bei der Zeugung oder der Geburt entsteht, kann zwar Auswirkungen auf ethische Konzepte haben, aber für die Seele selbst ist der Unterschied gering.

- Die postulierte *Unsterblichkeit der Seele* ist ein platonischer Wesenszug. Alle monotheistischen Religionen zielen auf ein ewiges Leben, zumindest für die im Leben »gerechten« Menschen.
- Aristotelisch ist dann der Aspekt, dass das *Paradies in einem physischen Körper* erlebt wird. Allerdings gibt es im katholischen Christentum eine Zwischenphase zwischen dem Tod und dem Jüngsten Gericht, in welchem die Seele ohne Körper existiert – ein platonischer Aspekt. Im Protestantismus stirbt das Leib-Seele-Kontinuum, um dann am Jüngsten Tag als Leib-Seele-Kontinuum wieder »aufzuerstehen« und dann ewig zu leben.

Wesentlich im dualistischen Weltbild ist, dass die Seele zwar geschaffen wird, aber dann unsterblich ist.

Der Seelenbegriff im monistisch-pantheistischen Weltbild

Dieses Weltbild muss sehr umfangreich beschrieben werden, weil es auf einigen Vorstellungen basiert, die derzeit wenig bekannt sind. Wir wollen nun das schon im Kapitel 1 Begonnene weiterführen. Dort wurde der Gottes- und der Materiebegriff des monistisch-pantheistischen Weltbildes vorgestellt.

Der Materiebegriff ist dabei für das Verständnis des Seelenbegriffs zentral. Die Seele bildet sich stufenweise aus dem homogenen Urzustand der *Mulaprakriti*, der Wurzelmaterie. Alle Ebenen, abgesehen von der alleroberssten, sind materiell, aber wir nehmen nur die unterste dieser »stofflichen« Ebenen mit unseren Sinnen deutlich als Materie wahr. Die jeweils feinere Ebene enthält den Bauplan für die jeweils untere, gröbere Ebene. Die feineren Ebenen wirken auf die Materie wie Magnetfelder auf Eisenfeilspäne. Auf jeder Ebene bilden sich Strukturen, die man als eigene Lebewesen ansehen kann. Jedes physische Lebewesen besitzt somit in den höheren Ebenen immer Entsprechungen, also eigene feinstoffliche Körper.

Für die Vorstellung der Seele ergeben sich nun wichtige neue Perspektiven.

In diesem Weltbild hat ein Mensch nicht nur eine »Seele«, sondern mehrere. Somit wird der Begriff Seele durch andere genauere Begriffe zu ersetzen sein.

Sehen wir zunächst einmal ein aus dem antiken Griechenland stammendes, noch sehr einfaches Menschenbild an.

Die Seele im 3-teiligen Menschenbild

Sie können sich noch an die eingangs gestellte Frage »Woraus besteht der Mensch?« erinnern. Eine der genannten immer wieder anzutreffenden Antworten war: »Der Mensch besteht aus Körper, Seele und Geist.« Die Antworten hatten aber auch folgende Variante: »Der Mensch besteht aus Körper, Geist und Seele.« Meine darauf meistens folgende »unfaire« Frage war dann oft: »Was ist der Unterschied zwischen Seele und Geist?« Diese Frage ist nur bei sehr guter Kenntnis der griechischen Begriffe »Psyche« und »Nous« halbwegs beantwortbar.

Es gab natürlich auch Antworten, welche die Begriffe »Seele« mit den Gefühlen und »Geist« mit den Gedanken identifizierten, aber dies ist eine Interpretation aus der materialistisch-atheistischen Weltsicht.

Soma zeigt also unseren physischen Körper.

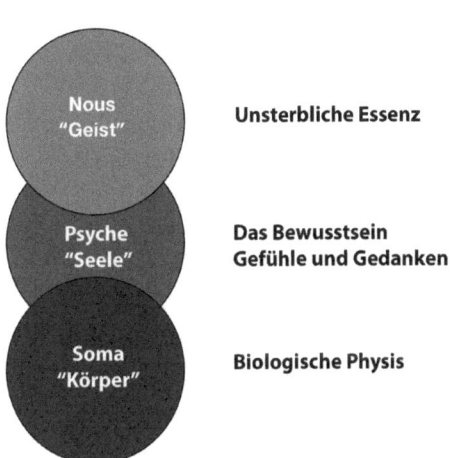

Abb. 3 Der »dreiteilige« Mensch
(Griechisches Konzept)

Die **Psyche,** die Seele, kann weitgehend mit unserem Bewusstsein identisch gesehen werden. Die Wissenschaft der Psychologie untersucht genau diesen Bereich. Interessant ist, dass die Psychologie zu den Naturwissenschaften und nicht zu den Geisteswissenschaften gehört. Aus der Sicht des monistisch-pantheistischen Weltbildes ist dies strukturell richtig.

Der Neuplatoniker Plotin bestimmt die Seele als »Bild des Geistes«, so wie der Geist selber als die eigentliche Fülle des Seins für ihn das »Bild des Absoluten« ist. Das Absolute, genannt das EINE, ist jenseits

des Seins und des Geistes. »Bild« bedeutet in diesem Zusammenhang
Sichtbarkeit, und zwar gemäß dem Bildbegriff Platons – die Versicht-
barung des an sich Unsichtbaren.

In der Seele tritt in Erscheinung, was im Geist, der All-Einheit des
Seins, unsichtbar und verborgen bleibt, nämlich die Vielheit des Sei-
enden. Die »Entfaltung« der in die Einheit des Geistes eingefalteten
Vielheit ist das Wesen der Seele.[20]

Nous, den Geist, kann man als den wirklich unsterblichen Teil des
Menschen verstehen. Er ist sehr viel schwieriger zu verstehen, weil er
die nicht oder kaum bewusste Essenz des Menschen ist. Dieser Geist
schafft aus sich heraus die Seele (Psyche). Er ist der Aspekt, aus dem
die Kraft der Manifestation kommt. Gleichzeitig ist er der Teil, der
noch nicht mit Bewusstsein beherrscht wird. Wir werden diesen Aspekt
etwas besser verstehen, wenn wir ein weiter differenziertes siebenteili-
ges Menschenbild behandeln.

Ein Kommentar zur neuplatonischen Sichtweise macht diese Art des
Denkens deutlich:

»Die Seele (gemeint ist die Psyche) ist bestimmt für Plotin
durch zwei Gesichtspunkte: sie ist zunächst aus dem Nous
(Geist) entstanden und hat die nächste Stellung hinter ihm; sie
ist ferner gekennzeichnet dadurch, dass sie, obwohl selbst im
intelligiblen Bereich fest verankert, dennoch eine Mittlerstel-
lung zwischen geistiger und wahrnehmbarer Welt einnimmt.
Diese Mittelstellung hat Plotin gekennzeichnet, wenn er die
Seele »Amphibion« nennt. (IV 8 (6) 4,31)[21]. Amphibion ist die
Seele, weil sie einerseits in ihrem Ursprung, dem Nous, verhar-
ren kann, andererseits dem Gewordenen, der Welt des Werdens,
sich zuwenden kann; sie lässt sich sozusagen als die Gelenkstel-
le zwischen zwei Welten begreifen; ihr Wesen ist durch *Ener-
geia* (Tätigsein, Wirklichkeit, Verwirklichung) gekennzeichnet, durch die Wirksamkeit an der Nahtstelle zwischen Nous
und Materie. Daher hat Plotin ihr Teilbarkeit und Unteilbarkeit
zugesprochen; wendet sich die Seele der Erscheinungswelt zu,
wird sie teilbar; wendet sie sich dem Nous zu, bleibt sie unteil-
bar.«[22]

Die Seele im 7-teiligen Menschenbild

In Indien ist das Menschenbild weiter differenziert. Hier gibt es unter anderem eine siebenteilige Einteilung. Man kann diese Einteilung in Ägypten und in Ansätzen (weil wir sehr wenig über diese Kulturen wissen) auch bei den altamerikanischen Kulturen erkennen.

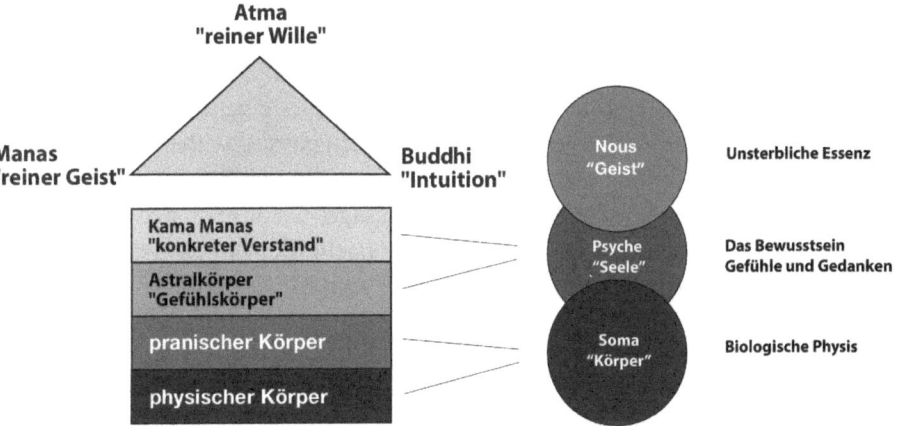

Abb. 4: Der »siebenteilige Mensch« (indisches Konzept) und der »dreiteilige Mensch« (griechisches Konzept)

Die Darstellung und die Begriffe lehnen sich an den pädagogischen Versuch von **Helena Petrovna Blavatsky** (1831 – 1891) an, diese indische Lehre darzustellen.[23]

Hier ist der Teil des Soma in zwei Teile aufgespalten. Die Psyche besteht ebenfalls aus zwei Teilen. Der geheimnisvolle dritte Teil, der Nous, ist in drei Teile geteilt.

Beginnen wir mit der Beschreibung wieder ganz unten:

Der physisch-ätherische Körper (Sthula Sharira)

Wenn wir den Zusatz »ätherisch« zunächst nicht besprechen, ist zu diesem Körper nicht viel weiter zu sagen. Wir brauchen uns nur irgendwo zu kneifen, dann wissen wir, worum es sich bei diesem Körper handelt. Es ist eine Art Roboter, der eine eigene Intelligenz besitzt, die es ihm ermöglicht, sich selbst zu »reparieren«.

Sthula bedeutet auf Sanskrit grob, grobschlächtig und *Sharira* bedeutet Fahrzeug. *Sthula Sharira* ist also das »grobe Fahrzeug«.

Alles, was physisch existiert, ist in diesem Weltbild von einem feinstofflichen Pendant gelenkt und organisiert worden. Darum gibt es nichts, aber auch gar nichts Unbelebtes. Da in dem monistischen Weltbild im umfassendsten Sinne alles Gott ist, erklärt sich die Unmöglichkeit von Unbelebtem auch daher. Alles lebt auf seiner eigenen Stufe mit seiner eigenen Art von Bewusstsein. Sogar ein Stein besitzt einen physisch-ätherischen Körper mit einer eigenen, sehr niedrigen Art von Bewusstsein. Leichter annehmbar wird diese Aussage, wenn man sich das Kristallwachstum eines Edelsteins vorstellt. Der Physisch-ätherische Körper hat damit einen Bezug zum Mineralreich.

Der Energiekörper (Prana Sharira)

Der Begriff *Prana* bedeutet in Sanskrit soviel wie Energie, im Sinne von Lebensenergie. *Prana Sharira* ist also das Energie-Fahrzeug, das Lebensfahrzeug. Es ist derjenige feinstoffliche Körper, der für unsere Lebensenergie verantwortlich ist. Aber ich möchte hier betonen, dass der Begriff Energie hier nicht so verstanden werden darf, wie Energie heute in der Physik verstanden wird. Energie gilt physikalisch als Fähigkeit, Arbeit zu leisten. Energie ist in der Physik keine Substanz.

Prana besitzt hier aber eine feine Art von Stofflichkeit. Prana muss als feinstoffliche Materie verstanden werden, die möglicherweise sogar ein kleines, aber messbares Gewicht hat. Dieser Körper ist daher derjenige, der am leichtesten bewiesen werden kann. Die monistische Lehre sagt, dass Pflanzen momentan den pranischen Körper entwickeln.

Von diesem Körper wissen wir aus der indischen Philosophie einiges. Es gibt Informationen über die Organe dieses Körpers, die als Chakras bekannt sind. »Chakra« bedeutet Rad, das nach der indischen Lehre in Bewegung gesetzt werden muss, wodurch besondere Energien freigesetzt oder latente Sinne und Fähigkeiten in Gang gesetzt werden können.

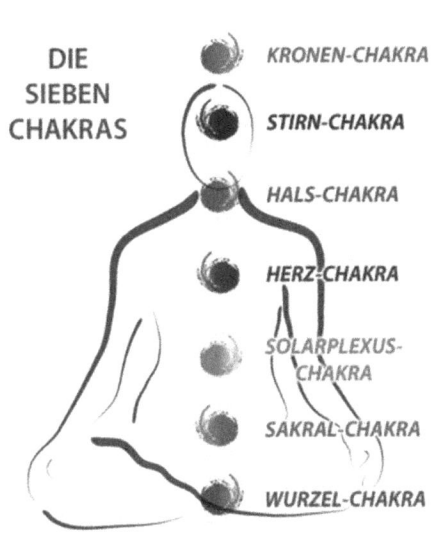

DIE
SIEBEN
CHAKRAS

KRONEN-CHAKRA

STIRN-CHAKRA

HALS-CHAKRA

HERZ-CHAKRA

SOLARPLEXUS-
CHAKRA

SAKRAL-CHAKRA

WURZEL-CHAKRA

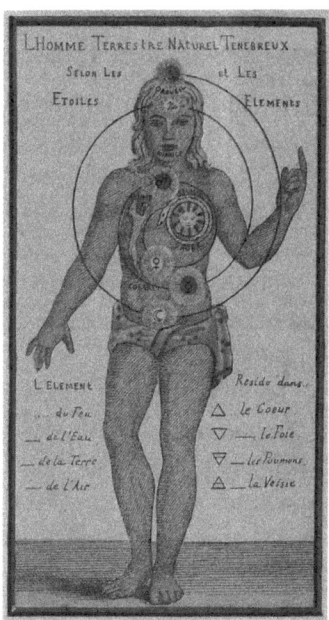

*Abb. 5: Links: Bild von den Chakras des pranischen Körpers,
Rechts: Als Beweis, dass das Thema auch schon in der frühen Neuzeit in Europa
bekannt war, die Darstellung der sieben Chakras, publiziert 1720 im Werk*
Theosophia Practica *von Johann Georg Gichtel.*

Der Pranische Körper wird äußerlich so dargestellt wie der Physische
Körper. Er wird als um ein, zwei Millimeter größer als der Physische
Körper beschrieben.[24]

Meist schreibt man diese Lehre den Indern zu. Aber interessanterweise finden wir sie im 17. Jahrhundert auch in Deutschland. Das Bild
von **Johann Georg Gichtel** (1638 – 1710), einem deutschen Theologen, Juristen, Mystiker und Spiritualisten, zeigt, dass die Lehre von
den Chakras in Europa zumindest in kleinen Kreisen bekannt war.
Von Gichtel, der ein sehr asketisches Christentum forderte, werden
verschiedene visionäre und wunderbare Erlebnisse berichtet, die an die
Fähigkeiten mancher indischer Yogis erinnern.[25]

Der Astralkörper (Linga Sharira)

Der Name Astralkörper kommt vom lateinischen *astrum*, d. h. Stern. Dieser Begriff wurde gewählt, weil dieser Körper aus sich heraus strahlt. Der Sanskrit-Begriff *linga* bedeutet Zeichen oder Form. Linga Sharira kann also als das »formgebende Fahrzeug«, als der »Doppelgänger« bezeichnet werden.

Der Astralkörper wird auch immer wieder als Fahrzeug der Gefühle bezeichnet. Es ist das Fahrzeug, welches das Tierreich im Moment entwickelt.

Seine Form wird von alten Quellen als eiförmig beschrieben. Dieses Ei kann man sich 30 bis 70 cm über die Außenkontur des physischen Körpers hinausreichend denken.

Dieser Astralkörper besitzt auch Organe, die man ebenfalls Chakras nennt. Die Chakras des Astralkörpers sind im Gegensatz zu denen des pranischen Körpers aber kaum bekannt. Wahrscheinlich liegt das vor allem daran, dass ihre Funktionen sich erst nach der Aktivierung der Chakras des pranischen Körpers zeigen können.

Der niedere Mentalkörper (Kama Manas)

Der Sanskrit-Begriff *kam* bedeutet so viel wie Wünsche, Begierden, Anziehung. Wir kennen diesen Begriff von dem indischen *Kama Sutra*, dem Buch über die indische Liebeskunst. *Manas* bedeutet Geist. Dieser Begriff ist die Wurzel für den Begriff Mensch (vgl.: Germanen, Normannen – »Nordmenschen«). Beim englischen *man* für Mensch hat sich das »a« erhalten, aber das »s« ist verschwunden. Die Bedeutung als »Geist« ist noch in den Begriffen »mental« und im lateinischen *mens* für Verstand erhalten.

Der Kama Manas, also der »Wunschgeist«, ist das dem Menschen eigene »Fahrzeug«. Hier geht es um den konkreten Verstand. Es ist jener Verstand, den auch ein Schimpanse (der einen Funken davon auch schon haben soll) nutzt, wenn er eine hoch hängende Banane durch Aufstapeln von Kisten erreicht. Der gleiche Verstand, im Menschen höher entwickelt, ist dann in der Lage, einen Satelliten zum Pluto zu schicken, um von dort Fotos zu erhalten.

Dieser Körper wird als kugelförmig und noch größer als der Astralkörper beschrieben. Er wäre erst etwa zur Hälfte entwickelt. Daraus lassen sich noch interessante Entwicklungsmöglichkeiten für die Menschheit ableiten.

Der reine Geist (Manas)

Nun kommen wir zu einem »Körper«, der eigentlich die Zukunft darstellt, aber aus geheimnisvollen Gründen schon als Funke im Menschen vorhanden sein soll. Man kann ihn also gar nicht als Körper bezeichnen. Darum fehlt hier der Begriff »*sharira*« (Fahrzeug).

Dennoch ist etwas da, das uns über das niedrig Menschliche hinausheben kann. Man kann diesen Funken wohl dafür verantwortlich machen, dass der Mensch philosophieren und so abstrakte Materien wie Mathematik entwickeln kann. Er vermag sich Fragen über seinen Ursprung und über die Idee »Gott« zu stellen. Das können die Tiere nicht.

Hier fällt mir eine nette Geschichte aus meiner Studienzeit ein: Univ. Prof. Franz Moser, von der Technischen Universität Graz, pflegte bei Vorträgen manchmal seinen Hund Igor als ein äußerst intelligentes Tier zu beschreiben, das genau wusste, wie er sein Herrchen dazu brachte, spazieren zu gehen oder den Kühlschrank zu öffnen, um etwas Fressbares zu bekommen. Prof. Moser hat dann aber auch geklagt, dass es ihn traurig mache, weil sein Hund das für ihn zum Verständnis der Welt so Wichtige völlig ignoriere, dass das für Igor gar nicht existieren würde. Die Zuhörer waren dann immer ganz gespannt, was wohl so wichtig wäre, dass es Igor kennen sollte. Der Professor sagte dann verschmitzt: »Die Differenzialgleichung.« Da wir an der Technischen Universität waren, konnten wohl die meisten Zuhörer von sich sagen, dass sie zumindest eine Ahnung von Differenzialgleichungen hätten. Aber ich erinnere mich, dass das Lachen des Auditoriums trotzdem etwas betreten klang; und der Nachsatz von Professor Moser bezog sich dann immer darauf, dass möglicherweise genauso wie Igor die Differenzialgleichung wir den Begriff »Gott« nicht erfassen könnten.

Sehr interessant in Bezug auf das fünfte Prinzip Manas sind hier viele Mythen aus den verschiedenen Kulturen. Man denke an den griechischen **Prometheus-Mythos**. Prometheus hatte den Göttern das Feuer gestohlen, um es den Menschen zu bringen. Dafür wurde er von

den Göttern bestraft und an den Kaukasus gebunden. Der Adler des
Zeus fraß ihm jeden Tag die immer nachwachsende Leber weg, bis
ihn schließlich Herakles als Symbol für den halbgöttlichen Menschen,
der die Göttlichkeit erringt, befreite. Alte indische Überlieferungen
erklären dazu, dass diese Entwicklung nicht vorgesehen war und von
einem höheren Wesen als Geschenk und Entwicklungsschub für die
Menschen früher als geplant übertragen wurde.[26]

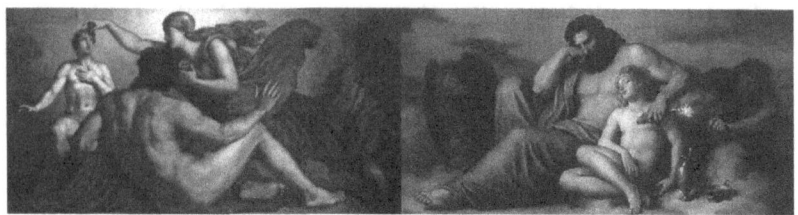

*Abb. 6: Links: Prometheus, der den Menschen aus Ton geformt hatte, beobachtet,
wie Athene ihm den Verstand gibt. Rechts: Prometheus stiehlt Zeus das Feuer und
bringt es den Menschen; beide Gemälde von Christian Griepenkerl (1839 – 1916).*

Auch in der *Bibel* gibt es Stellen, die dahingehend interpretiert werden
können: Im *Alten Testament* ist in *Genesis* 2,9 in der **Paradies-Er-
zählung** von zwei Bäumen zu lesen, dem »Baum des Lebens« (Symbol für Kama Manas, den niederen Mentalkörper) von dem Adam und
Eva essen dürfen, und dem »Baum der Erkenntnis von Gut und Böse«
(Manas, der höhere Mentalkörper), von dem die beiden nicht essen
dürfen, da dies den Verlust des Lebens[27] oder des ewigen Lebens[28] zur
Folge hätte. Angeleitet von der Schlange am Baum, also einer »senkrechten Schlange«, die in Ägypten und bei den antiken Völkern immer
ein Weisheitssymbol war, wurden sie sich ihrer Unwissenheit bewusst.
Dies ist aber ein für die weitere Entwicklung wesentliches Wissen,
denn zu wissen, was man weiß oder nicht weiß, ist Zeichen eines großen Entwicklungssprungs. Adam und Eva wurden dann aus dem Paradies vertrieben. Wir haben hier also eine Parallele zur Bestrafung des
Prometheus. Die Menschen, Adam und Eva, müssen nun zwei Entwicklungen, jene des »konkreten Verstandes« (Kama Manas) und jene des
»reine Geistes« (Manas), parallel machen – und das ist anstrengend,
ein täglicher Kampf.

Im *Neuen Testament* ist dieser mentale Funke, der Funke der fünften Ebene, mit Pfingsten, dem Fest verbunden, bei welchem der Heilige Geist (Manas) vom Menschen empfangen werden kann. Pfingsten, das Fest, das immer fünfzig Tage nach Ostern stattfindet, wird in Italien *pentecoste*,»Der fünfzigste Tag«, genannt. Da Manas das 5. Prinzip ist, erklärt sich die Zahl 50. In den künstlerischen Darstellungen tragen die Menschen, die den Heiligen Geist empfangen haben, Flämmchen über den Köpfen. Dies ist ein Zeichen für die inspirierende Kraft des zwar angekommenen, aber nicht voll entwickelten Denkprinzips Manas.

Buddhi (Intuition)

Nun kommen wir zu einem Prinzip oder einer Ebene, die der Mensch nach den Lehren der Inder noch nicht aktiviert hat. Es existiert hier kein individueller Körper. Der Begriff »Buddhi« stammt von der Sanskrit-Wurzel *budh*, wissen. Dies ist ein anderes Erkennen als wir schon auf den Ebenen Kama Manas und Manas hatten. Während Kama Manas ein konkretes, wunschorientiertes Denken und Erkennen ist und Manas, in seinen Anfängen, ein idealeres, abstrakteres und vor allem altruistisches Denken ist, so stellt Buddhi ein Erkennen ohne einen (umfangreichen?) Denkakt dar. Man kann es mit einem Sehen vergleichen. Darum wird Buddhi auch oft mit den Begriffen »sehen« und »Licht«, »Schau« oder »Intuition« beschrieben. Es hat möglicherweise mit der Fähigkeit der Konzentration auf eine Sache zu tun, und das Verstehen ergibt sich als einfache Folge daraus.

Wie man sieht, ist es nicht einfach, etwas zu beschreiben, das noch nicht entwickelt ist. Auch wenn der Vergleich etwas hinkt, kann man die Entwicklungsdifferenz von unserem derzeitigen Zustand zu einem Stand mit entwickeltem Buddhi mit der Differenz zwischen einer Pflanze und dem ebenfalls zwei Stufen höher stehenden Menschen vergleichen.

Buddhi entspricht mit dem folgenden Atma dem griechischen Nous, dem Geist, der die Essenz des Menschen darstellt.

Atma (Reiner Wille)

In Sanskrit bedeutet dieser Begriff »Selbst«, »inneres Selbst« oder auch »Seele«. Diese nun höchste Ebene dieser indischen Lehre über den Menschen ist fast unverständlich. Atma kann als höchste Essenz des Menschen, als seine Monade, verstanden werden. Wenn diese Essenz erreicht wird, dann kann sich die »Seele« wieder mit ihrem Ursprung verbinden. Die Inder nennen dieses Aufgehen in eine noch höhere Ebene »Nirvana«.

Proklos (411 – 485), der letzte große Neuplatoniker, hat dies auch entsprechend ausgedrückt:

>»Die Seele kann zu ihrem göttlichen Zustand zurückkehren, nachdem sie von irdischen Wünschen rein geworden ist. Ihre Vernunft und ihr freier Wille müssen an den Leiden teilnehmen, die zur materiellen Welt gehören, bis sie frei wird von Begierde und Wissen erlangt hat. Nur zu diesem Zweck kleidet sie sich in eine physische Form. Je mehr sie sich von sinnlichen Trieben befreit, umso höher kann sie steigen.«[29]

Diese Auflösung des individuellen Ichs erfordert eine besondere Form des Willens, die Bereitschaft zur Auflösung des individuellen Ichs, die notwendige Voraussetzung für das Eingehen ins Nirvana. Darum wird Atma auch mit der Bezeichnung »Reiner Wille« beschrieben.

Diese Aufzählung der sieben Ebenen mag manchem Leser eigenartig oder sehr fremd vorkommen. Dies ist in unserer heutigen vorwiegend materialistisch-atheistischen Umwelt auch sehr verständlich. Dass es sich bei dieser Aufzählung (in der einen oder anderen Form) jedoch um eine in der Antike weit verbreitete Lehre handelt, sei hier betont. Sogar im Mittelalter tauchen verschiedene Hinweise auf, die mit im Verborgenen arbeitenden und lehrenden Gemeinschaften wie den Rosenkreuzern oder den Alchemisten in Beziehung stehen.

Ich möchte noch erwähnen, dass das Schema des »siebenteiligen Menschen« sehr praktisch ist. Es bietet die Möglichkeit, viele Phänomene sehr anschaulich zu erklären. In der Medizin zum Beispiel finden wir eine Fülle von Heilmethoden, die nicht in das materialistisch-atheistische Schema passen und für die es darum keine plausible Erklärung gibt. Auch hier ermöglicht das Modell der Siebenteiligkeit des Menschen Erklärungsansätze, die für eine weitere Erforschung sehr hilfreich sein könnten.

Die Seele und die jüdische Kabbala

Die Kabbala ist die Geheimlehre des Judentums. Wir haben die monotheistische jüdische Religion dem dualistisch-theistischen Weltanschauungstyp zugeordnet. Die Beschäftigung mit der Kabbala zeigt aber, dass es im Judentum eine tiefere Lehre gab und gibt, welche die wesentlichen Aspekte des monistischen Systems beinhaltet. Die Kabbala besitzt ein zehnteiliges System, das sich mit dem neuplatonischen System sehr gut vergleichen lässt.

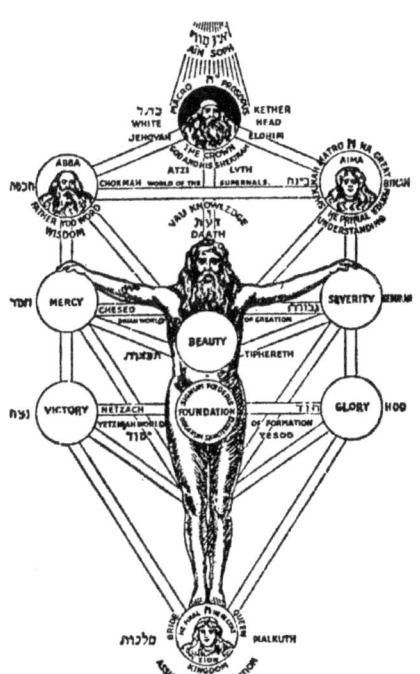

Die Lehre von Adam Kadmon

In der jüdischen Überlieferung gibt es das Symbol des ADAM KADMON, des himmlischen Menschen. Es zeigt die gesamte Schöpfung. Dargestellt wird dies mittels der zehn Sephiroth, der zehn Dimensionen des Seins, der zehn Sphären oder auch der zehn Elemente.

Abb. 7: Die zehn Sephiroth. Der eingezeichnete Mensch umfasst nur die unteren sieben Stufen. Die drei darüberliegenden beziehen sich auf »übermenschliche« Sphären.

Bekannt sind die zehn Sephiroth aus dem *Sepher Jetzira*, dem *Buch der Schöpfung* oder *Buch der Formung* aus dem 6. Jahrhundert. Im 16. Jahrhundert hat dann **Isaak Luria** (1534 – 1572) die umfangreichste Bearbeitung hinterlassen.

Von oben nach unten stellen die zehn Sephiroth die Emanation des AIN SOPH dar, das man mit dem neuplatonischen EINEN identifizieren kann. Auch im Neuplatonismus hat man über die sieben Ebenen der konkreten Schöpfung noch die drei solaren Logoi (die oberste Manifestationen des Seins) gestellt und damit eine Schöpfung mit zehn Ebenen erhalten.

Dieses Beispiel zeigt, dass auch in einer monotheistischen Religion die Idee von den sieben Ebenen des Menschen vorhanden war, und damit sehr differenzierte Vorstellungen von verschiedenen Seelenteilen.

Die Entwicklungsstufen des Menschen und des MENSCHEN

Der Titel mit den beiden Begriffen, einmal klein- und einmal großgeschrieben, erklärt sich aus dem Unterschied, wie man den Begriff begrenzt. Die materialistisch-atheistische Weltsicht sieht im Menschen oft lediglich das intelligente »Tier«. Da ist die Fantasie, was das Menschsein bedeuten kann, nicht sehr groß. Das dualistisch-theistische Weltbild sieht den Menschen als von Gott geschaffen. Da die Lehre keine Idee einer Entwicklung oder Evolution beinhaltet, ist das Menschenbild statisch, mehr oder weniger auf den Zustand bezogen, wie der Mensch heute ist. Es gibt aber ein besonderes Heil im Jenseits oder nach einer Entscheidung wie dem »Jüngsten Gericht«, je nach Interpretation, sogar ein Leben mit Körper in einer Art Paradies.

Das monistische-pantheistische Weltbild sieht die bisherige Entwicklung des MENSCHEN mit dem Mineralreich beginnen, stufenweise über das Pflanzenreich und das Tierreich gehen, um schließlich zum Menschenreich zu gelangen. Aber damit ist die Entwicklung noch nicht beendet.

Wir sehen in der Abbildung 8 die Entsprechung zwischen den verschiedenen Körpern, dem grobstofflichen und den verschiedenen feinstofflichen Körpern. Interessant ist, wie die antiken Kulturen diejenigen Menschen bezeichneten, die am weitesten entwickelt waren, die Vorbilder in der jeweiligen Kultur waren. Sie nannten sie Helden und

Halbgötter. Sie sahen ihre Kulturen auch stark von jenen Persönlichkeiten gebildet oder geprägt, weil diese sich ganz dem Dienst an die Gemeinschaft gewidmet hatten. Sie ragten durch ihren besonderen Altruismus hervor.

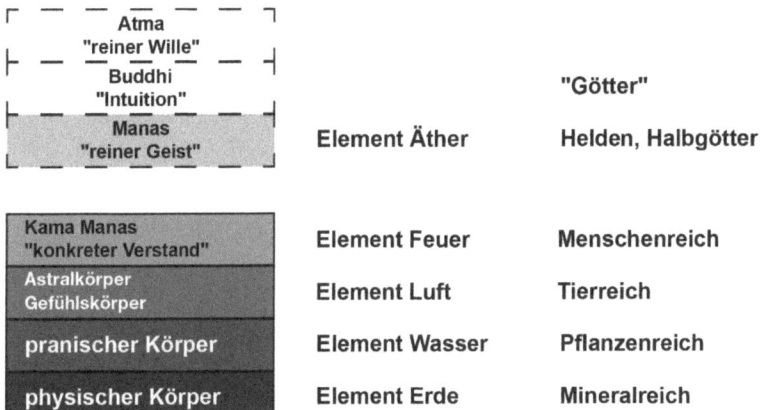

Abb. 8: Siebenteilige Einteilung des Menschen und die Entsprechungen zu den Elementen, (die in dieser Interpretation schon ab dem Element Wasser feinstofflich sind), und den Naturreichen.

Über den Helden und Halbgöttern gab es in der Antike noch die menschlichen Götter. Dieses Konzept wurde besonders in Ägypten umgesetzt. Dieser Götterbegriff bezog sich auf »sterbliche« Menschen, wobei hier nur die Körper als sterblich betrachtet wurden. Diese Götter könnten wir als Weise, als höchste Eingeweihte bezeichnen, die in ihrem Betragen, in ihrem Sein das Menschliche so weit abgelegt hatten, dass sie als weit über den normalen Menschen betrachtet wurden.

Damit ist der Mensch in eine Evolutionslinie eingebunden, die bei den Mineralien beginnt, über die Pflanzen und Tiere reicht und schließlich in eine unvorstellbare Höhe geht, die ihn irgendwann mit dem Göttlichen verbindet. Dies ist eine Vorstellung, die jedem Leben, ja jeder Sekunde eines Lebens eine Vision, eine Zielsetzung geben kann. Wichtig ist dabei auch das Bewusstsein, dass alles, was man erlebt, was um einen herum passiert, Sinn hat und alles in eine große Vision eingebunden ist.

Auch wenn wir diese Haltung in der Antike nur in einigen heiligen Büchern nachweisen können, ist sie integrierter Bestandteil der Lehren, die durch Jahrtausende zumindest einigen Menschen nachweislich übertragen wurden, so dass man annehmen kann, dass immer wieder auch politische Entscheidungen von derartigen Einstellungen beeinflusst wurden.

Wir erahnen auch den politischen Willen, Ausbildungsinstitutionen aufrechtzuerhalten, die derartige Lehren weitergeben.

Kapitel 3

Die Seele und der Tod

Zum Verständnis der Seele gehört auch die Kenntnis über das Wesen des »Todes«. Wie kann die Idee der Unsterblichkeit mit der Idee des Vergehens und der Auflösung verbunden werden?

Auch die Vorstellungen über den Tod und was danach mit der Seele »passiert«, kann mittels der drei Weltanschauungstypen gegliedert und systematisiert werden.

Besonders erhellend ist die Analyse des Todesprozesses im Konzept der siebenteiligen Gliederung des Menschen. Hier müssen auch die subtilen Körper, die Gefühls- und mentalen Aspekte, aufgelöst und erneuert werden.

Daraus ergeben sich dann interessante Strategien und Ansätze für den Beweis der Existenz von Seelen.

Die Seele und der Tod

1 Der Tod in der heutigen Wissenschaft (materialistisch-atheistisches Weltbild)

In diesem Weltbild gibt es den Tod im wahrsten Sinne des Wortes.

Der (Gehirn)-Tod ist das unwiderrufliche Ende des Bewusstseins.

"Leben wird als etwas betrachtet, das allein durch absichtslose physikalische Vorgänge entsteht."
(Jesse Bering)

2 Der Tod in den mono-theistischen Religionen (dualistisch-theistisches Weltbild)

Der Tod bedeutet meist die Trennung der unsterblichen Seele vom nicht mehr lebensfähigen Körper.

Auch das Jenseits ist dual. Es gibt einen Himmel für das "ewige Leben" und Hölle für die "ewige Verdammnis". Der Himmel, das ewige Paradies, kann aber auch die Erde sein, auf der dann keinerlei Böses existiert.

Was passiert jenseits der Schwelle?

3 ### Der Tod in der östlichen Philosophie und in der Antike (monistisch-pantheistische Weltbild)

Das, was wir Tod nennen, ist die Abtrennung der feinstofflichen Körper (Seelenaspekte) vom verbrauchten physischen Körper. Dieser löst sich dann auf. Die Erfahrung des Lebens ist in den feinstofflichen Ebenen gespeichert. Die Erde kann man sich als Fitnessraum für die Seele vorstellen. Die Seele braucht zu "Trainingszwecken" die Erfahrung in der grobstofflichen physischen Welt. Dafür dient die **Wiedergeburt (Reinkarnation).**

Das Ziel der menschlichen Entwicklung ist, sich aus diesem Rad der Wiedergeburt zu befreien und in einen wesentlich höheren Bewusstseinszustand zu gelangen, der dann nicht mehr reversibel ist.

Die vier Tode
Jeder der entwickelten Körper, inkl. der feinstofflichen, hat seine Lebenszeit – je feinstofflicher, desto länger. Da der Plan jedes Körpers auf der nächst feinstofflicheren Ebene gebildet wird, müssen sich die jeweils feinstofflicheren Körper vor den grobstofflicheren bilden und nach der Ab- und Auflösung des grobstofflicheren Körpers noch "weiterleben".

Der Tod im materialistisch-atheistischen Weltbild

In diesem Weltbild gibt es den Tod im wahrsten Sinne des Wortes. Dieses Weltbild versteht das Unbelebte als das Übliche. Das Leben ist die Ausnahme, die es in diesem Weltbild zu erklären gilt. Das macht verständlich, warum es in der materialistischen »Philosophie des Geistes« zentral darum geht, das Bewusstsein und damit das Leben zu erklären.

Wenn der Mensch nur aus Materie besteht, dann ist mit der Auflösung der Organisation des Körpers beziehungsweise des Gehirns auch die Illusion des Bewusstseins zu Ende. Da das Bewusstsein als Zufallsergebnis der Materie betrachtet wird, ist der Tod nur subjektiv von Bedeutung. Es mag dem einzelnen Menschen nicht gefallen, dass die Illusion des Lebens irgendwann zu Ende geht, aber da das Leben nur durch konkret materielle Strukturen, also den Körper, hervorgerufen wird, ist im Falle des Endes der Lebensfunktion des Körpers die völlige Auflösung des Bewusstseins eine unvermeidliche Folge.

Aber dieser Tod ist auch nicht wirklich schlimm, denn ist es für uns schlimm, im Tiefschlaf zu sein? Für viele Menschen ist dieser Zustand des bewusstlosen Tiefschlafes etwas sehr Angenehmes.

Hier mag noch der griechische Mythos über Ödipus angefügt werden. Der alte und blinde Ödipus fragt einen weisen Kentaur, was das Beste im Leben sei. Dieser antwortete: »Nicht zu leben, nicht zu sein.« Darauf sagte Ödipus: »Na gut, was ist das Zweitbeste.« Der Kentaur antwortete kurz: »Bald zu sterben.« Die erste von dem Kentaur vorgeschlagene beste Lösung existiert nur im materialistisch-atheistischen Weltbild, zumindest nach dem Tod.

Der Tod im dualistisch-theistischen Weltbild

Wesentlich für die Religionen, die das dualistisch-theistische Weltbild prägen, ist die Vorstellung, dass dem Körper eine genau für ihn geschaffene unsterbliche Seele bereitsteht. Dann existiert der Tod (mit Ausnahme des Protestantismus) nur für den Körper, nicht aber für die Seele. Und was nach der Trennung der Seele vom Körper geschieht, darüber gibt es einige unterschiedliche Varianten.

Es existieren in allen dualistischen Systemen unterschiedliche Interpretationsarten. So können die Phasen im Jenseits sehr konkret dargestellt sein oder sie werden als reine Bewusstseinszustände der Seele interpretiert.

Grundsätzlich führt das Leben im Jenseits immer zu einem stabilen Zustand:

- entweder in ein geistiges Paradies (und vielleicht eine Art Hölle)
- oder in ein materielles Paradies, in welchem Seele und Körper auf ewig vereint sind,
- oder auch in eine zyklische Wiederkehr auf Erden (Reinkarnation) mit einer abschließenden Vereinigung mit Gott.

Hinweise auf die Wurzeln des dualistisch-theistischen Weltbilds im monistisch-pantheistischen Weltbild

Der reine Dualismus und damit die Reduktion der Götterwelt auf einen einzigen Gott ergab sich mehrheitlich durch einen Machteinsatz. Die älteste monotheistische Religion geht auf den ägyptischen Pharao **Amenophis IV.** (1353 – 1336 v. Chr.) zurück. Er installiert den Aton-Kult, indem er die Macht der thebanischen Amon-Priester (zeitweilig) brach, die Hauptstadt Ägyptens verlegte und sich fortan **Echnaton** nannte.

Im **Christentum** war die Reinkarnationslehre zu Beginn etabliert. Der Umschwung geht auf einen Machteingriff des oströmischen Kaisers Justinian I. (527 – 565) zurück. Er erließ 553 ein kaiserliches Edikt, in dem die Präexistenz von Seelen zurückgewiesen wird und alle Anhänger dieser These verflucht werden. Die Verfluchung erkennt man im folgenden Zitat an dem Begriff »Anathema« (Verfluchung):

»Wenn jemand sagt oder meint, die Seelen der Menschen präexistieren, sie seien zuvor nämlich Geister und heilige Kräfte gewesen, haben dann über die göttliche Anschauung überdrüssig sich zum Schlimmeren gewendet, und seien, weil dadurch die göttliche Liebe erkaltet sei, Seelen genannt und zur Strafe in Leiber hinuntergeschickt worden, so sei er Anathema.«

»Wenn jemand sagt und meint, die Strafe der Dämonen und der gottlosen Menschen sei eine zeitliche und werde einmal ein Ende haben, mit anderen Worten es werde eine Apokastasis (Wiederherstellung, man kann dies hier als Umschreibung der Reinkarnationsidee deuten.) der Dämonen und der gottlosen Menschen eintreten, so sei er Anathema.«[30]

Im **Judentum** taucht das Reinkarnationsthema (auf Hebräisch *Gilgul*) abgesehen von einigen sehr vagen Andeutungen in der *Thora* erst bei den jüdischen Mystikern, vor allem ab dem 13. Jahrhundert als Wiedergeburt der Seele und ihrem Neueintritt in den physischen Körper auf.[31] Dort heißt es:»Alle Seelen gehen durch die Prüfung der Seelenwanderung.«

Im **Islam** wird der Reinkarnationsgedanke heute von den orthodoxen Moslems kategorisch abgelehnt, obwohl sogar im Koran steht»Gott erzeugt Wesen und sendet sie immer wieder zurück, bis sie zu ihm zurückkehren.« Trotzdem vertreten auch heute noch einige islamische Gruppierungen eindeutig Positionen, die das Konzept der Wiedergeburt problemlos in ihr spirituelles Weltbild integrieren. Daher beziehen sich etwa die Sufi-Meister oftmals auf den 26. Vers der 2. Sure im Koran:
»Wie könnt ihr Gott verleugnen, wo ihr tot wart und Er euch lebendig gemacht hat? Dann lässt Er euch sterben und macht euch wieder lebendig, und dann werdet ihr zu Ihm zurückgebracht.«[32]

Die Reinkarnationslehre oder Reinkarnationshypothese deutet auf die Ursprünge dieser Religionen in der Antike mit ihrem weitgehend monistisch-pantheistischen Weltbild hin. Der moderne Mainstream in allen drei monotheistischen Religionen teilt die Reinkarnationshypothese jedoch nicht.

Die vorherrschenden Vorstellungen im dualistisch-theistischen Weltbild über den Tod

Im **Judentum** durchläuft die Seele in ihrer nachtodlichen Reise verschiedene Stadien und erlebt dabei die Qualen des Fegefeuers ebenso wie die Glückseligkeit des Paradieses. Das Fegefeuer (hebr. *Gehenna*) und auch das Paradies dient der Reinigung der Seele von verletzenden Taten, unfreundlichen Worten, destruktiven Gedanken, schädlichen Einstellungen und negativen Gefühlen wie Hass, Aggression, Wut Furcht, Feindseligkeit, Scham, Schuldgefühle, Ängste, Habgier, Geiz, Stolz, Eifersucht, Rache und anderem mehr. Der Weg ins Fegefeuer

beginnt mit einem Lebensrückblick. Hier wird eine Art »Reinigungs-
bedarf« ersichtlich.

Das Fegefeuer umfasst sieben Bereiche. Die mystische Überlieferung
im *Sohar* (IV, 150b) sagt:

> »[Das Fegefeuer] hat sieben Tore, die sich zu sieben Wohnstät-
> ten hin öffnen; und ebenso gibt es sieben Arten von Sündern:
> Übeltäter, Wertlose, Sünder, Frevler, Spötter und die Arrogan-
> ten; ihnen entsprechen die Wohnstätten [im Fegefeuer], darin
> jeder seinen bestimmten Platz hat, je nach seinem Rang.«

Die Erklärungen bezüglich der Ebenen oder der Geographie des Fegefeuers strukturiert sich meist nach der Art der Verfehlungen im Diesseits. Diese Verfehlungen sind im Wesentlichen jene, die entstehen,
wenn Gebote aus den *Zehn Geboten* gebrochen werden.

Da das Fegefeuer die Funktion der Reinigung hat, ist die Verweildauer begrenzt. (Nur eine Minderheit vertritt die Möglichkeit einer ewigen
Verweildauer im Fegefeuer.)

Danach erfolgt der Eintritt in das Paradies, den Garten Eden oder
Gan Eden, wie er auf Hebräisch heißt. Man sollte sich dies aber nicht
als reale »Wohnstatt der Gerechten nach dem Tode vorstellen, sondern
mehr als einen Bewusstseinszustand. Es gibt hier die Auffassung eines
Paradieses in zwei Stufen – ein Unteres und ein Oberes Paradies.«[33]

Das Untere Paradies stellt eine Übergangsphase zum oberen Paradies
dar. Es hat die Aufgabe, den im Fegefeuer begonnenen Reinigungspro-
zess weiterzuführen. Dies allerdings in einem Zustand der emotionalen,
intellektuellen und spirituellen Glückseligkeit, die ihrer bisherigen Er-
rungenschaft entspricht.

Laut dem Sohar muss die Seele im Unteren Paradies noch eine weitere Prüfung bestehen und dabei die letzten Reste der irdischen »Stofflichkeit« ablegen, um ins Obere Paradies gelangen zu können.[34]

Beim Eintritt in das Obere Paradies erlebt die Seele einen zweiten
Lebensrückblick, offensichtlich aus einer höheren Perspektive. Hier
steht nicht das irdische Leben im Mittelpunkt, sondern das Leben der
Seele. (Dies könnte auch als Hinweis auf verschiedenen Inkarnationen
gedeutet werden, eine Vorstellung, die aber nur eine kleine Minderheit
teilt.)

»Die jüdischen Mystiker betrachten das Obere Paradies als eine Welt transzendenter Glückseligkeit, in der die Seele den emotionalen, intellektuellen und spirituellen Lohn erhält, den sie verdient. Jede gerechte Seele wohnt auf derjenigen Ebene des Oberen Paradieses, die ihren Verdiensten entspricht. Dies ist der Lohn, den sie für die Werke, Worte und Gedanken während ihres letzten physischen Daseins auf der Erde angesammelt hat. Jede Seele findet hier weitere verwandte Geister: Sie sind liebevoll, mitfühlend, edel, mutig und demütig.

Im Oberen Paradies lässt jede Seele die Wünsche, Bindungen und Gefühle aus ihrem letzten Leben hinter sich und erfährt ganz ohne Streit, Schuldgefühle, Bitterkeit oder Konkurrenzdenken die Freuden des Lernens und Meditierens über die göttliche Harmonie und die Geheimnisse des Kosmos. Gleichgesinnte Seelen kommen in der *Himmlischen Akademie* zusammen, wie die Mystiker sie bildhaft nennen. Dort erlangt jede Seele eine erhabene, beglückende Erkenntnis Gottes. Der Ewige kommt täglich in die Himmlische Akademie und lässt die Seelen, die sich dort aufhalten, an der Göttlichen Weisheit teilhaben. Diese Seelen, so sagen die jüdischen Weisen, schöpfen große, fast unvorstellbare Freude daraus, dass sie Gott nahe sind.«

Im **Protestantismus** – eine Ausnahme bei den dualistischen Religionen – stirbt das gesamte Leib-Seele-Kontinuum, um dann am Jüngsten Tag als ewig lebendes Leib-Seele-Kontinuum wieder gemeinsam aufzuerstehen. Interessant ist dann das folgende ewige Leben mit Körper und Seele. Wenn der Körper ernährt werden muss, dann lebt er in Zukunft vom Tod jener Lebewesen, die die Nahrung bieten. Somit gibt es nach dem Jüngsten Tag auch den Tod, zumindest für die für die Ernährung des Menschen notwendigen tierischen und pflanzlichen Spezies.

Im **Katholizismus** ist es sehr ähnlich, allerdings mit dem Unterschied, dass die Seele in der Zeitspanne zwischen dem Tod des Körpers und der Auferstehung im reinigenden »Fegefeuer« weilt. Der in Bibelübersetzungen gebrauchte Begriff »Hölle« ergibt sich aus Übersetzungen der hebräischen Begriffes »Scheol«, das man auch als Totenreich übersetzen könnte, und auch des griechischen Begriffes »Hades«, ebenfalls als Totenreich übersetzbar. Die Vorstellung, dass eine Ewige Verdammnis möglich sein könnte, leitet sich demnach nicht aus der Antike ab, sondern ist erst im Mittelalter eingebracht worden.

Das Phänomen der Auferstehung, als Form des ewigen Paradieses, hat im Katholizismus dieselben Vorstellungsprobleme wie im Protestantismus.

Im **Islam** sind die Vorstellungen zu Himmel und Hölle den christlichen sehr ähnlich. Es gibt auch ein jüngstes Gericht, und die Vorstellung des Himmels ist »körperlich«. Der Himmel *Djanna* (arabisch: *Garten*) ist wie in vielen anderen antiken Kulturen mit der Vorstellung eines paradiesischen Gartens verbunden:

- Das keltische **Avalon** ist ein Apfelgarten.
- Der griechische **Garten der Hesperiden** liegt auf einer Insel im Westen, auf der goldene Äpfel wachsen.
- Der christliche **Garten Eden** zeichnet wahrscheinlich das fruchtbare Zweistromland nach.

Auch hier tauchen, wie im Judentum, verschiedene Ebenen im Himmel wie auch in der Hölle auf. Damit passt sich das Jenseits an die verschiedenen Bewusstseinszustände der Menschen an. Dies sind Anklänge, die man ebenfalls aus den antiken monistisch-pantheistischen Vorstellungen kennt.

Die vier »Tode« im monistisch-pantheistischen Weltbild

Um den Tod im monistisch-pantheistischen Weltbild verständlich zu machen, beginnen wir gleich mit dem differenzierten siebenteiligen Menschenbild. Hier gibt es mehrere »Tode«.[35] Da die »Körper« als Fahrzeuge betrachtet werden, ist der Tod lediglich die Trennung vom jeweils niedrigeren materiellen Fahrzeug.

Die nachfolgende Darstellung entspricht dem Bild, das der Autor in mehreren Jahrzehnten vergleichenden Studiums von verschiedenen Berichten über das Jenseits gewonnen hat. Die Quellen für Jenseitsberichte sind sehr vielfältig. Man kann sie grundsätzlich ablehnen, was der materialistisch-atheistischen Weltsicht entsprechen würde. Man sollte sie jedenfalls immer kritisch betrachten. Die Fülle der Berichte zeigt allerdings Leitlinien, die es ermöglichen, sich ein grobes Bild über das Jenseits zu machen.

Für persönliche Studien seien folgende Quellen angegeben:

- **Mullin, Glenn H.**: *Die Schwelle zum Tod – Sterben, Tod und Leben nach tibetischem Glauben*; ein Beispiel für tibetische Literatur.
- **Besant, Annie**: *Uralte Weisheit*; das Buch von Annie Besant ist das wohl aussagekräftigste Beispiel aus der theosophischen Literatur.
- **Kardec, Allan**: *Buch der Geister* und *Buch der Medien*; Allan Kardec ist das Pseudonym des französischen Spiritisten Hippolyte Léon Denizard Rivail (1804 – 1869). Er nahm nach anfänglicher Skepsis an einer spiritistischen Sitzung teil, bei der sich ein Tisch in die Luft erhob. Da er selbst kein Medium war, begann er Fragenlisten zusammenzustellen und diese Fragen in Zusammenarbeit mit verschiedenen Medien Geistern zu stellen. Die Antworten sind mit den Schilderungen von Annie Besant gut vereinbar.

Es geht dabei nicht um Details, sondern um prinzipielle Ideen, wie man sich die verschiedenen Ebenen des Jenseits vorstellen könnte.

Der **1. Tod** ist der **Tod des physischen Körpers**. Mit dem Aussetzen des Herzschlages und der Hirnfunktion trennt sich der pranische Körper mit allen anderen Körpern vom physischen Körper. Da man sich in dieser Weltanschauung aber nicht mit dem physischen Körper identifiziert, sondern vielmehr mit den höheren feinstofflicheren Ebenen, trennt sich eigentlich der physische Körper von den höheren, feineren Aspekten des Menschen. Man könnte auch sagen, dass die Willensenergie des physischen Körpers verbraucht ist und er damit nicht mehr in der Lage ist, die Verbindung zu den höheren Körpern aufrechtzuerhalten.

Der physische Körper besitzt – wie oben schon erwähnt – einen »Zwilling«, den pranischen Körper, der ohne seinen »Bruder« nicht lange überleben kann. Der **pranische Körper** trennt üblicherweise innerhalb von etwa einer Woche ebenfalls von den höheren Fahrzeugen.

Dies ist der **2. Tod**. Bis zu dieser Trennung ist es prinzipiell möglich, den physischen Körper wieder an die höheren Fahrzeuge anzudocken, wie wir es vom Erwachen aus dem Scheintod kennen.

In der Zeit zwischen dem 1. und 2. Tod ist das Bewusstsein dem normalen Bewusstsein im Leben sehr ähnlich. Es fehlt nur der physische Körper und damit die Fähigkeit, mit den Lebenden, man sollte besser sagen mit den Menschen mit physischem Körper, in Kontakt zu treten. Aber dies stimmt auch nicht ganz, denn viele Menschen berichten, dass sich soeben Verstorbene bei sehr nahestehenden Angehörigen meldeten, auch wenn diese fern vom Todesort gelebt hatten. Manche waren sichtbar, sagten aber nichts, manche gaben eine kurze Nachricht. In anderen Fällen läutete auch spät in der Nacht nur die Glocke an der Tür, es war aber niemand sichtbar. Manchmal hörte der Angehörige ein wiederholtes Klopfen, konnte aber den Grund dieses Klopfens nicht eruieren. Es gibt auch Fälle, in denen Uhren, obwohl aufgezogen, genau zum Todeszeitpunkt stehen bleiben.

Nach dem 2. Tod besteht das Bewusstsein nur mehr aus Gefühlen und Gedanken, aber es besteht, wenn man vom Körpergefühl absieht, wenig Unterschied zum normalen Bewusstseinszustand. Aber trotzdem ändert sich viel, denn durch den Verlust des physischen Körpers mit seinen Sinnen können die Sinne des Astralkörpers benutzt werden, um in der Astralwelt zu agieren.

Zunächst wollen wir uns klarmachen, dass wir nur einen physischen Körper entwickeln können, weil es eine physische Welt gibt. Wir benötigen Luft, Wasser und physische Nahrung, um unseren Körper zu bilden. Es gibt bei diesem Körper keinen Stillstand. In jeder Sekunde nimmt der physische Körper aus der Umwelt Materie auf und gibt über die verschiedensten Kanäle Materie wieder ab. Ohne physische Welt kein physischer Körper.

Dieser Grundsatz gilt für jede Ebene: Ohne pranische Welt kein pranischer Körper, ohne Astralwelt kein Astralkörper und so fort.

Die Beschreibungen der Astralwelt sind sehr vielfältig. Diese Welt ist niemandem fremd, denn es ist die Welt, die wir in unseren Träumen erleben. Üblicherweise erinnern wir uns an unsere Träume nur schemenhaft, sie besitzen nicht die tatsächliche Lebendigkeit und Farbenpracht. Mit etwas Übung kann man aber bewusst träumen. Man weiß dann, dass man träumt, und kann bewusst in jener Welt handeln.

Wir sollten zum Verständnis der Astralwelt ein wenig das Denkprinzip der Analogie anwenden. Nehmen wir Menschengruppen im normalen physische Leben. Die Menschen gesellen sich je nach ihren Vorlieben und Interessen. Die Reichen sind gerne mit Reichen zusammen, die Gebildeten mit Gebildeten, die Säufer mit Säufern und so fort. So bilden sich auf der Welt Orte, an denen sich die einen treffen, und Orte, an denen sich andere treffen. Genauso werden sich auch in der Astralwelt die Menschen gleicher Art an eigenen Orten versammeln.

Aber es geht dort weniger um materielle Vorlieben, denn Geld und Alkohol spielen keine Rolle. Die Feinheit der Emotionen und die Höhe der Ideen sind wesentlich. Dazu ist der Bewusstseinszustand im Moment des Todes von zentraler Bedeutung. Wenn ein Mensch in den letzten Lebensjahren mit großer Liebe im Herzen oder mit Hass oder Angst gelebt hat, so wird ihn sein Gefühls-»Pegel« dementsprechend auch im Jenseits zu »Orten« mit entsprechenden Schwingungen führen. Er wird Angenehmes erfahren oder auch im Jenseits leiden.

Wir sehen, dass dies sehr der christlichen Idee des Fegefeuers ähnelt. Nach einer gewissen Zeit wird die Seele dann erkennen, dass es bessere Orte gibt, und sie wird sich schließlich langsam erheben. Der Ausgangspunkt wird allerdings immer jener emotionale Zustand sein, den der Mensch in der letzten Phase seines Lebens gepflegt hat.

Es wird auch von sehr schönen Orten berichtet, den konkreten Himmeln der verschiedenen Religionen. Es soll auf dieser Ebene auch die »Ewigen Jagdgründe« der Indianer sowie einen Ort mit einem Himmelsvater mit langem weißen Bart geben, der von Halleluja singenden Engelschören umgeben ist, und vieles andere mehr. Es sind dies Verkörperungen der einfachen, aber innigen Vorstellungen von Gläubigen, die in den »Himmel« kommen möchten. Diese Seelen »genießen« diese Himmel eine Zeit, bis sie erkennen, dass dies doch nicht die höchsten Ebenen sind.

All dies ist in der feinstofflichen Substanz der Astralwelt ausgebildet. In Tibet ist man sich dessen sehr bewusst. Nur dass diese Ebenen, weil sie niedere »Himmel » sind, als grobstofflich beschrieben werden. Es gehört zu den Aufgaben, sich nach dem physischen Tod dessen bewusst zu werden.[36]

Irgendwann, dies mag Jahre dauern, ist die Lebensenergie auch in dieser Ebene zu Ende – und es kommt zum **3. Tod.** Nun löst sich der Astralkörper ab und beginnt einen langsamen Auflösungsprozess. Wir haben den **Astralkörper** sehr grob mit den Gefühlen identifiziert. Man kann sich den nun folgenden Zustand nicht vollkommen ohne Gefühle vorstellen. Was aber sicher fehlt, sind die niedrigen Gefühle. Die mentale Welt ist nicht so einfach zu beschreiben, denn hier sind die verschiedenen Beschreibungen widersprüchlich oder folgen höchstwahrscheinlich unterschiedlichen pädagogischen Erklärungsansätzen. Es kommt nun zu einem **Prozess der Reinigung** des »Denkers«. Die Überwindung aller egoistischen Gedanken ist jedenfalls notwendig, um in die höchsten mit Bewusstsein erreichbaren Ebenen zu gelangen.

Die höchsten und damit reinsten Ebenen, in denen man noch Bewusstsein besitzt, kann man als »wahren« Himmel bezeichnen. Die Anführungszeichen stehen dafür, dass es zwar kein absoluter Himmel ist, aber er ist für die »Seele« wirklich, weil er dem höchsten Bewusstseinszustand entspricht, den die »Seele« wahrnehmen kann. Die »Seele«, in diesem Falle die letzte mit Bewusstsein erreichbare Essenz des Menschen, fühlt sich hier wie im Himmel, weil alles, was niedrig ist, abgelegt wurde. Die »Seele« fühlt sich hier dauerhaft wie in den glücklichsten Momenten im Leben– und dies ohne die in der physischen Welt auch glücklichste Momente beschränkenden Faktoren.

Da aber wieder der höchstmögliche Bewusstseinszustand oder Glücksmoment, der im Körper möglich war, diesen himmlischen Zustand beschränkt, gibt es von Mensch zu Mensch Unterschiede. Nur Menschen, die im Leben hohe Momente mit Glücksgefühlen hatten, seien sie durch heroische, liebevolle, großzügige Taten oder Gedanken ausgelöst, seien es Empfindungen ausgelöst durch große Schönheit und Ästhetik, oder Einheitserlebnisse ausgelöst durch Konzentration auf das Göttliche, können die feinen Schwingungen im *Devachan* – wie diese Ebene mitunter genannt wird – bewusst wahrnehmen. Die anderen, die es nicht schaffen, ihre höchsten Gedanken und höchsten Gefühle zu dieser Höhe und Feinheit zu erheben, versinken bald in einen traumlosen Schlaf. Dies könnte man als **4. Tod** bezeichnen.

Nach einer Weile in dieser Ebene beginnt die überbewusste Essenz des Menschen wieder einen Drang nach neuen Erfahrungen zu entwickeln. Nun startet der Weg »nach unten« in eine neue materielle Manifestation. Dieser Prozess wird im nächsten Abschnitt beschrieben.

Die Seele und die Wiedergeburt

Jeder der vier Körper der Persönlichkeit, also der Maske (*persona*) des sich manifestierenden Geistes, hat eine eigene Lebensspanne. Wir wissen vorerst nur den Geburtszeitpunkt des physischen Körpers. Die nächst feinere, die pranische Ebene, besitzt auch eine Lebensspanne, aber diese ist größer. Die pranische Existenz beginnt vor der physischen Existenz und endet zwar bald, aber doch nach dem physischen Tod.

Je subtiler, also feinstofflicher, ein Körper, desto länger ist seine Lebensspanne, denn der jeweilige feinere Körper enthält auch den Bauplan für den jeweils grobstofflicheren Körper; der jeweils feinere Körper muss also vor der Bildung des jeweils grobstofflichen Körpers schon vorhanden gewesen sein.

Über diesen vier Körpern liegt die Ursache für alles »Sterbliche«, die höhere Dreiheit, die, weil nicht körperlich manifestiert, »unsterblich« ist. Diese unsterbliche Essenz spannt den Bogen über die verschiedenen Inkarnationen. Sie entspricht dem Nous, dem Geist, der über den ereignisreichen Leben »schwebt«. Manchmal bezeichnet man diesen »unbeweglichen« Teil des Menschen als unsterbliche Seele.

Wie wir sehen, ist im monistischen Weltbild der Begriff Seele sehr vielgestaltig. Es geht hier aber nicht so sehr um Details. Es geht um die grundsätzliche Linie, dass es mehr Seelenteile gibt und diese aus unterschiedlich feinen Materiearten bestehen.

Der Versuch, die Existenz von Seelen zu beweisen, geht aber nicht so weit. Es genügt, einen oder zwei – vielleicht die gröbsten – Seelenaspekte zu fassen.

Teil 2

Der Stoff der Seele
oder
Die Seele und die Physik

Kapitel 4

Der Seelenbeweis und feinstoffliche Materie

Man könnte die Existenz von Seelen objektiv beweisen – wenn sie aus einem nachweisbaren Stoff bestehen würden. Genau dorthin geht nun die Reise in diesem zweiten Teil des Buches.

Es wird nachgewiesen werden, dass es eine subtile Materieart gibt, den sogenannten Lichtäther, das Medium, das Lichtwellen übertragen kann. Das ist zwar noch kein Beweis für die Existenz von Seelen, aber eine wichtige Grundlage für diesen letzten Schritt, mit dem sich dann der letzte Teil des Buches beschäftigen wird.

Das folgende Kapitel befasst sich mit den Problemen in der modernen Physik, die sich daraus ergeben haben, dass der Lichtäther voreilig abgeschafft wurde.

Konzepte über die Seele

1
Es gibt keine Seele als Wesenheit. Das Bewusstsein wird im Gehirn verortet. Bewusstsein ist Chemie.

2
Die Seele ist rein geistig. Deshalb kann sie auch nicht nachgewiesen werden. Die "Intelligent-Design-Bewegung" bemüht sich trotzdem, Argumente zu sammeln, die auf die Existenz von Seelen hindeuten.

3
Die feinstofflichen Körper oder Seelenaspekte zeigen sich als nachweisbare Felder.

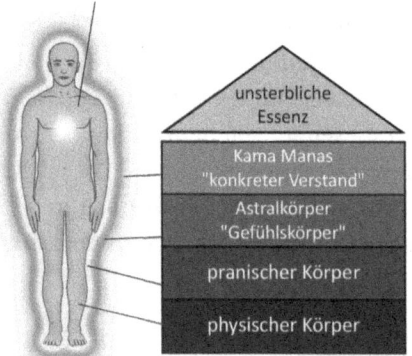

unsterbliche Essenz

Kama Manas "konkreter Verstand"

Astralkörper "Gefühlskörper"

pranischer Körper

physischer Körper

Der Nachweis der "feineren" feinstofflichen Materiearten erscheint derzeit ausgeschlossen.

Eine oder mehrere der "gröberen" feinstofflichen Materiearten müssten nachweisbar sein.
Das ist das Ziel.

 Ein wichtiger Schritt zum Nachweis der Existenz von Seelen ist der Nachweis EINER feinstofflichen Materieart oder wie in der Physik genannt, eines ÄTHERS. Dabei ist noch keine Verbindung zum Seelenbegriff notwendig. Die Existenz feinstofflicher Materie öffnet vielfältige Interpretationsmöglichkeiten und damit auch die Möglichkeit der Existenz von Seelen.

Rätsel, die auf feinstoffliche Materie hindeuten

Licht ist nachgewiesenermaßen eine **Welle**. Da Wellen Bewegungen eines Mediums sind, braucht Licht, so wie der Schall die Luft, eine feinstoffliche Materieform, den Lichtäther. Licht besteht nach herrschender Theorie gleichzeitig aus **Teilchen**. Es darf auf seinen langen Reisen durch das All keinerlei Energie verlieren (Das ist keineswegs bewiesen!) und damit darf es kein feinstoffliches Medium geben. Das ist widersprüchlich und inkonsequent, entspricht aber der derzeitigen Standardtheorie.

Magnetismus kann enorme Kräfte übertragen. Wie funktioniert die Kraftübertragung und woraus besteht ein Magnetfeld? Das ist ungeklärt und wird nicht diskutiert.

Elektrische Felder übertragen Energie. Wie sie das physikalisch tun, ist ungeklärt und wird ebenfalls nicht diskutiert.

Gravitation: Das Problem der anziehenden Kräfte bis zu kosmologischen Entfernungen ist ungelöst. Es gibt keine physikalische Erklärung, wie eine anziehende Kraftwirkung entstehen kann. Zwar existiert die moderne Theorie, die Krümmung des Raumes sei die Ursache für die Bewegungen der Himmelskörper. Aber Einstein, der Begründer dieser Theorie, konnte sich keine Raumkrümmung ohne Äther vorstellen.

 Keines der obigen Phänomene ist geklärt. Sehr bedenklich ist aber, dass wegen des Paradigmas, dass es keinen Äther gibt, keine Beschäftigung mit diesen Themen erfolgt. Die Hypothese der Existenz einer feinstofflichen Materieart könnte hier einen Fortschritt bewirken.

Der Seelenbeweis und die Theorien über die Materie

Wir haben uns im Teil 1 mit den philosophischen Konzepten der Seele beschäftigt. Dabei sind drei Konzepte aufgetreten:

• **Es gibt keine Seele als Wesenheit, als eigene Entität.**
Dieses Konzept kann man nicht beweisen. Man könnte es allerdings widerlegen, wenn es gelingt, die Existenz von Seelen zu beweisen. Somit ist dieser Ansatz, wie alle anderen, ein Glaube, der aber bislang noch nicht widerlegt ist. Wenn man nicht an die Existenz von Seelen glaubt, wird man nicht danach suchen.

Das, was als Seele bezeichnet und in der Psychologie »untersucht« wird, ist das Bewusstsein, das sind unsere Gefühle, Gedanken und das Unterbewusstsein. Diese Zustände gelten als Produkte unseres Gehirns. Es sind Wirkungen der Materie. Es ist zwar nicht klar, was ein Gedanke oder ein Gefühl IST, aber man hält sie für Wirkungen chemischer, also materieller Prozesse im Gehirn.

Es gibt zwar die Wissenschaft der Parapsychologie, die »seltsame« Phänomene untersucht. So sind Telepathie, Hellsehen und Telekinese (Bewegung materieller Gegenstände durch geistige Kräfte) als Phänomene verbürgt, aber sie lassen sich mit der Wirkung des physischen Gehirns nicht erklären. Dies bedeutet, dass die Ergebnisse der Parapsychologie nicht in das geltende materialistisch-atheistische Vorstellungsgebäude des Phänomens Bewusstsein eingebaut werden können. Die Reaktion, das Thema Parapsychologie zu ignorieren oder zu tabuisieren, ist eine »logische« Folge. Um so eine Situation aufzubrechen, sind besondere neue Entdeckungen notwendig, die im Bewusstsein der Masse und der Gemeinschaft der Wissenschaftler einen Impuls setzen.

• **Es gibt eine unsterbliche, geistige Seele.**
Das ist ein anderes Vorstellungskonzept zum Thema »Seele«. Bei rein geistigen Seelen ergibt sich das Problem der Nachweisbarkeit. Etwas rein Geistiges ist nicht oder zumindest sehr schwer nachzuweisen. Beweisbar wird die »geistige« Seele aber trotzdem über

Bewusstseinsphänomene, die eine Beziehung zu früheren Leben herstellen. Dies bedeutet jedoch die Annahme der Möglichkeit der Reinkarnation. Wenn man die Reinkarnation allerdings ablehnt, dann wird es mit der Beweismöglichkeit für eine rein geistige Seele schwierig.

- **Es gibt mehrere Seelenteile oder Seelenkörper, die aus feinstofflichen Materiearten bestehen.**
  Hier ist die Möglichkeit, Seelen zu fassen, grundsätzlich gegeben. Aber selbstverständlich können diese Seelenteile nicht aus physischer Materie bestehen, denn dann wäre die Existenz von Seelen wohl schon längst entdeckt worden. Wenn man also die Existenz von Seelen beweisen will, muss man nach einem feineren Stoff suchen als es unsere herkömmliche Materie ist. Man muss nach einem Stoff suchen, der den Raum überall ausfüllt.
  Natürlich bedeutet der Nachweis einer feinstofflichen Materie noch nicht, dass damit die Existenz von Seelen bewiesen wäre. Dann muss ein weiterer Schritt folgen, nämlich der Nachweis, dass in dieser neu gefundenen feinstofflichen Sphäre Wesenheiten existieren; und in einem dritten Schritt müssten sich solche feinstofflichen Entitäten der Spezies Mensch zuordnen lassen. Erst dann kann man davon ausgehen, die Existenz von menschlichen Seelen bewiesen zu haben.

Daraus lässt sich nun schließen, dass ein Seelenbegriff, der konkret und beweisbar sein soll, ohne einen umfassenderen Materiebegriff, der in den Bereich des Unsichtbaren – oder des »Feinstofflichen« – geht, nicht denkbar ist. Der Begriff »feinstofflich« gehört wie seine physikalische Entsprechung »Äther« heute zu den verdrängten Begriffen. Dass sie verdrängt werden, ist verständlich, weil gerade diese Begriffe das Potenzial besitzen, das Weltbild grundlegend zu verändern.

In der derzeitigen Physik herrscht das Paradigma vor, dass es nur die konkrete Materie gibt und zwischen deren Teilchen leerer Raum besteht. Andererseits könnten manche Theorien nicht aufrechterhalten werden, wenn man dem Raum nicht physikalische Eigenschaften zuordnen würde. Diese Haltung kann man als inkonsequent bezeichnen.

Aus dem kann abgeleitet werden, dass (irgendwann) der klare Schluss zu ziehen sein wird, dass das sogenannte Vakuum oder der Raum aus etwas bestehen muss.

Im folgenden Abschnitt wird in diesem Sinne die These verfolgt, dass es eine feinstoffliche Materie gibt, die in der Physik »Äther« genannt wird. Man verwendete den Begriff im 19. Jahrhundert, um das Licht als Welle zu verstehen. Wellen benötigen ein Medium, in welchem sich die Wellen bilden, und dieses Medium nannte man im Falle der Lichtwellen »Äther« oder »Lichtäther«.

Die derzeitige Wissenschaft argumentiert aus dem materialistisch-atheistischen Paradigma: Sie »glaubt« also an nichts als an die grobstoffliche Materie. Feinstoffliche Ebenen sollten aber zumindest als möglich angesehen und die Vorstellungswelt dahingehend geöffnet werden.

An sich kann die Existenz einer feinstofflichen Materieart nicht gegen eine materialistische Weltsicht sein. Das Problem liegt aber im Atheismus. Die Feinstofflichkeit öffnet das Feld zu belebten Ebenen, und damit in den Bereich neuer Wesenheiten. Dies ermöglicht nicht nur einen Zugang zur Klärung der Frage bezüglich der Existenz von Seelen, sondern öffnet auch die Auseinandersetzung, wie physikalische Vorgänge vonstatten gehen. Sind feinstoffliche Wesenheiten beteiligt, dann rüttelt das am grundlegenden Verständnis des Begriffes »Naturgesetze«.

Indizien für die Existenz feinstofflicher Materie

Wenn wir also die Existenz der Seele mit naturwissenschaftlichen Kriterien beweisen wollen, müssen wir zuerst nachweisen, dass es eine oder mehrere feinstoffliche Materieformen gibt. Es muss zunächst zumindest eine Materieform nachgewiesen werden, die feiner ist als unsere gemeinhin bekannten Atome und auch feiner als die bekannten atomaren Teilchen, aus denen Atome bestehen.

Wir müssen uns also mit der Physik auseinandersetzen. Auch wenn die meisten modernen Physiker heute die Vorstellung einer feinstofflichen Materie ablehnen, gab es diese Vorstellungen in der Vergangenheit sehr wohl. So wurden im 19. Jahrhundert Licht und Magnetismus und auch Gravitation noch als Äther-Phänomene angesehen. Es gab große Bemühungen, den Äther nachzuweisen. Aber dann geschah etwas Eigenartiges. Just in dem Moment, als es geschafft wurde, einen klaren Nachweis des Äthers zu erbringen, kam aus einem Gerücht heraus ein Umschwung.

Mancher Leser mag nun einwenden, dass heute doch bekannt sei, was Materie ist. Es ist doch gelungen, dem Atom eine ganze Reihe von Geheimnissen zu entlocken und die Quarks sowie einen umfassenden »Teilchenzoo« zu entdecken. Es gibt zwar unsichtbare Elementarteilchen, die den Raum durcheilen, aber von einer feinstofflichen Substanz, die das Vakuum zwischen den Teilchen ausfüllt, ist nichts bekannt.

Dieser Einwand entspricht der herkömmlichen physikalischen Lehrmeinung, und von dieser ausgehend, ist er berechtigt. Aber ich möchte Ihnen nun mit einigen Argumenten und Beispielen zeigen, dass diese Lehrmeinung anzweifelbar ist. Zunächst soll ersichtlich werden, dass es ungelöste Fragen gibt, die diese Lehrmeinung angreifbar machen. Ich werde auch zeigen, dass diese ungelösten Fragen nicht offen präsentiert, sondern eher verschämt ignoriert werden. Aber eine Verdrängung zum Schutz einer »herrschenden« wissenschaftlichen Lehrmeinung ist wissenschaftstheoretisch sehr bedenklich und ein Grund, diese Lehrmeinung oder dieses Paradigma kritisch zu hinterfragen.

Das Geheimnis des Magnetismus

Als Philosoph freut es mich, wenn mir ein sogenannter »Sokratischer Dialog« gelingt. Darunter versteht man einen Dialog, bei dem der Gesprächspartner selbst einen Denkfehler erkennt:

Ein sokratischer Dialog mit einem Physiker könnte so aussehen:
Sokrates: »Kann man Kräfte durch Nichts übertragen?«
Physiker: »Natürlich nicht.«
Sokrates: »Warum nicht?«
Physiker: »Weil es für jede Wirkung eine Ursache geben muss. Das nennen wir Physiker das Kausalitätsgesetz. Und das Nichts kann nicht als Ursache gelten.«
Sokrates nimmt zwei Magnete aus der Tasche, spielt mit ihnen und fragt dann: »Was bewirkt die abstoßende und die anziehende Kraft dieser Magnete?«
Physiker: »Natürlich das Magnetfeld.«
Sokrates: »Gut, und woraus besteht ein Magnetfeld?«

Physiker: »Eigentlich aus Nichts. Jedenfalls stellen wir uns diese Frage nicht...«

Zur Entstehung der magnetischen Kraft liest man manchmal die Theorie, dass der Spin der atomaren Teilchen dafür verantwortlich sei. Für die Übertragung des Quantenphänomens »Spin« über größere Entfernungen von Zentimetern und bei der Erde sogar hunderten ja sogar tausenden von Kilometern fehlt jede Theorie.

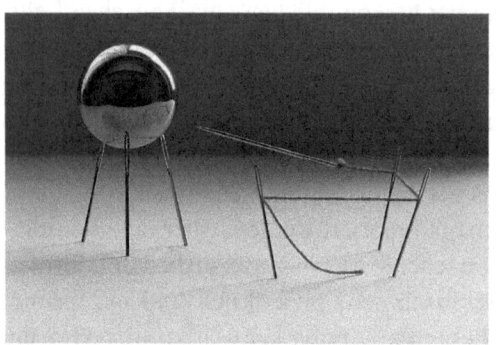

Abb. 9: Eine magnetisierte Nadel »schwebt« in der Nähe einer Stahlkugel. (Quelle Wikipedia: Magnetismus)

Es wird dann eingewendet – wie oben im Gespräch mit Sokrates – dass hier ein Magnetfeld wirke. Das kann man so ausdrücken, aber das ist keine physikalische Erklärung. Ein »Feld« ist ein mathematischer Begriff, der einen durch bestimmte Eigenschaften charakterisierten Raumbereich bezeichnet. Ein Magnetfeld ist also ein Raumbereich, in welchem magnetische Kraftwirkungen auftreten. Damit können wir zwar praktisch arbeiten, indem mathematische Modelle zur Quantifizierung des Phänomens entwickelt und indem sogar vielfältige technische Produkte erzeugt werden, aber wir wissen trotzdem nicht, wie die Kräfte zustande kommen.

Wie wir am Magnetfeld der Erde ersehen können, wirkt der Magnetismus auch im Vakuum des Weltalls, von dem noch vor kurzem angenommen wurde, dass es nur von wenigen umhereilenden Elementarteilchen bevölkert sei. Die Frage, wie magnetische Kräfte durch ein »Nichts«, das Vakuum, übertragen werden können, ist ungelöst.

Alle Kräfte, deren Ursache wir tatsächlich erklären können, kommen letzten Endes durch Stoß zustande. Weil der Magnetismus auch im Vakuum wirkt, fällt jegliche Erklärung unter Zuhilfenahme des herkömmlichen Materiekonzepts aus.

Die Annahme einer feinstofflichen Materie müsste daher zumindest eine der zu untersuchenden möglichen Hypothesen zum Thema Magnetismus sein. Stattdessen einfach gar keine Erklärung zu geben, ist kein Konzept – vor allem dann, wenn es alternative Hypothesen gibt. Aber diese basieren auf der Annahme der Existenz eines Äthers, der derzeit noch mit einem Tabu belegt ist.

Das Rätsel der elektrischen Felder beziehungsweise der Elektrizität allgemein

Ein elektrisches Feld entsteht zwischen positiven und negativen Ladungen, die sich anziehen. Es können hier auch sehr hohe Kräfte und Energien auftreten. Man denke an einen Blitz. Trotzdem bestehen elektrische Felder laut der herrschenden Theorie aus nichts. Mit anderen Worten: Sie sind ebenfalls unverstanden.

Beim Ausgleich von Ladungen entsteht elektrischer Strom. Wir wissen, dass es sich dabei um einen Elektronenstrom handelt, der sich vom negativen zum positiven Pol bewegt. Haben Sie sich schon einmal gefragt, was die Elektronen wohl bewegt? Was zieht oder schiebt die Elektronen durch die Leitung? Es ist nicht bekannt. Die Physik bietet dafür keine Antwort.

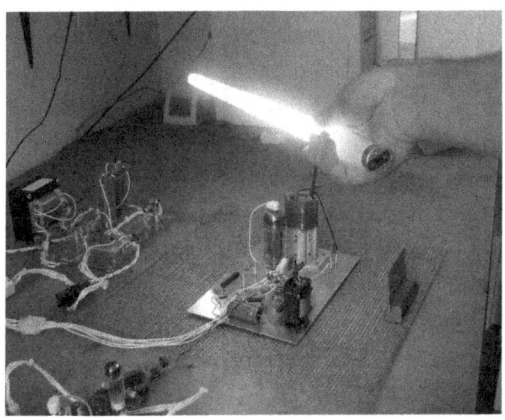

Abb. 10: Nachweis eines elektrischen Feldes mit einer Leuchtstoffröhre: Ist ein elektrisches Feld vorhanden, leuchtet sie, auch wenn sie an keine Stromversorgung angeschlossen ist.

Elektrischer Strom wird heute überall verwendet. Es handelt sich also um ein Phänomen, das wir heute wirklich gut zu nutzen in der Lage sind, und trotzdem ist physikalisch nicht geklärt, wie Strom funktioniert, denn wir kennen die Ursache und das Wesen der elektrischen Spannung nicht.

Zum Problem der Erklärung der Ursache der Elektronenbewegung in einem Leiter kann die Idee eines Ätherdrucks einen einfachen Lösungsansatz bieten. Man könnte sich das so vorstellen, dass die vielen sehr kleinen Ätherteilchen das große Elektron aus noch zu bestimmenden Gründen in noch zu bestimmender Weise antreiben.

Das Rätsel Licht

Die heutigen Erklärungen über die Natur des Lichts sprechen von seiner Doppelnatur, wonach das Licht sowohl ein Wellenphänomen ist aber auch aus Teilchen, den sogenannten »Photonen«, besteht. Man nennt dies heute das **»Welle-Teilchen-Paradoxon«.** Der aus dem Griechischen stammende Begriff »Paradoxon« bedeutet so viel wie »eine andere Meinung« oder »eine Gegenmeinung« (griechisch: *doxa* = Meinung, *para* = gegen). Eigentlich wäre es besser, den Begriff »Welle-Teilchen-Widerspruch« zu verwenden, denn es handelt sich tatsächlich um einen Widerspruch, der nicht so stehen gelassen werden kann, sondern aufgelöst werden muss.

Aristoteles würde sich über dieses Paradoxon sehr wundern, und zwar über die Aussage, dass es sich beim Licht gleichzeitig um ein Teilchen und eine Bewegung in einem Medium (= Welle) handeln soll. Dies steht gegen den ersten und wichtigsten Satz seiner Logik, dem **»Satz vom ausgeschlossenen Dritten«.** Dieser Satz besagt nicht mehr und nicht weniger, als dass es eine Sache geben oder nicht geben kann. Eine dritte Möglichkeit gibt es nicht, sie ist ausgeschlossen.

Wenn das Licht eine Welle, also lediglich eine Bewegung in einem Medium ist, dann ist es nichts Substanzielles. Es kann darum nicht gleichzeitig aus substanzhaften Teilchen bestehen.

Gleichzeitig müsste man aus dem Wellencharakter des Lichtes ableiten, dass es ein die Lichtwellen weiterleitendes sehr feines und dichtes Medium geben muss, das gleichzeitig aber als nicht existent abgelehnt wird. Der Widerspruch gegen den »Satz vom ausgeschlossenen Dritten« gilt also sowohl für die Photonen als auch für das hypothetische, die Wellen übertragende Medium »Äther«.

Was in der Philosophie also als Grundlage der Logik gilt, kann in der Physik neuerdings übergangen werden. Es kann nicht sein, dass ein grundlegender Satz der Logik in einer Wissenschaft existiert und in einer anderen nicht. Wenn so eine Diskrepanz auftritt, sollte dies ein Anstoß sein, sich diesen Bereich, diese Hypothese oder Theorie, sehr kritisch anzusehen. Wenn wir den Satz von Aristoteles nun anwenden, müssen wir uns entscheiden: Ist das Licht ein Teilchen oder eine Welle? Gibt es eine feinstoffliche, das Licht übertragende Materie, von den Physikern »Lichtäther« genannt, oder gibt es die Photonen?

Die Welleneigenschaften des Lichts sind unbestreitbar. Die Teilcheneigenschaften beruhen auf der Interpretation von wenigen Experimenten, die aus meiner Sicht auch aus der Wellentheorie interpretiert werden können.

Die Physik als Wissenschaft forscht hier derzeit nicht, sondern hat den »Welle-Teilchen-Widerspruch« durch den Begriff »Welle-Teilchen-Paradoxon« vorläufig akzeptierbar gemacht. Man hat sich auf die Position zurückgezogen, dass man nicht sagen könne, was das Licht wirklich sei, es zeige sich in vielen Experimenten und Anwendungen als Welle, aber auch in einigen anderen als Teilchen.

Bei genauerer Betrachtung sind Photonen sehr seltsame »Teilchen«:

• **Photonen haben die Masse Null.**

Was ist aber ein masseloses Teilchen? Laut Relativitätstheorie geht in der berühmten Formel die Masse bei Lichtgeschwindigkeit gegen unendlich. Damit darf das Teilchen, das in der Lage ist, sich mit Lichtgeschwindigkeit zu bewegen, nur die Masse Null haben, denn Null mal Unendlich bleibt Null. Die Frage, was man sich unter einem masselosen Teilchen vorstellen soll, bleibt bestehen.

• **Photonen können sich nur mit Lichtgeschwindigkeit bewegen.**

Das ist wieder eine seltsame Teilcheneigenschaft. Ein Teilchen kann normalerweise unterschiedliche Geschwindigkeiten haben, genauso wie es sich in Ruhe befinden kann. Üblicherweise können sich Wellen ihre Übertragungsgeschwindigkeiten nicht »aussuchen«, denn sie sind Impulse in einem diese Impulse übertragenden Medium, und die Geschwindigkeit ist bei ihnen ein Materialparameter des Übertragungsmediums. Das ist auch genau das, was wir beim Licht beobachten.

An einem Spiegel müssen diese »Teilchen« augenblicklich abgebremst und in die gegengesetzte Richtung auf Lichtgeschwindigkeit beschleunigt werden. Somit stellt sich die Frage: Wer oder was beschleunigt die Photonen unendlich schnell, denn diese können per Definition keine andere Geschwindigkeit haben als Lichtgeschwindigkeit?

Um wie viel einfacher ist dies als Wellenphänomen erklärbar. Wellen werden einfach reflektiert. Aber dafür brauchen wir den Lichtäther als Übertragungsmedium.

• **Das Rätsel Gravitation**
Die Gravitation oder »Schwerkraft« ist ein ebenso ungelöstes Rätsel wie das Licht. Es gibt – wie schon beim Magneten erwähnt – keine plausible Erklärung für die anziehende Kraftwirkung. Diese soll sogar bis ins Unendliche wirken, denn die Gravitation ist heute eine wesentliche Kraft zur Erklärung der Zukunft des gesamten Universums.

Schon **Isaak Newton** (1642 – 1726) hat die Kraftwirkung durch den leeren Raum als »große Absurdität« bezeichnet,

> »an die kein in philosophischen Angelegenheiten kompetenter Mensch jemals verfallen kann«.[37]

Letztendlich hilft hier auch Albert Einsteins Erklärung vom gekrümmten Raum wenig, denn wie soll man mit einer lokalen Raumkrümmung eine in alle Richtungen gehende und auch bis ins Unendliche wirkende Gravitationskraft erklären? Raumkrümmung ist aber die derzeit herrschende Theorie, die letztendlich bei der Erklärung der meisten astronomischen Phänomene herangezogen wird.

Alle Kräfte, deren Wesen wir kennen, erklären sich als Druck oder Stoß. Die »anziehenden« Kräfte Gravitation und Magnetismus sollen anders wirken, aber es fehlen die Theorien.

Rätsel über Rätsel. Klare Vorstellungen fehlen. Scheinerklärungen dominieren. Die Annahme einer feinstofflichen Materieart könnte hier neue Denkansätze bringen.

Aber die feinstoffliche Substanz Äther ist mit einem Tabu belegt! Die obigen Beispiele lassen erahnen, dass die bloße Annahme der Existenzmöglichkeit des Äthers die Glaubwürdigkeit der aktuellen Erklärungen, Theorien und Hypothesen stark infrage stellen würde. Darum ist das Tabu verständlich. Aber eine solche Haltung ist auch unwissenschaftlich.

Und wo bleibt die Wahrheit? Dürfen wir das Tabu akzeptieren oder ist ein Paradigmenwechsel überfällig?

Kapitel 5

Die Wiedergeburt des Äthers

Wer den Begriff nicht kennt, sollte sich unter Äther eine sehr feine und deshalb unsichtbare Materie vorstellen.

Bei den alten Griechen war der Äther der Ursprung von allem. Bei den Pythagoreern und den Platonikern spielte der Äther die Rolle des Himmelslichts, einer lichtartigen Materie, die alles durchdringt.

Aristoteles verband mit dem Äther auch die Idee, dass er jeden Punkt ausfüllt, dass es keinen Punkt geben kann, wo nichts ist.

Zu Beginn der Neuzeit war es René Descartes, der den Äther wieder ins Bewusstsein rückte, indem er eine umfassende Ätherphysik beschrieb. Er wurde nicht verstanden, und dieser Teil seiner Arbeit wurde nicht beachtet.

Aber als man dann das Licht zu verstehen versuchte, kam es für den Äther zu einer Wiedergeburt …

Die Wiedergeburt des Äthers in der Physik

Etappe 1: René Descartes – Der Äther wird wieder eingeführt

René Descartes (1596 - 1650) führte zwischen Gott und der physischen Materie eine dritte, eine geistige Substanz, **res cogitans**, ein. Die physische Ebene, **res extensa**, unterteilte er weiter in drei Elemente Feuer, Luft und Erde. Feuer und Luft sind feinstoffliche Ebenen. Darauf baut er eine entwickelte Ätherphysik auf. Dieser für ihn wichtigste Teil seiner Arbeit wird heute nicht verstanden und darum ignoriert.

Etappe 2: Ole Rømer - Licht hat endliche Geschwindigkeit

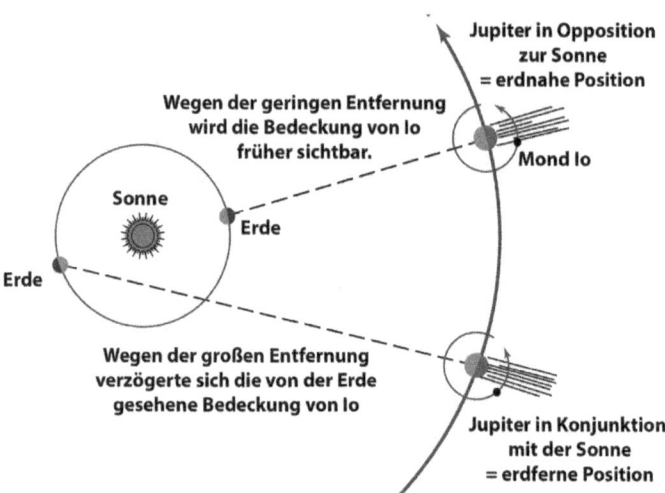

Ole Rømer (1644 - 1710) wies die Endlichkeit der Lichtgeschwindigkeit dadurch nach, dass er die Bedeckungen des Jupitermondes Io genau ermittelte. Er erkannte, dass die Abweichungen der Messwerte von der Entfernung der Erde zum Jupiter abhing. 1776 veröffentlichte er dies, indem er vorhersagte, dass die Bedeckung von Io 10 min später erfolgen würde.

Etappe 3: Huygens und Newton bringen konkurrierende Lichttheorien

Christiaan Huygens (1629 - 1695) errechnete aus den Daten von Rømer die Lichtgeschwindigkeit mit der immens hohen Geschwindigkeit von 212.000 km/s. Daraus leitete er eine **Wellentheorie des Lichts** ab. Isaak Newton (1643 - 1726) sah das Licht bestehend aus einem vom leuchtenden Medium emitierten Stoff. Das ist die **Teilchentheorie des Lichts.**

Dem Licht auf der Spur

Etappe 4: James Bradley sucht die Sternparallaxe und findet die Sternaberration

James Bradley (1693 - 1762) wollte mit seinem neuen Zenitteleskop die Parallaxe und damit die Entfernung von Sternen bestimmen. Dafür war sein Teleskop noch zu ungenau. Aber er bekam ein verwirrendes Ergebnis. Die Sterne verhielten sich völlig unerwartet. Mangels Erklärung nannte er das Phänomen Sternaberration, d. h. Sternverirrung.

Etappe 5: Thomas Young weist den Wellencharakter des Lichts nach

Thomas Young (1773 - 1829) hat 1802 Licht durch zwei Spalten geschickt. Die Streifen zeigen, dass das Licht interferiert, und damit wird sein Wellencharakter offenbar. Mit dem sogenannten Doppelspaltexperiment brachte er Huygens Wellentheorie zu Durchbruch und Newtons Teilchentheorie galt als gescheitert.

Damit begann das 19. Jahrhundert, das man als das *Ätherjahrhundert* bezeichnen kann. Man wollte dem Lichtäther die Geheimnisse entlocken.

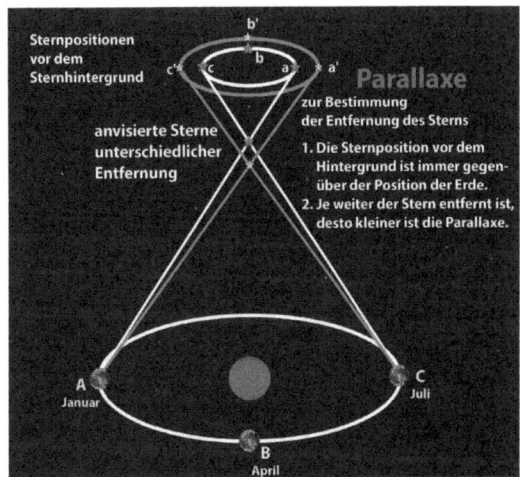

Sternpositionen vor dem Sternhintergrund

anvisierte Sterne unterschiedlicher Entfernung

Parallaxe
zur Bestimmung der Entfernung des Sterns

1. Die Sternposition vor dem Hintergrund ist immer gegenüber der Position der Erde.
2. Je weiter der Stern entfernt ist, desto kleiner ist die Parallaxe.

A Januar
B April
C Juli

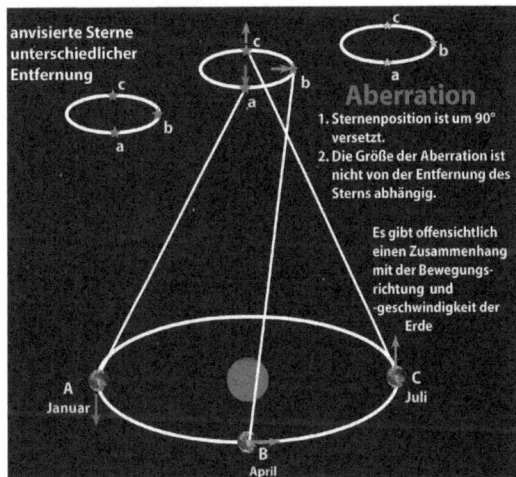

anvisierte Sterne unterschiedlicher Entfernung

Aberration

1. Sternenposition ist um 90° versetzt.
2. Die Größe der Aberration ist nicht von der Entfernung des Sterns abhängig.

Es gibt offensichtlich einen Zusammenhang mit der Bewegungsrichtung und -geschwindigkeit der Erde

A Januar
B April
C Juli

Am Anfang war das Licht

Die Geschichte des Äthers beginnt – zumindest soweit wir wissen – in
Sumer und Indien, lange bevor das Thema und der Begriff in Griechenland auftauchten. Wir erfahren von dem Begriff »Äther« (griech.
Aither, oberster Himmel) erst von Aristoteles im 4. Jahrhundert vor
Christus im Rahmen einer Geschichte der philosophischen Ideen über
den Ursprung des Kosmos. Diese Ideen wurden dann im Mittelalter
häufig diskutiert, aber nicht weiterentwickelt.

Das Ende des Mittelalters war dann die Zeit, in der das dualistisch-
theistische Weltbild in Europa eindeutig die Vorherrschaft errungen
hatte. Dies ließ nun zwei logische Entwicklungen zu:

Erstens den **Renaissance-Humanismus**, eine Bewegung, die »den
Blick nach oben«, »den Blick zum Himmel« richtete. Man hatte einige
großartige antike Texte entdeckt, und so betrachtete man die Antike
als ein Vorbild schlechthin, als eine maßgebliche Norm für alle Le-
bensbereiche. Hier gewann die antike Idee der allumfassenden Einheit
wieder Einfluss. Das monistisch-pantheistische Weltbild erlebte eine
kurze »Wiedergeburt«. Der Renaissance-Humanismus mit seinen (zu)
hohen intellektuellen und ethischen Anforderungen konnte sich aber
nicht durchsetzen. So blieb er ein zeitlich begrenztes Phänomen.

Die andere Option des Geisteswandels war der »Blick nach unten«,
der »Blick auf die Materie«. Der Beginn der **Neuzeit** wird heute mit der
Eroberung Konstantinopels im Jahre 1453, der Entdeckung Amerikas
1493 und dem Beginn der Reformation im Jahre 1517 angegeben. Hier
begann der rasante Aufstieg des materialistisch-atheistischen Weltbildes, obwohl man am Beginn der Neuzeit vom Atheismus noch weit
entfernt war. Der »Blick auf die Materie« führt unaufhaltsam zur Ab-
spaltung des Geistigen, dann zu seiner Abschiebung ins Abseits (Mar-
ginalisierung des Geistigen) und schließlich zur Leugnung des Geistigen, dem Atheismus.

Auf die Entwicklung des Ätherbegriffs hatte dies Auswirkungen. Im
Renaissance-Humanismus war der Äther (feinstoffliche Materie) etwas
Lebendiges und galt wie in der Antike sogar als etwas Göttliches. Der
»neuzeitliche« Äther wird hingegen etwas Mechanisches, ein fiktiver
Stoff, der zur Erklärung ungelöster physikalischer Probleme herange-
zogen wurde: Nämlich für das Licht, den Magnetismus, die elektrische

Kraft und die Gravitation. Aus den in der Folge entwickelten Vorstellungen können hier nur die wichtigsten erwähnt werden.

Etappe 1: René Descartes trennt Geist und Materie und führt den Äther wieder ein

Der erste, der in der Neuzeit die Frage des Äthers untersuchte, war **René Descartes** (1596 – 1650), ein französischer Philosoph, Mathematiker und Naturwissenschaftler.

Descartes lebte in einer Zeit gewaltiger Umbrüche. Die Welt war viel »größer« geworden. Kolumbus hatte Amerika entdeckt. Das kopernikanische Weltbild verschob den Mittelpunkt des Universums vom Erdmittelpunkt hin zur Sonne. Ptolemäus (ca. 80 – 160 n. Chr.) hatte die Sterne als Löcher im kristallenen Himmel aufgefasst, durch die das dahinterliegende Element Feuer durchschien. Giordano Bruno (1548 – 1600) hatte als Erster die Sterne als ferne Sonnen angesehen und so das Universum ins damals Unvorstellbare expandiert.

Es schien notwendig und wünschenswert, eine neue Ordnung in diese vielfältigen neuen Vorschläge und Ansätze zu bringen. Genau dies war Descartes Ziel, das ehrgeizigste, das man sich denken kann. Er wollte ein umfassendes System menschlichen Wissens schaffen, mit Erkenntnistheorie, Ethik, Metaphysik, Physik, Mathematik und Physiologie. Da damals noch sehr wenig Datenmaterial zur Verfügung stand – die verschiedenen Wissenschaften waren erst am Anfang – entwickelte er seine Theorien vielfach auf rein rationaler Basis. So sind Fehler unvermeidlich, die dazu führten, dass einige wesentliche Werke bald nicht mehr beachtet wurden. Heute besitzen lediglich seine Erkenntnistheorie[38] mit dem Satz »Cogito ergo sum« (»Ich denke, also bin ich.«) als plakativer Merksatz und die Trennung von Geist und Materie größere Beachtung.

Sein Ansatz war, im Sinne des Renaissance-Geistes, den komplizierten mittelalterlichen Weltbildern einfache »rationale« Analysen entgegenzusetzen. Aber er bewirkte damit – ohne so etwas anzustreben – einen Beitrag für die Überwindung der »Wiedergeburt des Geistes« im antiken Sinne, denn er schuf mit seiner rationalen Methode die Grundlage für die Aufklärung und das materialistisch-atheistische Weltbild.

Descartes war allerdings keineswegs Atheist. Im Gegenteil – ein wesentliches Ziel seiner Bemühungen war es, die Existenz Gottes rational zu beweisen.[39]

Zu seinen einfachen Betrachtungen gehörte der aristotelische Ansatz, dass der Mensch aus Körper und Seele besteht. Er nahm damit zwei grundlegende Substanzen an, das ausgedehnte Ding (»res extensa«) – den Körper – und das denkende Ding (»res cogitans«) – die Seele. Er meinte, dass beide unabhängig existieren. Dies ist ein dualistischer Ansatz, der ihn den Körper als Maschine ansehen ließ, die unter mechanischen Gesichtspunkten betrachtet werden kann. Damit unterstand für ihn der Körper letztlich der Mathematik. Darüber hinaus postulierte er aber noch eine dritte, eine unendliche Substanz: Gott.

Aus der Trennung von »res cogitans« und »res extensa« entstanden in der Folge die Geistes- und die Naturwissenschaften. Letztere stellten sich angesichts der spektakulären Entdeckungen in den Vordergrund, und die Geisteswissenschaften gerieten zunehmend in den Hintergrund. Diese Entwicklung förderte in den folgenden Jahrhunderten das materialistisch-atheistische Weltbild.

Descartes war der Erste, der den Äther als wissenschaftliches Konstrukt und als Überträger des Lichts und der Gravitation in die Diskussion brachte. Er postulierte 1644, dass es keinen leeren Raum geben könne, sondern dass jeglicher Raum immer mit einer Art Materie gefüllt sein müsse. Den Raum nahm er als unendlich an, denn auf jeden noch so großen Raum ist jeweils noch ein größerer vorstellbar.

Das »ausgedehnte Ding«, die konkrete Welt, bestünde aus den drei Elementen Feuer, Luft und Erde oder drei Arten von Materie. Descartes stellte sich diese Elemente als winzige kugelförmige Partikel vor, wobei die Partikel des feineren Elementes jeweils so fein sind, dass sie die Zwischenräume der größeren Partikel ausfüllen. Die unmittelbare Einwirkung dieser Partikel aufeinander sollte in seiner Theorie alle physikalischen Prinzipien erklären. Der ganze Weltraum war danach von einer unsichtbaren Substanz ausgefüllt, die er dem Element Feuer zuordnete.

Bemerkenswert ist, wie er die physikalischen Vorgänge mittels mehrerer verschiedener Ätherformen rational zu erklären versucht. Da unsere heutige Physik ätherlos ist, gelten die Überlegungen Descartes als überholt. Das könnte sich aber ändern, wenn das Pendel wieder zu einer »neuen« Ätherphysik zurückschlägt.

Etappe 2: Ole Christian Rømer bestimmt erstmals die Lichtgeschwindigkeit aus Himmelsbeobachtungen

Der dänische Astronom, Mathematiker und Politiker **Ole Christian Rømer** (1644 – 1710) ist für sehr vielfältige Leistungen bekannt. So verbesserte er Teleskope, um sie für Präzisionsmessungen geeignet zu machen. Er gab vielen Forschern Impulse, auch wenn die Erfolge dann erst von anderen eingefahren werden konnten.

Bekannt ist er heute aber für den ersten Nachweis, dass Licht eine endliche Geschwindigkeit besitzt. Dies entschied eine jahrhundertelange Diskussion darüber, ob das Licht eine unendliche Geschwindigkeit besitze oder nicht. Aristoteles hatte die These der unendlichen Lichtgeschwindigkeit aufgestellt, und seine Anhänger plädierten immer noch dafür. Auch René Descartes gehörte dazu.

Rømer schaffte die Klärung dieser Frage durch Beobachtung des Jupiters und seines Mondes Io. Letzterer hatte eine Umlaufzeit von 42,5 Stunden, aber man hatte Abweichungen festgestellt. Rømer beobachtete Jupiter und erkannte, dass sich die Umlaufzeiten auf dem Weg der Erde in Richtung Jupiter (von E, über F zu G) verkürzten und auf dem Weg vom Jupiter weg (von H über L zu K) verlängerten. Die Ursache könnte die Lichtlaufzeit sein. Im August 1676 wagte er die Vorhersage, dass die Verfinsterung des Mondes Io am 9. November 1676 um zehn Minuten »zu spät« sichtbar sein werde. Die Verzögerung trat ein, und Rømer erklärte die Verzögerung mit der endlichen Geschwindigkeit des Lichts.

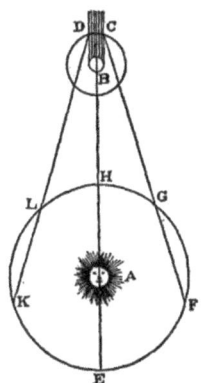 

Abb. 11: Ole Rømer und seine Zeichnung zur Erklärung der Verzögerungen der Verfinsterungen des Jupitermondes Io.

Etappe 3a: Christiaan Huygens (1629 – 1695) entwickelte eine Wellentheorie des Lichts

Nicht ganz verständlich bleibt, warum Rømer die Lichtgeschwindigkeit nicht berechnete. Christiaan Huygens tat dies zwei Jahre später mit Rømers Daten. Er ermittelte die damals fast unvorstellbar hohe Geschwindigkeit von 212.000 km/s.

Dieses Ergebnis brachte den Holländer Christiaan Huygens auf die Idee, dass sich Licht in einem Medium fortpflanzt.

Er war der Sohn von Constantijn Huygens, einem Diplomaten, Komponisten, Sprachgelehrten und damals führendem Dichter Hollands. Die vielen Kontakte seines Vaters ermöglichten es Christiaan Huygens, Persönlichkeiten wie Descartes, Rubens und Rembrandt kennenzulernen. Das Studium der Rechtswissenschaften brach er ab und wechselte zur Mathematik und den Naturwissenschaften. Aus seinen mathematischen Leistungen stechen die Entwicklung der Grundlagen der Infinitesimalrechnung und die Wahrscheinlichkeitsrechnung hervor. Schließlich wandte er sich ganz den Naturwissenschaften zu. Er baute Teleskope mit stark verringerten Abbildungsfehlern und Pendeluhren mit einer Ganggenauigkeit, die erst hundert Jahre später wieder erreicht wurde.

Die Beobachtung von Ole Rømer, dass Licht eine definierte Geschwindigkeit besitzt, inspirierte Huygens:

>»Wenn nun, wie wir bald untersuchen werden, das Licht zu seinem Wege Zeit braucht, so folgt daraus, dass diese dem Stoff mitgeteilte Bewegung eine allmähliche ist und darum sich ebenso wie diejenige des Schalles in kugelförmigen Flächen oder Wellen ausbreitet; ich nenne es nämlich Wellen, wegen der Ähnlichkeit mit jenen, welche man im Wasser beim Hineinwerfen eines Steines sich bilden sieht.«[40]

Wir nennen diese Theorie heute Wellentheorie, Huygens nannte sie Undulationstheorie (von lat.: *unda* = Welle, bzw. *undula* = kleine Welle). Dabei wird das Licht als Impuls von Ätherteilchen erklärt. Der Äther war elastisch, durchsichtig und sehr dicht, denn er musste die Impulse mit höchster Geschwindigkeit weiterleiten.

In seinem Werk *Abhandlung über das Licht* deutet er mit seinen Äther-vorstellungen die optischen Erscheinungen der Interferenz, der Beugung, Reflexion und Brechung sehr anschaulich. Auch die Farben erklärte er mit den verschiedenen Frequenzen der Schwingungen. Er blieb in seinen Vorstellungen aber zu sehr in der Analogie der Schallwellen. Dies ver-wehrte ihm, die Erscheinung der Polarisation erklären zu können. Mit Newton sollte er bald einen mächtigen Gegner bekommen.

Etappe 3b: Isaak Newton – Gravitation, Äther und Lichtteilchen

Sir Isaak Newton (1643 – 1726) gilt heute als Phy-siker und Mathematiker, aber er war vielseitig inte-ressiert und beschäftigte sich auch mit Theologie, Philosophie und besonders mit Alchemie. Seine Phy-sik war nicht nur geprägt von mathematischen und naturwissenschaftlichen Forschungen, er beschäf-tigte sich jahrzehntelang mit diskret verborgenen alchemistischen Studien. So hat sich Newton einen alchemistisch-esoterischen Index mit 100 Autoren, 150 Schriften und 5000 Seitenverweisen unter 900 Stichworten angelegt.[41]

Abb. 12: : Isaak Newton lenkt Sonnenlicht durch ein Prisma, Bild von J. A. Houston, 1879 veröffentlicht.

Newton veröffentlichte 1675 in *Hypothesis of Light* seine Emissionstheorie des Lichts. Dabei wird Licht als ein sehr feiner, von der Lichtquelle emittierter Stoff auf-gefasst, der sich auch im leeren Raum ausbreitet. Licht besteht in dieser Vorstellung aus Teilchen. Er wird dadurch zum Gegner von Huygens Wellentheorie.

Newton glaubte, mit seiner Teilchen- oder Korpuskeltheorie einige Eigenschaften des Lichts, wie die geradlinige Ausbreitung und die Reflexion, ohne Weiteres erklären zu können. Phänomene wie die teilweise Reflexion, die Lichtbrechung an Grenzflächen und die Beugung des Lichts »widersetzten« sich aber einer plausiblen Deutung. Problematisch war es auch, die Herkunft und das »Verschwinden« des Lichts zu erklären. Trotz dieser Theorie lehnte Newton den Begriff Äther nicht ab. Je nach Fragestellung nahm er unterschiedliche Haltungen zum Äther ein.

1687 kommt sein Hauptwerk *Principia Mathematica* in lateinischer Sprache heraus, in welchem er die immer auf Äthervorstellungen basierenden Wirbeltheorien zur Erklärung der Planetenbewegungen widerlegt.

Weniger bekannt, aber sehr interessant ist der Umstand, dass er in seiner Gravitationstheorie eine Art Äther annimmt: Newton schreibt 1693 in einem Brief an den Altphilologen Richard Bentley

> »Dass Gravitation eingeboren, inhärent und der Materie wesentlich sein muss, so dass ein Körper über die Distanz hin und durch den leeren Raum auf einen anderen wirken sollte, ohne die Vermittlung von irgendetwas, durch das ihre Aktion und Kraft von einem zum anderen geleitet werden könnte, ist für mich eine so große Absurdität, dass ich glaube, kein Mensch, der in philosophischen Angelegenheiten kompetent ist, kann jemals darauf verfallen. Die Gravitation muss durch ein Agens verursacht sein, das konstant nach gewissen Gesetzen wirkt; ob aber dieses Agens materiell oder immateriell ist, habe ich dem Urteil meiner Leser überlassen.«[42]

Dieses Zitat könnte man als Beurteilung Newtons für die Physik des 20. Jahrhunderts auffassen.

1704 veröffentlichte Newton schließlich sein wichtiges Werk *Opticks*, in welchem er eine duale Auffassung des Lichts vertritt. Er behält die Korpuskulartheorie bei, führt aber zur Erklärung der Wärmeübertragung eine Art Äther ein.

»Wird nicht die Wärme eines Raumes durch die Schwingungen eines viel feineren Mediums im Vakuum transportiert, das nach Evakuierung der Luft im Vakuum verbleibt? Und ist dieses Medium nicht dasselbe wie jenes, durch das Licht gebrochen und reflektiert wird und durch dessen Schwingungen das Licht Wärme zu Körpern überträgt und dabei in Zustände leichter Reflexion und Weiterleitung versetzt wird?«[43]

Diese duale Erklärung des Lichts als Korpuskel- und als Wellenphänomen klingt sehr modern, denn sie ist dem heutigen Paradigma der Doppelnatur des Lichts sehr ähnlich.

In der wissenschaftlichen Welt des 18. Jahrhunderts blieb vor allem die einfache Korpuskeltheorie haften und behielt vorläufig gegenüber der Wellentheorie die Oberhand.

Etappe 4: James Bradley entdeckt die rätselhafte »Sternverirrung«

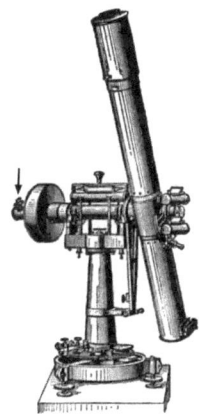 

Der englische Geistliche und Astronom James Bradley (1693 – 1762) war ein Pionier der sogenannten Astrometrie. Darunter versteht man die möglichst genaue Positionsbestimmung von Sternen.

Wir kennen die Unterscheidung zwischen Wandelsternen, also den Planeten, und den Fixsternen, den Sonnen. Der Begriff »Fixsterne« steht in Zusammenhang mit der antiken und noch mittelalterlichen Vorstel-

Abb. 13: James Bradley und das Zenitteleskop, das ihn die Sternaberration entdecken ließ: Der wesentliche Vorteil des neuen Instruments war das Okular ganz links (siehe Pfeil). Man konnte so bequem nach unten sehen und die Sterne über sich damit untersuchen.

lung eines kristallinen Himmels. Man hatte die Vorstellung einer kristallinen Kugelschale mit Löchern, durch die das dahinterliegende Feuer scheint. Erst **Giordano Bruno** hat diese Vorstellung durchbrochen, indem er die Sterne als weit entfernte Sonnen identifizierte.

Dies bedeutet, dass am Himmel nichts »fix« ist, dass es vor allem kein Zentrum gibt. Jeder Stern bewegt sich also. Wegen der riesigen Entfernungen sind die Bewegungen allerdings kaum merklich, aber im Laufe von Jahrzehnten oder Jahrhunderten doch bemerkbar – wenn man in der Lage ist, die Sternörter zu dokumentieren.

Wie so oft in der Astronomie liegt besonderen Entdeckungen ein neues oder vervollkommnetes Instrument zugrunde. Dies war im Falle von Bradley das Zenitteleskop.

Früher hatte man Sterne am Zenit nur liegend beobachten können. Die Verlegung des Okulars in die bequemste Position war eine große Erleichterung für die Astronomen. Neben der Innovation der Auslenkung des Lichtweges war es auch ein neues Präzisionsinstrument, mit dem kleinste Winkel gemessen werden können. Bradley erforschte damit die möglichen Bewegungen der Sterne.

So wollte er der Erste sein, der die Sternparallaxe misst. Dabei wird ein relativ naher Stern vor dem Hintergrund ferner Sterne betrachtet.

Der scheinbare Weg des Sterns am Himmel ist ein Spiegelbild der Erdbewegung. Bewegt sich die Erde nach rechts, scheint sich der Stern nach links zu bewegen und umgekehrt. Dieses Phänomen kann nun dazu verwendet werden, den Abstand des Sterns zu ermitteln. Zur Zeit des **Nikolaus Kopernikus** (1473 – 1543) oder des **Galileo Galilei** (1564 – 1642) hätte der Nachweis der Fixsternparallaxe den Beweis für das heliozentrische Weltbild erbringen können, aber es war auch die Zeit, in der die Entwicklung der Teleskope erst begann. Die dafür notwendige Genauigkeit gab es damals noch nicht.

Es war auch 200 Jahre später mit dem Zenitteleskop noch nicht so weit. Bradley begann Anfang Dezember 1725 den Stern Alpha Draconis zu beobachten. Es bewegte sich aber nichts. Erst Mitte Dezember begann der Stern sich nach Süden zu bewegen. Dies war einerseits gut, weil sich der Stern bewegte. Allerdings, wenn es sich um eine parallaktische Bewegung gehandelt hätte, hätte der Stern seinen südlichsten Punkt

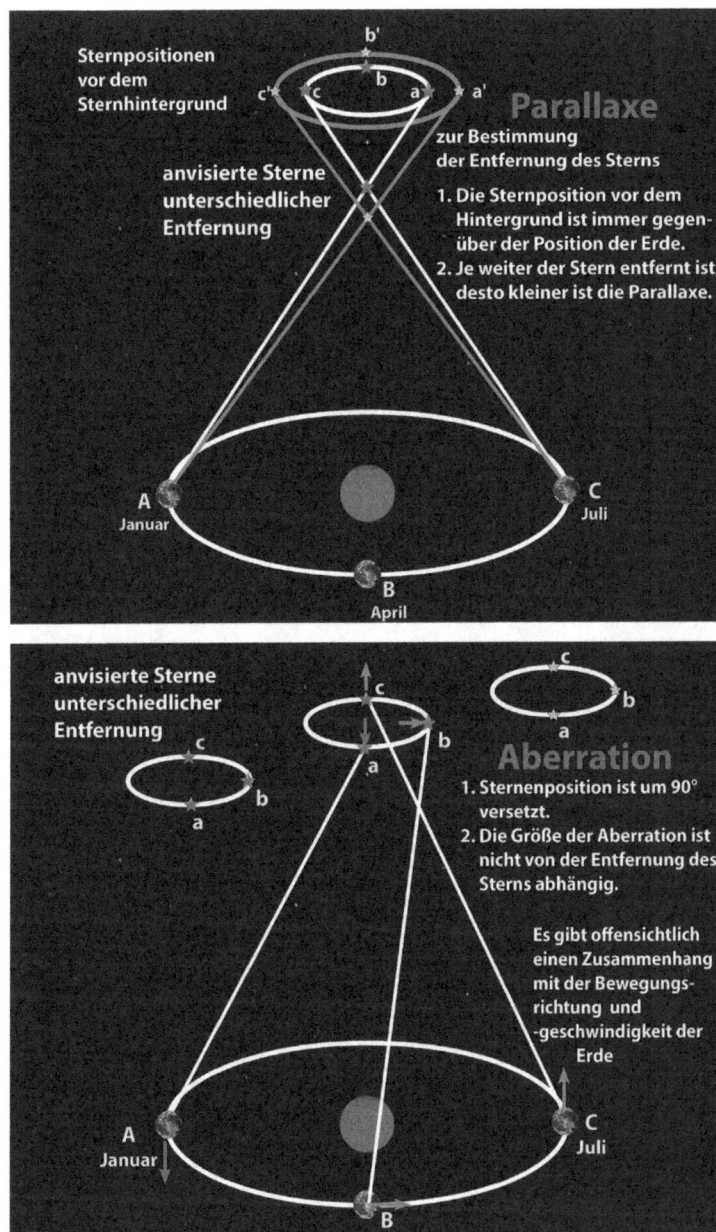

Abb. 14: Parallaxe und Aberration: die Parallaxe verstand man, die Stern-aberration war rätselhaft. Darum auch der Name »Verirrung«.

schon erreicht haben müssen und nicht mehr nach Süden wandern dürfen. Im Laufe eines Jahres stellte er fest, dass der Stern tatsächlich einen kleinen Kreis durchläuft. Aber die Bewegung des Sterns am Himmel war um 90° verdreht, schien damit von der Bewegungsrichtung der Erde und nicht von der Position zur Sonne abhängig zu sein.

Dies war zunächst völlig unerklärlich, und so wurde das Phänomen als »Sternaberration«, also als Verirrung der Sterne bekannt. Für die weitere Entwicklung war dieses Rätsel dann bestimmend. Dies führte einige Zeit später zur Idee, dass die Erde eine Relativbewegung zum Äther haben müsse. Wegen der Gleichmäßigkeit des Effekts nahm man an, dass der Äther mit der Sonne »stationär« sein müsse. Dies bedeutete den sehr unwahrscheinlichen Fall, dass der Lichtäther so mit der Sonne stationär wäre, dass die Erde das ganze Jahr über eine Relativgeschwindigkeit zum Äther in der Größenordnung der Umlaufgeschwindigkeit der Erde um die Sonne haben müsse.

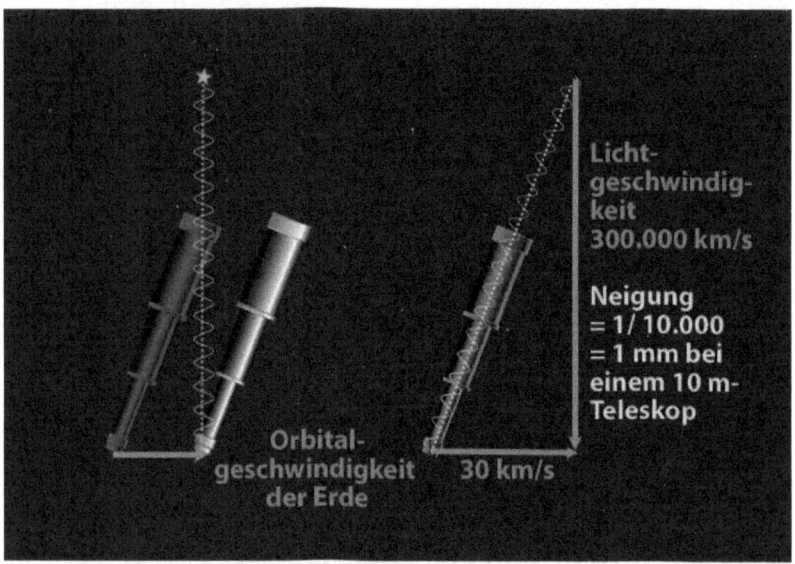

Abb. 15: Erklärung der Sternaberration durch das Verhältnis von v, der Orbitalgeschwindigkeit der Erde, zur Lichtgeschwindigkeit c. Es ist dabei egal, ob man das Licht als Teilchen oder als Welle versteht. Das Licht braucht einfach eine gewisse Zeit für den Weg im Teleskop.

Dies war eine Fehlinterpretation, eine Verkennung der tatsächlichen Ursache des Phänomens. Wir wollen, zum leichteren Verständnis, hier vorgreifen. Die folgende Erklärung war im 19. Jahrhundert unbekannt.

Der Lichtstrahl vom betrachteten Stern hat die Lichtgeschwindigkeit. Dies bedeutet, er benötigt eine gewisse Zeit, um durch das Teleskop zum Okular zu gelangen. Wenn nun das Teleskop durch die Orbitalgeschwindigkeit der Erde um die Sonne eine Querbewegung macht, dann würde der Lichtimpuls bei genauer Anvisierung des Sterns an die Teleskopwand stoßen, statt zum Okular zu gelangen. Damit der Lichtimpuls das Okular erreicht, muss das Teleskop im Verhältnis der Lichtgeschwindigkeit zur Translationsbewegung der Erde nach vorn, also in die Bahnrichtung der Erde geneigt werden. Dies ist ganz unabhängig von der Interpretation des Lichts als Welle oder Teilchen. Aber diese inzwischen recht einfach zu verstehende Erklärung gab es im gesamten 19. Jahrhundert nicht. Die »Sternverirrung« war ein ungelöstes Rätsel, das die Fantasie anregte und der Lösung harrte.

Etappe 5: Thomas Young weist den Wellencharakter des Lichts nach

Thomas Young (1773 – 1829), aus der südwestenglischen Grafschaft Somersetshire stammend, war ein Universalgenie. Er beherrschte schon als Kind mehrere Sprachen. Mittels seiner Sammlung von Wörterbüchern entwickelte er eine Theorie über die Entwicklung der Sprachen, und von ihm stammt der Begriff »indoeuropäische Sprachen«. Auch hat er am ägyptischen »Stein von Rosetta« eine Reihe von in Hieroglyphen geschriebene Worte durch scharfsinnige Vergleiche entziffert. Möglicherweise hätte Jean-François Champollion die Entzifferung der Hieroglyphen des »Steins von Rosetta« ohne die Vorarbeit von Thomas Young nicht geschafft.

Als Mediziner erforschte er vor allem das Auge. 1801 schlug er in einem Vortrag als Erster die Dreifarbentheorie des Sehens vor.[44] Die Liste seiner physiologischen Impulse und Ideen ist lang und vielfältig.

Was für seine Bekanntheit aber den größten Einfluss hatte, war ein physikalisches Experiment. 1802 machte er mit dem **Doppelspaltversuch** eine bahnbrechende physikalische Entdeckung, die den noch immer schwelenden Streit zwischen der Wellentheorie und der Teilchentheorie des Lichts endlich entscheiden konnte. Den Doppelspaltversuch hat jeder schon hunderte Male selbst erlebt. Sie haben bei einem nächtlichen Blick durch einen feinen Vorhang sicherlich schon oft bemerkt, dass Lichter sich als eine Art Kreuz zeigen und jeder Arm dieses Kreuzes lichte und dunkle Stellen hat? Das ist ein Doppelspaltphänomen, allerdings in zwei Richtungen, denn ein Vorhanggewebe besteht nun einmal aus waagrechten und senkrechten Fäden, die dazwischen »Spalten« von Löchern offen lassen.

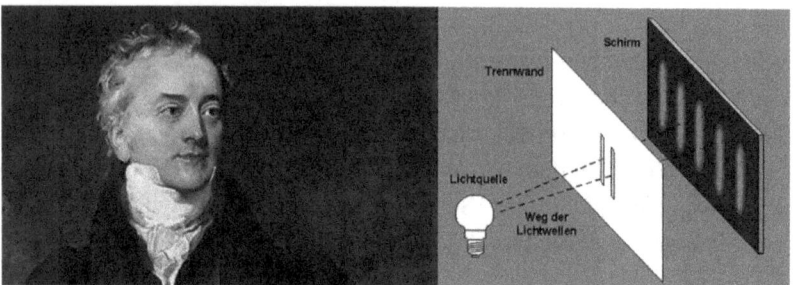

Abb. 16: Thomas Young und sein Doppelspaltversuch. Die Interferenz, erkennbar durch die dunklen und hellen Linien, zeigt, dass Licht Wellencharakter besitzt.

Die lichten und dunklen Stellen entstehen dabei dadurch, dass sich die an den beiden Spalten gestreuten Lichtwellen überlagern. Bei den dunklen Stellen löschen sie sich gegenseitig aus, also im Übertragungsmedium der Wellen ist dort mehr oder weniger Ruhe. An den lichten Stellen verstärken sich die Wellen gegenseitig.

Damit war klar, dass das Licht eine Welle ist und es ein Übertragungsmedium, also einen Lichtäther, geben musste. Aber man wusste kaum etwas über dieses feinstoffliche Medium. Durch die Messung von Rømer und Huygens war lediglich (mehr oder weniger) bekannt, dass die Lichtgeschwindigkeit endlich und sehr groß war. Damit musste das Medium sehr dicht, also sehr fein, und trotzdem sehr beweglich sein.
 Diese außergewöhnliche Feinheit ist wahrscheinlich der ausschlaggebende Grund, warum dieses Medium in Zeiten der Quantenmechanik noch nicht entdeckt ist.

Kapitel 6

Michelson, Morley und Miller:
Der Äther wird bewiesen,
aber nicht erkannt

Das 19. Jahrhundert war das »Äther-Jahrhundert«. Man hatte die Lichtgeschwindigkeit gemessen, die »Mitnahme des Lichts« durch Wasser
erkannt und vieles mehr. Aber der »ultimative« Nachweis des Äthers
fehlte noch.

Und der sollte nun kommen!

Eine neue Idee tritt auf:

Es war die Idee zu einem Experiment, das den Äther genauer definieren
wollte, indem es den sogenannten »Ätherwind« nachweisen sollte. Das
1881 erstmals durchgeführte geniale Michelson-Morley-Experiment
wurde dann innerhalb der nächsten fünfundvierzig Jahre mehrmals
wiederholt. Es war das Experiment, das über die Existenz des Äthers
»entscheiden« sollte.

Es wird heute – und ich betone fälschlicherweise – als jenes berühm-
teste »gescheiterte« Experiment beschrieben, der zum Fall der Äthertheorie und damit zum Fall der Existenz feinstofflicher Materie führte.

Wenn also die Existenz feinstofflicher Materie bewiesen werden soll,
dann ist es notwendig, sich mit diesem Experiment zu beschäftigen. Es
müssen die Fehler gefunden werden, die zum aktuellen Paradigma der
Ätherlosigkeit geführt haben.

Die 5 Gründe, warum der Äther bewiesen,

James Bradley
(1693 - 1762)

1. Die auslösende Ursache war die lange nicht verstandene Sternaberration

- **Die Sternaberration,** 1725 von James Bradley entdeckt, ist eine seltsame Kreis- oder Ellipsen"bewegung" von Sternen am Nachthimmel.
- **Die falsche Annahme:** Viele Physiker und auch Michelson glaubten, dass der Lichtäther die Ursache für die Sternaberration sei. Da diese, egal in welche Richtung sich die Erde gerade bewegte, etwa gleich groß war, nahm man an, dass der Äther in Bezug auf die Sonne völlig in Ruhe wäre.
- Dann würde der Ätherwind genau den Wert der Bahngeschwindigkeit der Erde um die Sonne haben.
- **Die wahre Ursache der Sternaberration**: Sie wurde nicht verstanden, weil das Bewusstsein für die erst im 19. Jahrhundert gemessene Lichtgeschwindigkeit fehlte!
- Da die Lichtgeschwindigkeit endlich ist, braucht das Licht Zeit, um die Länge des Teleskops zu durchlaufen. Darum muss das Teleskop etwas geneigt werden.

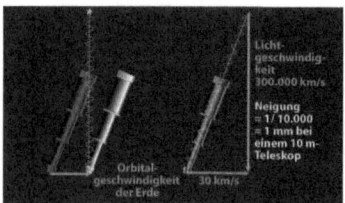

Ohne Neigung des Teleskops in Richtung der Erdbewegung, würde das Licht in der Teleskopwand verschwinden.

Albert
Michelson
(1852 - 1931)

2. Das geniale Michelson-Experiment wurde 1883 wegen der falschen Erwartungen schlecht interpretiert.

Michelson hatte eine Idee, den Ätherwind zu messen. Sie war einfach und genial. Er spaltete einen Lichtstrahl in zwei im rechten Winkel zueinanderstehende Teilstrahlen. Die von Spiegeln zurückgelenkten Strahlen wurden interferiert. Das Wandern der Interferenzstreifen war ein Maß für die Geschwindigkeitsdifferenz der beiden Lichtstrahlen.
Da Michelson den wahren Grund für die Sternaberration nicht kannte, wollte er den **"stationären Äther"** nachweisen und erwartete, bei seinem Experiment ungefähr 30 km/s zu messen.

Das geniale, aber noch etwas filigran wirkende Michelson-Interferometer.

Die Ergebnisse lagen mit etwa 5 km/s weit darunter. Darum war für ihn die Hypothese des "stationären" Äthers nicht zu belegen. Er vermutete auch, dass die Ergebnisse ein Experimentalfehler verursachte.
Aber eine Geschwindigkeitsdifferenz von 18.000 km/h ist gar nicht so gering!
Erwähnenswert ist noch, dass sich diese aus einem Faktor errechnet, die in der Folge große Bedeutung haben sollte: $\frac{1}{\sqrt{1 - v^2/c^2}}$

dies aber nicht erkannt wurde

Edward W.
Morley
(1838 - 1923)

3. Die Ergebnisse des Michelson-Morley-Experiments von 1887 verhinderten nicht, dass das Gerücht eines Nullergebnisses entstehen konnte.

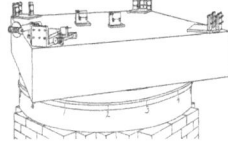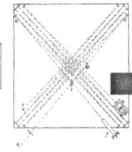

Das erheblich verbesserte Interferometer mit verlängertem Lichtweg und sehr stabiler Bauweise.

Die gemessene Geschwindigkeitsdifferenz der Lichtwege betrug wieder nicht 30 km/s sondern nur 7,5 km/s. Damit war aber das Ergebnis des Michelson-Versuches bestätigt. Der "stationäre Äther" war damit eine falsche Hypothese. Da aber die Sternaberration noch immer falsch interpretiert wurde, entstand das Gerücht eines Nullergebnisses des Experiments.

Albert Einstein
(1879 - 1955)

4. Einstein veröffentlichte 1905 eine Lösung basierend auf dem nicht vorhandenen Nullergebnis des Michelson-Morley-Experiments.
Die sogenannte "Spezielle Relativitätstheorie" benötigte keinen Äther, weil sie die Zeit relativierte. Dies inspirierte eine Gruppe von Physikern. Ab 1922 begann man die Ätherhypothese auszugrenzen.

Dayton C.
Miller
(1866 - 1941)

5. Das akribische Michelson-Morley-Miller-Experiment wurde erst 1933 publiziert, als der Zug der "ätherlosen Physik" schon über ein Jahrzehnt lang Fahrt aufgenommen hatte.

In den Jahren 1924 - 26 perfektionierte Dayton Miller das Experiment. Er machte am Mount Wilson 20.000 Messungen mit 320.000 Messwertablesungen.

Die Einzelmessungen ergaben Werte über 10 km/s. Genaue Analysen erbrachten dann, dass alle bisherigen Standorte auf der Nordhalbkugel der Erde ungünstig waren, denn der Ätherwind traf die Erde mit 208 km/s aus der Richtung der Großen Magellanschen Wolke auf der Südhalbkugel.

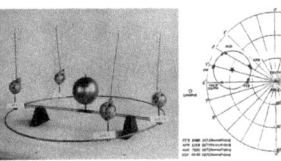

Der Äther war nachgewiesen! Das Gerücht vom Nullergebnis behielt aber bis heute die Oberhand.

João Magueijo (* 1967), ein portugiesischer theoretischer Physiker, hat einmal die Naturwissenschaften sehr treffend mit Detektivgeschichten verglichen:

>»Bevor Sie die richtige Lösung finden können, müssen Sie zunächst den Fehler in der geltenden Theorie finden, die »falsche Lösung«, die den Unschuldigen hinter Gitter gebracht und den Täter auf freiem Fuß gelassen hat.«[45]

Es soll nun gezeigt werden, dass das Michelson-Morley-Experiment falsch beurteilt wurde und keineswegs als »Nullversuch« zu bezeichnen ist. Es wird dabei ersichtlich, dass beim Michelson-Morley-Experiment der Äther keineswegs als nicht existent nachgewiesen wurde. Im Gegenteil, das Michelson-Morley-Experiment konnte die Existenz des Äthers, also eine feinstoffliche Materie, sogar eindeutig nachweisen und einige wichtige Eigenschaften des Äthers klären.

Ich möchte dem Experiment für den nun zu führenden Beweis für die Existenz des Äthers oder die Existenz feinstofflicher Materie einen etwas modifizierten Namen geben. Bei diesem Experiment sind folgende drei Forscher maßgeblich beteiligt:

- **Albert Abraham Michelson** für die geniale Konzeption des Experiments
- **Edward William Morley** für die Verfeinerung und Perfektionierung des Experiments
- **Dayton Clearence Miller** für etwa 20.000 akribisch durchgeführte Messzyklen mit 320.000 Messwertablesungen

Nach den jeweiligen Einflüssen möchte ich also den ersten Versuch 1881 als Michelson-Experiment, die verbesserte und erheblich genauere Fassung von 1887 und auch 1904 nach den durchführenden Forschern Michelson-Morley-Experiment und schließlich die ausdauernde Durchführung mit 20.000 Messzyklen am Mount Wilson das **Michelson-Morley-Miller-Experiment** bezeichnen. Die heute übliche Praxis, den Versuch Michelson-Morley-Experiment zu nennen, verdrängt Dayton Miller. Dies soll hier, wie auch schon von Loyd S. Swenson in seinem Werk *The Ethereal Aether – A History of the*

Michelson-Morley-Miller Aether-Drift Experiments 1880 – 1930, richtiggestellt werden.

Das geniale Michelson-Experiment – ein »Misserfolg«?

Zunächst war da also **Albert Abraham Michelson** (1852 - 1931), geboren im preußischen Deutschland, und zwar im heute in Polen befindlichen Ort Strelno. Seine jüdischen Eltern emigrierten in die Vereinigten Staaten, als er zwei Jahre alt war. Er wuchs in den USA auf und schlug dort zuerst eine militärische Laufbahn ein. Aber schon während der Ausbildung zeigte sich sein Talent für technische und vor allem messtechnische Themen. 1877 hatte er in einem Klassenexperiment mit Materialien für nicht ganz zehn Dollar die Messung der Lichtgeschwindigkeit demonstriert. Zwei Jahre später, nun 27-jährig, und mit perfektionierter Versuchsanordnung ermittelte er die Lichtgeschwindigkeit mit einer bis dahin noch nicht erreichten Genauigkeit. 1881 entschied er sich, die wissenschaftliche Laufbahn einzuschlagen, und schied aus der amerikanischen Navy aus. 1907 erhielt er den Nobelpreis für Physik »für seine optischen Präzisionsinstrumente und die damit durchgeführten spektroskopischen und metrologischen Untersuchungen«.

Nun zu seinem berühmten (und missverstandenen) Experiment:

Um die Idee des Michelson-Morley-Miller-Experiments, wie man einen Ätherwind messen wollte, zu verdeutlichen, denken wir uns zwei vollkommen gleich schnelle Schwimmer, die in einem Fluss von einer Plattform aus jeweils zu einer vollkommen gleich weit entfernte Boje schwimmen und wieder zur Plattform zurückkehren sollen. Der eine Schwimmer ist in Flussrichtung unterwegs, zuerst mit der Strömung und dann am Rückweg gegen die Strömung. Der andere Schwimmer soll eine Boje erreichen, die sich von der Plattform aus normal zur Fließrichtung befindet, und dann wieder zurückschwimmen. Damit er nicht abdriftet, muss er etwas gegen die Fließrichtung schwimmen, sowohl beim Hinweg als auch beim Rückweg. Er wird damit länger brauchen als in ruhendem Wasser, und die benötigte Zeit wird mit zunehmender Wasserströmung immer größer.

Aber auch der Schwimmer in Fließrichtung des Flusses braucht länger. Wenn er zunächst mit dem Fluss schwimmt, ist er rasch bei der Boje. Aber entgegen der Fließrichtung braucht er länger, und dabei ist

die verzögernde Wirkung des Flusses, weil er für den Rückweg länger
braucht, größer als die unterstützende auf dem Weg zur Boje.

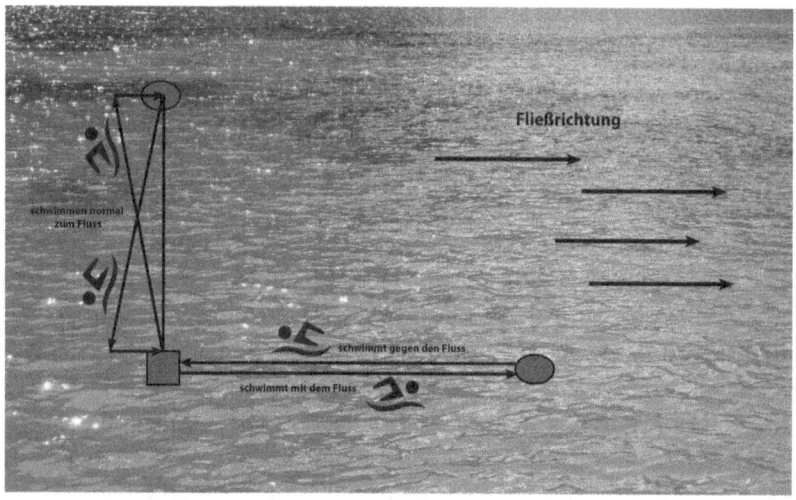

Abb. 17: Das Prinzip des Michelson-Morley-Miller-Experiments.

Um diese Verzögerungen auszurechnen, reicht ein klein wenig Mathe-
matik-Schulwissen völlig. Die Berechnung dafür ist vom mathematischen Standpunkt trivial. Sie ist in den Anmerkungen wiedergegeben.

Die Geschwindigkeit der Schwimmer symbolisiert der Buchstabe c,
denn die Schwimmer entsprechen ja im Michelson-Morley-Miller-Experiment den beiden Lichtwegen mit der Lichtgeschwindigkeit c. Für
die Fließgeschwindigkeit des Flusses nehmen wir den Buchstaben v,
der die unbekannte Größe des Ätherwinds symbolisiert.

Der Längsschwimmer braucht um den Faktor $\frac{1}{\sqrt{1-v^2/c^2}}$ länger.

Dies ist der Faktor, der später als *Lorentz-Transformation* in die Spezielle Relativitätstheorie übernommen wird. Von höherer Mathematik
ist hier jedenfalls keine Spur. Aus dieser Formel lässt sich nun mittels
der benötigten Zeiten die Fließgeschwindigkeit des Flusses herausrech-
nen.

Wie misst man den Ätherwind?

Wenn wir die Schwimmer durch das Licht ersetzen und den Fluss durch den wehenden Ätherwind, dann haben wir die Idee der Versuchsanordnung des Michelson-Experiments. Die »Zeitdifferenz« ergibt sich nach dem Interferieren der beiden ankommenden Lichtstrahlen. Es entsteht ein »laufendes« Streifenmuster, da sich die beiden Lichtstrahlen zeitweise aufheben (dunkle Linien) beziehungsweise verstärken (helle Linien). Je schneller diese Streifen »laufen«, desto größer ist die Zeitdifferenz zwischen den beiden Lichtwegen.

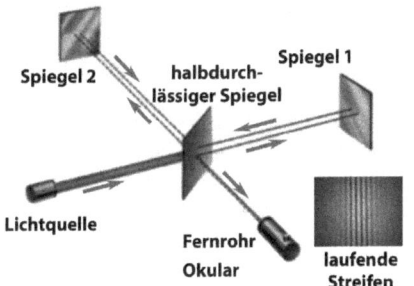

Abb. 18: Albert A. Michelson und eine Darstellung des Prinzips des Michelson-(Morley)-Experiments.

Allerdings kannte Michelson vom – unsichtbaren – Äther nicht die Richtung, aus der er kommen könnte. Wenn es gelänge, eine »Zeitdifferenz« für die beiden normal zueinander stehenden Lichtwege zu messen, dann hätte man nur eine beliebige Differenzkomponente in einem Ätherwind gemessen.

Bei dem Experiment konnte man aber die Vorrichtung horizontal drehen und so den Winkel mit der größten Differenz für die beiden Lichtwege bestimmen. Damit hätte man zumindest die größte horizontale Komponente des Ätherwinds. Da sich die Erde um die eigene Achse dreht und so die Versuchsanordnung im Laufe eines Tages sehr unterschiedliche Stellungen zu einem aus unbekannter Richtung wehenden Ätherwind einnehmen muss, kann man sich mit dem Tagesmaximum noch einmal etwas besser an den tatsächlichen Ätherwind herantasten. Dazu kommt noch die Bahnbewegung der Erde um die

Sonne, womit man durch wiederholte Messungen im Laufe eines Jahres wiederum ein Maximum bestimmen kann. Damit sollten genug Daten vorhanden sein, um Größe und Richtung des Ätherwindes gut ermitteln zu können. Das jedenfalls war die Haltung zum Zeitpunkt des Versuches, denn man hatte kein Wissen über den Äther.

Abb. 19: Das geniale, aber noch etwas fragil wirkende Interferometer, mit dem 1881 von Albert Michelson die ersten Versuche durchgeführt wurden. Die dadurch mögliche Ungenauigkeit wurde auch in der Folge kritisiert und hat ihren Beitrag geleistet, dass das Ergebnis des Experiments nicht akzeptiert wurde. Die ersten Ergebnisse unterschieden sich allerdings nicht signifikant von den späteren mit ungleich stabileren Versuchsapparaturen.

An dem Bild kann man erkennen, dass die Apparatur noch sehr filigran und damit feinsten Stößen ausgesetzt war. Beim ersten Experiment im Keller der Sternwarte in Potsdam verfügte man, dass sogar die Straßenbahnen nicht verkehren durften. Darum konnte Michelson auch nur drei Messzyklen innerhalb von wenigen Stunden durchführen. So ein Ergebnis ist ein Zufallsergebnis, weil damit nicht einmal das Tagesmaximum und schon gar nicht das Jahresmaximum gefunden werden kann. Wie wir noch sehen werden, spielen auch die Meereshöhe und der geografische Ort des Experiments wichtige Rollen.

Michelson suchte aber nicht einen irgendwie gearteten Ätherwind. Er suchte zur Erklärung der Sternaberration den sogenannten »stationären Äther«, nämlich einen Äther, der keine Bewegung gegenüber der Sonne machte und gleichzeitig auch stationär zum Fixsternhimmel war. In diesem stationären Äther sollte sich die Geschwindigkeit der Erde um die Sonne als Ätherwind zeigen, auch ohne Tages- und Jahresmaximum und ohne den idealen Standort für das Experiment zu besitzen.

Aber die Messergebnisse waren geringer als erwartet. Sie deuteten nur auf einen Ätherwind von ca. 5 km/s hin. Dies entspricht 18.000 km/h. Die Erwartung zum Nachweis des stationären Äthers lag in der Größenordnung der Orbitalgeschwindigkeit der Erde um die Sonnen bei 30 km/s. Dies sind etwas über 100.000 km/h. Aber 18.000 km/h ist nicht NULL, es ist eine nicht unbedeutende Geschwindigkeit, obwohl sie im Vergleich zur Lichtgeschwindigkeit recht klein ist. Aber: Sie ist eben nicht NULL! Allerdings muss hier erwähnt werden, dass Michelson in seiner Arbeit *The Relative Motion of the Earth and the Luminiferous Ether* diesen Wert nicht explizit nennt, sondern nur in der nicht umgerechneten Form als »Verschiebung der Streifen« (*fringes*) angibt.

Michelson beschrieb sein Ergebnis folgendermaßen:

»Die kleinen Verschiebungen von -0,004 und -0,015 Streifen (fringes) sind einfach Fehler des Experiments.

Die erhaltenen Ergebnisse ersieht man hingegen markanter anhand des Vergleichs der gemessenen Kurve mit der Kurve, die man erhalten hätte, wenn die Theorie korrekt gewesen wäre. Dies wird in der folgenden Abbildung gezeigt.

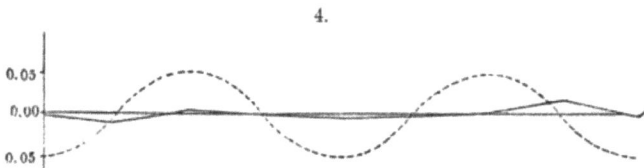

Die gestrichelte Kurve wurde unter der Annahme gezeichnet, dass die zu erwartende Verschiebung ein Zehntel des Abstandes zwischen den Streifen ausmachen würde. Aber da die tatsächliche Verschiebung nur 1/100stel ausmachte, würde die geknickte Linie fast mit der geraden Koordinatenachse zusammenfallen als mit der Kurve.

Die Interpretation dieser Ergebnisse ist, dass es keine Verschiebung der Interferenzstreifen gibt. Das Ergebnis lässt die Hypothese vom stationären Äther als falsch erscheinen, und daraus ergibt sich die notwendige Schlussfolgerung, dass die Annahme der Hypothese irrig war.

Die Schlussfolgerung steht in direktem Widerspruch zur Erklärung des Phänomens der Aberration, wie sie bisher allgemein angenommen wurde, dass sich die Erde durch den Äther, welcher sich in Ruhe befindet, bewegt.«[46]

Diese Stelle ist eine wesentliche Ursache für die bis heute geltende Fehlinterpretation des Michelson-Morley Experiments als »Nullexperiment« und die immer wieder auftretende falsche Formulierung, dass »keinerlei Verschiebung der Streifen zu bemerken war«.

Michelson war enttäuscht, den stationären Äther, der zur »Erklärung« der Aberration geführt hätte, nicht nachweisen zu können. Die Ausdrucksweise im Artikel ist unklar. Er bezeichnete seine Ergebnisse als »Experimentalfehler«. Diese Einschätzung ist auch der Grund, dass das erste Interferometer bis heute als viel zu ungenau gilt.

Aber beim Vergleich aller in der Folge wesentlich verbesserten Versuche kann man sagen, dass die Apparatur gar nicht so schlecht war. Die wesentlich weiter entwickelten Apparaturen ergaben sehr ähnliche und auch in einer viel größeren Anzahl von Messzyklen nur wenig größere Ätherdriftwerte.

Michelson konnte eine maximale Geschwindigkeitsdifferenz von ca. 5 km/s messen. Wir müssen die Ergebnisse auch mit denen des Fizeau-Experimentes[47] vergleichen, bei denen man ebenfalls mittels Interferenz von Lichtstrahlen Geschwindigkeitsdifferenzen im Bereich von einigen m/s nachweisen konnte. 5 km/s oder 18.000 km/h sind robuste Messergebnisse. Da das Experiment weder Tages- noch Jahresmaximum erfassen konnte (und, wie wir noch sehen werden, vom Standpunkt (Potsdam) denkbar ungünstig situiert war), hätte Michelson das Ergebnis besser bewerten sollen, denn es war zu erwarten, dass bei weiteren Messzyklen und besseren Bedingungen höhere Geschwindigkeiten messbar wären.

Dies war somit ein Nachweis für einen Ätherwind und damit die Existenz des Äthers – aus unserer heutigen Sicht eine Sensation! Aber diese Sensation ist bis heute nicht erkannt.

Das genaue Michelson-Morley-Experiment (1887) – ein »Nullversuch«?

Aber Michelson wollte es noch einmal versuchen, diesmal mit einer wesentlich verbesserten Versuchseinrichtung. Nun trat das zweite »M« auf den Plan, **Edward Williams Morley** (1838 – 1923), ein US-amerikanischer Chemiker. Von 1869 bis 1906 war er Professor für Chemie am Western Reserve College, der heutigen Case Western Reserve University. Er galt als besonders geschickter Experimentator und zeigte diese Fähigkeit auch beim Michelson-Morley-Experiment.

Die Stabilität verbesserten die beiden durch ein fest gemauertes Fundament. Die Messvorrichtung wurde auf eine dicke Granitplatte montiert. Ein Quecksilberlager sorgte für eine leichte, präzise und schwingungsfreie Drehbarkeit der schweren Granitplatte. Damit war die Konstruktion gegen Erschütterungen weitestgehend immun. Auf dieser Platte wurde nun der Lichtweg gegenüber der ersten Versuchsanordnung dadurch, dass man den Lichtweg mehrmals hin und her führte, auf zweiundzwanzig Meter erheblich verlängert. Alle diese Maßnahmen verbesserten die Genauigkeit erheblich.

Der Versuch fand in den USA, in Cleveland, statt. Nach Potsdam, das sich auf zweiunddreißig Meter Seehöhe befindet, waren die 200 Meter Seehöhe in Cleveland am Ufer des Eriesees auch eine gewisse Verbesserung, weil die höhere Positionierung einen allfälligen Einfluss der Äthermitführung durch die Erde verringern könnte.

Die Ergebnisse waren dann auch tatsächlich höher, aber für Michelson und Morley noch nicht hoch genug, um den erwarteten und erhofften »stationären Äther« nachweisen zu können. Die Veröffentlichung von 1887 *On the Relative Motion of the Earth and the Luminiferous Ether* ist vor allem technisch orientiert. Sie beschreibt hauptsächlich die Messanordnung und die Messung selbst.

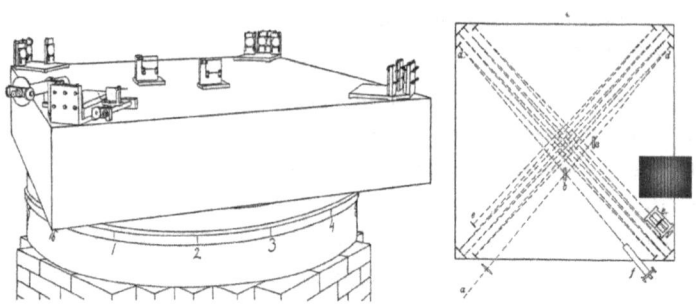

*Abb. 20: Die von Michelson und nun auch Morley wesentlich verbesserte
Messanordnung mit einem Lichtweg von nunmehr zweiundzwanzig Metern.*

Der Kommentar der Ergebnisse ist dann kurz und klingt lapidar:

»… die relative Bewegung der Erde gegenüber dem Äther ist
möglicherweise weniger als ein Sechstel der Orbitalgeschwindigkeit der Erde und sicherlich weniger als ein Viertel.«[48]

Bei dieser Formulierung fällt auf, dass es nur eine Eingrenzung nach
oben gibt. Ein Sechstel der Orbitalgeschwindigkeit entspricht dem Ergebnis von 1881, also etwa 5 km/s, ein Viertel der Orbitalgeschwindigkeit der Erde sind 7,5 km/s. Dieser Wert liegt um 50% höher als
1881, aber immer noch deutlich unter den erhofften 30 km/s. Die Autoren sprachen dabei von der Relativbewegung der Erde gegenüber dem
Äther, allerdings so, als gäbe es an der Existenz des Äthers keinen
Zweifel. Dies war auch das damalige Paradigma.

Zum Schluss formulierten sie noch mehrere Möglichkeiten, die das
Ergebnis noch ändern könnten:

• Sie bemerkten, dass das Experiment alle drei Monate zu wiederholen wäre, (denn da man nichts über die Richtung des Äthers wusste, ist nicht auszuschließen, dass die Versuche zu einem ungünsti-
  gen Zeitpunkt gemacht wurden und damit aus diesem Grunde zu
  so geringeren Werten geführt hatten.)

- Sie erwähnten auch indirekt das Thema der Äther-Mitführung, indem sie ausführten, dass ein Versuch in größerer Höhe zu höheren Ergebnissen führen könnte und
- dass man bei einem nächsten Versuch sogar die massiven Wände durch Glas ersetzen sollte, um dem Ätherwind so wenig Widerstand wie möglich zu bieten.[49]

Allerdings wurden die beiden für 1887 beziehungsweise 1888 geplanten Versuchsreihen nicht mehr durchführt.

Neue Messungen in den Jahren 1902 – 1904

In den Jahren 1902 bis 1903 und noch einmal 1904 wurden von Michelson und Morley an der Chase School of Applied Science in Cleveland (USA) weitere Messungen durchgeführt. Sie konnten einen Ätherwind von 10 km/s in der ersten Messreihe und von 7,5 km/s in der zweiten ermitteln. Diese Ergebnisse wurden aber nicht publiziert. Die Informationen wurden dann erst 1933 mit großer Verspätung in dem Artikel von Dayton Miller der Öffentlichkeit zugänglich.[50]

Damit wäre, bei richtiger Interpretation, der Ätherwind nachgewiesen gewesen. Das sehr seltsame Konzept des stationären Äthers erwies sich als falsch, was den unangenehmen Effekt hatte, dass man die Sternaberration nach wie vor nicht erklären konnte.

Ein Vorgriff um zwanzig Jahre: Das akribische Michelson-Morley-Miller-Experiment – Ätherwind über 200 km/s

Der dritte Protagonist des Versuches zum Nachweis des Ätherwinds war Dayton Clarence Miller (1866 – 1941), ein amerikanischer Physiker und Astronom. Nach seinem Studium an der Baldwin University in Ohio und seinem Doktorat in Astronomie an der Princeton-University widmete sich Miller zeitlebens der Lehrtätigkeit an der Case School of Applied Science in Cleveland, Ohio. Daneben arbeitete er an verschiedenen physikalischen Versuchen, unter anderem unternahm er nach der Entdeckung der Röntgenstrahlen vielfältige Versuche und fertigte einige der ersten Röntgenbilder an. Wie eine 2010 erschienene Biografie zeigt, war sein Wirkungsbereich sehr breit.[51]

Seine (relative) Bekanntheit führt jedoch zurück auf die Ätherwind-Messungen, die er zuerst mit Edward W. Morley und nach dessen altersbedingtem Ausscheiden allein durchführte. Das verwendete Interferometer war dabei noch einmal verbessert durch die Erhöhung des Lichtlaufweges auf nunmehr vierundsechzig Metern. Außerdem wurde das imposante Instrument in 1.800 Metern Höhe am Mount Wilson aufgestellt. Miller vollführte damit in den Jahren 1924 – 1926 über 20.000 Umdrehungen mit jeweils sechzehn Messwertablesungen, in Summe also über 320.000 Ablesungen.

Als wesentlicher Störfaktor für die Messungen erwiesen sich Temperaturschwankungen. Miller traf eine Fülle von Maßnahmen, um diese Effekte zu minimieren. Das eiserne Grundgestell wurde stark isoliert und der Lichtweg mit Glas eingehaust. Miller sah auch Heizungen vor, welche die Temperaturunterschiede zwischen den Lichtlaufwegen verhindern sollten. Schließlich wurde das gesamte Versuchsgebäude unter ein Zelt gestellt, um die direkte Sonneneinstrahlung zu verhindern.

Obwohl heute nur die Frage nach der Größe des Ätherwinds als relevant angesehen wird, sind die Detailresultate sehr interessant:

Abb. 21: Das am Mount Wilson auf 1750 m gebaute gewaltige Michelson-Morley-Miller Interferometer, das über einen vierundsechzig Meter langen Lichtweg verfügt.

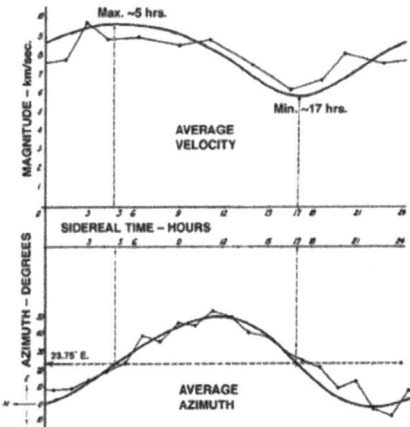

Abb. 22: Das Diagramm zeigt die gemittelten Werte für den Geschwindigkeitsunterschied des Lichts. Die Mittelwerte liegen je nach Tageszeit zwischen 5 und 10 km/s. Der Azimutwert stellt den Winkel der Versuchseinrichtung dar, bei dem der jeweils maximale Wert gemessen wird.

Änderungen im Tagesverlauf sind wegen der Achsendrehung der Erde genau das, was man bei genauen Messungen erwarten muss. Die ersten Messungen von Michelson und dann auch mit Morley wurden nur ein- bis zweimal pro Tag durchgeführt. Da gab es die Möglichkeit der Interpretation des Tagesverlaufs nicht. Die detaillierten Auswertungen von Miller bestätigen die Richtigkeit der Ätherwind-Messungen auch in Hinsicht auf die zu erwartenden Ergebnisse im Tagesverlauf.

Durch die regelmäßigen Messungen über ein ganzes Jahr konnten auch Analysen hinsichtlich der Veränderung der Daten im Jahresverlauf gemacht werden. Sensationell ist dabei, dass die Daten es ermöglichten, die Ätherwindrichtung und die Absolutbewegung der Erde gegenüber dem Äther anzugeben.

Die Daten erlaubten die Ursprungspunkte des Ätherwinds zu ermitteln. Obwohl die Messungen an der Erdoberfläche nur 10 km/s ergaben, kann aus der Variation der Richtungen auf eine Absolutkomponente des Ätherwinds oder umgekehrt eine Absolutgeschwindigkeit der Erde von 208 km/s in Richtung auf die Große Magellansche Wolke geschlossen werden.[52]

Die Große Magellansche Wolke ist nur auf der Südhalbkugel der Erde zu sehen. Daraus kann man ersehen, dass die Positionierung des Interferometers auf der Nordhalbkugel denkbar ungünstig war. Eine Untersuchung auf der Südhalbkugel steht aber bis heute noch aus.

Mit Millers Ergebnissen ist das vermeintliche und heute von den namhaftesten Autoren immer noch wiederholte »Nullergebnis« null und nichtig.

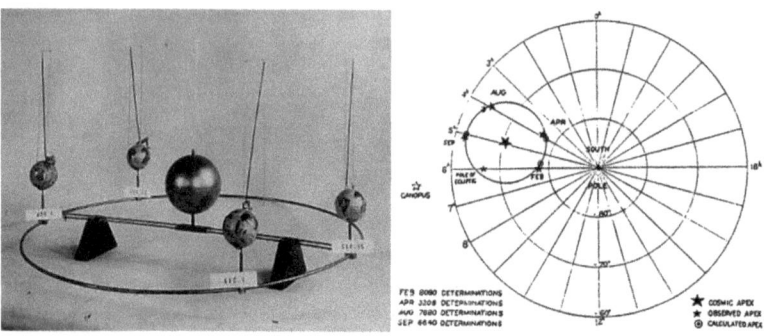

Abb. 23: Ein Modell Millers, um die Richtung des gemessenen Ätherwindes zu verdeutlichen. Rechts sieht man die Richtung, aus welcher der Ätherwind gemessen wurde. Er trifft die Erde auf der Südhalbkugel. Alle bisherigen Versuche wurden auf der Nordhalbkugel gemacht, also im Bereich des Ätherwindschattens. Dies ist wahrscheinlich ein wichtiger Grund für die niedrigen Messwerte.

Die Untersuchungen von Miller bezüglich der Ätherwindgeschwindigkeit stimmen überein mit verschiedenen Versuchen, die Absolutgeschwindigkeit des Sonnensystems zu messen:

- **Edward K. Conklin** realisierte eine 1968 vorgeschlagene Idee von C. V. Heer und R. H. Kohl[53], die Absolutgeschwindigkeit aus der Hintergrundstrahlung durch zwei planparallele thermisch voneinander isolierte Platten zu messen. Auf den voneinander abgewandten Seiten sind die Platten schwarze Strahler und reagieren auf Temperaturdifferenzen. Wenn das System sich in Bezug auf die umgebenden Strahlungseinflüsse bewegt, muss zwischen den Platten eine Temperaturdifferenz entstehen. Die Temperatur muss höher sein, wenn sich die Versuchseinrichtung auf die Strahlungsquelle zubewegt, und niedriger, wenn sie sich von ihr entfernt. Aus der Anisotropie, also der Ungleichförmigkeit der

Hintergrundstrahlung, ergab sich die Absolutgeschwindigkeit von 100 - 300 km/s in Richtung des Sternbilds Löwe.[54]

- **B. T. Corey** und **David Todd Wilkinson** (1935 – 2002), nach ihm ist das berühmte Experiment Wilkinson-Microwave-Anisotropy-Probe (WMAP) benannt), bestimmten 1976 die absolute Geschwindigkeit der Erde mit Ballonbeobachtungen mit 200 - 340 km/s in eine sehr ähnliche Richtung.[55]

- Experimente von Ernest **Wilbur Silvertooth** (1916 – 2000)[56] aus dem Jahre 1986 und von **Stefan Marinov** (1931 – 1997)[57] aus dem Jahre 1987 bestimmen die Geschwindigkeit des Ätherwindes. Laut Silvertooth ergibt sich ein Wert von ca. 378 Kilometer pro Sekunde.[58]

Alle diese Experimente widerlegen das Postulat der Konstanz der Lichtgeschwindigkeit und widerlegen damit die wesentliche Prämisse für die Relativitätstheorie. Die einzig logische Folge daraus ist die Annahme der Existenz des Lichtäthers. Dieser Schluss wurde zwar von einigen Forschern gezogen, aber er wurde kein allgemein anerkanntes Paradigma.

Kapitel 7

Wie der Äther wieder »verloren« ging

Der Äther war also nachgewiesen und ist dies auch heute noch. Aber nun werden wir sehen, wie die Physik in ein anderes Geleis gelangte; denn diese Ergebnisse wurden nie in den Kenntnisschatz der Physik integriert. Der Grund war das Auftreten eines Gerüchts.

Wie der Äther wieder "verloren" ging

A. Wie entstand das Gerücht vom Null-Ergebnis des Michelson-Morley-Versuchs

Was war gescheitert?

Der Nachweis des stationären Äthers! Das Resultat war statt 30 km/s nur 5 - 7 km/s!

> „the relative velocity of the earth and the aether is probably less than one sixth the earth's orbital velocity, and certainly less than one fourth." (Albert Michelson)

Was wurde daraus?

Ein gerüchteweise verbreitetes Null-Ergebnis statt der tatsächlich gemessenen 5 - 7 km/s.

- **Fazit 1:** Der Ätherwind ist mit dem Ergebnis 5 - 7 km/s (= 18000 -25200 km/s) nachgewiesen und dies wurde oftmals bestätigt.
- **Fazit 2:** Das Gerücht vom Nullergebnis machte die Runde.

Wie das Gerücht aufkam, ist nicht wirklich geklärt. Sicher beteiligt war der späte Termin der Veröffentlichung von Michelson.

B. Antoon Lorentz beginnt das Gerücht vom "Null-Ergebnis" zu erklären

Antoon Lorentz (1853 - 1928)

Lorentz versuchte den Äther dadurch zu retten, indem er das sogenannte Null-Ergebnis zu erklären versuchte. Er vermutete, dass der Ätherwind einen Arm der Messvorrichtung so zusammengedrückt hat, dass die Wirkung des Ätherwinds dadurch kompensiert wurde. Dabei entstand zur Rettung des Äthers der berühmte Faktor der Lorentz-Tranformation: $\dfrac{1}{\sqrt{1-v^2/c^2}}$

Albert Einstein (1879 - 1955)

C. Albert Einstein bringt eine Lösung ohne Äther – die Spezielle Relativitätstheorie.

Einstein wandte das Gerücht vom Null-Ergebnis dahingegen an, dass er sich fragte, was es bedeutet, wenn das Licht einer Straßenlaterne und das Licht eines auf den Beobachter zufahrenden Autos gleich schnell ankommen. Diese Annahme wurde nie überprüft, denn es ist nicht möglich, die Einweggeschwindigkeit des Lichts zu messen. Um diese Differenz auszugleichen relativierte er die Zeit – wieder mit derselben Formel: $\dfrac{1}{\sqrt{1-v^2/c^2}}$

D. Die Kritik an der "ätherlosen" Relativitätstheorie wird "abgewürgt".

Schon ab 1920 kam es zu bedeutenden Maßnahmen gegen die Gegner der Relativitätstheorie. Die Diskussionen bei der September-Tagung in Bad Nauheim wurden von Max Planck auf fünfzehn Minuten begrenzt. Bei der Hundertjahrfeier der Gesellschaft deutscher Naturforscher und Ärzte im September 1922 in Leipzig wurden zur Relativitätstheorie zwei hymnische Vorträge von Max v. Laue und Moritz Schlick gehalten, kein Vortrag eines Kritikers wurde zugelassen, keine Diskussion über die Theorie geführt.

Da Kritikern der Zugang zu Fachzeitschriften verwehrt wurde, erschien 1931 das Büchlein *"100 Autoren gegen Einstein"*.

und noch immer fehlt

E. Einsteins Reaktionen auf die Versuche von Dayton C. Miller

1. Die inoffizielle Reaktion vor dem genauen Ergebnis des Versuchs von Dayton C. Miller.

Einstein 1925 in einem Brief an den Verleger Edwin E. Slosson:

„Meine Meinung über Millers Experimente ist folgende..... Sollten die positiven Resultate bestätigt werden, dann würde die Spezielle Relativitätstheorie und mit ihr die Allgemeine Relativitätstheorie ungültig sein. Experimentum summus judex."

Albert Einstein
(1879 - 1955)

2. Die offizielle Stellungnahme nach der Veröffentlichung der positiven Ergebnisse von Miller

„Mit diesem Ergebnis (d. h. den Messungen von Michelson und Michelson-Morley) steht und fällt die Relativitätstheorie in ihrer gegenwärtigen Fassung. (...) Schon vorher war es den Physikern klar geworden, dass die schwächste Stelle von Millers Versuchen darin lag, dass bei der erheblichen Größe seiner Apparatur keine genügende Konstanz der Temperatur der von den interferierenden Lichtstrahlen durchsetzten Luft zu erzielen war; lokale systematische Temperaturschwankungen von einigen hundertstel Grad konnten den beobachteten positiven Effekt vortäuschen."

 Die Formulierung "schon vorher war es den Physikern klar" ist grob manipulierend. Einstein hatte keine Detailkenntnis über die Versuchsanordnung.

F. Aus dem Gerücht vom Nullversuch des Michelson-Morley-Experiments wurde ein nicht auszurottender Glaube

Wissenschaftliches Arbeiten basiert zu einem wichtigen Teil auf dem richtigen Zitieren von bestehenden Quellen. Die Wissenschaftsgeschichte zeigt, dass Fehleinschätzungen so durch lange Zeit überleben können.

- Das größte Problem ist der Einzug falscher Informationen in Schul- und in Physikbücher für den universitären Unterricht.

- Auch namhafte Physiker übernehmen veröffentlichte aber leider falsche Informationen aus den verschiedensten Quellen.

- Vielfach wird das Null-Ergebnis als eindeutig gegeben betrachtet und es wird gar nicht mehr zitiert.

Ein Beispielzitat von Max Born (1882 - 1970)

„Das erste und wichtigste Experiment dieser Art gelang Michelson (1881) mit Hilfe seines Interferometers, das er in unermüdlicher Arbeit zu einem Präzisionsinstrument von noch nie dagewesener Leistungsfähigkeit ausgebildet hatte. [...]

Als der Versuch aber durchgeführt wurde, zeigte sich nicht die geringste Spur der erwarteten Verschiebung und auch spätere Wiederholungen mit noch raffinierteren Hilfsmitteln gaben kein anderes Resultat. Daraus muss geschlossen werden: Der Ätherwind ist nicht vorhanden."

Das Originalzitat von Michelson (grau unterlegt) outet Borns Aussage als Propaganda oder grobe Unwissenheit.

Gerüchte vom Nullergebnis des Michelson-Morley-Experiments

Nachdem wir uns am Ende des letzten Kapitels mit Dayton Miller und den Ergebnissen der 1930er Jahre beschäftigt haben, machen wir nun einen Rücksprung wieder in die Zeit um 1900. Wir betrachten nun das Michelson-Morley-Miller-Experiment noch einmal, diesmal mit der Sicht von außen, der Sicht eines die Vorgänge in der Physik verfolgenden Wissenschaftlers.

Bis zu diesem Zeitpunkt waren von Albert A. Michelson und Edward W. Morley nur wenige Messungen gemacht worden. Diese hatten nicht die zur Erklärung der Sternaberration erwarteten Resultate für den Ätherwind von etwa 30 km/s erbracht.

Im ersten Artikel von Michelson kann man erkennen, dass er selbst nicht wusste, was er von den Ergebnissen halten sollte. Er erklärte sie als Messfehler, er wusste allerdings nicht, dass die nachfolgenden Versuche mit stark verbesserten Instrumenten ähnliche Ergebnisse erbringen würden. Der Inhalt der Veröffentlichungen beschäftigte sich sehr stark mit der Technik der Messvorrichtung. Die Interpretation der Messergebnisse nimmt im Artikel wenig Raum ein. Ein entscheidender Mangel!

Es ist nicht ganz klar, wie das Gerücht von einem Nullergebnis entstehen konnte, denn nur im allerersten Michelson-Artikel von 1881 gibt es die Beurteilung als Messfehler. Schon im Artikel von 1987 von Michelson und Morley kann man, obwohl nicht sehr deutlich, von Ätherwindgeschwindigkeiten in der Größenordnung von einem Viertel bis einem Sechstel der Geschwindigkeit der Erde um die Sonne lesen.

Die Analyse von Dayton C. Miller, mit dem Ergebnis, dass der Ätherwind die Erde auf der Südhalbkugel aus dem Gebiet der Magellanschen Wolke mit 208 km/s trifft, wurde aber erst fünfundzwanzig Jahre später gemacht.

Der gemessene Ätherwind von 5 – 7,5 km/s entsprach also nicht dem zum Nachweis des stationären Äthers erwarteten Wert von 30 km/s. Dieser »Fehlschlag« wurde irgendwann zum Nullergebnis, das heute noch Teil des physikalischen »Glaubensschatzes« ist.

Wir kennen alle aus unserem Alltag die Tendenz, Aussagen ohne Prüfung zu übernehmen und so Meinungen anderer ungeprüft zur eigenen zu machen. Wir wissen auch, dass wir damit auch Irrtümer, Gerüchte oder Fehlinterpretationen in unseren Meinungsschatz übernehmen. Immer wieder erkennen wir die Subjektivität mancher Meinungen und müssen sie revidieren.

Aber der Fehler lag auch bei Michelson und Morley. Sie konnten ihre Ergebnisse nicht adäquat interpretieren. So blieb die Sensation, den Äther eindeutig nachgewiesen zu haben, aus und machte für die Relativitätstheorie Platz.

Anstatt die gemessenen Werte einfach einmal zu nehmen zu versuchen, sie zu verstehen und dann nach den Ursachen zu suchen, warum die Werte so (unerwartet) gering sein können, hatte man Gerüchte von einem Nullergebnis nicht mit der nötigen Vehemenz bekämpft. Michelson, Morley und Miller hätten aber als diejenigen, denen der Nachweis der Existenz des Lichtäthers gelungen ist, zu Lichtgestalten der Physik werden können. Posthum – auch wenn es noch einige Zeit dauern wird – sollte ihnen dieser Status zukommen.

Der Makel, die Ergebnisse nicht richtig interpretiert zu haben, wird aber weiterhin auf Michelson und Morley lasten.

Antoon Lorentz erklärt das falsche Nullergebnis durch stoffliche Kontraktion

Der Erste, der nach dem Michelson-Versuch reagierte und wahrscheinlich einen gewichtigen Anteil am Entstehen oder aber zumindest am Weiterbestand des »Nullergebnisses« hatte, war **George Francis Fitz-Gerald** (1851 – 1901), ein irischer Philosoph und Physiker. Sein Spezialgebiet war die Elektrodynamik, und so entwarf er 1883 ein Gerät zur Erzeugung elektromagnetischer Wellen.

Wohl am bekanntesten ist seine Vermutung, dass sich Gegenstände, die dem Ätherwind ausgesetzt sind, in Bewegungsrichtung verkürzen. Ohne es auszuschreiben, erklärt er die Formel, die später als **Lorentz-Transformation** bekannt wird. Seine Formulierung, dass der Äther mit der Luft nur in einem unwirklichen Maß mitgeführt wird, deutet auf das falsche »Nullergebnis« hin.

> »Ich habe mit großem Interesse von dem wunderbar diffizilen Experiment der Herrn Michelson und Morley gelesen, mit welchem sie versucht haben, die wichtige Frage zu klären, wie weit

der Äther von der Erde mitgeführt wird. Ihr Ergebnis scheint im Gegensatz zu anderen Experimenten zu zeigen, dass der Äther mit der Luft nur in einem unmerklichen Maß mitgeführt wird. Ich würde vorschlagen, dass möglicherweise die einzige Hypothese, die diesen Widerspruch beseitigen kann, darin besteht, dass sich die Länge der physischen Körper verändert, wenn diese sich mit und gegen den Äther bewegen, und zwar mit dem Betrag, der vom Quadrat des Verhältnisses ihrer Geschwindigkeit zu jenem der Lichtgeschwindigkeit abhängt.«[59]

Worum handelt es sich bei der Formel?

Wir haben beim Michelson-Versuch gesehen, dass es eine Differenz in der Geschwindigkeit zwischen einem Lichtstrahl in Richtung des Ätherwindes und zurück bzw. eines Lichtstrahls normal auf den Ätherwind und zurück gibt. Die Differenz ergab sich als Faktor $\frac{1}{\sqrt{1-v^2/c^2}}$.

Bei einem Nullergebnis und dem Vorhandensein eines Äthers und eines zu diesem gehörigen Windes muss dieser Faktor kompensiert werden. Eine Kompensation muss denselben Faktor ergeben.

Die »Vermutung« von FitzGerald wurde im Jahre 1889 veröffentlicht. Dies geschah drei Jahre vor der Veröffentlichung des Antoon Lorentz.

Hendrik Antoon Lorentz (1853 – 1928), ein holländischer Mathematiker und Physiker, wollte ebenfalls die Äthertheorie retten. Offensichtlich hat auch er die Arbeit von Michelson nicht oder zumindest nicht genau gelesen, denn er erwähnt zweimal die Formulierungen, dass sich sowohl beim Michelson-Versuch (1881) als auch beim Michelson-Morley-Versuch (1887) »keine Spur der … verlangten Verschiebung der Interferenzstreifen«[60] zeigten. Ihm war das tatsächliche Messergebnis von 5 – 7 km/s offensichtlich nicht bewusst, sonst hätte er die Formulierung »keine Spur« nicht verwendet.

Der Begriff »verlangt« zeigt, dass er auch damals noch an das Konzept des stationären, also mit der Sonne fix verbundenen Äthers glaubte und dieses Konzept retten wollte. Seine »Lösung« war die Annahme der Stauchung der Versuchseinrichtung durch den anströmenden Äther genau in der Größenordnung, dass er den erwarteten Messeffekt völlig kompensierte.

Eine Verkürzung des Arms der Messeinrichtung erschien zwar prinzipiell nicht ausschließbar, aber dass der Wert der Verkürzung genau so groß war, dass für den Ätherwind ein Nullresultat herauskommen konnte, war zu unwahrscheinlich. Die Formel zur Kompensation der Verkürzung des Arms der Messvorrichtung war die sogenannte Lorentzfunktion, die den schon bekannten Faktor $\frac{1}{\sqrt{1-v^2/c^2}}$ verwendet. Man erhält sie wie beim Michelson-Morley-Experiment gezeigt.

Ein zweiter Erklärungsversuch Lorentz' war auch, einen völlig ruhenden Äther zu postulieren, wo man keine Differenz messen kann. Da die Erde auf ihrem Weg um die Sonne doch ihre Richtung verändert, erschien auch der zweite Erklärungsversuch als unlogisch. Seine Vorschläge wurden zwar beachtet, aber schließlich verworfen.

Albert Einstein »erklärt« das falsche Nullergebnis, indem er die Zeit relativiert

Dann kam das Jahr 1905. **Albert Einstein** (1879 – 1955) war gerade sechsundzwanzig Jahre alt und seit Kurzem am Patentamt in Bern angestellt. Er suchte sich nebenbei als Physiker zu etablieren. Da er gute Kontakte zu dem Herausgeber der *Annalen der Physik* hatte, konnte er einige Artikel platzieren.

An sich ist die Methode, die Einstein angewendet hat, einfach. Auch Einstein musste lediglich die Formel aus dem Michelson-Morley-Miller-Experiment kompensieren. Bei Michelson, Morley und Lorentz ging es noch um das Problem des Ätherwindes. Für Michelson und Morley war der gemessene Ätherwind zu klein, aber er war immerhin da. Lorentz war schon vom Gerücht vom »Nullergebnis« geprägt und wollte das Nullergebnis durch die Kontraktion des in Richtung Ätherwind zeigenden Messarms erklären. Einstein ignoriert den Ätherwind und fragte sich, warum immer die gleiche Geschwindigkeit des Lichts gemessen wird, unabhängig ob sich eine Lichtquelle auf uns zubewegt oder von uns wegbewegt. Das war wohl der Ausgangspunkt für den Ansatz, die Zeit zu relativieren. Dafür musste er nur die Formel von

Lorentz beziehungsweise eigentlich die Formel aus dem Michelson-Morley-Experiment nach der Zeit auflösen.

Hier nahm Einstein etwas an, das er eigentlich nicht sagen konnte, denn dass die Geschwindigkeit des Lichts bei einer herannahenden und einer sich wegbewegenden Lichtquelle immer die gleiche ist, wurde nie gemessen und ist, solange wir die Einweglichtgeschwindigkeit nicht messen können, auch gar nicht messbar. Das ist offensichtlich eines von Einsteins Gedankenexperimenten, eine pure Annahme! Dies war aber ein Ansatz, bei dem der Äther keine Funktion hatte. Einstein musste ihn aus der Betrachtung eliminieren. Er tat dies mit folgender Formulierung:

> »Die Einführung eines »Lichtäthers« wird sich insofern als überflüssig erweisen, als nach der zu entwickelnden Auffassung weder ein mit besonderen Eigenschaften ausgestatteter »absolut ruhender Raum« eingeführt, noch einem Punkte des leeren Raumes, in welchem elektromagnetische Prozesse stattfinden, ein Geschwindigkeitsvektor zugeordnet wird.«[61]

Über diesen herrlich vieldeutigen Satz ließe sich eine umfangreiche Arbeit schreiben. Nach Kenntnis der Relativitätstheorie kann man hier einige Gedankengänge vermuten. Bei der Erstveröffentlichung war er jedoch schlichtweg unverständlich. Aber das war in dem die Spezielle Relativitätstheorie begründenden ersten Artikel aus dem Jahre 1905 die einzige Erklärung zum Äther.

Die Relativitätstheorie beruht also auf der irrigen Annahme der absoluten Lichtgeschwindigkeit für jeden Beobachter, egal ob sich das Licht aussendende Objekt auf den Beobachter zubewegte oder von ihm entfernte. Diese Interpretation wurde dem damals (und auch heute noch) kursierenden Gerücht vom Nullergebnis des Michelson-Morley-Versuches zugeordnet.

Das Michelson-Morley-Miller-Experiment hatte Geschwindigkeitsdifferenzen des Lichts von 5 – 12 km/s, in Einzelfällen sogar 15 km/s, gemessen. Die Analyse der umfangreichen Daten des Michelson-Morley-Miller-Experiments hatte ergeben, dass die Situierung des Experiments auf der Nordhalbkugel denkbar ungünstig war. Dayton Miller hatte erhoben, dass der tatsächliche Ätherwind eine Geschwindigkeit sogar von 208 km/s aus der Richtung der auf der Südhalbkugel sichtbaren Magellanschen Wolke hatte.

Mit dem damit gelungenen Nachweis eines Ätherwinds ist der Relativitätstheorie jede Grundlage entzogen.

Das war aber zum damaligen Zeitpunkt mit dem Gerücht des Nullergebnisses des Michelson-Morley-Experiments nicht transparent. Was hatte Einstein gemacht? Er hatte die Zeit, also einen bis dahin über jeden Zweifel erhabenen objektiven Maßstab, relativiert. Man muss sich fragen, wie ein Physiker eine derartige psychologische Grenze überspringen konnte.

Dafür gibt es allerdings Hinweise. Einsteins Wesen war so, dass er Grenzen ignorieren konnte. Genau das war es, was ihm heute den Ruf eines Genies einbringt. Gegenüber seiner Frau Mileva machte Einstein 1901 in einem Brief eine bezeichnende Bemerkung:

>»Es lebe die Unverfrorenheit! Sie ist mein Schutzengel in der Welt.«[62]

Eines der bekanntesten Zitate Einsteins deutet ebenfalls in diese Richtung:

>»Wenn du ein wirklicher Wissenschaftler werden willst, dann denke wenigstens eine halbe Stunde am Tag das Gegenteil von dem, was deine Kollegen denken.«[63]

Warum die Relativitätstheorie akzeptiert wurde

Die Relativitätstheorie hat die Zeit relativiert – also ein grundlegendes Prinzip. Da müsste man annehmen, dass das Widerstand hervorrufen sollte. Jedenfalls war die Sache nicht so klar, dass jeder sagen musste, da hat ein Genie eine neue Lösung gefunden.

Es ist nicht leicht, die Vorgänge zu durchblicken, die eine solche Transformation des »Glaubens« hervorrief. Und es war tatsächlich eine Transformation des Glaubens, denn die wenigsten Physiker haben die Relativitätstheorie verstanden. Daher kommt die Anekdote, die man sich von Einsteins Schüler und Freund **Leopold Infeld** (1898-1968) erzählt. Als dieser gefragt wurde, ob es zutreffe, dass wirklich nur zehn

Menschen auf der Erde die Theorie des berühmten Physikers verstehen könnten, soll er geantwortet haben:»In keinem Fall. Es sind mindestens zwanzig. Aber Einstein selbst gehört nicht dazu.« Es stellt sich hier die Frage, wie eine physikalische Theorie so ein Image bekommen konnte.

Ich verstehe nicht, wie das geschehen konnte. Allerdings habe ich einige Gründe zusammengetragen, die eine Rolle gespielt haben dürften:

- **Die Rolle der Mathematik:** Im 19. Jahrhundert hat die Physik eine große Popularität erlangt. (Man sieht dies auch daran, dass Einstein dann im 20. Jahrhundert als Idol verehrt wurde.) An den Universitäten drängten viele Studenten in das neue Modestudium Physik. Aber ein Physik-Institut ist wegen der kostspieligen Laboreinrichtungen im Vergleich zu anderen Universitätsstudien sehr teuer. Dies führte zur Einrichtung von Instituten für»Theoretische Physik«, die über kein Labor verfügten. Böse Zungen verglichen die Professoren in diesen Instituten mit Eunuchen,»die wollten, aber nicht konnten«. Aber diese Professoren ließen sich doch etwas einfallen und legten ihr besonderes Augenmerk auf die Mathematik. Man könnte dies sogar als Waffe der»Theoretischen Physik« bezeichnen.

- **Einstein bediente sich der Mathematik als Waffe:** An sich benötigt die Spezielle Relativitätstheorie keine besondere mathematischen Fähigkeit. Wir haben gesehen, dass man lediglich eine schon vorhandene Formel aus dem Michelson-Morley-Versuch umwandeln musste; und diese war aus einfachen mathematischen Operationen gebildet. Wer die Arbeit von Einstein *Zur Elektrodynamik bewegter Körper* dann allerdings liest, wird eine Fülle mathematischer Operationen finden und mit einiger Mühe erkennen, dass der Großteil der Arbeit nur sehr entfernt mit der heute so gerühmten Speziellen Relativitätstheorie zu tun hat. Wie so oft bei den Arbeiten Einsteins hat ihm der»Kollege M. Besso treu zur Seite gestanden«. Wer Einstein kennt, der weiß, dass sich diese Metapher darauf bezieht, dass dieser Michele Besso, ein Ingenieur und Kollege am Patentamt in Bern, die mathematischen Probleme für Einstein bearbeitet hat.

- **Einstein argumentiert sehr flexibel:** Eine besondere Fähigkeit Einsteins zeigt sich an der Anekdote, dass er vor Physikern mit mathematischen und philosophischen Argumenten, vor Mathematikern mit physikalischen und philosophischen Argumenten und vor Philosophen mit physikalischen und mathematischen Argumenten gearbeitet haben soll.

- **Einstein fand in Max Planck einen mächtigen Förderer:** Planck (1858 – 1947) hat es vor allem Einsteins Arbeit zum photoelektrischen Effekt angetan, die für Planck eine Bestätigung für dessen Theorie vom »Planckschen Wirkungsquantum« war. Diese Idee Einsteins gilt noch heute als wesentlich für die Entwicklung der Quantenphysik. Planck war dann auch der Erste, der die Relativitätstheorie ins Lehrveranstaltungsprogramm der Universität Berlin aufnahm.

- Vermutlich hat auch die **Chance auf die Erlangung eines Nobelpreises** manchen Physiker dazu bewogen, rasch auf das »neue Pferd« aufzuspringen.

- **Die Kritik wurde mit undemokratischen Mitteln »mundtot« gemacht:** Es gab Kritik – und nicht wenig. Einschneidend war ihre Ausgrenzung anlässlich der Hundertjahrfeier der Naturforscher in Leipzig im September 1922:

»Für die Entwicklung der Theoriekritik ist die Hundertjahrfeier in Leipzig der entscheidende Wendepunkt geworden, weil die Fraktion der Relativisten durchsetzen konnte, jegliche Kritik der beiden Relativitätstheorien aus dem Veranstaltungsprogramm zu verbannen: kein Vortrag eines Kritikers, keine öffentliche Diskussion. Stattdessen wurden zwei Jubelvorträge angesetzt, von M. v. Laue (*Die Relativitätstheorie in der Physik*, S. 45-57)[64] und von M. Schlick (*Die Relativitätstheorie in der Philosophie*, S. 58-69.) (…)

Damit war für die Fachöffentlichkeit wie für die allgemeine Öffentlichkeit das Signal gegeben, dass beide Relativitätstheorien

künftig als allgemein durchgesetzt zu gelten haben und Kritik
an ihnen in der akademischen Wissenschaft nicht mehr statt-
haft ist, und wenn künftig Kritik noch irgendwo vorgetragen
werden sollte, sie als unseriös zu betrachten und mit Schweigen
zu übergehen ist.«[65]

Wer sich darüber informieren möchte, der kann das 3. Kapitel (*Das
Relativitätsmärchen und die Fakten*) des Buches von **G. O. Müller** (an-
onyme Arbeitsgruppe)[66] *Über die absolute Größe der Speziellen Relativitätstheorie* lesen. Das Werk ist aus dem Internet frei herunterladbar.

Die Kritik verstummte nie, wurde aber isoliert

Die Relativitätstheorie ist nicht so schwierig zu kritisieren. Es gibt
jedenfalls schon über 5.000 kritische Arbeiten nur über die Spezielle
Relativitätstheorie.[67] Der Kritik wurde dann das Kärtchen »politisch
motiviert« umgehängt. G. O. Müller wies nach, dass unter 3789 kritischen Veröffentlichungen bisher nur 19, davon 17 deutschsprachige, mit
antisemitischen Bemerkungen identifiziert wurden. Sie stammen von
15 Autoren, davon 14 deutschen, und sind alle aus den Jahren 1920 bis
1944. Er bemerkte, die künftigen Auswertungen werden noch einige zu
Tage bringen, so dass man wahrscheinlich nicht über 1% der Arbeiten
mit antisemitischen Bemerkungen hinauskommen wird.[68]

Schriftliche Kritik war in der Folge die vorrangige Lösung, wobei der
Zugang zu den wichtigen Zeitschriften jedoch oft verwehrt war.

Das Gerücht vom »Nullversuch« ist nicht auszurotten

Der Michelson-Morley-Miller-Versuch wird auch heute noch in der aktuellen Literatur meist als Nullergebnis bezeichnet. Einige Beispiele:

Werner Heisenberg (1901 – 1976) war ein deutscher Wissenschaftler
und Nobelpreisträger, und zählt zu den bedeutendsten Physikern des
20. Jahrhunderts.

Heisenbergs Buch *Physik und Philosophie*, aus welchem das folgende
Zitat entnommen ist, erschien im Jahre 1959.

»Aber durch das Experiment von Michelson, Morley und Miller wurde eine neue Situation geschaffen. (…) Die Erde bewegt sich um die Sonne mit einer Geschwindigkeit von etwa 30 km/s. Wenn der Äther relativ zur Sonne ruht und sich nicht mit der Erde mitbewegt, dann müsste man diese schnelle Bewegung des Äthers relativ zur Erde an einer Änderung der Lichtgeschwindigkeit auf der Erde merken müssen. Man sollte dann verschiedene Werte für die Lichtgeschwindigkeit erhalten, je nachdem ob das Licht sich in Richtung der Erdbewegung oder senkrecht zu dieser Richtung fortpflanzt. Selbst wenn sich der Äther teilweise mit der Erde mitbewegt, sollte man noch einen gewissen Effekt erhalten, da sozusagen ein Effekt vorhanden wäre, und dieser Effekt würde dann wahrscheinlich von der Höhe über dem Meeresniveau abhängen, in der das Experiment ausgeführt wird. (….) Das erste Experiment dieser Art, das Michelson 1881 ausgeführt hatte, war nicht hinreichend genau gewesen. Aber auch spätere Wiederholungen des Experiments zeigten nicht die geringsten Zeichen des erwarteten Effekts. Besonders die Experimente von Morley und Miller im Jahr 1904 mussten dann als der endgültige Beweis dafür betrachtet werden, dass es einen Effekt von der erwarteten Größenordnung hier nicht gibt.«

Dayton Miller wird erwähnt, aber nicht die einzige umfangreiche Arbeit aus dem Jahre 1925 mit dem spektakulären Ergebnis für den Ätherwind von 208 km/s. Das ist das Siebenfache des erwarteten Ergebnisses von 30 km/s.

Max Born (1882 – 1970) war ein Physiker und Mathematiker, der 1954 für grundlegende Beiträge zur Quantenphysik den Nobelpreis erhielt. Seit 1914 Professor an der Universität Frankfurt arbeitete er mit Einstein und Planck zusammen. In dem 1920 erstmals erschienenen und bis heute verlegten Buch *Die Relativitätstheorie Einsteins* schreibt er folgendes:

»Das erste und wichtigste Experiment dieser Art gelang Michelson (1881) mit Hilfe seines Interferometers, das er in unermüdlicher Arbeit zu einem Präzisionsinstrument von noch nie dagewesener Leistungsfähigkeit ausgebildet hatte. […]

Als der Versuch aber durchgeführt wurde, zeigte sich nicht die geringste Spur der erwarteten Verschiebung, und auch spätere Wiederholungen mit noch raffinierteren Hilfsmitteln gaben kein anderes Resultat. Daraus muss geschlossen werden: Der Ätherwind ist nicht vorhanden.«[69]

Das ist nicht Wissenschaft, sondern Hörensagen oder Propaganda.

Anton Zeilinger (* 1945) ist ein österreichischer Quantenphysiker, Hochschullehrer an der Universität Wien und Autor.

»Michelson konnte keine Auswirkung der Bewegung der Erde relativ zum Äther feststellen. Bei jeder Messung war die Lichtgeschwindigkeit dieselbe, ob er in der Richtung der Erdbewegung oder in der entgegengesetzten Richtung maß. Die Physiker mussten die Idee des Äthers schließlich aufgeben und akzeptieren, dass Licht sich ohne ein Medium fortpflanzt.«[70]

In diesem Statement stimmt gar nichts. Michelson musste gar nichts aufgeben. Im Februar 1927, nur vier Jahre vor seinem Tod, fand in Pasadena die »*Conference on the Michelson-Morley-Experiment held at Mount Wilson*«[71], an der sowohl Michelson als auch Lorentz teilnahmen, statt. Hier wurden die Ergebnisse von Dayton Miller präsentiert, mit dem Ergebnis eines Ätherdrifts von 208 km/s. Die tatsächlich am Apparat gemessenen Werte von bis zu 15 km/s bestätigten die Richtigkeit aller von Michelson und Morley gemachten Einzelmessungen. Die geringeren Werte ergeben sich aus der geringen Anzahl der Messungen, die damit aktuelle zufällige Werte sind, aber nicht Maximalwerte, die man erst bei einer großen Anzahl von Ablesungen finden kann. Die Existenz des Äthers wurde auf der Konferenz von niemandem bezweifelt.

Stephen Hawking (1942-2018), der berühmte britische theoretische Physiker und Astrophysiker, reiht sich auch ein in die Gruppe der Nullergebnis-Erklärer:

>»1887 führten Albert Michelson (der später als erster Amerikaner den Nobelpreis für Physik erhielt) und Edward Morley an der Chase School of Applied Science in Cleveland mit großer Sorgfalt ein Experiment durch, bei dem sie die Lichtgeschwindigkeit in Richtung der Erdbewegung mit derjenigen im rechten Winkel zur Erdbewegung verglichen. Zu ihrer großen Überraschung stellten sie fest, dass die beiden Geschwindigkeiten völlig identisch waren!«[72]

Der Hinweis auf die Erdbewegung zeigt schon, dass sich Steven Hawking mit dem Versuch nicht eingehend beschäftigt hat. Da die Richtung des Ätherwinds unbekannt ist, wurden Messungen in 10° Schritten gemacht. Der maximale Wert gibt zumindest die horizontale Komponente des Ätherwinds wieder. Es mutet eigenartig an, dass diese Formulierung in der Erstausgabe und auch in der überarbeiteten und erweiterten Ausgabe aus dem Jahre 1997 fast unverändert vorhanden ist. Es wurde nur das in die falsche Richtung deutende Wörtchen »völlig« hinzugefügt.

Es existieren unzählige solcher Stellen in der Fachliteratur, in Schulbüchern und auch Zeitungsartikeln für die breite Masse. Man findet solche falschen Zitate auch in kritischen Abhandlungen, die deren Qualität dann allerdings mindern, auch wenn sie berechtigte Kritik zu anderen Aspekten, zum Beispiel der Relativitätstheorie, beinhalten.

Einsteins Reaktion auf die Ergebnisse der Versuche von Dayton C. Miller

Zum Abschluss sei hier noch Einsteins Reaktion auf die Ergebnisse des Michelson-Morley-Miller-Experiments am Mount Wilson angeführt. In einem Brief aus dem Jahre 1925 an Edwin E. Slosson kommentiert Einstein:

>»Meine Meinung über Millers Experimente ist folgende... Sollten die positiven Resultate bestätigt werden, dann würde die Spezielle Relativitätstheorie und mit ihr die Allgemeine Relativitätstheorie ungültig sein. Experimentum summus judex.«[73] (lat.: Das Experiment ist der höchste Richter.)

Nach der ersten Veröffentlichung der positiven Ergebnisse von Dayton C. Miller lancierte Einstein eine Stellungnahme in Form eines halbseitigen Artikels in der Zeitschrift *Forschung und Fortschritte*. Darin bemerkt er:

>»Mit diesem Ergebnis (d. h. den Messungen von Michelson und Michelson-Morley) steht und fällt die Relativitätstheorie in ihrer gegenwärtigen Fassung. Es war deshalb für die Theoretiker ein recht aufregendes Ergebnis, als Herr Dayton Miller, Professor in Cleveland, aufgrund langjähriger sorgfältiger Versuche, deren wichtigste auf dem Mt. Wilson angestellt waren, zu einem abweichenden Ergebnis gelangte... Seine Versuchsanordnung war dabei an sich eine genauere als die von Michelson und Morley, indem die verglichenen Lichtwege etwa sechzig Meter waren.«[74]

In der Folge fährt er aber fort:

>»Schon vorher war es den Physikern klar geworden, dass die schwächste Stelle von Millers Versuchen darin lag, dass bei der erheblichen Größe seiner Apparatur keine genügende Konstanz der Temperatur der von den interferierenden Lichtstrahlen durchsetzten Luft zu erzielen war; lokale systematische Temperaturschwankungen von einigen hundertstel Grad konnten den beobachteten positiven Effekt vortäuschen.«

Die Formulierung »schon vorher war den Physikern klar« ist grob manipulierend. Einstein hatte keine Detailkenntnis über die Versuchsanordnung. Außerdem sind die umfangreichen Maßnahmen, um Temperaturdifferenzen zu minimieren, von Miller beschrieben.

Hier ist Einstein parteiisch. Einige hundertstel Grad sollen die Versuchsergebnisse systematisch verfälschen, während dies im Falle der Allgemeinen Relativitätstheorie bei der Lichtausbreitung am Rand der Sonne mit ihren weit in den Weltraum hinausreichenden Protuberanzen und Corona-Erscheinungen von vornherein abgeleugnet wird, obwohl hier Temperaturen im Bereich von 100.000°C auftreten.

Am Ende des Artikels heißt es unter Hinweis auf entsprechende Versuche von Piccard-Stahel und Kennedy mit wesentlich kleineren Messapparaturen in zusammenfassender Weise:

> »Zweifellos war es verdienstvoll von Prof. Miller, dass er durch seine Versuche eine sorgfältige Nachprüfung von Michelson's Experiment anbahnte. Sein Ergebnis muss aber als durch Kennedy's und Piccard's Versuche widerlegt gelten.«

Diese Beurteilung einer Versuchsreihe, die von Michelson, Morley und Miller innerhalb von fast fünfzig Jahren mit zahlreichen Verbesserungen und über 320.000 Messwertablesungen gemacht wurden, ist alles andere als objektiv. Man muss einem Forscher, der eine geltende Theorie vertritt, allerdings zubilligen, dass er sein »Kind« verteidigt. Unverständlich ist allerdings die Tatsache, dass die wissenschaftliche Gemeinschaft eine solche Fehlinterpretation nicht korrigierte.

Abschließend sei hier ein Zitat von Michelson aus einem Vortrag aus dem Jahre 1899 angeführt, der seine Vision und Einstellung zum Thema Äther zusammenfasst:

> »Nehmen wir an, eine Ätherspannung entspricht einer elektrischen Ladung, Ätherverschiebung einem elektrischen Strom, Ätherwirbel den Atomen; führen wir diese Annahmen fort, so kommen wir zu dem, was möglicherweise einer der größten Allgemeingültigkeiten der modernen Wissenschaft ist, dass nämlich alle Phänomene des physischen Universums nur unterschiedliche Manifestationen der verschiedenen Bewegungsweisen einer alles durchdringenden Substanz, des Äthers, sind. Der Tag scheint nicht mehr fern, an dem sich konvergente Linien aus vielen verschiedenen Bewegungsweisen aus vielen scheinbar entlegenen Denkregionen auf einer gemeinsamen Ebene treffen werden. Die Natur des Atoms und die bei seiner chemischen Bindung ins Spiel kommenden Kräfte, die Wechselwirkungen zwischen diesen Atomen und dem undifferenzierten Äther, wie sie in den Phänomenen des Lichts und der Elektrizität zum Vorschein kommen, die Molekülstruktur, die Erklärung von Kohäsion, Elastizität und Gravitation, all das

wird dann in einem einzigen kompakten, konsistenten wissenschaftlichen Verständniskomplex zusammengefasst werden.«

Das ist eine Vision für eine neue Physik, eine Ätherphysik. Wenn dann entdeckt würde, dass die Sphäre des Äthers so wie die gesamte Natur belebt wäre, dann wäre die Intention des vorliegenden Buches erfüllt.

Teil 3

Die konkreten Beweise
für die Existenz der Seele
oder
Die Seele und die
Grenzwissenschaften

Kapitel 8

Die Grenzwissenschaften im Lichte der Weltanschauungen

»Das Seltsame am Paranormalen – am Übernatürlichen oder am Außersinnlichen – wie immer man es nennen will, ist, dass es, so oft man es auch beweist, doch immer unbewiesen bleibt.

Es gibt Hunderte von Studien über Hellsichtigkeit und Fernwahrnehmung, angeregt durch jahrhundertealte Erfahrung. Ausnahmslos zeigen die Experimente, dass das Erlebnis, jemandes Gedanken zu lesen, ferne Ereignisse zu sehen oder die Zukunft vorauszuahnen, real ist. (…)

Seit die Wissenschaft den Glauben als Weg der Erkenntnis der Wirklichkeit von seinem Sockel gehoben hat, sind Fakten angeblich das Höchste, und es genügt, dass dasselbe Faktum wiederholt nachgewiesen wird, um das Wirklichkeitsverständnis zu ändern.

Warum also haben sich Fakten in diesem Fall als wirkungslos erwiesen?«

Deepak Chopra
zeitgenössischer Autor über Spiritualität und alternative Medizin

Diese einleitende Frage von **Deepak Chopra**[75] (*1946) lässt sich aus der Sicht der drei Weltanschauungstypen sehr klar beantworten.

Die verdrängten Grenzwissenschaften im materialistisch-atheistischen Weltbild

Wie entstand die Ablehnung des Feinstofflichen?

Die Grenzwissenschaften – der Begriff stammt aus dem 20. Jahrhundert – heißen deswegen so, weil sie Phänomene bearbeiten, die jenseits der Grenze des derzeit bestimmenden materialistisch-atheistischen Weltbildes liegen. Das Paranormale ist aus demselben Grund nicht »normal«.

Darum wird der Begriff »Grenzwissenschaften« bei *Wikipedia* als eine Wissenschaft bezeichnet, bei der es um Ideen geht, »die eine wissenschaftliche Basis haben, bei denen ein allgemein akzeptierter Forschungserfolg noch aussteht«.[76]

Das Problem ist also, für einen allfälligen Forschungserfolg die AKZEPTANZ zu bekommen. Diese ist schwierig zu erlangen UND AUCH ZU GEBEN, wenn der Forschungsgegenstand jenseits der weltanschaulichen Grenzen liegt. Jedoch ist verständlich, dass ein Wissenschaftler etwas, an das er nicht glaubt, nicht gutheißen kann.

Das Problem der Grenz- oder Parawissenschaften ist somit ein Problem der weltanschaulichen Grenzen. Erinnern wir uns noch einmal an den **Rationalismus** und dabei an René Descartes **Theorie der drei Substanzen**:

- Gott als die unendliche Substanz
- Res cogitans (das denkende Ding), die geistige Substanz
- Res extensa (das ausgedehnte Ding), die materielle Substanz

Was heute selten betrachtet wird, ist Descartes Erklärung der materiellen Substanz. Die wesentliche Eigenschaft der Materie ist für Descartes Ausdehnung. Aber er sah das vor allem im Umkehrschluss: Keinerlei Ausdehnung ohne Materie. Descartes erklärte den Raum zwischen den groben Materieteilchen durch unsichtbare Ätherteilchen ausgefüllt. Damit war das All für ihn ätherisch; und der Äther war Teil der res extensa!

Das »Zwischenmedium« Äther konnte Stöße übertragen. Die unbeobachtbaren Zwischenkörper sollten durch Verschiebung gegeneinander die verschiedenen Wechselwirkungen hervorrufen. Damit erklärte Descartes nun Schall-, Wärme und Lichtausbreitung. Auch seine Gravitationshypothesen beruhen auf der Existenz des Äthers.

Wie wir schon im 2. Teil dieses Buches erwähnten, hat Descartes Trennung von res cogitans und res extensa zur Trennung der Wissenschaften in Geistes- und Naturwissenschaften geführt. Die Naturwissenschaften haben dann, wie im 2. Teil des Buches gezeigt, den Äther als Teil der res extensa verloren. Dieser Verlust hat zur Folge, dass die »unsichtbaren« physikalischen Phänomene wie der Magnetismus, die Gravitation und das Licht[77] nicht verstanden werden.

Die Ablehnung des von Descartes postulierten Äthers hat auch mit der anderen Wurzel der Wissenschaften zu tun, mit dem **Empirismus**. Nach diesem entsteht Wissen, verstanden als gerechtfertigte wahre Erkenntnis, zuerst und ausschließlich durch Sinneserfahrung. Obwohl in das Feld der »Sinne« bald wissenschaftliche Instrumente integriert wurden, zeigt sich nun das Problem mit dem Äther auch von dieser Seite.

Im Empirismus ist alles Nicht-Sichtbare beziehungsweise Nicht-Sinnlich-Erfahrbare de facto nicht existent. Die Existenz beginnt erst mit der sinnlichen Erfassung.

Im 17. Jahrhundert, nach der als einengend empfundenen Scholastik, war dies verständlich. Heute wissen wir aber, dass unsere Sinne nur ein sehr enges Anwendungsgebiet umfassen. Das für den Empirismus so wichtige Auge kann nur einen ganz geringen Teil des sogenannten elektromagnetischen Spektrums erfassen. Der Rest ist unsichtbar!

Das Problem liegt heute nicht in der Ablehnung des Äthers, sondern in seiner Ausgrenzung bis hin zur Tabuisierung. Was soll nun erreicht werden? Die Äthertheorie soll wieder insoweit »hoffähig« werden, dass man sich als Wissenschaftler damit beschäftigen darf.

Sind PSI-Phänomene real? Sind PSI-Phänomene bewiesen?

Wie sehen Parapsychologen diese Situation, wenn sie die Idee der drei Weltbilder nicht kennen? Das folgende Statement entstammt einem Videointerview des PSI-Forschers **Dean Radin** (*1952). Das Interview ist gekürzt und geringfügig stilistisch bearbeitet. Hervorhebungen sind vom Autor:[78]

Titel des Interviews: *PSI-Phänomene sind real*:

>>Wenn man sich das überwältigende Ausmaß an wissenschaftlichen Beweisen für PSI-Phänomene anschaut, könnte man geneigt sein zu sagen, dass sie eindeutig bewiesen sind. Man kann es auch anders formulieren, denn in der Wissenschaft geht es weniger um eindeutige Beweise als um Gewissheit. Deshalb sage ich lieber Folgendes: Der Grad an Gewissheit, dass einige PSI-Phänomen real sind, den ich aufgrund der Versuchsergebnisse erlangt habe, ist extrem hoch. Das ist im Grunde ein Beweis.<<[79]

Warum werden diese Beweise also nicht anerkannt?

>>Ein Grund liegt in der **Zersplitterung der Wissenschaft** in unterschiedliche Fachbereiche; und es wird von Wissenschaftlern nicht erwartet, über Wissen aus benachbarten Fachbereichen zu verfügen. Von daher kann man es im Grunde niemandem vorwerfen, wenn er diese Themen nicht ernst nimmt, nachdem ihm an der Uni gesagt wurde, dass es PSI-Phänomene nicht wirklich gibt. Die meisten akzeptieren diese Aussage einfach, ohne sich je mit den vorliegenden Messdaten von PSI-Phänomenen zu beschäftigen. In Fällen, wo Menschen von einem neutralen Standpunkt aus beginnen, sie also weder für noch gegen PSI-Phänomene sind, einfach nichts darüber wissen und man ihnen dann die Forschungsergebnisse präsentiert, führt dies ausnahmslos dazu, dass in diesen Menschen das Interesse geweckt wird, mehr darüber zu erfahren. Sie glauben das Ganze nicht unbedingt, sind aber fasziniert von der Thematik. Die meisten Menschen sind sich schlicht nicht bewusst, dass diese Forschungsergebnisse bereits vorliegen.

Ein zweiter Grund liegt darin, dass **es bestimmte Menschen gibt, die sich vehement dagegen aussprechen, PSI-Phänomene als real einzustufen**. Aber auch diese Menschen wissen in der Regel fast nichts über die vorliegenden Forschungsergebnisse. Ihre emotionale Reaktion basiert auf dem falschen Glauben, dass, wenn PSI-Phänomene real sind, wohl alles, was sie bisher über die Welt gelernt haben, falsch sein muss. So etwas zu glauben, führt natürlich zu einer extrem emotionalen

Reaktion. Man kann mit solchen Menschen nicht auf rationale Weise diskutieren.

Einen dritten Grund findet man bei **Menschen**, die zwar keine emotionale Reaktion diesbezüglich an den Tag legen, **die aber felsenfest davon überzeugt sind, dass die Welt auf die ihnen bekannte Weise funktioniert.** Diese Sichtweise wurde ihnen in der Regel durch ihre berufliche Tätigkeit eingeschärft. Nehmen wir Neurowissenschaftler als Beispiel. Sie beobachten tagtäglich, dass das Denken bestimmter Gedanken zu einer Aktivität in einer bestimmten Gehirnregion führt. Für sie ist es eine offensichtliche Tatsache, dadurch den Zusammenhang zwischen Gehirn und Gedanken entdeckt zu haben. Alles, was noch fehlt, ist ein klitzekleines Mysterium in der Kette an Zusammenhängen, was die Ursächlichkeit betrifft. Diese Sichtweise ist heutzutage vermutlich Standard unter Neurowissenschaftlern. Das Problem mit diesem kleinen fehlenden Glied zwischen neuronaler Aktivität und der Ursächlichkeit dafür ist, dass viele nicht die geringste Ahnung haben, wie dieser Aspekt funktioniert. Diese Neurowissenschaftler sollten einmal einen Blick auf die Ergebnisse der PSI-Forschung werfen, die zeigen, dass wesentliche Teile der Messdaten, wie wir sie kennen, zwar stimmen, aber dass man für eine richtige Interpretation dieser Messdaten nichtlokale Eigenschaften von Bewusstsein berücksichtigen müsste. **Wir wissen zwar nicht, wie das Ganze funktioniert, aber unser Bewusstsein ist offensichtlich nicht in unserem Gehirn eingesperrt, denn Bewusstsein verfügt über Aspekte, die Auswirkungen über das Umfeld außerhalb des Gehirns haben.**

Wie reagieren Neurowissenschaftler und Physiker auf PSI-Phänomene? Wenn ich Neurowissenschaftlern diese Art von Forschungsergebnissen präsentiere, selbst wenn sie aufgeschlossen sind, sagen die meisten: »Das kann aber nicht wahr sein, weil das nicht zu dem passt, was ich über Physik weiß.« Aber die meisten Neurowissenschaftler wissen ja gar nichts über Physik. Sie geben auch zu, dass sie nichts von Physik verstehen, aber sie glauben irgendwie intuitiv zu spüren, dass das Ganze nicht kompatibel zur gängigen Physik ist.

Wenn ich hingegen vor Physikern einen Vortrag halte, sagen die mir wiederum: »Naja, die Physik erlaubt zwar solche Effekte, aber das passt nicht zu dem, was ich über Neurowissenschaft und Biologie weiß.«

Aber die meisten Physiker wissen gar nichts über Neurowissenschaft und Biologie. Das liegt an der erwähnten Zersplitterung der Wissenschaftsdisziplin. Als Wissenschaftler verbringen wir praktisch unsere gesamte Zeit in unserer Spezialdisziplin; und ein Wissenschaftler verfügt in einem extrem schmalen Scheibchen der Wissenschaft über sehr umfangreiches Wissen.

Ich bin deshalb zu einem Generalisten geworden. Ich weiß zwar einiges über PSI-Phänomene, aber ich musste mir auch zumindest ein Grundwissen aus einer Vielzahl von anderen Disziplinen aneignen. Dadurch habe ich ein gewisses Verständnis darüber, was das vorherrschende Dogma in den jeweiligen Disziplinen ist. Wenn man sich so einen Gesamtüberblick verschafft, dann stellt man fest, dass es kaum Inkompatibilitäten zwischen den einzelnen Disziplinen gibt.

Ein Teil des Widerstands gegen PSI-Phänomene basiert auf Emotionen. Oft liegt aber einfach Ignoranz vor. Zum Teil sind die Einwände auch gerechtfertigt, denn es gibt berechtigte Fragen. Auf viele dieser Fragen haben wir inzwischen Antworten, aber die PSI-Forschung ist keineswegs abgeschlossen. Es gibt deutlich mehr Fragen als Antworten. Das sind einige Gründe dafür, warum die PSI-Forschung nicht wirklich ernst genommen wird.

Warum gibt es Tabus?

Dean Radin:

»Das Tabu besteht also weiterhin, weil Wissenschaft, ganz wie jedes andere System, auf einem bestimmten Glauben basiert. In der Öffentlichkeit kann man bestimmte Dinge einfach nicht hinterfragen. Ich höre immer wieder von Wissenschaftlern, dass sie zwar fasziniert von PSI-Phänomenen sind, aber sie wissen, dass sie darüber mit niemandem sprechen dürfen, weil ihre Kollegen sonst die Augen verdrehen und sie in letzter Konsequenz nicht befördert werden oder keinen Uni-Abschluss erhalten. Man merkt in der Wissenschaftswelt, dass es schlicht gefährlich ist, über diese Themen zu sprechen. Deshalb macht das fast niemand.«

Es ist natürlich vollkommen richtig, nicht einfach blauäugig an Phänomene zu glauben. Aber es gibt eine erhebliche Anzahl von Schilderungen von Phänomenen, bei deren Auftreten honorige Persönlichkeiten anwesend waren, die auch nachweislich die Situation oder das Umfeld kritisch untersuchten. Auch derartig »bezeugte« Phänomene werden ignoriert, selbst wenn diese sogar nachhaltig untersucht wurden.

Phänomene, die in den derzeitigen wissenschaftlichen Kanon nicht eindeutig einzuordnen sind, sollten bis zur wirklichen »Klärung« im Fokus der Wissenschaft bleiben, denn sie zeigen die Grenzen des Wissens und damit »Orte« auf, an denen neues Wissen entstehen kann und irgendwann entstehen muss.

Wenn dies aber vielfach nicht passiert, dann muss es aus wissenschaftstheoretischer Sicht als bedenklich angesehen werden. Allerdings ist die Wissenschaftstheorie – verständlich aus der Entstehungsgeschichte der Wissenschaften – von Ansichten dominiert, die der materialistisch-atheistischen Weltanschauung angehören.

Die in diesem Buch behandelte Frage nach der Existenz von Seelen ist allerdings schon eine Frage, die sich auf Gebiete jenseits der Grenzen des materialistisch-atheistischen Weltbildes bezieht. Damit ist dieses Weltbild für die objektive Klärung der Frage nach der Existenz von Seelen nicht gut geeignet, denn es ist mit dem Vorurteil, dass es keine Seelen geben kann (und darf), belastet.

Vom wissenschaftstheoretischen Standpunkt kann und sollte es auch weltbildoffene Wissenschaft geben. Die kopernikanische Wende war genau so etwas. Man hatte das Teleskop erfunden und sah durch dieses, dass Jupiter Monde hatte. Dadurch wurde das Denken insofern inspiriert, dass Kopernikus erkannte, dass nicht die Erde, sondern die Sonne im Mittelpunkt steht.

Ich denke aber, dass es heute schon viele Wissenschaftler gibt, deren Denken nicht vom materialistisch-atheistischen Weltbild eingenommen ist. Möglicherweise haben viele Wissenschaftler kein starr festgelegtes Weltbild. Sie gehen mit Phänomenen aber trotzdem weitgehend skeptisch um, weil sie von ihren Kollegen und Vorgesetzten negative Reaktionen vermuten.

Wir befinden uns heute so wie vor der Kopernikanischen Wende in
der Situation, dass Wissenschaft und Technik ein neues hoch entwi-
ckeltes experimentelles Instrumentarium geschaffen haben, mit dem
neue Fragen gestellt und behandelt werden können. Das ist bei der Untersuchung der Frage nach der Existenz von Seelen sehr förderlich.

Grenzwissenschaften und Dämonologie im dualistisch-theistischen Weltbild

Das **dualistisch-theistische Weltbild** hat nicht das Manko, dass es
keine Seelen geben »darf«. Die Existenz von Seelen ist ein zentraler
Bestandteil dieser Art von Weltanschauungen. Damit ist aber auch eine
grundsätzliche Belebtheit der jenseitigen Welt verbunden. Der dualistischen Tendenz entsprechend, wird die jenseitige Welt bewertet.

Es existieren somit gute und böse Kräfte. Die guten Kräfte werden
mit den Engeln identifiziert. Die Unkenntnis über die Beherrschung
der jenseitigen Welt identifiziert nun oft alles Phänomenale, das mit
subtilen Ebenen zu tun hat, mit dem Dunklen, »Bösen«. Dahinter steckt
wahrscheinlich auch die Bestrebung, das Volk von der Beschäftigung
mit diesen Ebenen abzuhalten.

In der christlichen Religion sind die Anrufung Gottes, die »Fürbit-
ten«, Segnungen, das Freisprechen von Sünden, die Verwandlung von
Brot und Wein in Fleisch und Blut magische Handlungen. Auch kann
man nur heilig gesprochen werden, wenn zumindest ein »Wunder«,
also ein parapsychologisches Phänomen, bestätigt ist. Darüber hinaus
werden auch Exorzismen durchgeführt. Das sind magische Handlungen, um die Besetzung eines Menschen von einem Geist oder einer
fremden Seele zu beenden.

Im dualistischen Weltbild wird die Existenz jenseitiger Welten als
gegeben angesehen. Es handelt sich jedoch mehr um eine innere Lehre.
Der wissenschaftlichen Beschäftigung mit dem Thema im Rahmen der
Grenzwissenschaften steht man jedoch ambivalent gegenüber.

Im monistisch-pantheistischen Weltbild gibt es keine »Grenzwissenschaften«

Wenn ein Weltbild offen ist, dann gibt es keine »Grenzwissenschaften«. Es herrscht in diesem Weltbild auch keine dominierende Instanz, die Machtansprüche erheben würde. Sowohl im Buddhismus als auch im Hinduismus fehlen zentralisierte Machtstrukturen. Dafür verfügt dieser Weltanschauungstyp über eine große Vielfalt an Lehren und Erklärungsmodellen. Allzu vieles scheint möglich und ist akzeptabel. Es ist nicht ganz leicht, in dieser »Fülle« die Rosinen, die höchstqualitativen Theorien, Ansätze und Lehren, zu finden.

Das monistisch-pantheistische Weltbild fasst den Begriff Wissenschaft am weitesten. Es akzeptiert die wissenschaftliche Methodik, aber ohne die von Descartes formulierte Beschränkung auf die res extensa, das »ausgedehnte Ding«, also die materielle Natur. Hier werden auch die subtilen Ebenen in den Bereich der Untersuchung eingeschlossen. Das monistisch-pantheistische Weltbild hat Vorstellungen, die für die allermeisten »Phänomene« – in diesem Weltbild – plausible Erklärungen oder Hypothesen ermöglichen. Da dieses Weltbild das einzige ist, das Erklärungsmodelle für parapsychologische Phänomene anbieten kann, können diese als Hypothesen fungieren, die es zu bestätigen oder zu falsifizieren gilt.

Bei einigen Kulturen, wie beim antiken Ägypten, erkennt man das hoch entwickelte Wissen nur über die erhaltenen Artefakte. Das liegt an der Besonderheit, dass hier die Wissenschaften weitgehend geheim sind, oder anders gesagt, der Zugang zu den Wissenschaften erfolgt, wo immer man das nachweisen kann, über eine ethische Selektion.

Was ist Magie?

Magie ist ein Begriff, an dem man den Unterschied zwischen den Weltbildtypen sehr schön festmachen kann.

Im materialistisch-atheistischen Weltbild ist Magie gleichbedeutend mit Illusion oder Hokuspokus. Man sieht darin Tricks, mit denen man die Illusion von Unerklärlichem hervorrufen kann.

Im dualistisch-theistischen Weltbild ist zwar jeder Gottesdienst, jede religiöse Zeremonie ein magischer Akt, aber der Begriff Magie wird mehr auf alle Aktivitäten angewendet, die andere, möglicherweise persönliche oder egoistische oder sogar bewusst schadende Ziele verfolgen.

Giordano Bruno, der sowohl pantheistischer Philosoph als auch geweihter katholischer Priester war und für seine Weltsicht 1600 in Rom verbrannt wurde, drückte dies so aus:

»Diese Bedeutung besagt, dass der Magier ein »Maleficus«[80] sei und in jedem Falle dumm, dass er aus dem Verkehr mit einem Kakodämonen[81] und aus einem gewissen Pakt mit ihm in Bezug auf sein Vermögen, zu schaden oder zu helfen, Form angenommen habe. Aus diesem Grunde klingt sein Name nicht gut bei Weisen oder bei den Grammatikern, da von gewissen Kapuzenmantelträgern der Name des Magiers vereinnahmt wurde. Ein solcher Kapuzenmantelträger war der Autor des *Hexenhammers*[82]. So wird der Name des Magiers heute von allen möglichen Schreibern dieser Gattung vereinnahmt, wie zu lesen erlaubt ist in den Postillen und Katechismen der ignoranten und wie im Schlaf delirierenden Pfarrer.«[83]

Dieses Zitat zeigt die ambivalente Haltung der dualistisch-theistischen christlichen Kirche gegenüber der Magie. Obwohl im Christentum Magie betrieben wird, gibt es die Tendenz nach außen, die Magie dem Negativen, dem Dunklen zuzurechnen.

Im monistisch-pantheistischen Weltbild wird Magie zur königlichen Wissenschaft, zur *ars regia*. Magie ist dabei die Wissenschaft, die sich mit allen Naturreichen, also auch mit den subtilen Ebenen beschäftigt. Giordano Bruno gibt auch hier eine zutreffende Definition:

»Zuerst wurde der Magus als der Weise aufgefasst; von dieser Art waren die Anhänger des Trismegistos bei den Ägyptern, die Druiden bei den Galliern, die Gymnosophen[84] bei den Indern, die Kabbalisten bei den Hebräern, die Magier bei den

Persern (die von Zoroaster herkommen), die »Sophi« bei den Griechen und die »Sapientes« bei den lateinischen Völkern.«[85]

Hier sei die Wurzel des Begriffes »Magie« erwähnt. »Mager« oder »Magier« ist spätestens seit dem 4. Jahrhundert v. Chr. die Bezeichnung für einen zoroastrischen Priester. Die Magier dürften eine Erbkaste medischer Priester gewesen sein, vergleichbar etwa mit den Leviten und Brahmanen. Unter den Achämeniden waren sie die Priesterkaste schlechthin.

In der Geschichts- und Sprachforschung gelten Magier als Gelehrte, als »Weise der heidnischen Völker« Louise Bourdaloue (1632 – 1704), ein französischer Jesuit, betrachtete die »Heiligen Drei Könige« als »Fürsten der Wissenschaft«.

Eine andere Deutung der Worte Magie, Magus, Magier geht auf den indogermanischen Wortstamm *mog, magh* und *megh* zurück. Er bedeutet »können, vermögen, helfen« sowie »Weisheit«. Die Begriffe »(ver) mögen«, »Macht« und »Maschine« leiten sich ebenfalls aus dieser Wurzel ab.

Magie ist so gleichzusetzen mit einer Gesamtwissenschaft, wenn man beispielsweise Wissenschaftsgebiete wie Physik, Chemie, Astronomie, Mathematik, Medizin, Philosophie und Psychologie vereinen würde.[86]

Zusammenfassend kann festgestellt werden, dass es gravierende Unterschiede der Weltanschauungstypen im Umgang mit den verschiedensten Fragen gibt. Jeder Weltanschauungstyp hat spezifische Grenzen und Vorlieben. Wer sich ein umfassenderes Verständnis erarbeiten möchte, sollte diese Unterschiede kennen. Er sollte in der Lage sein, die jeweiligen Standpunkte der verschiedenen Weltanschauungstypen zu verstehen.

Es ist auch sehr hilfreich, die Standpunkte wechseln zu können, denn das kann zu einer Quelle der Inspiration und Kreativität werden.

Kapitel 9

Nahtod-Erfahrungen

Nahtod-Erfahrungen sind beschrieben worden seit es Literatur gibt. Schon im Gilgamesch-Epos finden wir sie; und auch der Philosoph Platon hat das Thema behandelt. Aber erst in den 1980er Jahren etablierte es sich als akademisches Forschungsgebiet.

Obwohl man auf Nahtod-Erfahrungen hauptsächlich in Krankenhäusern aufmerksam wird, befasste sich die medizinische Forschung anfangs nur zögerlich mit diesem Bereich. Man wollte das Phänomen zunächst als unbekannte Gehirnaktivität einordnen, daher sollten es durch Sauerstoffmangel im Gehirn ausgelöste subjektive Erfahrungen sein.

Im Laufe der Untersuchung von mehreren tausend Fällen haben sich dann aber etwa zehn Aspekte ergeben, bei denen die Zuordnung zu halluzinativen Hirnaktivitäten sehr willkürlich erscheint. Es gibt zu viele Hinweise, dass das Bewusstsein in diesen Grenzsituationen nicht körperlich lokalisiert werden kann. Damit gibt es interessante Argumente für die Existenz von Seelen.

Seelenbeweise 1: Nahtod-Erfahrungen

Was sind Nahtod-Erfahrungen?

Nahtod-Erfahrungen sind Bewusstseinsphänomene, die bei vorübergehenden Zuständen des klinischen Todes auftreten. Die Erlebnisse haben viele Aspekte, die auf ein Weiterbestehen des Bewusstseins nach dem Tode hindeuten.

Konventionelle Theorien

Nach dem heutigen Paradigma im Rahmen der derzeit in den Wissenschaften vorherrschenden materialistisch-atheistischen Weltsicht gehören Nahtod-Erfahrungen (dem allgemeinen Vorurteil entsprechend) in den Bereich der Religion.

Das Problem, das sich für Vertreter des Materialismus ergibt, ist, eine sinnvolle Erklärung zu finden. Als »wissenschaftliche« Erklärungen für die Phänomene werden unter anderem genannt:

- Sauerstoffmangel im Hirn
- Träume
- Depersonalisation (eine krankhafte Selbstwahrnehmung, bei der die Person den Eindruck hat, dem eigenen Bewusstsein fremd gegenüberzustehen)
- eine bei Nahtod-Erfahrungen nachgewiesene erhöhte Kohlendioxidkonzentration im Blut
- ein erhöhter Kaliumspiegel im Blut

7 Aspekte von Nahtod-Erfahrungen, die als Beweise für die Existenz von Seelen gelten können

1. Außerkörperliche Erfahrungen:

Solche werden bei Vorgängen der Reanimierung nachweislich korrekt beschrieben und sind mit reinen Hirnfunktionen nicht zu erklären. So erkannte ein bereits bläulich verfärbter komatöser Mann Tage nach seiner Reanimierung seinen Behandler im Krankenhaus und behauptete, dass dieser sein Gebiss in die Lade eines Instrumentenwagens gelegt hätte – wo es dann auch gefunden wurde.

2. Von Geburt an Blinde haben erstmals visuelle Eindrücke:

Sogar Menschen mit von Geburt an degeneriertem Sehnerv, die also nie in ihrem Leben sehen konnten, beschreiben, bei der Nahtoderfahrung realistische visuelle Wahrnehmungen gehabt zu haben.

3. Familienzusammenführungen:

Es gibt oft Treffen mit Verstorbenen, die dann überraschenderweise viel jünger gesehen werden, als man sie von der Zeit vor ihrem Tod kannte. In einem sehr beeindruckenden Fall wird das Treffen mit einem schweigenden freundlichen Mann geschildert, von dem sich dann nach einer Beichte der Mutter herausstellte, dass er der wirkliche biologische Vater war.

ein sehr gut untersuchtes Gebiet

4. Treffen mit Verstorbenen, auch wenn man von deren Ableben nichts wusste:

Es ist überraschend, jemanden zu treffen, der nach eigenem Wissen leben sollte, und es stellt sich später heraus, dass dieser Mensch zum Zeitpunkt des Nahtod-Erlebnisses tatsächlich tot war.

5. Bewusstsein bei nachweislicher völliger Ausschaltung der Hirnfunktion:

Bei Pamela Reynolds musste für eine Hirnoperation ein Herzstillstand herbeigeführt werden, das Blut wurde aus dem Körper entfernt und der Körper auf 10 bis 14°C abgekühlt. Ihr Hirn wurde damit völlig stillgelegt, alles bei angeschlossenem EEG. Sie konnte dann viele Details der Operation inklusive der unerwarteten Komplikationen, der Gespräche und der Musik beschreiben.

Dieser Fall zeigt, dass die "Standard-erklärung" von Restaktivitäten des Gehirns als Ursache von Nahtod-Erfahrungen nicht zutrifft.

6. Eine Lebensrückschau, die einen viel umfassenderen Standpunkt wiedergibt, als man ihn im normalen Leben je hatte, und auch oft eine Lebensvorschau:

Wieso sollte man in einer Lebensrückschau alle Emotionen der beteiligten Personen wahrnehmen? Dies passiert im normalen Leben nicht. **Es gibt auch das Gefühl einer tiefen Verbundenheit mit seiner Umgebung.**

Bei einigen Nahtod-Erlebnissen erhielten die Personen auch Zugang zu ihrem zukünftigen Schicksal, das sich nach ihren Angabe bis hin zu seltsamen Details erfüllt haben soll.

7. Außergewöhnliche Heilungen nach Nahtod-Erfahrungen:

Einige Fälle mit Nahtod-Erfahrungen sind verbunden mit außergewöhnlichen spontanen Heilungen, etwa dass ein nach Ärztemeinung tödlicher Tumor vollständig verschwindet, oder dass angeborene körperliche Gebrechen plötzlich geheilt sind.

Zusammenfassende Beurteilung

Das Forschungsgebiet ist mit über 5000 Fällen schon sehr gut bearbeitet. Die konventionellen Erklärungen, meist von den behandelnden Ärzten vorgebracht, können die genannten sieben Phänomene nicht erklären.

Was ist eine Nahtod-Erfahrung?

»Mit einem Mal wusste ich, dass ich tot war. Ich fand es seltsam, dass ich mir dessen bewusst war. Ich schwebte etwa sechs
Meter schräg über meinem Körper, der noch auf dem Opera-
tionstisch lag. Ärzte standen um mich herum und sprachen
miteinander, aber ich hörte ihre Stimmen nicht. Ich sah auch
meinen Mann, wie er irgendwo im Krankenhaus, in einem
halbdunklen Raum, ganz allein auf einer Bank saß und wartete. Er war nervös. Er drehte sich eine Zigarette. Plötzlich, völlig
übergangslos, flog ich durch einen Tunnel. Er war sehr lang,
und ich flog mit dem Kopf voran durch ihn hindurch. (…) Ich
hörte ein säuselndes Geräusch, wie von einem an den Ohren
vorbeistreichenden Wind. In der Ferne erkannte ich ein helles
Licht, zu dem es mich hinzog, aber es war scheinbar noch sehr
weit entfernt. Und die ganze Zeit fühlte ich mich ängstlich,
machtlos und einsam, denn niemand wusste, dass ich mir über
meinen Tod im Klaren war. Ich wollte entweder zurück oder
nicht wissen, dass ich tot war. Aber offensichtlich zählte mein
Wille nicht … Das Licht, dem ich mich jetzt näherte, war anders als jedes Licht, das ich je zuvor gesehen hatte; es war nicht
mit einem Licht wie dem Sonnenlicht zu vergleichen. Es war
ein kräftiges, gleißendes Licht, in das man dennoch mühelos
hineinschauen konnte.«[87]

Dies ist eine typische Beschreibung einer Nahtod-Erfahrung. Die Patientin hatte einen Herzstillstand, und da sie reanimiert werden konnte,
war sie in der Lage, über jene Erfahrung zu berichten, die sie während
des klinischen Todes hatte.

Was uns hier interessiert, sind vor allem Schilderungen, die auch
wissenschaftlich untersuchbar sind, bei denen etwa die Umstände des
Auftretens durch medizinische Geräte aufgezeichnet oder der Herzstillstand und das Aussetzen der Hirnaktivität nachgewiesen sind.

Durch die Verbesserung der Reanimierungsmethoden gibt es heute
sehr viele Menschen, die reanimiert werden konnten. Seither berichten
immer mehr Menschen von Nahtod-Erfahrungen. Neuere amerikanische und deutsche Forschungen haben ergeben, dass ungefähr 4,2 % der

Bevölkerung von einer Nahtod-Erfahrung berichten. Angesichts dieser großen Zahl können wir davon ausgehen, dass solche Erfahrungen bei einer lebensbedrohenden Symptomatik regelmäßig vorkommen.[88]

Von einer Nahtod-Erfahrung spricht man also dann, wenn der Todesprozess eingeleitet war, erkennbar an Bewusstlosigkeit (Koma), Bewusstlosigkeit mit Herzstillstand oder Bewusstlosigkeit mit Herzstillstand und fehlender Gehirntätigkeit, und der Mensch nach Wiederbelebung von verschiedenen Phänomenen erzählt, wie:

- außerhalb des Körpers geschwebt zu sein und keinerlei Schmerzempfindungen gehabt zu haben
- die Wiederbelebungsmaßnahmen oder die Operation beobachtet zu haben

Derartige Berichte können praktisch so lange zurückverfolgt werden wie es schriftliche Aufzeichnungen gibt. Die ältesten Erzählungen, die Elemente von Nahtod-Erfahrungen beinhalten, sind das *Gilgamesch-Epos* (ca. 2400 v. Chr.) und die *Odyssee* von **Homer** (zwischen 1200 und 800 v. Chr.). Nahtod-Erfahrungen beschreiben auch: [89]

- der Philosoph **Platon** in dem *Mythos von Er* in seinem Werk *Der Staat*
- **Plutarch** (45 – 125 n. Chr.), der Philosoph und Priester im Apollon-Tempel von Delphi, in seiner Erzählung *Die Geschichte des Thespesios*
- der Schriftsteller **Lukian** (120 – 180) in seiner Erzählung *Zu früh in der Unterwelt*
- Im *Nikodemus-Evangelium* (ca. 300 n. Chr.) gibt es in der *Höllenfahrt Christi* auch eine Schilderung einer Nahtod-Erfahrung.
- **Beda Venerabilis, Meister Eckhart, Heinrich von Kleist, Jean Paul** und **Franz Werfel** schildern ebenfalls Nahtod-Erfahrungen.

Aspekte von Nahtod-Erfahrungen, die als Beweise für die Existenz von Seelen gelten können

1. Außerkörperliche Erfahrungen

Eine »außerkörperliche Erfahrung« ist das erste Element der meisten

Nahtod-Erfahrungen. Es bedeutet, dass sich das Bewusstsein vom Körper trennt. Dies entspricht in der monistisch-pantheistischen Weltsicht der Trennung der feinstofflichen Körper vom physischen Körper. Der feinstoffliche Mensch steigt also aus seinem grobstofflichsten und damit begrenzendsten Fahrzeug aus. Es bleibt nicht nur die Funktionsfähigkeit der Sinne (ohne Körper!) erhalten, diese sind sogar in einem außergewöhnlichen Sinne geschärft. Die einzige Einschränkung, die eintritt, ist die Unmöglichkeit, mit den Menschen, die zum Beispiel an dem verletzten physischen Körper arbeiten, zu kommunizieren. Während einer Nahtod-Erfahrung sieht und hört man alles, wird aber zum eigenen Erstaunen von niemandem bemerkt. Wahrnehmungen sind in alle Richtungen möglich, von winzigsten Details bis gleichzeitig zu einem Überblick aus großer Höhe.

Wenn Menschen, oder vielmehr ihr Bewusstsein, ihren Körper von außen sehen, reagieren sie auf diese Erfahrung ängstlich und unternehmen oft einen dann meist erfolglosen Versuch, wieder in den Körper zurückzukehren. Oft fühlen sie sich jedoch auch befreit und sind erstaunt, wenn sie ihren leblosen und schwer verletzten Körper betrachten. Meistens blicken sie von der Decke herab, und weil diese Position so ungewöhnlich ist, kann es vorkommen, dass sie ihren Körper auf den ersten Blick nicht einmal erkennen. Sie empfinden den neuen, schwerelosen Körper als einen spirituellen oder immateriellen Körper, der ohne jeden Widerstand durch feste Strukturen wie Mauern und Türen hindurchgleiten kann.

Eine Episode sei hier angeführt, bei der bewusst nicht der Patient, sondern eine Pflegeperson um eine möglichst objektive Schilderung gebeten wurde:

»Während der Nachtschicht liefert der Rettungswagen einen vierundvierzig Jahre alten, bereits bläulich-violett verfärbten, komatösen Mann auf der kardiologischen Station ein. Passanten hatten ihn etwa eine Stunde zuvor in einem Park gefunden und bisher lediglich mit Herzmassagen begonnen. Nach seiner Ankunft im Krankenhaus wird er mit Beutel und Maske beatmet, erhält Herzmassagen und wird defibrilliert. Als ich die Beatmung übernehme und intubieren will, fällt mir auf, dass er

noch ein künstliches Gebiss trägt. Vor der Intubation entferne
ich den oberen Teil der Prothese und lege sie auf den Instru-
mentenwagen. In der Zwischenzeit setzen wir die Maßnahmen zur erweiterten Reanimation fort. Nach etwa anderthalb
Stunden hat der Patient zwar wieder einen ausreichend stabilen
Herzrhythmus und Blutdruck, er wird aber noch beatmet, ist
noch intubiert und noch immer komatös. In diesem Zustand
wird er zur weiteren Beatmung auf die Intensivstation gebracht.
Erst eine Woche später, bei der Medikamentenausgabe, begeg-
ne ich dem Patienten, der gerade wieder auf die Kardiologie
verlegt wurde, wieder. Als er mich sieht, sagt er: »Oh, dieser
Pfleger weiß, wo mein Gebiss liegt.« Ich war ganz überrascht,
doch er erklärte mir: »Ja, Sie waren doch dabei, als ich ins
Krankenhaus kam, und haben mir das Gebiss aus dem Mund
genommen und es auf den Wagen gelegt, auf dem alle möglichen Flaschen standen. Er hatte so eine ausziehbare Schublade,
und in die haben Sie meinen Zähne gelegt.« Das erstaunte mich
vor allem deshalb, weil sich dies meiner Erinnerung nach alles
zu einer Zeit abspielte, als der Patient in tiefem Koma lag und
gerade reanimiert wurde. Weitere Nachfragen ergaben, dass
er damals selbst sehen konnte, wie er im Bett lag, und dass
er von oben auf die Pflegekräfte und Ärzte herabsah, die ihn
mit aller Kraft zu reanimieren versuchten. Er konnte auch den
kleinen Raum, in dem er wiederbelebt wurde, und das Aussehen der Anwesenden korrekt und genau beschreiben. Damals,
als er die Szene beobachtete, hatte er große Angst davor, dass
wir ihn nicht weiter reanimieren würden und er sterben müsste.
Wir hatten uns tatsächlich große Sorgen um ihn gemacht, da er
schon in sehr schlechter Verfassung ins Krankenhaus eingelie-
fert worden war. Er schilderte mir, wie er uns verzweifelt und
erfolglos zu signalisieren versuchte, dass er noch lebe und wir
ihn weiter reanimieren sollten. Er war tief bewegt von dem, was
er damals erlebt hatte, und sagte, dass er sich heute nicht mehr
vor dem Tod fürchte.«[90]

Hier folgt nun eine Schilderung des Psychologen **Carl Gustav Jung**
(1875 – 1961), der 1944, während eines Herzinfarktes, eine außerkör-

perliche Erfahrung machte. Im Nachhinein beschreibt er, wie er die Erde aus großer Höhe wahrnehmen konnte. Dies ist sehr bemerkenswert, da seine Schilderung genau mit dem übereinstimmt, was dank der Fotos aus dem Weltraum erst in den 1960er Jahren bekannt wurde:

>>Es schien mir, als befände ich mich hoch oben im Weltraum. Weit unter mir sah ich die Erdkugel in herrlich blaues Licht getaucht. Ich sah das tiefblaue Meer und die Kontinente. Tief unter meinen Füßen lag Ceylon und vor mir lag der Subkontinent von Indien. Mein Blickfeld umfasste nicht die ganze Erde, aber ihre Kugelgestalt war deutlich erkennbar, und ihre Kontinente schimmerten silbern durch das wunderbare blaue Licht. An manchen Stellen schien die Erdkugel farbig oder dunkelgrün gefleckt wie oxydierendes Silber. >>Links<< lag in der Ferne eine weite Ausdehnung – die rotgelbe Wüste Arabiens. Es war, wie wenn dort das Silber der Erde eine rotgelbe Tönung angenommen hätte. Dann kam das Rote Meer, und ganz weit hinten, gleichsam >>links oben<<, konnte ich gerade noch einen Zipfel des Mittelmeeres erblicken. Mein Blick war vor allem dorthin gerichtet. Alles andere erschien nur undeutlich. Zwar sah ich auch die Schneeberge des Himalaya, aber dort war es dunstig oder wolkig. Nach >>rechts<< blickte ich nicht. Ich wusste, dass ich im Begriff war, von der Erde wegzugehen.

Später habe ich mich erkundigt, wie hoch im Raume man sich befinden müsse, um einen Blick von solcher Weite zu haben. Es sind etwa 1.500 km! Der Anblick der Erde aus dieser Höhe war das Herrlichste und Zauberhafteste, was ich je erlebt hatte.<<[91]

2. Blinde haben visuelle Eindrücke

Sehr bemerkenswert ist, dass auch Blinde eine klare visuelle Wahrnehmung haben und taube Menschen genau wissen, was gesagt wurde. Man erlebt in diesem Moment auch, dass man nur an jemanden denken muss, um sofort bei ihm zu sein.[92]

Die Schilderung einer Farbenblinden:

»Ich sah wirklich die leuchtendsten Farben – was besonders erstaunlich war, da ich farbenblind bin. Die Primärfarben kann ich zwar auseinanderhalten, aber Pastelltöne sehen für mich alle gleich aus. Damals konnte ich sie plötzlich doch unterscheiden, sogar in vielfältigen Nuancen. Fragen Sie mich nicht nach den Namen, die kenne ich nicht, denn damit habe ich keine Erfahrung.«[93]

Hier noch ein Bericht von Vicki, einer von Geburt blinden Frau. Sie kam 1951 nach zweiundzwanzig Schwangerschaftswochen viel zu früh zur Welt und wurde sofort in einen damals noch primitiven Inkubator gelegt, der ihr hundertprozentigen Sauerstoff verabreichte. Man wusste damals noch nicht, dass eine so hohe Sauerstoffkonzentration der Entwicklung der Augäpfel und des Sehnervs schadete. Vicki war eine der vielen Frühgeburten aus dieser Zeit, die völlig erblindeten.

»Ich habe niemals auch nur das Geringste gesehen, kein Licht, keinen Schatten, überhaupt nichts. Sehr viele Leute fragten mich, ob ich Schwarz sehen kann. Nein, auch schwarz sehe ich nicht. Ich sehe überhaupt nichts. Und in meinen Träumen habe ich keine visuellen Eindrücke. Dort gibt es nur Geschmack, Gefühl, Geräusch und Geruch…

Zunächst kann ich mich daran erinnern, dass ich im Harbour View Medical Center war und auf alles hinabschaute. Es war beängstigend, denn ich war es nicht gewohnt, etwas visuell wahrzunehmen. Das war mir vorher noch nie passiert! Am Anfang war es ziemlich unheimlich! Aber dann erkannte ich meinen Ehering und mein Haar. Und ich dachte: »Ist das mein Körper da unten? Bin ich etwa tot?« Sie schrien immer wieder: »Wir können sie nicht zurückholen, wir können sie nicht zurückholen!« Und sie arbeiteten wie besessen an diesem Ding, von dem ich jetzt wusste, dass es mein Körper war, obwohl er mir eigentlich nichts bedeutete. Ich hatte so ein Gefühl von »na und?« und dachte nur: »Warum regen die sich denn eigentlich alle so auf?« So waren meine Empfindungen. Ich beschloss fortzugehen, denn ich konnte diese Leute einfach nicht dazu bringen, mir zuzuhören. Allein schon bei dem Gedanken be-

wegte ich mich nach oben, quer durch die Decke, als ob sie
gar nicht da wäre. Es war phantastisch, draußen zu sein, mich
frei zu fühlen und mir keine Sorgen darum machen zu müssen,
wogegen ich dieses Mal wieder stoßen würde. Ich wusste auch,
wohin ich unterwegs war. Ich hörte einen rauschenden Klang
wie von einem Windgong; es war der unglaublichste Klang,
den man sich vorstellen kann – er war vom tiefsten bis zum
höchsten Ton zu hören. Als ich mich diesem Gebiet näherte,
waren Bäume, Vögel und viele Menschen dort, aber sie wirkten
wie Lichtgebilde. Und ich konnte sehen. Es war unglaublich,
wirklich fantastisch, ich war überwältigt von dieser Erfahrung,
denn schließlich hatte ich nie eine Vorstellung davon gehabt,
was Licht eigentlich ist.«[94]

Für die Frage nach der Existenz von Seelen ist der Umstand wichtig,
dass trotz Blindheit von Geburt an während der Nahtod-Erfahrung eine
perfekte visuelle Wahrnehmung möglich sein kann. Das Gehirn der
Patientin hatte keinerlei Erfahrungen mit visuellen Wahrnehmungen;
und doch hat sie visuelle Sinneseindrücke aus einer Position außerhalb
des Körpers. Vickis»Beobachtungen« können unmöglich das Ergebnis
körperlich-sinnlicher Wahrnehmungen oder das Produkt einer funktionierenden visuellen Hirnrinde sein. Sie konnten auch nicht ihrer Fantasie entspringen, (die außerdem bis zu diesem Augenblick nie in visu-
eller Form auftrat), denn ihre Beschreibungen enthielten überprüfbare
visuelle Aspekte.

3. Familienzusammenführungen
Einige Menschen sind sich während einer Nahtod-Erfahrung der An-
wesenheit Angehöriger oder Bekannter bewusst und erkennen diese
auch wieder. Üblicherweise sehen die Verstorbenen bei der Begegnung
wieder ausgesprochen gesund aus, obwohl man sie aus der Zeit vor
ihrem Tod noch als sehr schwach und krank in Erinnerung hatte. Wenn
sie noch sehr jung waren, als sie starben, begegnet man ihnen manchmal als jungen Erwachsenen wieder.
     Ein rührendes Beispiel einer außergewöhnlichen Familienzusam-
menführung ist folgendes:

»Als ich während meines Herzstillstandes ein Nahtod-Erlebnis hatte, sah ich nicht nur meine Großmutter, sondern auch einen Mann, der mich liebevoll anschaute, den ich jedoch nicht erkannte. Etwa zehn Jahre später, an ihrem Sterbebett, erzählte mir meine Mutter, dass ich aus einer außerehelichen Beziehung hervorgegangen sei. Mein biologischer Vater war ein Jude, den man im Zweiten Weltkrieg abtransportiert und umgebracht hatte: Meine Mutter zeigte mir sein Foto. Der unbekannte Mann, den ich etwa zehn Jahre zuvor während meines Nahtod-Erlebnisses gesehen hatte, war offensichtlich mein biologischer Vater.«[95]

4. Treffen mit Verstorbenen, von deren Ableben man nichts wusste
Es kommt auch vor, dass bei Nahtod-Erlebnissen Personen gesehen werden, die man nicht im Jenseits erwartet hätte. Bei Nachforschungen nach der Nahtod-Erfahrung bekam man die Nachricht vom Ableben der Person, die im »Jenseits« gesehen wurde.

5. Bewusstsein bei nachweislicher völliger Ausschaltung der Hirnfunktion
Üblicherweise hat man bei einer Reanimation keine Möglichkeit, die Gehirnfunktion zu messen. **Die Nahtod-Erfahrung von Pamela Reynolds** bildet dabei eine besondere Ausnahme, weil sie sich während einer Gehirnoperation ereignete, bei der die Aktivität der Gehirnrinde und des Gehirnstamms ständig aufgezeichnet wurde. Dieser Fall steht hier exemplarisch für eine Nahtod-Erfahrung während des nachweislichen Ausfalls aller Gehirnfunktionen.

Wegen eines sehr großen Aneurysmas in einer Hirnschlagader in der Nähe des Hirnstamms unterzog sich Pamela Reynolds 1991 einer langwierigen und hoch riskanten Gehirnoperation.

Trotz der schlechten Prognose entschloss sich der Neurochirurg Dr. Robert Spetzler zu einer Operation. In einem Interview in der BBC-Sendung sagte er: »Was es so schwierig machte, war der Umstand, dass das Aneurysma an der Schädelbasis unter dem Hirnstamm saß. Diese Blase konnte platzen und so im Gehirn der Patientin eine unbeschreibliche Katastrophe anrichten. In einem solchen Fall war es wirklich beunruhigend zu operieren. Der Operationstypus, dem sich Pamela unter-

ziehen würde, bezeichnet man als hypothermischen Herzstillstand.
Pamelas Körpertemperatur würde auf 10 bis 14 Grad Celsius gesenkt.
Herz und Atmung würden aussetzen. Ihre Gehirnwellen würden sich
bis zu einer geraden Linie abschwächen und das Blut würde aus ihrem
Kopf entweichen. Eine Stunde lang wäre sie klinisch tot. Denn wir
hatten vor, ihr Gehirn völlig stillzulegen. Wir wollten sie nicht nur be-
täuben, wir wollten alle Stoffwechselvorgänge im Gehirn zum Erliegen
bringen. In einem solchen Zustand ist kein messbarer Output mehr vorhanden, es liegt also keine messbare Aktivität mehr vor. Kurz vor dem

Beginn der Operation gibt es noch viel
zu tun. Die Patientin wird anästhesiert,
ihre Augen werden mit Pflastern abge-
klebt, ihr werden kleine Impulsgeneratoren in die Ohren gesteckt und es
wird ein EEG angeschlossen, auf dem
wir die Gehirnaktivität beobachten
können.«[96]

Der folgende Bericht beruht auf Pamela Reynolds' schriftlicher Schilderung ihrer Erfahrung und dem, was sie während der BBC-Sendung
berichtete:

»Ich kann mich an keinen Operationssaal erinnern. Ich kann
mich nicht erinnern, dass ich Dr. Spetzler gesehen habe. Ein
Assistent begleitete mich, es war einer von Spetzlers Assisten-
ten, der bei mir war. Und dann … nichts. Absolut nichts. Bis zu
diesem Geräusch. Und dieses Geräusch war … unangenehm.
Eine Art Kehllaut. Als säße ich beim Zahnarzt. Und ich erinnere mich, dass es in meinem Kopf anfing zu kribbeln und ich
irgendwie aus meinem Kopf herausrutschte. Je mehr ich mich
von meinem Körper entfernte, desto stärker wurde das Geräusch. Und als ich nach unten sah, konnte ich nach und nach
verschiedene Dinge im Operationssaal erkennen. Nie im Leben
hatte ich etwas so klar wahrgenommen. Und dann schaute ich
auf meinen Körper hinab, und dabei wusste ich, dass es mein
Körper war. Aber das kümmerte mich nicht. Ich dachte nur,
seltsam, wie sie mir den Kopf rasiert haben. Ich hatte erwartet,

sie würden mich kahl scheren, aber das hatten sie nicht getan
…
Meine Position von der ich alles beobachtete, lag ungefähr auf
Schulterhöhe des Chirurgen. Es war keine normale Wahrnehmung, sie war klarer, gezielter, schärfer als übliches Sehen. Im
Operationssaal gab es viele Dinge, die ich nicht kannte, und
eine ganze Menge Leute. Ich erinnere mich an das Instrument
in der Hand des Chirurgen, es sah aus wie der Griff einer elektrischen Zahnbürste. Ich dachte, sie würden meinen Schädel mit
einer Säge öffnen. Ich hörte, dass sie von einer Säge sprachen,
aber was ich sah glich eher einem Bohrer. In einem Kästchen
lagen zwar alle möglichen Ersatzbohrer. Es glich einem Kästchen, in dem mein Vater seine Steckschlüssel aufbewahrte, als
ich noch ein Kind war. Ich sah den Griff dieses Bohrers, aber
ich sah nicht, wie sie damit in meinem Kopf arbeiteten. Aber ich
hörte einen hohen summenden Ton. Und ich erinnere mich an
die Herz-Lungen-Maschine. Ich mochte dieses Beatmungsgerät
nicht. Ich erinnere mich an jede Menge Instrumente, die ich nicht
kannte. Und ich hörte ganz deutlich, wie eine Frauenstimme sagte: »Versuch es an der anderen Seite.« Diese Stimme kam offenbar eher von der unteren Seite des Operationstischs. Ich erinnere
mich deutlich, dass ich mich fragte, was sie da zu suchen hätten
(sie grinst), denn schließlich fand hier doch eine Gehirnoperation
statt. Sie öffneten mir gerade Blutgefäße, um mir so Blut abnehmen zu können. Aber dies kapierte ich nicht …«[97]

Dann schließt die Schilderung einige andere Elemente einer Nahtod-
Erfahrung an: Ein Tunnelerlebnis, der Kontakt und die Kommunikation mit einem »Licht«, den Kontakt mit einer Reihe von »Verstorbenen«,
die Erinnerung an die eigenen Kinder, die schwere Entscheidung »zurückzukehren«.

»Als ich wieder zu der Stelle kam, an der mein Körper lag, sah
ich dieses Ding und wollte wirklich nicht mehr zurück. Denn
er sah wirklich so aus, wie er war: leblos. Ich glaube, er war
ganz zugedeckt. Er machte mir Angst, und ich wollte ihn nicht
ansehen. Ich wusste, es würde wehtun, deshalb wollte ich wirk-

lich nicht mehr zurück. Aber mein Onkel versuchte weiterhin, mich zu überreden. Er sagte »Du musst nicht eintauchen, spring einfach, wie im Schwimmbad.« Und: »Denk an deine Kinder.« Und ich sagte: »Diesen Kindern geht es gut.« Und er antwortete: »Schätzchen, du musst wirklich zurück.« Und dann gab er mir einen Schubs, er half ein bisschen nach. Es hat lange gedauert, aber ich glaube, jetzt bin ich bereit, ihm doch zu verzeihen. Ich sah wie der Körper in die Höhe schnellte. In dem Moment schubste er mich und ich spürte, wie ich innerlich vor Kälte erstarrte. Ich kehrte in meinen Körper zurück, und das fühlte sich an, als tauchte ich in Eiswasser. Es tat so weh. Als ich wieder in meinem Körper war und noch im Operationssaal in Narkose lag, spielten sie dort »Hotel California«. Und es wurde gerade die Zeile gesungen: »You can check out any time you like, but you can never leave.«

Als ich aus der Narkose erwachte, war ich noch immer an das Beatmungsgerät angeschlossen. Ein paar Tage später sagte ich zu Dr. Brown, dass ich es ziemlich gefühllos fand, in so einem Moment diese Musik zu spielen. Er erwiderte nur, ich bräuchte mehr Schlaf. Sie lacht und schließlich meint sie: »Ich glaube, der Tod ist wirklich eine ganz gemeine Lüge.««[98]

Der Neurochirurgen Dr. Spetzler bestätigte, dass Pamelas Beobachtungen genau dem entsprachen, was während der Operation geschehen war. Sie hatte die Knochensäge mit dem Bild einer elektrischen Zahnbürste richtig beschrieben. Sie hatte diese Instrumente bei ihrer Ankunft im Operationssaal nicht sehen können, weil alle Instrumente abgedeckt waren. Die Gespräche der an der Operation Beteiligten hatte sie wegen der Impulsgeneratoren, die in ihren Ohren steckten, keineswegs hören können.

> »Ich kann es mir nicht erklären. Wenn ich mir ihren damaligen Zustand vor Augen führe, weiß ich nicht, wie so etwas möglich ist.«[99]

Wie Dr. Spetzler andeutet, gibt es im materialistisch-atheistischen Weltbild keine plausible Erklärung für einen derartigen Fall.

6. Das Phänomen der Lebensrückschau, die einen viel umfassenderen Überblick wiedergibt, als man ihn im normalen Leben je hatte, und auch oft eine Lebensvorschau

Das Auftreten einer Lebensrückschau wird oft als »Film« wahrgenommen. Einsicht wird gewonnen und Liebe wird verschenkt oder vorenthalten. Das kann sehr konfrontierend sein, aber niemand fühlt sich verurteilt: Jeder kann erkennen, wie er selbst gelebt und wie sein Leben andere beeinflusst hat. Es entwickelt sich ein Verständnis dafür, dass jeder Gedanke, jedes Wort und jede Handlung eine nachhaltige Wirkung auf das eigene Ich und genauso auf andere hat. Man bezeichnet dies auch als »kosmisches Gesetz«.

In der Lebensschau überblickt man sein Leben in einem einzigen Augenblick. Zeit und Distanz scheinen nicht mehr existent. Alles scheint gleichzeitig existent und gleichzeitig erlebbar. Alles und jeder Mensch scheinen zeitlos miteinander verbunden zu sein.

Es ist somit in den meisten Fällen keine normale Rückerinnerung. Wenn wir uns zurückerinnern, wissen wir nicht, was wir mit unseren Taten bei anderen für Gefühle ausgelöst haben. Wir wissen auch nicht, was unser Handeln letztendlich bewirkt hat.

»Mein ganzes Leben bis zum heutigen Tag schien sich in einer Art panoramaartigen dreidimensionalen Rückblick vor mir auszubreiten. Jedes Ereignis wurde von einem Wissen über Gut und Böse oder der Einsicht in seine Ursachen und Folgen begleitet. Ich betrachtete alles nicht nur ausschließlich aus meiner Warte, sondern kannte auch die Gedanken aller anderen, die an diesem Ereignis beteiligt waren, als wären ihre Gedanken in mir. Ich konnte nicht nur sehen, was ich getan und gedacht hatte, sondern sogar wie mein Handeln andere beeinflusst hatte – als sähe ich mit allwissenden Augen. Auch die Gedanken gehen nicht verloren. Und immerfort wurde während des Rückblicks die Bedeutung der Liebe bezeugt. Im Nachhinein kann ich nicht sagen, wie lange dieser Lebensüberblick und diese Lebenserkenntnis dauerte. Es kann eine ganze Weile gewesen sein, denn jeder Punkt wurde berührt. Andererseits erschien er mir nur wie der Bruchteil einer Sekunde, da ich alles gleichzeitig wahrnahm.«[100]

Ein ähnliches Erlebnis aus der Studie der Near Death Experience Research Foundation (NDERF):

>»Es ist nicht klar, wie alles angefangen hat. Klar ist nur, dass nach dieser Botschaft eine Serie von Gefühlen über mein Leben in mir aufgestiegen ist. Es war wirklich dieser sprichwörtliche Moment,»wenn das ganze Leben an einem vorüberzieht«. Inzwischen habe ich gehört, dass man das Lebensrückschau nennt. Ich würde es als eine lange Reihe von Gefühlen bezeichnen. Sie wurden durch vieles ausgelöst, das ich in meinem Leben getan habe. Der Unterschied war aber, dass ich nicht nur meine Gefühle noch einmal erlebt habe, sondern auch die Gefühle meiner Mitmenschen nachempfinden konnte, die von meinem Handeln betroffen waren. Mit anderen Worten: Ich spürte, wie andere mein Leben empfanden. Die überwältigendsten Gefühle kamen von meiner Mutter.
Ich wurde als kleines Kind adoptiert. Ich war ein sogenanntes schwieriges Kind. Manchmal tat ich anderen Kindern weh, wenn sie kleiner waren als ich, und ich habe Drogen genommen und Alkohol getrunken. Ich habe gestohlen, bin mörderisch Auto gefahren, hatte schlechte Noten, habe aus purer Zerstörungswut Sachen kaputt gemacht, war grausam zu meiner Schwester und zu Tieren – die Liste ließe sich endlos fortsetzen. All dies erlebte ich in kürzester Zeit noch einmal und spürte dabei sowohl meine eigenen Gefühle als auch die der anderen Beteiligten. Am tiefsten berührte mich aber ein seltsames Gefühl meiner Mutter. Ich konnte spüren, was sie empfand, als sie hörte, ich sei tot. Es brach ihr das Herz, es tat ihr unheimlich weh, und das alles vermischte sich mit den Gefühlen wegen des ganzen Ärgers, den ich gemacht hatte. Ich empfand es als ungeheuer tragisch, dass mein Leben so früh endete und ich nie sonderlich viel Gutes getan hatte.
    Dieses Empfinden weckte in mir das Gefühl, dass ich im Leben noch etwas zu erledigen hätte…«[101]

Derartige Phänomene sind aus materialistisch-atheistischer Sicht nicht verständlich. Aber sie bewegen sich exakt im Zentrum des Verständnisses des monistisch-pantheistischen Weltbildes, in welchem alles mit allem verbunden ist. Die Schilderungen entsprechen genau denen, die im Rahmen eines durch tiefe Meditation erreichbaren Bewusstseinszustandes, Samadhi genannt, erreichbar sind.

Nach dem Element der Rückschau erfolgt oft eine **Vorschau** auf das, was noch vor einem liegt.

> »… und blitzartig sah ich, wie mein Leben weitergehen würde. Ich überblickte einen Großteil meines Lebens, der noch vor mir lag; die Sorge um meine Kinder, die Krankheit meiner Frau, alle Situationen, in die ich selbst geraten würde, sowohl bei meiner Arbeit wie privat. Ich überblickte alles vollkommen. Ich sah den Tod meiner Frau und das Sterben meiner Mutter vorher. Irgendwann schrieb ich alles, was ich damals vorhergesehen hatte, auf: Im Laufe der Jahre konnte ich es dann einfach abhaken. So hatte ich auch meine Frau in einem weißen Tuch auf ihrem Sterbebett gesehen, und genau so ein Tuch bekam sie kurz vor ihrem Tod von einer ihrer Freundinnen …«[102]

Diese Phase führt unweigerlich zu Fragen des freien Willens und zu der Überlegung, ob und wieweit man seine eigene Zukunft bestimmen und beeinflussen kann. Hierzu sei **Platon** erwähnt, der in seinem Werk *Der Staat* im »*Mythos von Er*«[103] ein Nahtod-Erlebnis beschreibt. Darin heißt es unter anderem, dass sich die Seelen vor der Wiedergeburt für ein Schicksal im folgenden Leben entscheiden. Dann muss der Mensch aus dem Fluss Lethe trinken, wodurch er die Erinnerung an alles oder zumindest das meiste Wissen über sein zukünftiges Leben verliert. Dann beginnt das gewählte Leben.

Mit der Idee der Schicksalsentscheidung ist der Frage nach dem freien Willen die Schärfe genommen. Man könnte es mit einer Berufs- oder Ausbildungsentscheidung vergleichen. Hat man eine Wahl getroffen, dann muss man den vorgegebenen Weg gehen. Man kann es auch mit der Entscheidung für die Route auf einen Berg vergleichen. Wenn diese begonnen ist, dann kann man sie nicht mehr ändern. Die Unsicherheit über den freien Willen entsteht vor allem, weil der Umstand der bewussten vorgeburtlichen Entscheidung für einen Lebensweg nicht im Wachbewusstsein liegt. Im nächsten Kapitel über die »Spontanen Rückerinnerungen von Kleinkindern« sind zwei Fälle von offensichtlichen Entscheidungen für das zukünftige Elternpaar (James Leininger) beziehungsweise überhaupt den Familienclan (Cemil Fahrici) beschrieben.

7. Außerordentliche Heilungen nach Nahtod-Erlebnissen

In seltenen Fällen kann man außerordentliche Veränderungen feststellen, dass nämlich die den eingeleiteten Sterbevorgang auslösende körperliche Ursache verschwindet und der Mensch unerwartet gesund ist. Es gibt eine signifikante Zahl von Nahtod-Erfahrenen, die der festen Überzeugung sind, während ihrer Nahtod-Erfahrung geheilt worden zu sein.[104]

Man findet hier noch keine größere Studie, wahrscheinlich wegen der Seltenheit. In eine derartige Studie müssten aber immer auch die behandelnden Ärzte eingebunden sein. Hier wirkt dann das derzeit in der Schulmedizin vorherrschende materialistisch-atheistische Weltbild hemmend.

Für das Thema der Existenz der Seele sind aber solche spontanen Heilungen von großer Bedeutung. Diese sind aus dem materialistisch-atheistischen Weltbild nicht erklärbar und deuten auf eine Intervention von einer jenseitigen Ebene hin und auch auf das Vorhandensein einer subtilen Matrix (= ein Seelenaspekt), die den Zustand des gesunden Körpers wiedergibt. Die verständliche Schwierigkeit der Ärzteschaft, mit so einem unerwarteten Gesundungsverlauf umzugehen, zeigt sich auch im folgenden von Jeffrey Long beschriebenen Fall.

Anita, eine Frau aus Hongkong, hatte einen bösartigen Tumor des Lymphsystem im vierten, dem höchsten Stadium (Hodgkin-Lymphom), und der leitende Krebsarzt gab ihr noch sechsunddreißig Stunden Lebenszeit. Dann hatte sie eine Nahtod-Erfahrung, bei der sie den behandelnden Arzt etwa fünfzehn Meter von ihrem Zimmer entfernt mit ihrem Mann sprechen sah. Dies wurde von ihrem Mann später auch bestätigt.

»Man sagte mir (auf der jenseitigen Ebene, Anm. d. Verf.), wenn ich mich für das Leben entscheide, dann würden die Ergebnisse der Tests an meinen Organen (die noch nicht vorlagen) zeigen, dass meine Organe normal funktionierten. Wenn ich mich für den Tod entscheide, dann würden die Ergebnisse Organversagen aufgrund von Krebs als Todesursache anzeigen. Ich konnte also das Ergebnis des Tests durch meine Entscheidung beeinflussen!

Ich traf meine Entscheidung und wachte allmählich auf (in einem sehr verwirrten Zustand, denn ich konnte in dem Moment nicht sagen, auf welcher Seite des Schleiers ich mich befand). Die Ärzte eilten ins Zimmer, ein breites Lächeln auf dem Gesicht, und sagten meiner Familie: »Gute Nachrichten – wir haben die Ergebnisse, und ihre Organe funktionieren, wir können es selbst kaum glauben. Es sah wirklich so aus, als hätte ihr Körper abgeschaltet!«

Danach erholte ich mich schnell. Die Ärzte warteten ab, bis ich stabil war, und wollten dann eine Lymphknotenbiopsie machen, um den Krebszellentyp festzustellen. Aber sie konnten noch nicht einmal einen Lymphknoten finden, der groß genug gewesen wäre, um auf Krebsbefall schließen zu lassen. (Als ich ins Krankenhaus kam, war mein Körper voller geschwollener Lymphknoten.) Sie nahmen eine Knochenmarkbiopsie vor, wieder um die Krebsaktivität zu testen, damit sie die Krebstherapie an den Krankheitsverlauf anpassen konnten. Doch im Knochenmark war kein Krebs. Das verwirrte die Ärzte, aber sie erklärten, dass die Chemo bei mir plötzlich angeschlagen haben musste. Weil sie selber nicht verstehen konnten, was da vor sich ging, unterzogen sie mich einem Test nach dem anderen, die ich allesamt glänzend bestand. Und mit jedem negativen Testergebnis fühlte ich mich stärker. Ich bekam eine Ganzkörper-CT, und weil sie nichts finden konnten, ließen sie den Radiologen die Untersuchung noch einmal wiederholen.

Aufgrund meines Ergebnisses sage ich heute allen, dass jeden Tag in unserem Leben ein Wunder geschehen kann. Nach dem, was ich erlebt habe, ist mir klar, dass absolut alles möglich ist, und dass wir nicht hierhergekommen sind, um zu leiden. Das Leben soll schön sein, und wir werden sehr, sehr geliebt. Meine Sicht des Lebens hat sich drastisch verändert, und ich bin froh, dass ich noch einmal eine Chance erhalten habe, »den Himmel auf Erden« zu erleben.«[105]

Ein sehr gut dokumentiertes Beispiel für eine Heilung nach einer Nahtod-Erfahrung hat **Dr. Penny Sartori** mit ihren Kollegen veröffentlicht.[106] Der Fall ist zweifach bemerkenswert, sowohl wegen der Exaktheit der Beobachtungen im außerkörperlichen Zustand während der Nahtod-Erfahrung als auch wegen der unerklärlichen Heilung danach. Der Patient aus diesem Fallbericht musste einer Notoperation wegen Darmkrebs unterzogen werden. Nach der Operation verschlechterte sich sein klinischer Zustand, und er fiel ins Koma. In tiefer Bewusstlosigkeit und mit geschlossenen Augen erlebte er eine Nahtod-Erfahrung mit einem außerkörperlichen Erlebnis. Er konnte danach genau schildern, was in der Zeit seines Koma-Zustandes um ihn herum geschehen war. Diese Beobachtungen im außerkörperlichen Zustand wurden später von Menschen bestätigt, die sich während seiner Nahtod-Erfahrung um ihn gekümmert hatten.

Nun zum sensationellen Kern dieses Falles: Der Patient war mit einer auf eine frühkindliche Hirnschädigung zurückzuführende Bewegungsstörung geboren worden. Er hatte daher eine verkrampfte und deformierte Hand, die er sein ganzes Leben nie vollständig öffnen hatte können. Nach der Nahtod-Erfahrung konnte er seine Hand erstmals öffnen und gebrauchen; und sein Darmkrebs war ebenfalls geheilt.[107]

Beurteilung von Nahtod-Erfahrungen in Bezug auf die Existenz von Seelen

• Beurteilung aus der Sicht des materialistisch-atheistischen Weltbildes

Eine fast standardmäßige wissenschaftliche Meinung über Nahtod-Erfahrungen lässt sich ziemlich gut mit der folgenden Aussage des holländischen **Hirnforschers Dick Swaab** (*1944) beschreiben:

»Bewusstsein ist ein Produkt der Hirnzellen. Ich glaube nicht an die Seele ... die Seele ist ein Irrtum ... Ich bin ein Mensch mit einer mächtigen Maschine im Schädel, die jedoch ihre Grenzen hat und größtenteils automatisch funktioniert ... Es heißt gelegentlich: Wenn ein Einzelner dem Irrsinn verfällt, nennt man

das auch Irrsinn und kann es psychiatrisch behandeln, verfällt
eine Gruppe dem gleichen Irrsinn, nennt man es Religion. Ich
erhebe nicht den Anspruch auf die absolute Wahrheit, aber als
Wissenschaftler bin ich gewohnt, mit Wahrscheinlichkeiten
zu arbeiten, die sich in Prozentsätzen ausdrücken lassen. Die
Chance, die ich habe und nicht diejenigen, die von ihrer Religion überzeugt sind, ist sehr groß. Es wird sich zeigen, dass sie
im Unrecht sind.«

»All diese Aspekte und charakteristischen Merkmale der Nahtod-Erfahrung lassen sich durch einen Sauerstoffmangel im Gehirn oder eine Stimulation bestimmter Hirnregionen sehr gut
nachahmen. Es handelt sich einfach um eine Störung der Infor-
mationsverarbeitung im Gehirn.«[108]

Dies zeigt das heutige Paradigma im Rahmen der derzeit in den Wissenschaften vorherrschenden materialistisch-atheistischen Weltsicht.
Nahtod-Erfahrungen gehören dem allgemeinen Vorurteil entsprechend
in den Bereich der Religion.

Das Problem, das sich für Vertreter des Materialismus ergibt, ist, dass
es keine sinnvolle Erklärung gibt. Als »wissenschaftliche« Erklärungen
für die Phänomene werden also unter anderem genannt:

- Sauerstoffmangel
- Träume
- Depersonalisation (eine krankhafte Selbstwahrnehmung, bei der
  die Person den Eindruck hat, dem eigenen Bewusstsein fremd
  gegenüberzustehen)
- eine bei Nahtod-Erfahrungen nachgewiesene erhöhte Kohlendioxidkonzentration
- ein erhöhter Kaliumspiegel

Das Problem dieser Erklärungen ist, dass es letztendlich nicht mehr als
Vermutungen sind, die bei Konfrontation mit dem Thema ohne Untersuchung einfach formuliert werden.

Die Argumente beziehen sich immer nur auf einzelne Aspekte des

Phänomens, und ich kenne keinen Versuch, das Thema ganzheitlich wissenschaftlich zu durchleuchten.

Nehmen wir ein Beispiel:

Eine oft genannte These ist, dass das Phänomen der Nahtod-Erfahrungen auf Sauerstoffmangel im Gehirn zurückzuführen wäre.

- Damit wird intendiert, dass es sich bei den Nahtod-Erfahrungen um Halluzinationen handeln würde. Dieses Argument kann nur so lange überzeugen, solange man sich nicht intensiv mit dem Thema beschäftigt.

- Man kann mit einem Sauerstoffmangel im Gehirn aber nicht eine bestätigte außerkörperliche Erfahrung erklären, denn ein Gesichtspunkt außerhalb des Körpers ist mit einem rein materiellen Gehirn ohne Sinne nicht erklärbar.

- Es ist ebenfalls nicht erklärbar, wie man bei Treffen mit Verstorbenen auch solche »treffen« kann, von deren Ableben man keinerlei Kenntnis gehabt hat.

- Es ist nicht erklärbar, wie Pamela Reynolds mit ihrem auf 14° C abgekühlten Körper und dem von Blut entleerten Gehirn eine Nahtod-Erfahrung durch Sauerstoffmangel haben konnte.

- Es ist nicht erklärbar, wie nach Nahtod-Erfahrungen spontane Heilungen von schon seit der Geburt vorhandenen Defekten stattfinden konnten.

- Es ist nicht erklärbar, wie mit einem kaum mehr funktionsfähigen Gehirn eine umfangreiche Lebensrückschau möglich sein kann.

- Es ist nicht erklärbar, warum eine von Geburt an blinde Person, die nie in ihrem Leben visuelle Eindrücke hatte, bei einer Nahtod-Erfahrung visuelle Eindrücke haben kann.

Man könnte diese Liste mit anderen Erklärungen noch umfangreich erweitern. Es genügt nicht, eine Erklärung ohne plausible Untersuchung anzugeben, wenn man zur Wahrheit gelangen will.

Eine Erklärung ohne umfassende Analyse des Themas kann aber genügen, um eine schon vorhandene Meinung oder einen bestehenden Glauben zu bestätigen. Wie wir schon erläutert haben, ist das Überschreiten einer bestehenden Weltsicht nicht einfach, und man muss hier Beharrungsphänomene erwarten und letztlich auch akzeptieren.

- **Beurteilung der Nahtod-Erfahrungen aus der Sicht der dualistisch-theistischen Weltsicht**

Die Idee der Seele und des Weiterlebens nach dem Tod ist weitgehend Bestandteil der monotheistischen Religionen, aber die Phänomene, die bei Nahtod-Erlebnissen auftreten, passen nicht immer zu allen Glaubensvorstellungen.

Es existiert eine Reihe von Analysen, wie sich Nahtod-Erlebnisse bei Gläubigen verschiedener Religionen zeigen und wie diese mit den jeweiligen Glaubensvorstellungen harmonieren.

Ein wesentliches Ergebnis dabei ist, dass sich bei Menschen mit Nahtod-Erfahrungen die »religiöse Engstirnigkeit« löst. Für viele Menschen mit Nahtod-Erfahrungen ist es nicht mehr so bedeutend, einer bestimmten Religion oder Konfession anzugehören, sie intensivieren jedoch ihr spirituelles Leben unabhängig von einer spezifischen religiösen Lehre. Es gibt aber auch Fälle, bei denen Menschen mit Nahtod-Erfahrungen beginnen, in einer organisierten Religion aktiv zu werden.[109]

Ich konnte keine Stellungnahmen finden, in denen sich offizielle Stellen aus den verschiedenen Religionen zu dem Thema Nahtod-Erfahrungen geäußert haben.

- **Beurteilung der Nahtod-Erfahrungen aus der monistisch-pantheistischen Weltsicht**

Alles über Nahtod-Erfahrungen Dargestellte lässt sich harmonisch in das **monistisch-pantheistische Weltbild** integrieren. Die sogenannten außerweltlichen Umgebungen und Landschaften sind Schilderungen der jenseitigen Welt. Hier sei erinnert, dass, wenn der Mensch einen oder mehrere subtile feinstoffliche Körper besitzt, es auch die dazugehörige feinstofflichen Ebenen oder Welten geben muss.

Das Denken ist nach dieser Weltsicht in einer eigenen Struktur organisiert, das Gehirn fungiert hier nicht als Gedankenerzeuger, sondern als Überträger der Gedanken in die physische Ebene. Unser Gehirn wäre damit nicht eine Art »Supercomputer«, sondern so etwas wie ein

»Funkgerät«, das die Kommunikation zwischen dem feinstofflichen Gedankenerzeuger (Mentalkörper) und dem physischen Körper herstellt.

Östliche Lehren sprechen auch davon, dass in diese Kommunikation eine Schranke eingebaut ist, die nur geringe Teile der »jenseitigen«, auf feinstofflichen Ebenen ablaufenden Aktivität in das Bewusstsein des inkarnierten Menschen eindringen lassen. Hier könnte man meiner Ansicht nach auch das Geheimnis der verschiedenen Bewusstseinsarten finden, die in jedem Menschen zusammenspielen. Die verschiedenen feinstofflichen Körper können dabei ihr eigenes Profil übertragen und konkurrieren dann mehr oder weniger bewusst im Menschen. Freud hat dies mit dem Schema Es, Ich und Über-Ich in der modernen Zeit erstmals wieder formuliert. Dies ist auch der Grund, warum man in östlichen Philosophien so intensiv versucht, die verschiedenen »Ebenen« auseinanderzuhalten, um sich schließlich mit einer möglichst hohen Ebene identifizieren zu können.

»Auch die berühmten Neurowissenschaftler Charles S. Sherrington (1875-1952), John C. Eccles (1903-1997) und Wilder Penfield (1981-1976) sahen im Gehirn einen komplizierten Organismus, der Bewusstsein erfasst und übermittelt, aber nicht produziert. Beauregard hebt in seinem jüngsten Buch hervor, dass ein materialistischer Standpunkt zur Erklärung der Beziehungen zwischen Bewusstsein und Gehirn aus neurowissenschaftlicher Sicht nicht länger vertretbar sei.[110] Seine eigene Forschung und auch die Untersuchungen anderer Wissenschaftler haben erwiesen, dass religiöse, mystische und spirituelle Erfahrungen kein Produkt des Gehirns sein können. Auch er ist der Überzeugung, dass das Gehirn Bewusstseinserfahrungen lediglich ermöglicht.«[111]

Kapitel 10

Ungewöhnliche Phänomene
in Todesnähe als Seelenbeweis

Der Tod ist ein Rätsel, …
… aber nicht nur, weil wir nicht sicher sind, was danach kommt, und auch, ob etwas kommt. Rund um den Tod von Menschen ranken sich viele Phänomene, die darauf hindeuten, dass die einfache Annahme eines Endes sehr zweifelhaft ist.

Das Thema ist noch nicht auf einem hohen Niveau untersucht, aber das, was schon bekannt ist, ist so umfangreich, überraschend und weitreichend, dass es in den Fokus des Interesses und vor allem der Forschung gehört.

Wir haben schon bei dem Thema der **Nahtod-Erfahrungen** gesehen und werden es auch bei den **Spontanen Rückerinnerungen von Kleinkindern** noch erfahren, dass sich Pioniere mit akademischem Lebenslauf an die Themen herangewagt haben. Diese haben ihren Forschungsgebieten aber sehr enge Grenzen gesteckt, wahrscheinlich um sich nicht der Gefahr auszusetzen, als Pseudowissenschaftler ins Abseits geschoben zu werden.

Nahtod-Erfahrungen als Forschungsgebiet hatten den Vorteil, dass die Phänomene in universitätsnahen Bereichen wie den Krankenhäusern auftraten. Das Thema der spontanen Rückerinnerungen von Kleinkindern hatte den Vorteil, dass es sich eben um Kleinkinder handelte, die wegen ihres geringen Alters noch kaum Außenkontakte hatten, weshalb es leicht schien, hier den Wahrheitsgehalt auf hohem Niveau zu erfassen.

Der Themenbereich der **Reinkarnationsforschung mittels Hypnose** kam in den Fokus, weil Krankheiten die treibende Kraft waren. Wenn man mittels Hypnose eine Ursache für die Krankheit ermitteln kann und diese Erkenntnis therapeutische, also heilende oder zumindest lindernde Wirkung hat, dann bekommt das Thema einen zeitlich nachhaltigen Zulauf und kann sich somit etablieren.

Das folgende Thema hat alle diese Vorteile nicht. Die Phänomene in Todesnähe tauchen zwar auf, sie werden aber vielfach verschwiegen oder oft erst nach Jahren erzählt. Es findet zwar nicht nur im privaten Heim statt, sondern auch in Krankenhäusern oder Hospizen, aber dort gibt es ein manifestes Interesse, die Todesfälle so diskret wie möglich zu behandeln.

Der gesamte Forschungsbereich der Phänomene in Todesnähe ist damit erst am Beginn der systematischen Erforschung. Die Fülle der Phänomene nach Art und Wahrscheinlichkeit des Auftretens rückt diese Themen aber langsam ins Rampenlicht.

Man kann bei diesem Thema die Schritte der Erforschung sehr gut charakterisieren:

- Alles beginnt mit der Dokumentation einzelner und manchmal auch mehrerer Fälle. Diese Phase begann schon in der Antike.
- Im nächsten Schritt findet sich jemand, der für einzelne Phänomene diese verstreuten Fälle durch eine Literaturrecherche zu sammeln beginnt und dann gesammelt veröffentlicht.

- Dann beginnt jemand die Fälle in Gruppen zu ordnen und einen systematischen Gesamtüberblick über das Themengebiet zusammenzustellen.

Dieser dritte Schritt ist derzeit noch nicht vollständig durchgeführt, was zeigt, dass die Forschung in diesem Bereich noch in den Kinderschuhen steckt. Inzwischen wurde klar, dass es so viele Fälle von Phänomenen gibt, weil ein bedeutender Teil aller Sterbefälle in irgendeiner Weise betroffen ist.

Außerkörperliche Erfahrungen in Todesangst

Bei Todesangst finden, auch wenn dann keine Todessituation im Sinne eines Herzstillstands eintritt, vereinzelt außerkörperliche Erfahrungen oder die bei Nahtoderfahrungen geschilderten Phänomene statt. Bei Berichten von Verkehrs- oder Bergunfällen wird immer wieder geschildert, dass das Bewusstsein schon vor einem Aufprall aus dem Körper ausgetreten ist und der Betroffene dann den Unfall selbst schon von außen gesehen hat. Die Unfälle können sogar vergleichsweise glimpflich abgelaufen sein, so dass das Bewusstsein danach bald wieder in den Körper eingetreten ist.

»Sofort, wie ich stürzte, sah ich ein, dass ich nun an den Fels geworfen werden müsse, und erwartete den Aufprall. Ich grub mit den gekrallten Fingern in den Schnee, um zu bremsen, und riss mir dadurch alle Fingerspitzen blutig, ohne Schmerz zu empfinden. Ich hörte genau das Anschlagen meines Kopfes und Rückens an jeder Ecke des Felsens, und ich hörte den dumpfen Schlag, als ich unten auffiel. Schmerzen aber empfand ich erst etwa nach einer Stunde. Während des Falls stellte sich die erwähnte Gedankenflut ein. Was ich in fünf bis zehn Sekunden gedacht und gefühlt habe, lässt sich in zehnmal mehr Minuten nicht erzählen. Alle Gedanken und Vorstellungen waren zusammenhängend und sehr klar, keineswegs traumhaft verwischt. Dann sah ich, wie auf einer Bühne aus einiger Entfernung, mein ganzes vergangenes Leben in zahlreichen Bildern sich abspielen. Ich sah mich selbst als die spielende Hauptper-

son. Alles war wie verklärt von einem himmlischen Lichte
und alles war schön und ohne Schmerz, ohne Angst, ohne
Pein. Auch die Erinnerung an sehr traurige Erlebnisse war
klar, aber dennoch nicht traurig. Kein Kampf und Streit, auch
der Kampf war Liebe geworden. Erhabene und versöhnende
Gedanken beherrschten und verbanden die Einzelbilder, und
eine göttliche Ruhe zog wie herrliche Musik durch meine Seele. Mehr und mehr umgab mich ein herrlich blauer Himmel
mit rosigen und besonders mit zart violetten Wölklein – ich
schwebte schmerzlos und sanft in denselben hinaus, während
ich sah, dass ich nun frei durch die Luft flog, und dass unter
mir noch ein Schneefeld folgte. Objektives Beobachten, Denken und subjektives Fühlen gingen gleichzeitig nebeneinander
vor sich. Dann hörte ich mein dumpfes Aufschlagen, und mein
Sturz war zu Ende.«

Es können dabei auch Erfahrungen des Lebensrückblicks integriert
gewesen sein. Das führt sogar manchmal zu einer so wichtigen Erfahrung, dass die Weichen des Lebens neu gestellt werden.

Visionen in Todesnähe

Sie können Tage, Stunden oder auch Sekunden vor dem Tod auftreten.
Sehr oft werden dabei liebgewonnene Verstorbene erwähnt, so als wollten diese die Sterbenden abholen oder ihnen die Nachricht geben, dass
das Bewusstsein auch danach erhalten bleibt. Ein sehr bekanntes Beispiel ist jenes von Kaiser Napoleon 1821 in seinem Exil in St. Helena.
General Montholon, der in seinem Zimmer wachte, schrieb:

»Der Kaiser war während der Nacht bis vier Uhr morgens
relativ ruhig. Dann sagte er mit außergewöhnlicher Emotio-
nalität zu mir: ‚Ich habe gerade meine gute Josephine gesehen
(Napoleons erste Frau, die bereits sieben Jahre vorher gestorben war.) Sie hat mich aber nicht umarmt. Gerade, als ich
sie in die Arme nehmen wollte, ist sie verschwunden. Sie saß
hier, und ich glaube, ich habe sie gestern Abend auch schon
gesehen. Sie hat sich nicht verändert, ist immer noch die alte

– voller Verehrung für mich. Sie sagte, wir würden uns bald wiedersehen, um uns nie mehr zu verlieren. Sie versicherte mir das. Hast du sie auch gesehen?' Napoleon schien sich sicher zu sein, dass er nicht geträumt hatte... Nach einiger Zeit fiel Napoleon in Schlaf, doch als er wieder aufgewacht war, sprach er von neuem über diese nächtliche Erscheinung. Er war nach wie vor bei klarem Verstand und diktierte später eine Reihe von Geschäftsbriefen. Der zunehmend geschwächte Kaiser starb am 5. Mai, zehn Tage nach dem Erlebnis. Seine letzten Worte waren: ‚Frankreich. Armee. Anführer der Armee. Josephine.‘«

Vielfach gibt es auch Visionen, die an den religiösen Kontext des Menschen gebunden sind. Es erscheint Jesus oder ein Engel.

Die ersten Dokumentationen stammen von der *Society for Psychical Research*. Der Parapsychologe **Ernesto Bozzano** (1862 – 1942) war der erste Autor, der über diese Visionen eine Studie verfasste. Er teilte sie schon 1906 in sechs Kategorien:[112]

1. Fälle, in denen die Vision nur von der sterbenden Person wahrgenommen wurde und in denen diese Person auch wusste, dass die in der Vision gesehene Person bereits gestorben war.
2. Fälle, in denen die Vision ebenfalls nur von der sterbenden Person wahrgenommen wird, aber wo die Vision auch solche verstorbenen Personen enthalten hat, von denen der Sterbende nicht gewusst hat, dass sie bereits gestorben sind. (Dies hat bei den Nahtod-Erfahrungen eine Entsprechung und ist ein gutes Argument, Halluzinationen auszuschließen.)
3. Fälle, in denen die Visionen nicht nur auf die sterbende Person beschränkt waren, sondern gleichermaßen von den anderen Anwesenden wahrgenommen worden sind.
4. Fälle, in denen die Personen-Erscheinung nur von den Anwesenden gesehen worden ist, aber der Sterbende selbst keine Aussagen über eine etwaige Vision gemacht hat.
5. Fälle, in denen Erscheinungen unbekannter Personen gesehen worden sind, die, ohne dass es der Sterbende oder die Anwesenden wussten, inzwischen verstorben waren.

6. Fälle, in denen die am Sterbebett gesehenen Personen-Erscheinungen auch an anderen Orten mit mediumistischen Sitzungen aufgetreten sind und dort korrespondierende Aussagen über das Geschehen am Sterbebett gemacht haben.

Dies mag ungewöhnlich erscheinen, aber Ernesto Bozzano hat neun Fälle in der Literatur gefunden:

»Der Ehemann einer schwerkranken Frau litt sehr unter ihrem Zustand und besuchte ein Medium. Er erhoffte eine Antwort auf die Frage, wie lange das Leiden seiner Frau noch andauern solle. Angeblich meldete sich eine bereits verstorbene Schwester der kranken Frau, eine Maria, durch das Medium. Sie verkündete ihm: Wenn seine Frau behaupten würde, sie gesehen zu haben, sei das Ende sehr nahe. Der Mann sagte niemandem etwas davon. Einige Tage berichtete die Frau tatsächlich, sie habe ihre Schwester Maria gesehen. Wenige Minuten später sagte sie »Ich muss gehen« und starb.«[113]

Bei diesen Fällen ist natürlich die Hypothese naheliegend, es handele sich um Halluzinationen. Zur Klärung haben der Parapsychologe **Karlis Osis** (1917 – 1997) und der Psychologe **Elendur Haraldson** (*1931) 1971 eine vielbeachtete Studie zu den Sterbebett-Phänomenen abgeschlossen und als Buch mit dem Titel *At the Hour of Death* veröffentlicht. Hier wurden 442 Fälle aus den USA und 435 Fälle aus Indien untersucht. Unter anderem wurden folgende Hypothesen überprüft:

- Bei hohen Medikationen sollten diese die Bildung von Halluzinationen fördern und zu häufigeren Todesnähe-Visionen führen.
- Menschen, die bis kurz vor ihrem Tod bei klarem Bewusstsein sind, werden weniger Halluzinationen haben als solche, die bereits verwirrt und abwesend sind.
- Stress wird die Bildung von Halluzinationen fördern.
- Die Halluzinationen werden individuell stark variieren.
- Wenn Patienten ihre Genesung erwarten, werden sie vermehrt auf das Diesseits bezogene Halluzinationen haben; wenn sie jedoch ihren Tod erwarten, so werden sie hauptsächlich Elemente

eines vermeintlichen Jenseits inklusive der Verstorbenen halluzinieren.

• Die Halluzinationen werden Erinnerungen, Wünsche, Erwartungen, Ängste, Glaubenssystem und psychologische Dynamiken widerspiegeln.[114]

Das Ergebnis war, dass sich keine dieser Hypothesen bestätigte. Damit greift die scheinbar naheliegendste Erklärung, dass die Sterbebett-Visionen mit herkömmlichen Halluzinationen vergleichbar wären, nicht. Sterbebett-Visionen führen zu einer gelassenen Akzeptanz des Todes, während Halluzinationen Angst und Verwirrung auslösen können.[115]

Es ist interessant, dass sich kein einziger Fall fand, worin Erscheinungen von noch lebenden Personen aufgetreten wären, wohl aber von Personen, von denen der Sterbende nicht wusste, dass sie gestorben waren. Bei 755 Fällen war es die explizite Absicht, die Patienten »abzuholen«.

Rätselhafte Musik in Todesnähe

Hier geht es darum, dass eine rätselhafte, unbeschreiblich schöne und sphärische Musik gehört wird, die mit keiner jemals auf Erden gehörten Musik verglichen werden kann. Man könnte den Begriff »in Todesnähe« auch in Klammer setzen, denn das Phänomen tritt in verschiedenen Situationen auf:

• bei Nahtod-Erlebnissen
• im Rahmen von Todesnähe-Visionen
• an Sterbebetten, nur von den Sterbenden
• an Sterbebetten, aber auch von einigen Anwesenden
• an Sterbebetten, aber von allen Anwesenden
• im Wachzustand

Es sind also Situationen, die an keinen einheitlichen Gehirnzustand gekoppelt sind. Fälle, in denen die Musik nicht nur vom Sterbenden, sondern auch von Anwesenden gehört wird, sind besonders interessant. Michael Nahm hat in seiner Literatursichtung einunddreißig Fallbeispiele gefunden, in denen die Musik von mehr als einer Person gehört

wurde. Die früheste geht auf Papst Gregor den Großen (540 – 604) zurück. Manchmal hörten es auch verschiedene Personen zu unterschiedlichen Zeiten am selben Bett.

»Selma war an Krebs erkrankt und wollte ihre letzte Zeit im
Kreis ihrer Familie verbringen. Eine Nichte, die ihr sehr nahe
stand, berichtete Folgendes: ‚Ich brachte ihr das Mittagessen
die Treppe hinauf. Als ich auf dem Treppenabsatz ankam, kurz
vor ihrer Zimmertür, erschrak ich. Ich hörte leise Tonfolgen einer schönen Musik, die aus ihrem Zimmer zu kommen schien.
Ich öffnete die Tür, und ich war sicher, und ich bin es noch
immer, dass meine Tante etwas gesehen hat, das ich nicht sehen konnte – obwohl ich die Musik gehört habe. Als ich wie
gebannt dort stand, drehte Selma ihren Kopf in meine Richtung
und lächelte das friedvollste und glücklichste Lächeln, das ich
je gesehen habe. Ihr Kopf fiel sanft auf das Kissen zurück, und
ich wusste, dass sie gegangen war.«[116]

Ein anderes Beispiel ist ein Fall einer Sterbebekundung durch Musik:
»Mein Vater lag im Sterben. Nach meinem letzten Besuch im Krankenhaus ging ich wie gewöhnlich ins Bett. Normalerweise schlafe ich tief
und wache nachts nicht auf. Doch gegen halb zwei erwachte ich plötzlich und hörte einen sehr lauten »Engelschor«, den ich zunächst hinter
mir im Raum vermutete. Ich saß kerzengerade in meinem Bett und
drehte mich um. Dann, auf einmal, merkte ich, dass ich diesen Chor
mit einem extrem klaren Klang mitten im Kopf hörte, so wie wenn man
Musik durch eine Anlage mit einem Kopfhörer von sehr guter Qualität
hört, und ich schlief wieder ein. Am nächsten Morgen stand überraschenderweise mein Bruder mit Brötchen vor der Tür. Er hatte etwa
zur gleichen Zeit, als ich die Musik gehört hatte, einen Anruf von der
Pflegestation erhalten mit der Nachricht, dass mein Vater gestorben sei.
Auch mein Bruder hatte zu dieser Zeit ein ungewöhnliches Erlebnis.
Mein Vater hatte klar und verständlich zu ihm gesprochen, als ob er in
seinem Zimmer gestanden hätte.«[117]

Rätselhafte Lichter oder Nebel um den Kopf
oder Körper von Sterbenden

Einige Menschen berichten, dass zum Todeszeitpunkt Lichter oder
Dunst um Sterbende herum gesehen werden. Ein Beispiel:

»Mein Vater starb leider 1934 an Krebs, doch als er verschied,
geschah etwas Wunderbares. Meine Mutter und ich besuchten
ihn in einem altmodischen Krankenhaus in Fulham, wo die
Patienten auf großen Pritschen liegen mussten und über Dads
Pritsche ein kleines Fenster war. Ich habe es immer als Wunder
empfunden, denn wir saßen da und sein Gesicht war ganz ver-
zerrt vom Schmerz, da sah ich plötzlich, wie ein Licht von seiner Brust über seinen Kopf und dann durch das Fenster hinaus
ging. Als ich wieder in sein Gesicht sah, war es wunderschön
– alle Falten waren verschwunden. Als wir an jenem Abend
wieder zu Hause waren, sagte ich zu meiner Mutter:»Das war
komisch mit Dad heute«, und bevor ich fortfahren konnte, sagte
sie:»Ich weiß, was du mir sagen willst, denn ich habe es auch
gesehen.«[118]

Ein Beispiel möchte ich noch anführen, weil hier dokumentiert ist, dass
viele Personen die Phänomen sehen können, aber nicht alle, und dass es
Differenzen gibt, was vom jeweiligen Menschen gesehen wurde.

»Die Pflegerin, die den Schein am Morgen zuerst gesehen hatte, beschrieb eine gelbliche Aura, die dicht um den Kopf des
Patienten leuchtete, sowie auch etwas weiter davon entfernt
eine zweite Schicht, die in einer zweiten Farbe und etwas ver-
schwommener leuchtete. Diese endete etwa in einem halben
Meter Entfernung vom Kopf. Der Hospizkaplan kam dazu und
sah die Leuchterscheinungen ebenso. Sie waren nicht statisch.
Besonders der äußere Lichtkranz schien sich manchmal hier
und dort aufzuwölben. Um zu überprüfen, ob die Lichterschei-
nungen durch eine externe Lichtquelle hervorgerufen werden,
zogen sie die Vorhänge des Zimmers zu und schalteten das
Licht aus. Die Erscheinung dauerte fort. Der Kaplan kam bis

zum Abend noch häufiger ins Zimmer und sah das Leuchten jedesmal. Der Fall hatte sich im Hospiz herumgesprochen, und einige Mitglieder des Personals besuchten das Zimmer, um das Licht zu sehen. Einige konnten es sehen, andere sahen es nicht. Erneut haben wir es hier mit der seltsamen Eigenschaft von parapsychologischen Phänomenen zu tun, dass nicht jeder in gleicher Weise für sie empfänglich zu sein scheint. Die dritte Person, wiederum eine Pflegerin, sah ebenfalls sowohl das feine goldgelbe Leuchten nahe am Kopf als auch das pulsierende, eher neblige Gebilde etwas weiter entfernt davon. Eine weitere Pflegerin gab an, ein Licht um den Kopf des Mannes zu sehen, das etwa einen Meter von ihm entfernt war. Sie war derartig überrascht davon, dass sie fast die Fassung verlor. Die Frau des Patienten hatte jedoch nichts gesehen und hatte ihren Angaben zufolge auch »nicht versucht, etwas zu sehen«. Von den drei Söhnen, die alle in den Vierzigern waren, hatten zwei das Leuchten gesehen, einer nicht. Beide beschrieben jedoch nur das gelbliche Licht dicht oberhalb des Kopfes. Einer der beiden konnte es offenbar stundenlang beobachten. Das Phänomen beeindruckte die Belegschaft des Hospiz derart, dass es in die Krankenakte des Patienten aufgenommen worden ist.«[119]

Es sind offensichtlich subjektive Wahrnehmungen, je nach dem Vermögen, das außergewöhnliche aktuelle Geschehen um den Sterbenden herum zu erfassen. Nicht jeder Mensch will »außer den üblichen Sinnen« betreffende Wahrnehmungen akzeptieren. Auch die Entwicklung der latenten Sinne ist nicht bei jedem Menschen gleich. Es gibt im monistisch-pantheistischen Weltbild eine umfassende Theorie dazu.

Beobachtungen von Schleiern, Nebeln und Lichtern, die den Körper verlassen

Wenn während des Sterbeprozesses tatsächlich etwas wie die Lebensessenz oder die Seele den Körper verlassen sollte, so darf man annehmen, dass dieses Austreten mindestens ab und zu auch von anderen Menschen beobachtet werden kann. In der Tat gibt es dazu Berichte. Michael Nahm hat in seiner Literatursichtung der letzten 200 Jahre bislang einhundertzweiundvierzig Fallbeschreibungen oder wenigstens Erwähnungen solcher Beobachtungen gefunden. Die meisten Berichte stammen nicht aus der medizinischen Fachliteratur, obwohl es auch hier einige gibt.[120]

»Die Wahrnehmung von etwas, das den Körper verlässt … ist ein wenig diskutiertes Phänomen, aber es wird häufig von professionellen Pflegern und ganz besonders von Angehörigen von Sterbenden berichtet. – Wenn auch nur, wenn sie direkt dazu befragt werden.«[121]

Ein Beispiel, das vom Team des Neuropsychiaters Peter Fenwick (*1935) im Rahmen von Umfragen gesammelt wurde:

»Als mein Vater starb, verließ etwas seinen Körper. Es ist schwer zu beschreiben, denn es geschah so unerwartet, und ich habe noch nie etwas Vergleichbares gesehen. Es trat aus seinem Körper und aus dem Kopf aus, und es sah aus wie deutliche, aber zarte Wellen oder Linien aus Rauch. Aber Rauch ist nicht das richtige Wort, mir fehlt ein Vergleich. Dann verschwand es. Ich war die Einzige, die es sah. Es ließ so ein Gefühl von Frieden und Trost zurück. Ich glaube nicht, dass wir uns besonders nahestehen, denn meine Schwester und ich wurden auf ein Internat geschickt, als wir noch sehr jung waren. Ich glaube nicht an Gott. Was das Leben nach dem Tod betrifft, so weiß ich nicht, was ich darüber denken soll.«[122]

Abschließend noch ein Beispiel, bei dem zusätzlich noch eine Todesnähe-Vision eintrat:

»Eine Frau Davis saß am Krankenbett eines Freundes, der an Krebs starb. Auf einmal erblickte sie die Gestalt seiner verstorbenen Ehefrau am Fußende des Bettes. Der Sterbende sah die Gestalt ebenfalls. Er setzte sich sofort im Bett auf und breitete die Arme aus – und Frau Davis sah, wie eine Art zweiter Körper aus ihm heraus in die Arme seiner Frau schoss, während der materielle Körper tot auf das Kissen zurückfiel.«[123]

Heilungen und rätselhafte Symptomverbesserungen kurz vor dem Tod

Das Thema der paranormalen Heilungen haben wir bislang am Beispiel von Maître Philipp und bei einzelnen Nahtod-Erfahrungen erörtert. Es gibt sie auch kurz vor dem Tod, wobei der Tod dann harmonisch folgt. In der Einleitung haben wir bei Spontanheilungen die Notwendigkeit des Vorhandenseins eines feinstofflichen Modells genannt, das es der physischen Materie ermöglichen soll, sich entsprechend dem gesunden Zustand zu ordnen.

Das wohl bekannteste Beispiel für eine rätselhafte Symptomverbesserung betrifft den im Alter erblindeten Barock-Musiker **Johann Sebastian Bach (1658 – 1750)**, der überraschenderweise sein verlorenes Augenlicht einige Tage vor seinem Tod wiedererlangte. Es wird sich zwar nie mit Sicherheit sagen lassen, an welcher Augenkrankheit der berühmte Komponist litt, aber er hatte zwei erfolglose Augenoperationen durchführen lassen. Im Nachruf seines Sohnes Philipp Emanuel Bach findet sich folgende Stelle:

> »Zehn Tage vor seinem Tod schien es sich schlagartig mit seinen Augen zu bessern, so dass er eines Morgens wieder ganz gut sehen und auch das Licht wieder vertragen konnte. Aber wenige Stunden darauf erlitt er einen Schlaganfall, auf diesen folgte ein hitziges Fieber, an welchem er ... am 28. Juli 1750 auf das Verdienst seines Erlösers sanft und selig verschied.«[124]

Ein beeindruckendes Beispiel mit einer an sich »unmöglichen« Heilung oder Symptomverbesserung stammt ebenfalls aus der Sammlung von Peter Fenwick:

> »In einem Pflegeheim berichteten mehrere der Befragten von einer bemerkenswerten Wandlung, die kurz vor dem Tod einer älteren Frau eingetreten war. Diese Frau hatte eine sehr ausgeprägte Wirbelsäulenverwachsung, so dass sie nicht in der Lage war, ihren Kopf zu heben. Sie konnte nur direkt vor sich auf den Boden schauen. Eines Tages stellte sie erstaunt fest, dass sie fähig war, ihren Kopf zu heben! Die erfreuten Pfleger be-

gleiteten sie zum Fenster, damit sie zum ersten Mal seit Jahren die Aussicht aus ihrem Fenster genießen konnte. Kurz darauf starb sie.«[125]

Terminale Geistesklarheit

Bei der terminalen Geistesklarheit handelt es sich um das Phänomen, dass Symptome geistiger Verwirrung kurz vor dem Tod deutlich abnehmen. Obwohl das Phänomen schon seit der Antike mehrfach erwähnt ist, wird es erst seit kurzer Zeit untersucht. Von **Brayne, Lovelace** und **Fenwick** wurde 2008 eine Untersuchung vorgestellt, in der das Pflegepersonal von Hospizen hinsichtlich ungewöhnlicher Phänomene in Todesnähe befragt wurde. Michael Nahm hat 2012 ein erstes umfangreiches Werk über die Phänomene in Todesnähe und im Speziellen die *Terminale Geistesklarheit* veröffentlicht.

Es ist sehr beachtenswert, bei wie vielen organischen Gehirnerkrankungen terminale Geistesklarheit auftreten kann. Es gibt Fälle von Hirnhautentzündung, massiver Gehirnvereiterung, abnormer Füllung von Gehirnpartien mit Wasser und Blut, Schlaganfälle, Gehirnzersetzung durch Tumore, Fälle von Demenz wie der Alzheimerkrankheit. Es gibt auch Fälle von psychischen Erkrankungen, bei denen das Gehirn kaum verändert wird, wie bei Schizophrenie. Bei vielen dieser Krankheiten ist nach dem herkömmlichen Verständnis der Funktionen des Gehirns ausgeschlossen, dass der Mensch je wieder zu einer Geistesklarheit kommen könnte – und doch leuchtet der ursprüngliche Geist kurz vor dem Tode vollständig auf.

Oskar Bloch, ein Professor für Chirurgie in Kopenhagen, formulierte diese Unerklärlichkeit 1909 so:

»Man wusste längst, dass Geisteskranke Perioden haben können, in denen sie ganz gesund sind. … Wenn so ein Geisteskranker in seiner klaren Periode stirbt, so stirbt er ganz so wie ein Geistesgesunder. Hierin liegt ja nichts Überraschendes; wenn aber der, welcher seit Jahren geisteskrank ist, der teilnahmslos dasaß, als ob die Welt für ihn nicht vorhanden sei, der mehr wie ein Tier als wie ein Mensch lebte, ja, der nicht einmal in Bezug auf Intelligenz so hoch wie ein Tier stand, wenn der

plötzlich Zeichen von Vernunft zeigt – und dies geschieht kurz
bevor er stirbt – muss man mit Recht staunen.«[126]

Terminale Geistesklarheit wurde von den Alten oft »das letzte Auffla-
ckern der Seele« genannt. Man könnte es aber genauso als ein Zeichen
für die Befreiung der Seele aus dem in solchen Fällen wahrlichen »Ker-
ker« ansehen.

Ich möchte hier den **Fall Käthe (Anna Katharina Ehmer)** darstellen, der, obwohl er aus dem Beginn des 20. Jahrhunderts stammt, von
zwei Ärzten sehr gut dokumentiert ist.

Käthe, geboren am 30. 5. 1895, hatte mit sechs Wochen langdauern-
de Krämpfe und lernte erst mit zweieinhalb Jahren gehen. Mit sechs
Jahren, am 17 . 6. 1901, kam sie in die Heil- und Pflegeanstalt Hephata
in Treysa in Hessen (D) und verbrachte ihr gesamtes weiteres Leben
bis zu ihrem Tod am 1. 3. 1922 dort. Der damalige Anstaltsleiter Dr.
Friedrich Happich (1883 – 1951) schrieb:

> »Zu den tiefststehenden Pfleglingen, die wir je hatten, gehörte
> Käthe. Sie war von Geburt völlig verblödet und hat nie ein Wort
> zu sprechen gelernt. Stundenlang starrte sie auf einen Punkt,
> dann zappelte sie wieder stundenlang ohne Unterbrechung. Sie
> schlang Nahrung hinunter, schied das Aufgenommene wieder
> aus, stieß einmal einen tierischen Laut aus und schlief. Andere
> Lebensregungen haben wir in den langen Jahren von ihr nie
> wahrgenommen. Nie haben wir bemerkt, dass sie auch nur eine
> Sekunde an dem Leben ihrer Umgebung teilnahm. Auch kör-
> perlich wurde das Mädchen immer elender; ein Bein musste
> ihr abgenommen werden, und das Siechtum wurde immer stär-
> ker.«[127]

Am Morgen des 1. 3. 1922 sagte eine Schwester zum Oberarzt, dass
es mit Käthe wohl bald vorbei sein würde, denn sie sänge schon eine
Zeit lang vor sich hin. Offensichtlich war in der Anstalt schon bekannt,
dass, wenn sich jemand auffällig anders benimmt, sein Ende nahe sein
würde.

Wieder Dr. Happich:

»Eines Morgens rief mich einer unserer Ärzte, der als Wissenschaftler und praktischer Psychiater anerkannt ist, an: ,Komm
einmal gleich her, Käthe liegt im Sterben!' Als wir gemeinsam
das Sterbezimmer betraten, trauten wir unseren Augen und Ohren nicht: Die von Geburt an völlig verblödete Käthe sang sich
selbst die Sterbelieder. Vor allem sang sie immer wieder: ,Wo
findet die Seele die Heimat, die Ruh? Ruh, Ruh, himmlische
Ruh!' Eine halbe Stunde lang sang die Käthe. Das bis dahin so
verblödete Gesicht war vergeistigt und verklärt. Dann schlief
sie still ein. Immer wieder sagte der Arzt, dem ebenso wie der
pflegenden Schwester die Tränen in den Augen standen: ,Me-
dizinisch stehe ich völlig vor einem Rätsel. Durch eine Sekti-
on kann ich, wenn es verlangt wird, nachweisen, dass Käthes
Hirnrinde restlos zerstört und anatomisch Denkfähigkeit nicht
mehr möglich war.'«[128]

Käthe hatte zahlreiche Gehirnhautentzündungen gehabt, ob eine Sekti-
on durchgeführt wurde, darüber habe ich keine Information. Dr. Happich resümiert:

»Käthe hatte also nur scheinbar an alledem, was in der Umgebung vor sich ging, nicht teilgenommen. In Wirklichkeit hatte
sie aber sichtlich gar manches in sich aufgenommen. Denn woher hatte sie Text und Melodie des Liedes, wenn nicht aus der
Umgebung? Und sie hatte den Inhalt des Liedes richtig verstanden und wandte ihn in der entscheidenden Stunde ihres Lebens
an. Das war schon wie ein Wunder. Noch größer erschien uns
das Wunder, dass die bis dahin völlig stumme Käthe plötzlich
klar und deutlich Worte des Liedes wiedergeben konnte, obwohl durch zahlreiche Hirnhautentzündungen solche anatomi-
sche Veränderungen in der Hirnrinde vor sich gegangen sind,
dass es dem Verstand nicht begreiflich ist, dass das sterbende
Mädchen plötzlich klar und deutlich und mit Verständnis singen kann.«[129]

Das Beispiel ist außergewöhnlich. Dass ein physisch so beeinträchtigtes
Wesen, das in seinem Leben nie ein Wort geäußert hat, in der Lage ist,

sich mit verklärtem Blick selbst ein Totenlied zu singen, ist wirklich unerwartet. Man kann eine Erklärung, dass es mit dem Gehirn doch möglich sein könnte, zwar nie völlig ablehnen, aber eine plausible Erklärung für das Phänomen ist es nicht.

Die Annahme einer Seele lässt aber Interpretationsmöglichkeiten zu, die mit den in den vorigen Kapiteln gemachten Analysen gut harmonieren.

Die Geisteskrankheit, die als Ergebnis von Gehirnhautentzündungen physische Ursachen oder Auslöser hat, kann man als eine Beeinträchtigung der Verbindung zwischen Körper und Seele ansehen. Die Seele kann dabei aber, obwohl an den Körper gebunden, im Rahmen einer außerkörperlichen Erfahrung fähig sein, das Geschehen zu beobachten. Leider ist sie nicht in der Lage, die Herrschaft über den Körper und damit die Handlungsfähigkeit zu erhalten – ein für die Seele oder das Bewusstsein sehr leidvoller Zustand. Terminale Geistesklarheit kann dann als jene Phase gewertet werden, in dem die Seele im Zuge des Ablösungsprozesses, den man Tod nennt, kurzfristig die Blockade der »Geisteskrankheit« zu überwinden und damit eine letzte Äußerung von sich zu geben vermag. Dies erklärt auch Fälle, in denen der nun kurzfristig geistig klare Sterbende sich bei den Betreuern für die ihnen bereiteten Unannehmlichkeiten entschuldigt, sich bedankt und verabschiedet.

Todesahnungen und Kontrolle über den Todeszeitpunkt

Das Thema Todesahnung kann man in zwei Gruppen unterteilen.

- Die Ahnung des eigenen Todes
- Die Ahnung oder das Wissen vom Tod eines meistens geliebten Menschen

Bezüglich des eigenen Todes geht es darum, entweder das Ende zu spüren oder eine Gefahr zu erkennen und dann die Entscheidung zu treffen, sich ihr zu stellen oder sie zu vermeiden. So kann man »zufällig« jenes Flugzeug nicht mehr erwischen, das dann abstürzt. Es gibt Untersuchungen, die zeigen, dass bei Flugzeugen, die abstürzten, im Schnitt mehr Menschen den Abflug versäumten als bei solchen, die normal verliefen.

Im monistisch-pantheistischen Weltbild gibt es in jedem Leben eine Aufgabe: Man ist mit einem Schicksal angetreten. Platon lässt im *Mythos von Er* in seinem Werk *Der Staat* die Seelen vor ihrer (Wieder)-Geburt aus dem Fluss *Sorgenlos* (*Ameles*) trinken und sie so die Erinnerung an ihre Schicksalswahl vergessen.

Bei der zweiten Gruppe ist es vielfach keine Ahnung, sondern einfach die Aufnahme einer Information, die der Verstorbene übermittelt:

> »Vor knapp zwei Jahren war ich in den USA und besuchte Freunde in Virginia. Mitten in der Nacht wurde ich wach, und in meinem Zimmer erschien meine alte Nanny. Ich hatte sie seit Jahren nicht mehr gesehen, aber an Geburtstagen etc. schrieben wir uns.
>
> Im wirklichen Leben war sie weit über achtzig, aber in der Vision war sie alterslos und umgeben von einem ungeheuer hellen Licht. Sie lächelte mir zu, streckte die Hand aus und übermittelte mir telepathisch, alles sei gut. Ich war schockiert und von da an hellwach. Am nächsten Morgen sagte ich meinen Gastgebern, ich glaube, meine alte Nanny sei gestorben. Noch am selben Tag kehrte ich in mein Haus in Florida zurück und erzählte meiner Familie davon. Später rief meine Cousine aus England an, um mir zu sagen, dass sie gestorben sei. Es war absolut erstaunlich. Ich träume überhaupt nie. Ich kann Ihnen nur sagen, es hat mir so viel Zuversicht für die Zukunft gegeben. Sie hat mir etwas Geld hinterlassen, aber das eigentliche Vermächtnis war ihre telepathische Botschaft.«[130]

Dieses Beispiel hat einige Merkmale, die es nicht als Vorahnung, sondern als Verabschiedung kennzeichnen. Es stimmte offensichtlich mit dem wahren Todeszeitpunkt sehr gut überein. Die Nanny zeigte sich in einem zeitlosen Alter, das einem Zustand, den die Seele im Jenseits selbst wählt, entspricht. Sie hatte die Botschaft, dass alles gut sei, die sowohl die Trauer minderte als auch in der Lage war, der Empfängerin die Angst vor dem eigenen Tod zu verringern.

Die Kontrolle des Todeszeitpunkts bezeichnet das Phänomen, dass sehr viele Sterbende, die ständig begleitet sind, genau einen möglicherweise nur kurzen Zeitraum für ihren Tod »wählen«, an dem sie alleine sind. Möglicherweise erleichtert ihnen die Abwesenheit der Lieben das Loslassen.

Manche Patienten warten, bis ein entfremdetes Familienmitglied ans Sterbebett kommt, oder warten einen Geburtstag, einen Hochzeitstag oder den Abschluss eines Studiums ab. Es gibt sogar einen Bericht, in welchem ein Mann über den von den Ärzten erwarteten Todeszeitpunkt noch mehrere Tage im Zustand der Bewusstlosigkeit ausharrte, um dann genau an jenem Tag zu sterben, an dem eine Versicherungspolice gültig wurde und so den Lebensabend seiner Frau finanziell absicherte.[131]

Ich möchte hier noch einen Fall erwähnen, den mir meine Schwiegermutter von ihrer eigenen Großmutter erzählte.

Ihre Großmutter war eine besondere Frau, man könnte sie als weise Frau bezeichnen. Sie wusste viele Dinge im Voraus, sie konnte beispielsweise sagen, wer im Sarg lag, wenn einer vorbeigeführt wurde, und sie wurde von vielen Menschen, sogar vom Pfarrer, um Rat gefragt. Eines Mittags sagte sie, dass sie nun wie gewöhnlich ihren Mittagsschlaf machen würde, sie wolle heute etwas länger schlafen und möge nicht gestört werden. Wenn sie allerdings bis 17 Uhr noch nicht wieder erschienen wäre, solle man in ihr Zimmer kommen. Dort fand man sie verstorben, friedlich in ihrem Totengewand aufgebahrt, mit einem Rosenkranz in den Händen und brennenden Kerzen.

Das ist ein beeindruckendes Beispiel eines bewussten und vor allem würdevollen Wechselns der Seite.

Rätselhafte Phänomene zur Todesstunde

Bei und nach Todesfällen kann sich manches Eigenartige ereignen, auch wenn man diese Vorgänge vielfach nicht mit dem Todesfall in Verbindung bringen würde.

Fast jeder Mensch kennt Fälle, bei denen, wenn ein enger Verwandter stirbt, eine Uhr entweder stehen bleibt oder sich eine schon lange nicht in Betrieb befindlich Uhr »von selbst« in Gang setzt.

Es wurde von Fällen berichtet, in denen genau zu einem Todeszeitpunkt eines Angehörigen Gläser von selbst zerbrochen sind. Es können elektrische Geräte ausfallen oder in Gang gesetzt werden.

Der Tote kann sich an einem entfernten Ort bei einem Freund oder

Verwandten zeigen. Es gibt Fälle, wo man das Gesicht eines Verwandten vor dem Fenster sah, auch wenn es ein höheres Stockwerk war. Es kann an der Wohnungstür klingeln – und niemand ist da.

Eine wesentliche Motivation für diese Klasse von Vorgängen dürfte der Wunsch der Toten sein, sich bei einem Nahestehenden zu verabschieden, ihm eine Nachricht zu geben, dass man nicht mehr unter den Lebenden weile, es einem gut gehe und der Tod nicht das Ende sei.

Nachtodliche Kommunikation

Hier geht es darum, dass der Gestorbene bei dem einen oder anderen seiner Lieben erscheint und damit den Hinübergang signalisiert.

Einen Fall habe ich selbst erlebt. Mein Freund Martin hatte plötzlich einen schweren Gehirnschlag und war praktisch vollständig gelähmt. Er wurde von Freunden in Graz mehrere Tage rund um die Uhr betreut und starb dann friedlich. Wir anderen Freunde aus anderen Städten hielten an unseren Wohnorten ebenfalls »Wache«.

Einige Tage später meldete sich Siegfried aus Salzburg bei Hannes, der diese Betreuung organisiert hatte. Es sei ihm ein Mann erschienen, der ihm ein Gedicht aufgesagt habe, mit der Aufforderung, dieses Gedicht Hannes zu übergeben. (Er selbst hatte Martin nie getroffen.)

Dieses Gedicht hatte einen sehr speziellen Stil, wie wir ihn nur bei den wenigen Gedichten, die von Martin veröffentlicht waren, kannten. Der Inhalt war, umfassenden Dank an alle auszudrücken.

Ich schrieb damals schon an diesem Buch über die Seele und dachte mir, dass er sich eigentlich auch irgendwie bei mir bemerkbar machen könnte. Wir hatten ein Bild, es war noch nicht gerahmt, aufgestellt. Eines Morgens lag das Papier am Boden. Ich wollte es aufheben und bemerkte, dass es unter dem Kastenfuß eingeklemmt war. Ich bedurfte einiger Kraft, es herauszuziehen. Dies überraschte mich, denn das Blatt Papier hatte beim Fallen nicht die Masse, um sich von selbst so tief unter den Kastenfuß zu schieben. Meine Frau und ich dachten, dass Martin möglicherweise da gewesen wäre, aber obwohl der Vorfall seltsam war, waren wir unsicher. Am nächsten Tag fehlte das Blatt. Es schien verschwunden. Schließlich fanden wir es direkt unter seinem Standplatz senkrecht zwischen zwei Büchern. Dies ist wiederum eine »unmögliche« Art für ein Blatt hinunterzufallen.

Natürlich kann ein derartiger Vorfall aus meiner Sicht trotzdem nicht als Beweis für die Existenz von Seelen gelten. Aber wer recherchiert, findet einen Fülle von solchen ungewöhnlichen Vorfällen, dass diese in Summe durchaus ein Indiz sein können.

Sichtbare Erscheinung der Gestalt Verstorbener

Dass der Todesvorgang ganz offensichtlich komplex ist, hat sich schon an vielen in diesem Kapitel besprochenen Themen gezeigt. Wenn man, wie es die monistisch-pantheistische Weltsicht vorsieht, von mehreren feinstofflichen Körpern ausgeht, dann ist genau so eine Vielfalt der Phänomene zu erwarten. Es gibt zahlreiche Berichte darüber, dass ein Verstorbener kurz nach seinem Tod bei einem Verwandten oder Freund »sichtbar« erschienen ist. Immer wieder tauchen derartige Phantome in Soldatenuniform auf und machen so auf ihren Tod aufmerksam.

Aus Sicht der Parapsychologie ist meist unklar, ob es sich um eine induzierte Halluzination, eine Vision im Sinne einer paranormalen Wahrnehmung oder um eine Verdichtung eines feinstofflichen Körpers des Verstorbenen handelt, so dass er normal sichtbar und damit im Prinzip auch photographierbar wird. Da es aber Fälle gibt, in denen die Gestalt oder das Phantom von einer größeren Zahl von Menschen sogar mehrfach gesehen wurde, und wenn man auch die erstaunliche Sinnhaftigkeit von übertragenen Informationen berücksichtigt, dann kann die These von Halluzinationen oder Visionen für viele Fälle ausgeschlossen werden.[132]

Geistererscheinung in Flugzeugen – Der Fall Flug 401

Am 29. Dezember 1972 startete eine Lockheed L-10011 Tristar der Eastern Airlines vom J.F. Kennedy-Flugplatz in New York nach Miami. Das Großraumflugzeug für bis zu 360 Passagiere hatte damals 175 Passagiere und Besatzungsmitglieder an Bord. Beim Landeanflug um 23:30 Uhr in Miami leuchtete die Bugfahrwerkskontrollleuchte nicht auf. Dies bedeutet, dass es mit dem Ausfahren des Bugrades Probleme gab. Die Landung wurde abgebrochen und das Flugzeug in 2000 Fuß in eine horizontale Schleife über den dem berühmten Sumpfgebiet der Everglades gebracht. Der Flugkapitän Bob Loft, der Erste Offizier Albert Stockstill und der Zweite Offizier in der Funktion als Flugingenieur Don Repo begannen mit der Fehlersuche. Zunächst musste geklärt werden, ob das Bugrad tatsächlich nicht ausgefahren werden konnte oder ob die Anzeige eine Fehlfunktion hatte. Der Flugingenieur stieg nach unten in den Wartungsraum, um dem Problem nachzugehen. Es bestand auch noch die Möglichkeit, das Bugrad händisch auszufahren.

Bei diesen Bemühungen muss die automatische Steuerung versehentlich vom Horizontalflug in einen Sinkflug geschaltet worden sein. Die Piloten bemerkten das Absinken nicht. Sie bestätigten dem Fluglotsen sogar, dem der Sinkflug aufgefallen war, dass alles in Ordnung sei. Aber offensichtlich hatten sie die Intention der Frage nicht ganz mitbekommen. Da es ein Nachtflug und das Sumpfgebiet völlig dunkel war, hatten sie nichts vom Sinken des Flugzeugs bemerkt. Erst im allerletzten Moment erkannte der Flugkapitän, dass sie zu tief flogen und startete durch. Aber es war zu spät. Um 23:42 schlug die Maschine im Sumpfgebiet auf, und es folgte eine Explosion. Der dadurch ausgelöste Brand wurde durch das Sumpfwasser sehr schnell gelöscht, dennoch erlitten viele Flugreisende schwere Verbrennungen. Zwei zunächst überlebende Passagiere ertranken im nur 15 bis 30 cm tiefen Wasser. Es bestand dann auch die Gefahr durch die den Sumpf bewohnende Alligatoren. Bei dem Unglück starben 101 Menschen und 75 konnten gerettet werden. Unter den Toten befanden sich auch der Kapitän Bob Loft und der Erste Offizier Albert Stockstill. Der Zweite Offizier Don Repo war schwerverletzt, starb aber einige Tage später ebenfalls.

Die Reste des Flugzeuges wurden, soweit sie als Ersatzteile dienen konnten, verwertet. Dazu gehörte auch die Bordküche, die praktisch unversehrt war. Sie wurde in das Schwesternflugzeug Nr. 318 eingebaut. Nun begann sich in mehreren Schwestermaschinen, besonders aber in der Nr. 318, seltsame Vorfälle zu ereignen. Diese dauerten etwa ein Jahr – vom Frühjahr 1973 bis zum Frühjahr 1974.

Die Vorfälle bestanden darin, dass der Flugkapitän Bob Loft und der Zweite Offizier Don Repo einzelnen Besatzungsmitgliedern und Fluggästen, gut sichtbar und erkennbar und in manchen Fällen von lebenden Menschen nicht unterscheidbar, in Uniform erschienen. Der amerikanische Autor **John Gant Fuller** untersuchte sie durch Befragungen von Besatzungsmitgliedern und Fluggästen und fasste es im Buch *The Ghost of Flight 401* zusammen.

Ginny flog in der Maschine 318 von New York nach Miami. Sie gehörte zu den Flugbegleiterinnen, die extra für die Maschine 318 gemeldet hatte, weil sie den Kontakt zu den Phantomen wollte. Sie befand sich in der hellerleuchteten Unterflurküche. Sie bemerkte plötzlich seitlich in ihrem Gesichtsfeld ein verschwommenes Gebilde. Es hatte zunächst den Umfang einer Grapefruit, wurde dann aber größer. Das Gebilde wurde stofflicher und deutlicher als Rauch und pulsierte in seltsamer Weise und wurde schließlich fester. Zuerst entstand ein Gesicht, anfangs noch seltsam verformt und halb verschwommen. Die Stewardess bemühte sich verzweifelt, den Aufzug herabzuholen. Als er schließlich kam und sie wieder auf das Gebilde sah, war es ein vollständiges, klares Gesicht geworden mit dunklen Haaren, seitlich angegraut, und mit einer Stahlbrille auf der Nase. Es war das dreidimensionale Abbild eines Kopfes. Ginny öffnete die Aufzugtüre, sprang eiligst in den Aufzug und fuhr nach oben.

Die Maschine 318 stand vor einem Flug von Newark nach Miami. Die Oberstewardess Sis Patterson[133] nahm in der ersten Klasse die Routinezählung der Fluggäste vor. Dabei stellte sie fest, dass nach ihrer Liste eine Person zu viel war. Bald fand sie heraus, dass der überzählige Fluggast ein Eastern Kapitän in Uniform war, der in einem Sessel saß. Offensichtlich hatte er eine andere Maschine nach Newark gesteuert und flog nun mit einem Freifahrschein zurück.

An sich war das eine Routineangelegenheit. Die Angestellten der Fluggesellschaft benutzten, wenn die normalen Sitze besetzt waren, Klappsitze. Die Oberstewardess musste sich dessen nur vergewissern und sprach ihn an:»Entschuldigen sie, Kapitän, sind sie Klappsitzbesitzer für diesen Flug? Ich habe sie nämlich nicht auf meiner Liste.« Da der Kapitän nicht antwortete, sondern nur vor sich hin starrte, versuchte sie es nochmals.»Entschuldigen Sie, ich muss prüfen, ob Sie Klappsitzbenutzer sind oder Fluggast der ersten Klasse. Können Sie mir nicht helfen?« Der Kapitän blieb weiter unbeweglich sitzen und antwortete nicht.

Die Oberstewardess rief nun die Flugüberwacherin Diane Boas. Diese war gleichfalls verwirrt. Der Mann schien in jeder Beziehung normal zu sein, er machte lediglich den Eindruck, leicht betäubt zu sein und gab keine Antwort. Schließlich wurde der Flugkapitän der Maschine 318 gerufen. Doch als er sich niederbeugte, um den anderen

Kapitän anzusprechen, da erstarrte er vor Schreck: »Mein Gott, das ist Bob Loft«, sagte er. Nun geschah etwas Unerklärliches. Der Kapitän in dem Erster-Klasse-Sessel war von einem Augenblick zum anderen verschwunden. Es gab dann eine lange Startverzögerung. Das gesamte Flugzeug wurde durchsucht, aber der Kapitän blieb verschwunden.

Vor einem Flug mit einer TriStar L1011 nach Miami bestieg ein Vizepräsident der Eastern Airlines vor den übrigen Passagieren das Flugzeug. In der ersten Klasse fand er schon einen Eastern-Kapitän in Uniform vor und wollte diesen begrüßen. Da erkannte er, dass es Bob Loft, der verunglückte Flugkapitän, war. In diesem Augenblick löste sich dieser in Luft auf. Eine umfangreiche Suchaktion nach dem Kapitän blieb erfolglos.

Ein weiblicher Fluggast bekam einen hysterischen Anfall, als auf ihrem Nebensitz plötzlich eine männliche Gestalt erschien und wenige Augenblicke später wieder verschwand. Die Frau konnte sich nicht wieder beruhigen und musste von der Polizei abgeführt werden.

Der verunglückte Flugingenieur Don Repo erschien sogar vierundzwanzig Mal, wobei er in Einzelfällen sogar sprach. Vor einem Flug einer L-1011 kam ein Flugingenieur zur allgemeinen Vorkontrolle in das Flugzeug. In seinem Sitz saß aber schon ein Mann in der Uniform eines Zweiten Offiziers der Eastern Airlines. Er erkannte ihn sofort als Don Repo. Dieser sagte: »Sie brauchen sich nicht mehr um die Flugvorkontrolle zu bemühen. Ich habe es bereits gemacht.« Unmittelbar darauf löste sich die dreidimensionale Erscheinung von Don Repo auf.

Bei den insgesamt vierundzwanzig Erscheinungen von Don Repo hatte man mehrheitlich den Eindruck, dass dieser hilfreich sein und vor Gefahren warnen wollte. Im Februar 1974 erschien er auf dem Flug nach Mexiko City in der Küche der Maschine 318 zwei Stewardessen. Diese holten den Flugingenieur, und dieser erkannte in dem deutlich verformten Gesicht Don Repo. Der vollständige Körper war dabei nicht ausgebildet. Dieser sprach selbst in der verformten Gestalt: »Achten Sie auf Feuer in diesem Flugzeug.« Die Erscheinung verschwand daraufhin vollständig.

Der Flug nach Mexiko City verlief zwar ohne Zwischenfall, aber als das Flugzeug für den Weiterflug angelassen werden sollte, ließ es sich nicht mehr starten. Man wollte das Triebwerk in Miami austauschen. Eine herbeigerufene Überführungsmannschaft sollte die Maschine 318

mit den verbleibenden zwei funktionierenden Triebwerken nach Miami
fliegen. Beim Start setzte ein weiteres Triebwerk aus und hatte mehrere Fehlzündungen. Um einen Triebwerksbrand zu verhindern, betätig-
te der Kapitän schleunigst die Feuerlöschanlage. Es gelang der Crew
schließlich, das Flugzeug auch mit nur einem Triebwerk zu landen. Die
spätere vollständige Zerlegung des ausgefallenen Triebwerks brachte
keinen erkennbaren Grund für die Fehlzündungen und den Ausfall.[134]

Bei der Recherche für sein Buch befragte Fuller systematisch Angehörige des Eastern Airlines. Einige berichteten von eigenen Erlebnissen, andere von solchen von Kollegen, die für Fuller selbst nicht
erreichbar waren. Erkundigungen bei der Firmenleitung der Eastern
Airlines waren schwierig. Sie stritt alles ab oder bezeichnete die Vorkommnisse als Gerüchte. Allerdings konnte Fuller feststellen, dass die
Logbücher der entsprechenden Maschinen, obwohl noch nicht voll, aus-
getauscht wurden. Bei anderen fehlten genau die Seiten für die Flüge,
bei denen von Erscheinungen berichtet wurde. Es wurde Fuller auch
kein stichhaltiger Grund für diese Anomalien genannt. Die Firmenleitung versuchte also, die Vorkommnisse zu verschleiern. Der Grund war
klar, denn die Vorkommnisse führten zu erheblichen Beunruhigungen
bei den Besatzungen. Einige Crewmitglieder wollten nicht mehr allein
in der Unterflurküche Dienst tun. Andere drängten danach, denn sie
wollten die Erscheinung der Geister erleben. Im Frühjahr 1974, fast
anderthalb Jahre nach dem Absturz von Flight 401, hörten dann die
Erscheinungen auf.

1980 wurde der Fall übrigens verfilmt. Der Titel des Films lautete
Der Geist von Flug 401. Die Handlung wurde vereinfacht und die Personennamen geändert. In Deutschland strahlte man den Film am 15. 11.
1980 im Nachtprogramm aus. Interessant dabei waren Diskrepanzen in
der Ankündigung. In der Nachmittagsansage war es ein Kriminalfilm,
am Abend wurden die geschilderten Vorgänge als Legende bezeichnet;
dass wirkliche Geschehnisse Hintergrund des Filmes waren, wurde mit
keiner Silbe erwähnt.

Wie kann man das Phänomen beurteilen? Die beiden spukenden Mitglieder fühlten sich offensichtlich für das Unglück verantwortlich und
damit schuldig. Ihre Handlungen zielten mehrmals klar erkenntlich
darauf, Flugzeuge der Eastern Airlines vor ähnlichen Unfällen zu be-
wahren. Es existieren einige gut dokumentierte Fälle, wo Verstorbenen

zur Klärung irgendeiner Sache ein oder mehrmals für manchmal sogar mehrere Personen gut sichtbar auftreten. Außergewöhnlich ist im Fall von Flug 401 aber die lange Dauer von etwa anderthalb Jahren, in denen es zu Phänomenen kam.

Zusammenfassende Beurteilung der Phänomene rund um den Tod

Die vielen seltsamen Vorkommnisse rund um den Tod deuten sehr klar darauf hin, dass hier ein sehr komplexes Geschehen abläuft, das mit der These der Existenz von Seelen viel besser harmoniert als mit deren Ablehnung.

Es ist klar, dass es uns hier sehr an Wissen fehlt, was, wie und warum abläuft. Es gibt aber eine große Linie, die sich durch verschiedene Phänomene durchzieht.

- das Abholen des Toten mit Musik, Gefühlen der Harmonie und Liebe
- das Sich-Verabschieden des Toten mit der Botschaft, dass alles gut ist und es weitergeht
- bewusste Botschaften, wie z. B. wo ein Testament versteckt ist
- manchmal gibt es auch ein Herumirren des Toten, wenn er irgendwie nicht richtig auf der anderen Seite ankommt
- der Wunsch, sich bemerkbar zu machen, denn man ist nun ohne Körper und damit auch fast nicht mehr fähig, wie gewohnt mit seiner Umgebung zu kommunizieren

Natürlich können nicht alle Phänomene in diese Richtung gedeutet werden. Es ist im Einzelfall bei speziellen Phänomenen immer unsicher, ob das, was passiert ist, tatsächlich mit dem Tod eines Menschen zusammenhängt. So bleiben Uhren auch stehen, wenn niemand stirbt. Hier ist der Zufall nicht von einem »tatsächlichen« Besuch der Seele eines Verstorbenen zu unterscheiden.

Kapitel 11

Spontane Rückerinnerungen von Kindern an Vorleben

Kinder, die gerade sprechen gelernt haben, behaupten plötzlich, schon einmal gelebt zu haben. In einer beachtlichen Zahl von Fällen war es möglich, diese Aussagen zu verifizieren. Es konnten sogar intimste Details, die nie öffentlich bekannt waren, als wahr festgestellt werden.

Durch glückliche Umstände war es möglich, dass ein seriöser Forscher hunderten derartiger Fälle in der ganzen Welt nachgehen konnte.

Spontane Rückerinnerungen von

1. Der Fall James Leininger (USA)

Ein besonders spektakulärer und gut dokumentierter Fall.

 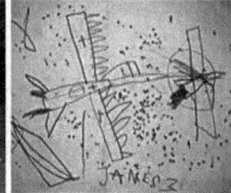

James Leininger (*1998) erinnert sich ab dem 2. Lebensjahr an den Tod als James Huston beim Abschuss eines Jagdflugzeuges im 2. Weltkrieg. Er hatte schon als Kleinkind umfangreiche Kenntnisse über Flugzeuge.

derzeitiges Leben als James Leininger

Der kleine James erinnerte sich, dass seine Eltern in einem rosaroten Hotel ihr 5-jähriges Hochzeitsfest feierten. Er sagte, er hätte sie da als Eltern ausgewählt. Vier Wochen später war seine Mutter mit James schwanger.

Es gab in diesem Fall 36 bestätigte richtige Aussagen und keine definitiv falsche. 11 Verhaltensweisen bezogen sich eindeutig auf das Vorleben und es gab 2 Wiedererkennungen. Bemerkenswert ist der Beginn durch anhaltende Albträume, mit einem Flugzeug abzustürzen.

Erinnerungen an das Jenseits

Der 5-jährige James L. mit der Schwester aus seinem Vorleben. Er berichtete ihr intime Details aus ihrer gemeinsamen Jugend, die sie bestätigte.

James L. konnte sich auch an den Namen des Schiffes erinnern, auf dem er stationiert gewesen war.

 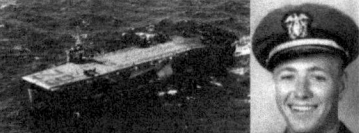

James Huston
(1923 - 1945)

Vorleben als James Huston

Kleinkindern an frühere Leben

2. Der Fall Cemil Fahrici (Türkei)

Dieser Fall ist ein Beispiel mit einem zusätzlichen Beweisansatz:
Geburtsmale stimmen mit nachweislichen Verletzungen im Vorleben überein!

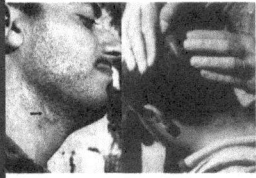

Cemil Fahrici (*1935) berichtete, sobald er mit etwa zwei Jahren zu sprechen begann, "Stück für Stück" Leben und Tod des Cemil Hayik. Neben den bestätigten Kenntnissen über das Leben von Cemil Hayik waren blutende Geburtsmale, genau an den Ein- und Austrittsstellen der todbringenden Kugeln bei Cemil Hayek, die als Narben bestehen bleiben.

derzeitiges Leben als Cemil Fahrici

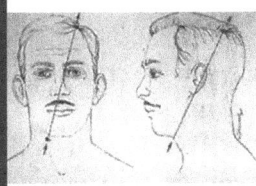

Camil Hayik (gestorben 1935, einige Tage vor der Geburt von Cemil Fahrici) hatte zwei Männer getötet, die zwei seiner Schwestern vergewaltigt hatten. Als er von der Polzei gestellt wurde, sich mit seinem Bruder aber in einem Haus verschanzte, steckte die Polizei das Haus in Brand. Es folgten zwei Schüsse. Cemil Hayik hatte offensichtlich seinen Bruder erschossen und dann den Gewehrlauf gegen sein Kinn gerichtet und mit der Zehe abgedrückt.

Vorleben als Cemil Hayik

Prof. Ian Stevenson (1918 - 2017), der Begründer der Reinkarnationsforschung

Er war ein kanadischer Psychiater. Er gewann 1958 einen Preis der American Society for Psychical Research mit einer Arbeit mit dem Titel: *The Evidence for Survival from Claimed Memories of Former Incarnations.*

Chester Carlson, der Erfinder der Xerox-Maschinen, unterstützte dann Stevenson finanziell, so dass er an der Universität

Ian Stevenson (1918 -2007)

von Virginia eine eigene Abteilung aufbauen konnte. Carlson vermachte der Universität schließlich 1 Million $, womit Stevenson vor allem seine enormen Reisekosten decken konnte. Er veröffentlichte 9 Bücher und etwa 300 Artikel.

Zusammenfassende Beurteilung:

Das Thema der spontanen Rückerinnerungen von Kleinkindern ist ein sehr seriös und breit untersuchtes Gebiet. Es bleibt keine andere Lösung als die Annahme der Reinkarnation bzw. der Existenz von Seelen.

Reinkarnationsforschung, ein weites Feld für Seelenbeweise

Wir kommen nun zu einem an sich spektakulären Forschungsgebiet, nämlich der Frage, ob es möglich ist, sich an Vorleben in anderen Körpern oder sogar an Existenzphasen ohne physischen Körper zu erinnern. Dieses Forschungsgebiet ist sehr breit – zu breit, um hier umfassend behandelt zu werden. Es geht im vorliegenden Buch auch nicht um das »Wie« eines jenseitigen Lebens, sondern nur darum, »ob« es ein jenseitiges Leben und damit Seelen gibt.

Die wesentlichen Forschungsfelder sind:

* **Die spontanen Rückerinnerungen von Kleinkindern an frühere Leben.**
  Es gibt eine große Zahl von gut untersuchten Fällen, wo Kinder spontan über Vorleben berichteten und es auch gelang, die Aussagen zum Teil in spektakulärer Weise zu verifizieren. In diesem Forschungsgebiet ist die Beweiskraft sehr groß, weil neben den Rückerinnerungen oft noch körperliche Zeichen wie Muttermale und Missbildungen einen Bezug zum Vorleben herstellen.

* **Die Möglichkeit, durch Hypnose oder ähnliche Methoden Rückerinnerungen an Vorleben herzustellen.**
  Es ist spektakulär, wenn jemand in Hypnose plötzlich eine antike Sprache spricht. Sehr oft kann das Wissen über Vorkommnisse im Vorleben Krankheiten heilen oder lindern.
  Es hat sich aber auch gezeigt, dass derartige Forschungen Risiken aufweisen, weil eine gewisse Gefahr besteht, psychisch in einem Vorleben »steckenzubleiben«.

In diesem Kapitel werden wir uns auf das spektakulärste Gebiet beschränken, die spontane Rückerinnerung an Vorleben bei Kleinkindern.

Wie sieht sich die Reinkarnationsforschung?

Die Forschung in Zusammenhang mit Reinkarnation ist geprägt vom westlichen materialistisch-atheistischen Hintergrund. Grundlegend geht man von einem sehr skeptischen Standpunkt aus. Dies bedeutet, dass die Reinkarnationsforschung die Wiedergeburt tendenziell als Minimalversion formuliert:

>>Ein Teil des Menschen (Seele) überlebt den Tod und wird nach Tagen oder Jahrzehnten in einem neuen Körper wiedergeboren. Dabei bleibt die Individualität der früheren Person (FP) zum Teil erhalten.

Keine Aussage macht sie darüber,
* ob jedermann wiedergeboren wird
* wie oft
* wo
* warum man wiedergeboren wird
* wie die Wiedergeburt funktionieren kann.<<[135]

Für die Frage nach der Existenz von Seelen genügt es, das Phänomen der Rückerinnerung von Kleinkindern an frühere Leben zu bestätigen.

Spontane Rückerinnerungen von Kleinkindern – ein bestens erforschtes Gebiet

Eine der überzeugendsten Möglichkeiten, die Existenz von Seelen zu belegen, ergibt sich aus spontanen Rückerinnerungen von Kindern an – wie sie sagen – frühere Leben. Die Angaben der Kinder sind in einigen Fällen außerordentlich präzise, so dass Nachforschungen diese Angaben in überzeugender Weise bestätigen können. Sie erkennen ihre früheren Verwandten und wissen vieles über ihre Lebensumstände, haben oft Vorlieben, die mit denen der verstorbenen Personen übereinstimmen.

Mit diesem Forschungsgebiet ist **Prof. Dr. Ian Stevenson** (1918 – 2007) verbunden. Er hatte Biochemie studiert und sich in den Gebieten Psychiatrie und psychosomatische Medizin habilitiert, weil er schon immer den >>wahren Grund von Krankheiten<< herausfinden wollte. Bis 1958, seinem vierzigsten Lebensjahr, hatte er bereits siebzig wissenschaftliche Veröffentlichungen verfasst.

Ein nicht vorausgeahnter Umbruch in seiner Laufbahn nahm seinen Anfang 1958 mit einem Wettbewerb der amerikanischen Gesellschaft zur Erforschung des Paranormalen (American Society for Psychical Research = ASPR), die einen Preis für die beste Publikation über die Frage des Weiterlebens nach dem Tod ausschrieb.

Ian Stevenson beteiligte sich an diesem Wettbewerb und gewann ihn mit seiner Arbeit über vierundvierzig Fälle von Kindern, die von sich aus spontan behaupteten, sich an ihre früheren Leben zu erinnern.[136] Danach fand Stevenson in den Lesern seiner Veröffentlichungen prominente Unterstützer, unter anderem in Chester Carlson, dem Erfinder des Xerox-Fotokopierverfahrens, die ihm die umfangreichen Reisen in alle Welt und auch einen eigenen Lehrstuhl an der University of Virginia für seine spezielle Forschung ermöglichten.

Stevenson untersuchte weltweit 2.700 Fälle von Spontanerinnerungen von Kleinkindern. Das Phänomen tritt bei etwa 2 von 1.000 Kindern auf. Üblicherweise, vor allem in westlich orientierten Haushalten, achten die Eltern nicht darauf. Aber es treten dann mitunter Fälle auf, bei denen das Kind sehr nachhaltig auf seinen Behauptungen beharrt und die dann doch zu Nachprüfungen führen.

Als Beispiele seien hier zwei der am besten untersuchten und sehr überzeugenden Fälle von Ian Stevenson wiedergegeben:

Der Fall James Leininger (USA) – Der Kampfpilot aus dem 2. Weltkrieg[137]

Der amerikanische Junge James Leininger wurde am 10. 4. 1998 in Dallas, Texas, geboren und lebte seit seinem zweiten Lebensjahr mit seinen Eltern Andrea und Bruce Leininger und seinen beiden Geschwistern in Louisiana. Der erst Zweijährige erlebte alsbald etwa fünfmal pro Woche schwere Albträume, welche die sehr fürsorgliche Mutter Andrea in große Sorge versetzten.

Der kleine James lag bei seinen Albträumen auf dem Rücken, weinte und strampelte so stark unter seiner Decke, als wollte er sich aus einem Sarg befreien. Nach einiger Zeit verstand seine Mutter auch, was er dabei schrie: »Flugzeugabsturz! (1 – Die folgenden Nummern beziehen sich auf die konkreten Informationen des Jungen, die dann untersucht wurden, ob die bestätigt werden können.) Flugzeug brennt! (2) Der kleine Mann kann nicht herauskommen!« (3)

Abb. 24: James Leininger mit seinen Eltern Bruce und Andrea Leininger

Abb. 25: Der im 2. Weltkrieg gefallene Kampfflieger James Houston und James Leininger

Eines Abends führte er seiner Mutter im Wachbewusstsein vor, wie er im Albtraum strampelt und nicht herauskommen kann. Auf die Frage, wer der kleine Mann sei, antwortete James: »Ich bin es.« (4) Der inzwischen hinzugekommene Vater fragte: »Was ist mit deiner Maschine passiert?« »Sie stürzte brennend ab«, gab James zurück. »Warum?«, bohrte Bruce nach. »Sie wurde abgeschossen« (5), erklärte nun James. »Wer hat sie abgeschossen?«, hakte der Vater nach. Darauf verzog James das Gesicht und rollte mit den Augen, als wolle er sagen: »Frag nicht, das weißt du doch!…« »Die Japaner!« (6), sagte er dann mit der typischen Verachtung eines Kindes über dumme Fragen der Eltern.

Die Eltern konnten sich keinen Reim auf solche Aussagen ihres Sohnes machen. Ihnen war rätselhaft, woher er das haben konnte. Der Junge sah im Fernsehen nur Kindersendungen. Flugzeuge und Unglücke waren kein Gesprächsthema der Eltern. James konnte noch nicht lesen, also gab es auch daher keine Einflussmöglichkeit. Auf jeden Fall vereinbarten die Eltern, nicht vor James über seine Albträume zu diskutieren.

Am nächsten Tag kam seine Tante Jen zu Besuch, die sich mit James sehr gut verstand. Sie fragte ihn, woher er denn wisse, dass seine Maschine von den Japanern abgeschossen wurde. Darauf wendete James sich von dem Video ab, das er gerade anschaute, und sagte: »Die große rote Sonne« (7), womit er das Symbol auf japanischen Kampfflugzeugen meinte.

Am nächsten Abend beim Schlafengehen kam James wieder auf das Thema. Andrea fragte ihn, wie der »kleine Mann« denn heiße, und bekam zur Antwort: »James« (8). Andrea dachte, James hätte die Frage nicht richtig verstanden und seinen eigenen Namen genannt. Aber auch als sie später noch einmal nachfragte, erhielt sie dieselbe Antwort. Später sollte sich herausstellen, dass James die Frage durchaus richtig verstanden und auch richtig beantwortet hatte.

Dabei fragte der Vater: »Welche Art von Flugzeug hat denn der kleine Mann geflogen?« »Eine Corsair.« (9) Bruce schloss daraus, dass James mit einer Corsair abgestürzt sei. Aber das hatte James nicht gesagt: Nur, dass er sie geflogen habe. Wie sich später herausstellte, flog James Houston zwar üblicherweise Corsairs, aber abgestürzt war er mit einer FM2-Wildcat. Dann fragte Bruce: »Wo startete deine Maschine?« »Von einem Schiff« (10), sagte James. »Weißt du, wie es geheißen hat?« »Natoma« (11), antwortete James. »Das klingt sehr japanisch«, mutmaßte Bruce und erntete erneut einen verzweifelten Blick seines Sohnes, der seine Geduld mit dem Vater arg strapaziert sah. »Nein, es ist amerikanisch« (12), beharrte James.

Bruce ging nach der Unterhaltung sofort zum Computer und googelte »Natoma«. Entgegen seiner Erwartung fand er, dass die USS Natoma Bay CVE 62 ein im 2. Weltkrieg im Pazifik eingesetzter Flugzeugträger war.

Abb. 26: Der Flugzeugträger USS Natoma Bay (CVE 62)

Auch dies hinderte Bruce nicht daran, die Erklärung des unerwarteten Wissens seines Sohnes durch Reinkarnation als »Bullshit« (Mist) zu bezeichnen.

In der weiteren Abendunterhaltung mit seinem Vater kam James noch einmal auf den Namen des »kleinen Mannes« zu sprechen und bestätigte, dass er »James« gewesen sei, also genauso hieß, wie er heute heißt. Auf den Nachnamen konnte er sich allerdings nicht entsinnen. Als Bruce daraufhin nach einem Freund fragte, sagte James: »Jack

Larsen« (13). »War er wirklich ein Freund?« »Auch er war ein Pilot« (14), kam die Antwort zurück. In dieser Unterhaltung erklärte James, dass seine Maschine genau vorne in den Motor getroffen wurde (15).

Bruce hatte als Weihnachtsgeschenk für seinen Vater Ted das Geschichtsbuch *Die Schlacht von Iwo Jima* gekauft und blättert es gerade durch, als James auf seinen Schoß kroch. Als er ein Bild von Iwo Jima aufblätterte, zeigte James unmittelbar darauf und sagte: »Vati, das hier ist, als (statt wo) meine Maschine abgeschossen wurde.« (16) Bruce wurde aufgeregt, weil er wusste, dass er ein Lexikon für amerikanische Kriegsschiffe hatte, in welchem er sofort nachsah, ob die Natoma in Iwo Jima eingesetzt worden war. Er fand, dass die Natoma im März 1945 bei der Invasion von Iwo Jima zum Einsatz kam.

Ein interessanter Fall von Spezialwissen zeigte sich, als James noch zwei Jahre alt war. Seine Mutter zeigte ihm ein Spielzeugflugzeug in einer Wühlkiste eines Kaufhauses und sagte: »Schau mal, da hängt sogar eine Bombe dran.« James musterte das Propellerflugzeug und erklärte seiner Mutter: »Das ist keine Bombe! Das ist ein Abwurftank!« Seine Mutter hatte keine Ahnung, was ein Abwurftank sein sollte; das ließ sich aber bald klären: Ein Zusatztank für Flugbenzin zur Erhöhung der Reichweite. Er kann abgeworfen werden, wenn sein Inhalt aufgebraucht ist.

Abb. 27: Links: Das amerikanische Kampfflugzeug Corsair mit einem Abwurftank (und dahinter einer Bombe mit weißem Kopfteil). Rechts: Eine der vielen Zeichnungen von James Leininger mit Flugkämpfen, hier mit »James 3« signiert, weil der Vater von James Houston ebenfalls James hieß.

Als James drei Jahre alt war, begann er zu malen. Die Bilder stellten immer Schlachten mit Geschossen und explodierenden Bomben dar. Meist waren es Seeschlachten mit Propellerflugzeugen, nicht moderne Düsenjäger und nicht Raketen. (V1 – Die mit vorangestelltem V eingefügten Nummern bezeichnen die Verhaltensweisen von James Leininger, die gut zu seiner Vergangenheit als Kampfpilot James Houston passten.) Er erklärte, dass die Flugzeuge Wildcats und Corsair waren. Den japanischen mit der roten Sonne gab er Jungen- und Mädchennamen. Gefragt warum, erklärte er:»Die Jungen-Flugzeuge waren Kampfflieger und die Mädchenflugzeuge waren Bomber.« (18) Bruce wusste nichts dazu und suchte die Antwort im Internet. Für die amerikanischen Kriegsflugzeuge, fand er, traf diese Art der Namensgebung zu.

Manche Zeichnungen signierte James mit »James 3« und begründete dies damit, dass er der dritte James sei. (19) Die Eltern verstanden dies zunächst nicht. Später stellte sich heraus, dass der Vater von James M. Houston Jr. auch den Vornamen James besessen hatte.

Als James vier Jahre alt war, wurde er von einer Besucherin aufgefordert, ihr ein Bild von einer Corsair zu zeigen. James holte ein Buch von Bruce und zeigte das Bild einer Corsair. Dazu erklärte er:»Die haben immer einen Platten gekriegt (20) und beim Start zogen sie immer nach links.« (21) Dies ist Spezialwissen: Die Corsair hatte wegen tendenzieller Überladung Probleme mit den Reifen, und auch das Ziehen nach links beim Start entspricht den Tatsachen.

James Leininger erinnert sich auch an das Zwischenleben

Im Herbst 2002, James war noch immer vier Jahre alt, mussten die Leiningers vor einem Wirbelsturm nach Dallas in Texas fliehen. Als sie wieder zu Hause waren und sahen, dass sie ihr Haus nicht verloren hatten, sondern alles glimpflich abgegangen war, hatte Bruce plötzlich den Impuls, James zu küssen und ihm zu sagen, wie glücklich er darüber sei, ihn als Sohn zu haben. James reagierte, indem er sagte: »Deshalb habe ich mir dich ausgesucht; ich wusste, dass du ein guter Vater sein würdest.« Bruce verstand das nicht und fragte nach. »Als ich dich und Mama fand, wusste ich, dass ihr gut zu mir sein würdet.« Bruce darauf: »Wo hast du uns gefunden?« »Auf Hawaii«, gab Bruce zur Antwort. »Aber letztes Jahr in Hawaii waren wir doch immer zusammen«, gab Bruce zu bedenken. »Es war nicht, als wir alle zusammen in Hawaii waren. Nur du und Mama waren dort« (22), sagte James darauf. Bruce war wie vor den Kopf gestoßen, fragte aber doch noch zurück. »Wo hast du uns gefunden?« »Im großen rosa Hotel« (23), antwortete James und setzte hinzu, als der Vater verständnislos schaute: »Ich fand euch am Strand beim Abendessen.« (24)

Abb. 28: Links: Das Royal Hawaiian Hotel, bekannt für seinen rosa Anstrich. Rechts: James Leininger mit seiner Schwester Annie (Anne Houston Barron) aus dem früheren Leben.

Weder Bruce noch Andrea hatten James je erzählt, dass sie, vier Wochen bevor Andrea mit James schwanger wurde, ihr 5-jähriges Hochzeitsfest auf Hawaii in einem großen rosa Hotel gefeiert hatten – mit einem »Moonlight Dinner« am Strand, am letzten Tag ihres Aufenthalts.«

Neben diesem Hinweis auf das Zwischenleben im Jenseits kurz vor der Geburt gibt es auch eine Erinnerung an die erste Phase nach dem (physischen) Tod:

Zu Weihnachten 2002 hatte James seine dritte Soldatenpuppe bekommen und wurde von seinen Eltern gefragt, wie sie denn nun heißen solle. »Walter« (25) gesellte sich nun zu den schon vorhandenen »Billy« (26) und »Leon« (27). Das waren nicht gerade die aktuellen Modenamen, die die Eltern erwartet hatten. Daher fragten sie nach, warum er ihnen gerade diese Namen gegeben habe, und bekamen zur Antwort: »Weil sie die waren, die mir begegnet sind, als ich gerade in den Himmel kam.«

Bruce prüfte nach und fand unter den einundzwanzig gefallenen Männern von der Natoma Bay die Namen Billie Peeler, Leon Conner und Walter Devlin. Alle drei waren etwa drei Monate vor James M. Houston Jr., der Person aus dem Vorleben von James Leininger, gefallen.

Die Wiedererkennungen

Mit fünf Jahren lernte James eine etwa sechsundachtzig Jahre alte
Frau, Anne Houston Barron, kennen – seine Schwester aus dem Vorleben. Den Leiningers war es gelungen, die alte Dame trotz eines
durch Heirat veränderten Nachnamens aufzuspüren. Die beiden verstanden sich schon beim ersten Telefonat sofort gut. James nannte sie
Annie, wie dies nur ihr Bruder James Houston zu tun pflegte (V2).
Das war einer fremden Frau gegenüber ungehörig, aber James bestand
darauf. Mit Annie sprach er über ihre gemeinsamen Eltern. Er wusste, dass der Vater im Vorleben Alkoholprobleme hatte, so dass er ins
Sanatorium musste, weil er viele Gegenstände hinfallen ließ (28). Er
wusste, dass er im Vorleben eine Schwester Ruth hatte (29), die vier
Jahre älter als Annie war. (30) »Er selbst« war vier Jahre jünger als
Annie. (31) Von Ruth berichtete er, dass sie sich gedemütigt fühlte,
als ihre Mutter gezwungen war, als Dienstmädchen bei einer prominenten Familie zu arbeiten (32), über die Ruth später als Klatsch-
Kolumnistin einen Artikel schrieb. (33) James wusste auch von einem
Geschwister-Portrait, das die Mutter im Vorleben von ihren Kindern
angefertigt hatte. (34)

Alle diese Dinge wurden von Annie Houston Barron als zutreffend
bestätigt.

Ein weiterer Fall von Wiedererkennung ergab sich bei einem Vete-
ranentreffen. James begegnete dort einem Mann, der ihn fragte, ob er
ihn erkennen würde. James sagte: »Du bist Bob Greenwalt.« Andrea
musste nachfragen, ob das stimmte, denn sie kannte den Herrn nicht.
Es stimmte. »Aber wie konntest du ihn erkennen, wenn er doch jetzt so
anders aussieht?«, fragte Bruce später. Die Antwort war: »Ich habe ihn
an der Stimme erkannt.«

Einige typische Verhaltensweisen

James zeigte auch Verhaltensweisen, die gut zu einer Vergangenheit
als Kampfpilot passten. Zwei sind schon erwähnt worden: Das Malen
der Bilder mit Kriegsszenen (V1) und die ungehörige Anrede von Frau
Houston Barron als Annie. (V2)

James war noch nicht den Windeln entwöhnt, als er für einige Wochen beim Einsteigen ins Auto ein Ritual entwickelte. Jedes Mal, wenn er im Kindersitz angeschnallt wurde, reckte er seine Ärmchen hoch über den Kopf, um ein unsichtbares Etwas über seine Ohren zu ziehen. Danach griff er noch einmal hoch über seinen Kopf und zog ein anderes imaginäres Ding herunter und vor seinen Mund (V3). Andrea fand das süß, aber hatte zu diesem Zeitpunkt noch keine Ahnung, was das bedeuten könnte. Im Nachhinein ist klar, dass es der Kopfhörer und die Sauerstoffmaske eines Piloten waren, die James routinemäßig aufsetzte, wenn er ins Auto – sein »Cockpit« – einstieg.

James hatte als kleines Kind die Angewohnheit, immer wieder zu prüfen, ob die Feuerlöscher an ihren Plätzen waren. (V4)

Mit vier Jahren baute sich James aus einem alten Kindersitz, einem Plastikteil mit Tastatur und Steuerrad und einem Schutzhelm sein Cockpit. Ein Stoffrucksack diente als Fallschirm. Von dort bekamen die Eltern zu hören: »Roger … Zero … at six o'clock … hit him!« Irgendwann kam James dann aus dem Cockpit geflogen, fiel auf den Boden, stand wieder auf und staubte sich ab. Wenn Bruce dann fragte, was los sei, erklärte James: »Meine Maschine wurde getroffen, und ich musste mit dem Fallschirm abspringen.« (V5)

Schon von klein an gab es für James keine wichtigeren Spielzeuge als Flugzeuge und seine Soldatenpuppen. (V6) Alle Flugzeuge verloren innerhalb kürzester Zeit ihre Propeller, weil die Flugzeuge grundsätzlich mit der Nase voraus abstürzten, statt sanft zu landen. (V7) Dies ist ein Beispiel, wo das Spielverhalten sehr von den Erlebnissen im früheren Leben geprägt ist.[138]

Bei der Fahrt zum Flughafen oder wenn nur das Gespräch aufs Fliegen kam, plärrte James »«Flugzeugabsturz mit Feuer«. (V8)

Manchmal, wenn er sich von seiner Mutter beobachtet fühlte, stand er stramm und grüßte militärisch. (V9)

Beim Besuch des Flugzeugmuseums umrundete er eine Corsair, fasste den Propeller und die Räder an, so wie es ein Pilot tut, der vor dem Start seine Maschine inspiziert. (V10) Er wies darauf hin, dass es sich bei dem Ausstellungsstück um einen Marineflieger handelte, was man an dem Haken am Schwanz der Maschine erkennen könne. (Die Ma-

schine wird bei der Landung durch ein Seil an diesem Haken gefangen
und abgebremst.) Aus dem Museum mit Flugzeugen aus dem 2. Weltkrieg war James kaum mehr herauszubekommen. (V11)

Bewertung des Falls James Leininger

Die Schwäche des Falles ist darin zu sehen, dass für den außenste-
henden Betrachter nicht ganz klar wird, ob und welche Informationen
vom Vater, der die Recherchen durchgeführt hatte, auf den Sohn James
übergegangen sein könnten. Der Fall ist also nicht von unabhängigen
Sachverständigen »nach allen Regeln der Kunst« ermittelt worden. Der
Vater lehnte – bedingt durch seinen christlichen Glauben (er ist Metho-
dist) – den Reinkarnationsgedanken vehement ab. Er steigerte sich in
die Nachforschungen zu diesem Fall hinein, weil er nachweisen wollte,
dass die Dinge, die er mit seinem damals 2-jährigen Sohn erlebte, eben
nichts mit Wiedergeburt zu tun haben konnten. Die Mutter des Kindes glaubte anfänglich auch nicht an Reinkarnation, öffnete sich dieser
Interpretation der Vorkommnisse aber früher als ihr Mann und ohne
schon den »letzten Beweis« zu haben. Sie indoktrinierte ihren Sohn
allerdings auch nicht mit ihrer Ansicht, weil sie andernfalls einen Kon-
flikt mit ihrem Mann heraufbeschworen hätte. Der Junge wuchs also
zumindest zu Beginn des Falls nicht in einem Umfeld auf, das dazu
angetan war, ihn dazu zu bringen, die typischen Merkmale der Kinder
mit Reinkarnationserinnerungen hervorzubringen.

Die Untersuchungsergebnisse in der Zusammenfassung:
- Keine der sechsunddreißig **Aussagen** von James war falsch. Es
  hat zum Teil große Mühe gekostet, sie zu bestätigen. Die einzige
  Unsicherheit bestand bezüglich des Flugzeugtyps, mit dem James
  Houston abgestürzt war. Dies dürfte möglicherweise an der unge-
  nauen Fragestellung gelegen haben.
- Es gab zwei **Wiedererkennungen**. Dies ist im Vergleich zu an-
  deren Top-Fällen wenig. Es liegt aber vor allem auch an der re-
  lativ großen Zeitdifferenz von dreiundfünfzig Jahren zwischen
  dem Tod von James Houston im Jahre 1945 und der Geburt von
  James Leininger 1998. Die ersten Aussagen stammen aus den
  Jahren 2000 bis 2002.

- Es wurden elf **Verhaltensweisen** von James Leininger gefunden, die ohne früheres Leben als James Houston unverständlich wären. So verbinden sie die zwei Leben zu einer Einheit.

- Ein wesentlicher Faktor war auch das Auftreten von **Albträumen**, die durch das Verständnis, dass man in einem anderen Leben sei, aufgelöst wurden.

Durch die große Zahl an richtigen Aussagen und stimmigen Verhaltensweisen ist es für westliche Verhältnisse ein sehr guter Fall.

Der Fall Gopal Gupta

Dies ist einer von vielen gut dokumentierten Fällen. In seinem Buch *Reinkarnation – Der Mensch im Wandel von Tod und Wiedergeburt* schildert Ian Stevenson zwanzig Fälle noch wesentlich ausführlicher als das angeführte Beispiel. Dort werden die Fakten umfangreich kommentiert und bewertet.

Gopal Gupta wurde in Delhi, Indien, am 26. August 1956 geboren. Seine Eltern gehörten zur unteren Mittelklasse und hatten nur wenig Schulbildung. Ihnen fiel nichts Ungewöhnliches an Gopals Entwicklung während des Kleinkindalters und in der frühen Kindheit auf. Bald nachdem Gopal zu sprechen anfing (im Alter von zwei bis zweieinhalb Jahren), hatte die Familie einen Hausgast zu Besuch. Gopals Vater bat Gopal, ein Glas Wasser wegzustellen, das der Gast benutzt hatte. Gopal verblüffte jedermann, als er sage: »Ich werde es nicht anfassen. Ich bin ein Sharma.« (Sharmas sind Angehörige der höchsten Klasse in Indien, der Brahmanen.) Er bekam dann einen Wutanfall, in dessen Verlauf er einige Gläser zerbrach. Gopals Vater bat ihn, sein unhöfliches Betragen und seine verwunderliche Entschuldigung dafür zu erklären. Er erzählte daraufhin viele Details seines früheren Lebens, von dem er behauptete, dass er sich erinnere, in einer Stadt namens Mathura, die etwa 160 Kilometer südlich von Delhi liegt, gelebt zu haben.

Gopal gab an, er habe ein Unternehmen besessen, bei dem es um Medikamente gegangen sei, und er gab seinen Namen als Sukh Shancharak an. Er sagte, er hätte ein großes Haus besessen und viele Diener beschäftigt, außerdem eine Ehefrau und zwei Brüder gehabt. Mit

einem der Brüder habe er gestritten, und dieser habe ihn dann erschossen. Gopals Behauptung, in seinem früheren Leben ein Brahmane gewesen zu sein, erklärte seine Weigerung, das Glas Wasser
fortzuräumen, denn ein Brahmane würde gewöhnlich keine Gegenstände anfassen, die Angehörige niedriger Kasten bereits berührt haben. Seine eigenen Familienangehörigen waren Banias, die zur Kaste
der Geschäftsleute gehören.

Gopals Eltern hatten keine Verbindung mit Mathura, und seine Äu-
ßerungen über ein dortiges Leben weckten keine Erinnerungen in ihnen. Seine Mutter wollte Gopal nicht dazu ermutigen, über das frühere
Leben, das zu erinnern er behauptete, zu sprechen, und sein Vater stand
der Sache zunächst indifferent gegenüber. Gelegentlich erzählte er allerdings Freunden davon, was Gopal gesagt hatte. Schließlich (1964)
besuchte er Mathura, um an einem religiösen Festival teilzunehmen,
und während er sich dort aufhielt, fand er die Sukh Shancharak Gesellschaft und befragte ihren Verkaufsleiter nach der Genauigkeit der
Angaben, die Gopal gemacht hatte. Was er sagte, beeindruckte den
Verkaufsleiter, da einer der Eigentümer der Gesellschaft einige Jahre
zuvor auf seinen Bruder geschossen (…) hatte. Dieser Mann, Shaktipal Sharma, war wenige Tage nach der Schießerei, am 27. Mai 1948,
gestorben.

Verständlicherweise erzählte der Verkaufsleiter der Familie Sharma
von diesem Besuch. Einige von ihnen besuchte Gopal in Delhi, und
nachdem sie mit ihm gesprochen hatten, luden sie ihn ein, sie in Mathura zu besuchen, was er auch tat. Während dieser Treffen in Delhi
und Mathura identifizierte Gopal verschiedene Personen und Orte, die
Shaktipal Sharma gekannt hatte, und machte weitere Aussagen, die
beträchtliches Wissen um dessen Angelegenheiten zeigten. Die Familie Sharma fand es besonders eindrucksvoll, als er Shaktipal Sharmas
Versuch erwähnte, von seiner Frau Geld zu leihen. Dieses Geld hatte
er seinem Bruder geben wollen, der Partner in der Firma, aber auch
ein streitsüchtiger Verschwender war. Shaktipal Sharma hatte gehofft,
seinen anspruchsvollen Bruder besänftigen zu können, indem er ihm
mehr Geld gab; aber seine Frau wollte keine Beschwichtigungspolitik
und weigerte sich, ihrem Mann das Geld zu leihen. Der Bruder wurde
immer ärgerlicher und erschoss schließlich Shaktipal. Die Einzelheiten dieser häuslichen Streitereien wurden niemals publiziert und waren

wahrscheinlich niemals anderen Personen als den betroffenen Familienangehörigen bekannt. (Über den Mord selbst wurde ausführlich berichtet.) Gopals Wissen um die Angelegenheiten, seine anderen Aussagen und die Identifizierung einiger Personen, die Shaktipal Sharma gekannt hatte, überzeugten die Angehörigen der Familie Sharma, dass er der wiedergeborene Shaktipal Sharma war.

Zusätzlich zu seinen Aussagen über sein früheres Leben legte Gopal ein Verhalten an den Tag, das man von einem reichen Brahmanen erwarten würde, das aber für seine Familie unangemessen war. Er zeigte keine Hemmungen, anderen Familienangehörigen vorzuhalten, dass er zu einer weit höheren Kaste als der ihren gehöre. Es widerstrebte ihm, irgendwelche Hausarbeiten zu tun, und er gab an, dass er dafür Diener beschäftige. Er trank keine Milch aus einer Tasse, die jemand anderer benutzt hatte.

»Dr. James Prasad, der viele Jahre lang mit mir (Anm. d. V.: Ian Stevenson) indische Fälle bearbeitet hat, begann die Untersuchung dieses Falles im Jahr 1965. Ich selbst nahm die Arbeit an diesem Fall 1969 auf, als ich Interviews mit Angehörigen beider betroffener Familien in Delhi und in Mathura durchführte. Ich verfolgte den Fall bis 1974. Gopal drückte nie ein starkes Verlangen aus, nach Mathura zu gehen, und nachdem er 1965 dort gewesen war, bat er niemals darum, nochmals dorthin gehen zu dürfen. Einige Jahre lang, nach 1965, besuchte er gelegentlich Shaktipal Sharmas zwei Schwestern, die in Delhi lebten. Dann hörten alle Kontakte zwischen den beiden Familien auf. Als Gopal älter wurde, verlor sich allmählich seine brahmanische Überheblichkeit, und er passte sich an die bescheidenen Umstände seiner Familie an. Allmählich sprach er weniger über das Leben des Shaktipal Sharma, aber selbst 1974 noch glaubte sein Vater, dass er noch vieles daraus erinnere.

Gopals Fall scheint mir zu den überzeugenden Fällen zu gehören, wenn man bedenkt, wie gering die Möglichkeit war, dass er das Wissen, das er über das Leben und den Tod Shaktipal Sharmas besaß, auf normalem Weg erhalten haben könnte. Es ist wahr, dass Shaktipal Sharma zu einer prominenten Familie in Mathura gehörte. Als er ermordet wurde, war das eine herausragende Nachricht. Jedoch lebten die Sharmas und die Guptals in weit auseinander liegenden Städten und gehörten zu verschiedenen Kasten und ökonomischen Klassen. Ihre so-

zialen Umfelder waren vollständig verschieden, und ich zögere nicht,
Angehörigen beider Familien zu glauben, die angaben, sie hätten nie
von der anderen Familie gehört, bevor der Fall sich entwickelte.«[139]

Muttermale deuten auf Verletzungen im Vorleben

Der Fall Cemil Fahrici

Dieser Fall stammt aus der Türkei. Cemil Fahrici wurde 1935 in
Atakya, in Hatay, in der Türkei, geboren. In der Nacht vor seiner Ge-
burt träumte sein Vater, Mikail Fahrici, dass ein entfernter Verwandter,
Cemil Hayik, in sein Haus trat...

Cemil Hayik hatte sich kurz zuvor in einer aussichtslosen Situation
selbst erschossen.

Dieses Traumerlebnis ließ die Eltern glauben, er werde als ihr Sohn
wiedergeboren werden. Als sie rechts unter dem Kinn des Babys ein auf-
fallendes Muttermal entdeckten, erhärtete sich diese Annahme. Das nar-
bengleiche Areal blutete einige Tage lang nach der Geburt, und die Eltern
brachten den Jungen ins Krankenhaus, wo die Wunde vernäht wurde.

> »Cemil Hayek war ein Bandit gewesen, dessen Schwierigkeiten
> begannen, als er zwei Männer tötete, die zwei seiner Schwestern
> vergewaltigt hatten. Obwohl er dafür festgenommen wurde, ge-
> lang es ihm, zu entfliehen und zwei Jahre lang seine unsichere
> Freiheit in der spärlich besiedelten Gebirgsgegend zwischen den
> Städten Antakya und Samandag zu wahren. Es fiel ihm nicht
> schwer, Reisende in dieser einsamen Region zu überfallen und
> sich zu nehmen, was er brauchte. In jenen Tagen (Anfang 1939)
> besetzte Frankreich die Provinz Hatay, die die Türken zurück-
> zuerobern versuchten. Die Bergbewohner unterstützten die fran-
> zösische Polizei wohl kaum bei ihrer Suche nach Cemil Hayik.
> Schließlich aber wurden er und sein Bruder (der zu ihm gestoßen
> war) doch verraten und das Haus, in das sie sich geflüchtet hat-
> ten, umstellt. Nach der üblichen Schießerei gelang es der franzö-
> sischen Polizei, das Haus mit Benzin zu übergießen und in Brand
> zu stecken. Die von innen kommenden Schüsse blieben plötzlich
> aus. Dann durchbrachen zwei Schüsse die Stille. Als die Leichen

von Cemil Hayik und seinem Bruder gefunden wurden, stellte man fest, dass Cemil wohl zunächst seinen Bruder und dann sich selbst erschossen hatte, wobei er den Gewehrlauf auf sein eigenes Kinn gerichtet und mit der Zehe abgedrückt haben musste. Die Kugel drang auf der rechten Seite unter seinem Kinn in den Kopf. Man brachte die Leichen der beiden Brüder nach Antakya, wo sie auf dem Platz vor dem Gerichtsgebäude ausgelegt wurden, vielleicht als Abschreckung für solche Leute, die sich zum Banditentum hingezogen fühlten. Einige Tage nach dem Tod von Cemil Hayik wurde Cemil Fahrici geboren.

Als Cemil Fahrici im Alter von etwa zwei Jahren zu sprechen begann, beschrieb er »Stück für Stück« Leben und Tod des Cemil Hayik. Im Wachzustand besaß er bildhafte Erinnerungen an das frühere Leben und durchlebte albtraumhafte Nächte, in denen er die französische Polizei bekämpfte. Diese hielten an, bis er sechs oder sieben Jahre alt war. Obwohl seine Eltern aufgrund des Ankündigungstraums und des Muttermals in ihm die Wiedergeburt von Cemil Hayik vermuteten, gaben sie ihm ursprünglich nicht den Namen Cemil, sondern »Dahham«. Cemil weigerte sich jedoch energisch dagegen und verlangte, nur Cemil genannt zu werden. Seine Eltern gaben schließlich auf.

Als Kind zeigte Cemil eine bemerkenswerte Feindseligkeit Polizisten gegenüber und pflegte Steine nach ihnen und auch nach Soldaten zu werfen. Er spielte mit einem Stock, als ob es ein Gewehr war. Einmal versuchte er, das Gewehr seines Vaters zu entwenden, um auf einige Soldaten zu schießen. Trotz seiner kämpferischen Haltung der Polizei gegenüber fürchtete er sich vor Blut. Er entwickelte eine freundschaftliche Beziehung zur Familie des Cemil Hayik, und man beschenkte sich gegenseitig.

Mehrere Jahre lang glaubte ich, Cemil habe nur ein einziges Muttermal. Dann erwähnte eine der Schwestern des Cemil Hayik während eines Interviews, dass die Kugel, die ihren Bruder getötet hätte, aus dem Oberkopf getreten und dabei ein Stück Knochen herausgebrochen war. Einer der französischen Polizisten, der dem Feuergefecht beigewohnt hatte, bestätigte diese Aussage, wobei er über seinen Kopf gestikulierte, um zu beschreiben, wie die Wucht der hinausschießenden Kugel die

Schädeldecke durchrissen hatte. Ich kehrte daraufhin zu Cemil
Fahrici zurück und fragte ihn nach einem weiteren Muttermal.
Ohne Zögern wies er auf seinen Oberkopf. Die Zeichnung eines
Künstlers zeigt die vermutliche Flugbahn durch Cemil Hayiks
Kopf.« [140]

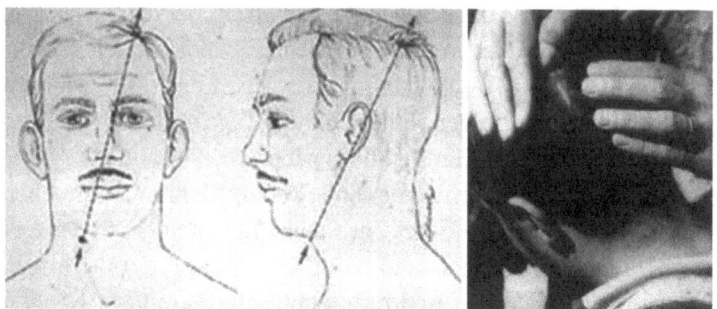

*Abb. 29: Links: Ein- und Austrittstelle der Kugel beim Selbstmord von
Cemil Hayik. Rechts: Das von Ian Stevenson spät entdeckte Muttermal am
Kopf von Cemil Fahrici, das der Austrittstelle der tödlichen Kugel aus den
früheren Leben als Cemil Hayik entspricht.*

Beim Fall Cemil Fahrici zeigen sich auch noch andere Phänomene, die
in ähnlicher Form immer wieder mit Rückerinnerungen auftreten: Der
Ankündigungstraum, dass Cemil Hayik das Haus betreten wird, und
die Voraussage von Muttermalen.

Beurteilung des Phänomens der spontanen Rückerinnerung von Kleinkindern an frühere Leben

Die ersten Ansätze für diese Untersuchungen der Rückerinnerungen
von Kleinkindern an Vorleben und auch deren seriöse Umsetzung
stammt also aus dem universitären Bereich. Ian Stevenson kommt aus
einem wissenschaftlichen Umfeld mit materialistisch-atheistischer
Prägung. Stevenson geht nach dem Ausschlussverfahren vor, indem er
von möglichst alltäglichen Erklärungsansätzen ausgeht und erst dann,
wenn diese die Phänomene nicht erklären können, zu Erklärungsansätzen weiterschreitet, die an oder jenseits der Grenze des materialistisch-
atheistischen Weltbildes liegen.

Die Erklärungshypothese »Betrug«

Dieser muss unzweifelhaft ausgeschlossen sein, wenn man einen Fall weiter gelten lassen soll. Dabei sind zunächst die Motive zu untersuchen. Soweit Ian Stevenson in Erfahrung bringen konnte, haben in den überwiegenden Fällen weder Kind noch Eltern irgendeinen finanziellen Vorteil aufgrund der Behauptung des Kindes, vorher schon einmal gelebt zu haben, erlangt. Gelegentlich haben Kinder und Eltern einiger Fälle, wie im Fall Swarnlata[142], etwas wohlwollende Publicity gefunden, die ihnen nicht unangenehm war. Die meisten anderen Kinder und Familien empfanden die Publicity hingegen als lästig. In einigen Fällen kam die Publicity auch erst Jahre nachdem erste Zeugen von dem Vorfall wussten. In einigen Fällen kann man wegen der Verfehlungen im Vorleben, wie im Falle eines hingerichteten Mörders, kaum davon ausgehen, dass der Respekt der Mitmenschen hervorgerufen oder das Ansehen der Familie gehoben werden könnte.

»Abgesehen davon, dass für Betrügereien die Beweggründe bei den vorliegenden Fällen allgemein fehlen und auch unzulänglich wären, gab es für Täuschungsmanöver auch kaum Gelegenheiten. Wenn man wie ich die Städte und Dörfer von Indien, Ceylon und Alaska kennt, kann man, glaube ich, die Möglichkeit, dass ein Kind auf eigene Faust einen Schwindel unternimmt, ausschließen. Es könnte einen erfolgreichen Betrug nur mit Hilfe oder unter Anleitung seiner Eltern durchführen. Und irgendjemand von denen, die bei dem Trick mitmachen, seien es die Eltern oder das Kind, hätte sich eine große Menge detaillierter Informationen über Lebensläufe und -umstände der anderen Familie beschaffen müssen. Einige der behaupteten Erinnerungen könnten zwar von Informationen aus dem öffentlichen Bereich stammen oder abgeleitet worden sein; aber der größte Teil an Erinnerungen hat intime Dinge und Einzelheiten aus dem Familienleben zum Gegenstand, die kaum außerhalb des Familienkreises bekannt waren. Ein mit solchen Informationen arbeitendes erfolgreiches Schwindelmanöver müsste beinahe mit Gewissheit Mitglieder der angeblich früheren Familie mit einschließen. (…) Zu diesen Schwierigkeiten käme noch

hinzu, einige der stark emotionsgeladenen Auftritte zu insze-
nieren, deren Zeuge ich selbst in den Dörfern gewesen bin. Ich
kann mir nicht vorstellen, dass einfache Dorfbewohner Zeit
oder Lust hätten, solche Spektakel aufzuführen wie in Chhatta,
als die Familie von Prakash[143] glaubte – oder äußerte, sie glaube
–, ich setzte mich für seine Rückkehr zur anderen Familie ein.
Die Komplexität der Verhaltensweisen der einzelnen Personen
in diesen Fällen scheint im Grunde genommen allein schon einen Betrug außer Frage zu stellen...«[144]

Betrug als Erklärung mag also in einzelnen Fällen nicht auszuschließen sein, die Fülle der Fälle und vor allem die komplexesten Fälle sind
allerdings durch Betrug nicht erklärbar.

Die Erklärungshypothese »Kryptomnesie«

Unter Kryptomnesie versteht man eine Schein-Erinnerung an Dinge,
deren Informationsquelle man vergessen hat. So könnte ein historischer
Roman oder Film den Inhalt einer vermeintlichen Erinnerung an ein
Vorleben bilden. Für Stevenson ist diese Hypothese von den normalen
Hypothesen weit einleuchtender als Betrug.

Sie ist in vielen Fällen möglich, aber letztlich doch nicht denkbar. Die
Lebensumstände in den Dörfern von Asien und Alaska schließen im
Allgemeinen die Möglichkeit des Kontaktes zwischen einem kleinen
Kind und einem fremden Erwachsenen ohne die Kenntnis der Eltern
aus. Insbesondere asiatische Kinder leben unter äußerst strenger Über-
wachung ihrer Eltern. Kleine Jungen verlassen das Hausgrundstück
ohne Begleitung eines Erwachsenen nur selten und kleine Mädchen
überhaupt nie. Da bei der Fülle von Informationen, die in den erstaun-
lichsten Fällen notwendig wären, nicht mit einem einmaligen oder einer
geringen Anzahl von Treffen übertragen werden können, sind solche
Übertragungen ohne Kenntnis der Eltern auszuschließen.

Kryptomnesie kann auch nicht spontane Wiedererkennungen erklären, wenn etwa ein Kind jemanden auf der Straße oder in einer Men-
schenmenge erkannte und ihn mit seinem Namen anredete.[145] Andere
Wiedererkennungen erfolgten, wenn jemand dem Kind eine Frage stellte, die nicht schon zur Antwort hinleitete und auch keine Rückschlüsse

auf andere Personen zuließ, wie »Weißt du, wer ich bin?« oder »Wie waren wir in deinem früheren Leben verwandt?«

Mit der Kryptomnesie-Hypothese sind auch persönliche Ähnlichkeiten der »Helden« des früheren Lebens und des jetzigen schwer zu erklären. Bei vielen Kindern findet man auch auffällige Muttermale, die genau an den Stellen auftreten, an denen die zum Tod führenden Verletzungen der Person des Vorlebens positioniert waren.

Mit der Betrugs- und der Kryptomnesie-Hypothese sind die »normalen« Erklärungsmöglichkeiten erschöpft. Alle nun folgenden Hypothesen übersteigen das »Normale«.

Die Erklärungshypothese »Genetisches Gedächtnis«

Dabei handelt es sich nach Stevenson um eine oft geäußerte, aber unbewiesene Erklärung, indem man die Erinnerung an frühere Leben mit der »Erinnerung« von Tieren vergleicht, die wir üblicherweise als Instinkt bezeichnen. Wie lernen Spinnen ihr Netz zu bauen? Wie weiß ein Vogel, der aus dem Nest fällt, wie er fliegen kann?

Diese Hypothese kann nur in den Fällen als vage Erklärung gelten, in denen der physische Leib eines Menschen mit Erinnerungen an ein Vorleben in geradliniger Linie von dem physischen Leib der früheren Persönlichkeit abstammt. Es gibt zwar einige wenige untersuchte Fälle von »spontanen Rückerinnerungen« mit direkter Abstammung, aber die gesamte Hypothese ist doch sehr unwahrscheinlich, denn die Erinnerungen von Wiedergeborenen beziehen sich nicht auf instinkthafte Aspekte, die eine bessere Arterhaltung ermöglichen, sondern auf interessante Kuriositäten aus einem anderen Leben. Beim Fall Swarnlata hat sich das Kind unter Tränen der Rührung an die Nähmaschine erinnert, an der sie selbst im Vorleben so oft gearbeitet hatte. Wenn man dies akzeptieren würde, dann müsste die Vererbung über weit größere Übertragungskräfte, wie etwa bildhafte Erinnerungsvorstellungen, verfügen. Dies ist aber weit mehr, als man der Vererbungstheorie jemals zuzuschreiben gewagt hat.

Die Erklärungshypothese
»Außersinnlicher Wahrnehmung« (ASW)

Kritiker habe vielfach nachzuweisen versucht, dass es normale Informationsbeziehungen zwischen den beiden beteiligten Familien gab. Wenn ihnen dies nicht gelang, wurde immer wieder der Vermutung Ausdruck verliehen, man könnte die nicht zu bestreitenden Tatsachen des Falles durch außersinnliche Verbindung zwischen den beiden Persönlichkeiten erklären. Da es hier allerdings nicht nur um Informationen geht, sondern um die Identifikation mit einer verstorbenen Person, ist das Argument für die Fülle der Fälle zu verwerfen.

Die Hypothese der außersinnlichen Wahrnehmung ist aber nicht so einfach zu widerlegen, denn bei außersinnlicher Wahrnehmung muss man letztendlich keinerlei Beziehung zwischen den beteiligten Familien finden. Man kann der außersinnlichen Wahrnehmung alle erdenklichen Fähigkeiten zusprechen, inklusive der Überwindung der Zeit vom Todestag der Vorpersönlichkeit bis zum Geburtstag des Kindes. Wenn man allerdings keinerlei Beziehungen findet, ist dies auch kein erhärtendes Argument für diese Hypothese, denn die Erklärungsvariante »außersinnliche Erfahrung« bietet keinerlei Erklärung für die Auswahl der besonderen Person.

Außersinnliche Wahrnehmung ist eine Erklärungshypothese, die letztendlich nichts wirklich erklärt, denn sie beruht darauf, einfach eine nicht identifizierte Sinnesfähigkeit anzunehmen. Wahrscheinlich nimmt man diese Erklärungsvariante vor allem, um die Erklärungshypothese Reinkarnation zu umgehen. Damit kann man aber nur wenige Aspekte des Phänomens erklären. Das Problem dieser Erklärungsvariante ist, dass es nicht möglich ist, allen Zügen der vielen Fälle Rechnung zu tragen. Die Muttermale sind beispielsweise damit nicht erklärbar. Die Verschmelzung des Bewusstseins, also die starke Personifizierung von zwei durch Raum und Zeit getrennten Persönlichkeiten, ist schwer erklärbar. Überdies schneiden Menschen mit Erinnerungen an frühere Leben bei Messungen ihrer ASW-Fähigkeiten nicht besser ab als der Durchschnitt.[146]

Nun folgen zwei Hypothesen, die ein Leben nach dem Tod und damit die Existenz von Seelen einschließen. Diese Theorien müssen nun betrachtet werden, denn die bisher behandelten auf normalen Vorstellungen und auf außersinnlicher Wahrnehmung beruhenden Theorien konnten nicht alle Merkmale der vielen Fälle erklären. Dazu gehören vor allem Fälle, bei denen spezifische oder ganz eigentümliche Fähigkeiten wie die Kenntnis alter Sprachen, künstlerische Fähigkeiten und anderes mehr auftreten, die die Hauptperson im jetzigen Leben nicht geerbt oder erlernt haben kann. Die Ergebnisse verlangen eine das Überleben des Todes voraussetzende Erklärung, darunter entweder Besessenheit oder Reinkarnation, beides Hypothesen, welche die Existenz von Seelen zur Grundlage haben. Allein aus der Untersuchung der Fertigkeiten kann man allerdings zwischen diesen Möglichkeiten keine Auswahl treffen.

Die Erklärungshypothese »*Besessenheit*«

Die Besessenheit ist ein spiritistisches Modell, das annimmt, der Geist eines Verstorbenen beeinflusse die lebende Person, die aber noch eine gewisse Kontrolle über den physischen Körper behält, oder verdränge sie zeitweise vollständig, wobei die ursprüngliche Persönlichkeit schließlich wieder zurückkehrt. Für beide Varianten gibt es je einen Vorzeige-Fall, der das Phänomen »Besessenheit« dringend nahezulegen scheint. Diese Fälle sind jedoch keine mit spontanen Rückerinnerungen von Kleinkindern. Es handelt sich hier um erwachsene Personen.

Wir wollen uns hier nur den Fall der teilweisen Verdrängung der eigenen Persönlichkeit anhand eines der wohl am besten bezeugten Beispiele ansehen. Alles deutet darauf hin, dass im **Fall Thomson-Gifford** Besessenheit eine Rolle spielt:

> »Thompson, einen Graveur, überkam der Wunsch bzw. eher der mächtige Impuls oder Zwang, gewisse Szenen zu malen, die sehr lebhaft in seiner Vorstellung auftauchten. Er selbst hatte nur wenig Interesse am Malen noch eine sonderliche Begabung dafür. Er gab dem Impuls aber schließlich nach und malte sozusagen aufgrund von Halluzinationen eine Anzahl von Szenen, die den von einem verstorbenen Maler bekannten und tatsächlich von ihm auch gemalten Örtlichkeiten sehr ähnlich waren. Der Maler war Robert Gifford, der etwa sechs Monate vor dem Beginn der Erlebnisse Thompsons gestorben war. Obwohl

Thompson etwas, wenn auch nur wenig, über Gifford wusste und ihn persönlich flüchtig gekannt hatte, hatte er keine Kenntnis von seinem Tod, als seine Erlebnisse ihren Anfang nahmen.

Die Ähnlichkeit zwischen den Gemälden von Thompson und veröffentlichten Fotografien der Schauplätze, an denen sich Gifford oft aufhielt oder die er gemalt hatte, desgleichen eine Menge anderes Beweismaterial stützen stark die Theorie, Thompson sei irgendwie unter den Einfluss der entkörperten Persönlichkeit Giffords gefallen.«[147]

»In der autobiographischen Zusammenfassung schrieb Thompson in Bezug auf seinen Impuls, malen zu müssen: »… während der Zeit, da ich zeichnete, erinnere ich mich, dass ich den Eindruck hatte, ich sei Mr. Gifford selbst, und ich sagte dann meiner Frau, bevor ich anfing: »Mr. Gifford wünsche zu zeichnen«, obwohl ich zu jener Zeit gar nicht wusste, dass er schon zu Beginn des Jahres gestorben war.« Später hörte Thompson dann von Zeit zu Zeit eine Stimme, die ihn zu der Arbeit des Zeichnens und Malens drängte. Dieser Einfluss entwickelte sich zu einer ernstlichen Störung von Thompsons normaler Beschäftigung. … Während der meisten dieser Erlebnisse behielt Thompson jedoch das Bewusstsein seiner eigenen Identität…«[148]

Ein wesentliches Indiz für die Hypothese der Besessenheit ist, wenn ein Kind behauptet, eine Person zu sein, die tatsächlich erst nach seiner Geburt gestorben war. In Stevensons Arbeit finden sich einige solche Fälle, bei denen diese Zeitdifferenzen zwischen achtzehn Stunden und fünf Wochen betrugen. Auch gibt es Fälle, wo der Tod der Person des Vorlebens in die embryonale Zeit des sich erinnernden Kindes fiel.

Von der Fragestellung unserer Untersuchung bezüglich der Existenz von Seelen wäre es gar nicht so wesentlich, zwischen Besessenheit und Reinkarnation zu unterscheiden, denn beide Erklärungen bedingen das Vorhandensein von Seelen.

Vom philosophischen Standpunkt gibt es jedoch zwischen diesen beiden Hypothesen ganz gravierende Unterschiede. Besessenheit stellt eine Art krankhafter Ausnahme dar, Reinkarnation dagegen, auch wenn man sich nicht an Vorleben erinnern kann, ist in der monistischen Weltsicht der Normalfall.

Die Erklärungshypothese »Reinkarnation«

Für alle jene Fälle, deren Erklärung durch eine der bisher genannten Hypothesen nicht möglich oder extrem unwahrscheinlich wäre, vermutet die Reinkarnationsforschung das Vorliegen einer tatsächlichen Reinkarnation, da weitere Alternativen nicht bekannt sind.

Die Übersicht über mögliche Erklärungen für das Phänomen »spontaner Rückerinnerungen an Vorleben« zeigt, dass es keine plausiblen Konkurrenzhypothesen zur Reinkarnation gibt. Nur diese ist in der Lage, alle nachgewiesenen Aspekte des Phänomens logisch zu erklären. Es gibt also ein klares Ergebnis, wie es bei zunächst ungeklärten Phänomenen nicht oft vorkommt. Man könnte daraus ableiten, dass damit eine grundsätzliche Akzeptanz der Erklärungshypothese folgen müsste. Die wissenschaftliche Praxis zeigt aber, dass dies nicht geschieht. Die Hypothese der Reinkarnation liegt offensichtlich jenseits der Grenze des derzeitigen wissenschaftlichen Paradigmas, und damit wird sie einfach ignoriert.

Ein wissenschaftstheoretisch »korrektes« Verhalten, also ein Verhalten in Hinblick auf eine vorbehaltslose Suche nach der Wahrheit, würde die Hypothese als gültig akzeptieren und nun versuchen, die Untersuchungsmethoden weiter zu verbessern. Dies müsste auch eine Informationskampagne an die Öffentlichkeit beinhalten, damit mögliche Fälle auch in Ländern ohne besonderes Bewusstsein für Reinkarnation erkannt werden können und man weiß, was in solchen Fällen getan werden sollte, um das Phänomen gut untersuchen zu können.

Ein nachgelieferter Beweis

Bei den Nahtod-Erlebnissen und den Rückerinnerungen von Kleinkindern und auch in dem folgenden Kapitel der Rückführungen in frühere Leben durch Hypnose gibt es eine bemerkenswerte Übereinstimmung. Bei den Nahtod-Erlebnissen zeigt sich eine außerkörperliche Wahrnehmung, wenn das Unfall- bzw. Reanimationsgeschehen von außen wahrgenommen werden kann. Der Vorteil, dass der Patient im reanimierten Zustand seine Erfahrungen berichten kann, lässt die Frage offen, ob die Erfahrung weitergegangen wäre, wenn es nicht gelungen wäre, ihn wiederzubeleben.

Da der Patient dann wiederbelebt wird, weiß man nicht, wie seine Erfahrungen weitergegangen wären, wenn er gestorben wäre. Die einzige Möglichkeit, ihn dahingehend zu befragen, ist, wenn er wiedergeboren wäre. Genau das hat man bei den Kindern mit spontanen Rückerinnerungen und auch bei den Regressionen in Hypnose gemacht.

Das Ergebnis:
Bei Nahtod-Erfahrungen, den spontanen Rückerinnerungen von Kleinkindern und den Rückführungen in frühere Leben durch Hypnose gibt es bei der Schilderung der außerkörperlichen Erfahrungen zum Todeszeitpunkt keinerlei Unterschiede!

Kapitel 12

Rückerinnerungen an Vorleben mit und ohne Hypnose

Wir kommen nun zu einem Forschungsgebiet, das noch nicht die Akzeptanz der beiden vorgenannten Themen erreicht hat. Der Grund liegt darin, dass hier Erwachsene statt Kinder Rückerinnerungen an Vorleben haben und damit die Beweisbarkeit wegen der vielen Möglichkeiten von Erwachsenen, zu Informationen zu kommen, wesentlich geringer erscheint.

Im Vergleich zu den Nahtod-Erfahrungen gibt es hier keine Institution wie das Krankenhaus, das durch seine nachweisbaren Datenspeicher viele Aspekte des Themas gut dokumentiert.

Hier besteht die analysierende Forschergruppe vor allem aus Psychologen und Psychiatern, die mit ihrer Technik der Rückführung unter Hypnose teilweise »suspekt« erscheint, weil hier viele Forscher die Möglichkeit der Reinkarnation als gegeben annehmen.

Doch der Grund, warum so viele Therapeuten diese Techniken anwenden, liegt nicht an ihrer »Neugierde«, sondern sehr konkret in den heilenden oder lindernden Wirkungen, die sich nachweislich einstellen.

Dazu kommen noch andere erstaunliche Fakten mit Beweischarakter für die Existenz von Seelen.

Das Phänomen der Rückerinnerungen
von Erwachsenen an Vorleben

Sigmund Freud erklärte uns, dass mehrere Bewusstseinsebenen existieren, eine davon ist das Unterbewusstsein. Wir sind uns dessen zwar
nicht bewusst, aber es speichert dennoch unsere gesamten Erfahrungen
und »diktiert« auch, was wir tun, wie wir reagieren, denken und fühlen.
Freud fand, dass wir nur durch den Zugang zu diesem Unbewussten erkennen können, wer wir sind, und nur mit Hilfe dieses Wissens Heilung
finden können. Einige haben bemerkt, dass dieses Unterbewusstsein
nichts anderes sei als die Seele.

So wie bei den Kleinkindern Rückerinnerungen spontan auftreten
können, gibt es bei Erwachsenen – selten, aber doch – die Möglichkeit
des spontanen Auftretens von Erinnerungen an Vorleben. Sehr einfach
und darum häufig genutzt ist es, mittels Hypnose zu Erinnerungen an
Vorleben und auch an Phasen der jenseitigen Existenz zwischen den
Inkarnationen zu gelangen.

Wenn sich diese Erinnerungen dann bestätigen lassen, ohne dass man
auf anderem Wege zu den Informationen kommen konnte, dann ist dies
ein gültiger Beweis für die Existenz von Seelen.

Die Bekanntheit des Phänomens der Möglichkeit der Rückführung
in Vorleben durch Hypnose ist seit dem von **Morey Bernstein** in den
Fünfzigerjahren bekannt gemachten Fall **Bridey Murphey** stark ge-
stiegen, so dass sehr viele Menschen die Möglichkeit der Rückführung
unter Hypnose nutzen. Auch wenn nur wenige dieser Rückführungen
dann professionell recherchiert werden, existieren heute doch mehrere
sehr erstaunliche und gut dokumentierte Fälle.

Dr. Allen Haimes: Ein Wiedersehen
mit dem Bruder aus einem früheren Leben

Diesen Fall möchte ich schildern, weil hier die Erinnerungen bei drei
verschiedenen Personen sich ergänzten. Er ist von Brad Steiger, einem
sehr bekannten Sachbuchautor über grenzwissenschaftliche Themen in
den USA, veröffentlicht worden.

Der Arzt Dr. Allen Haimes wird schon als Junge von Wiederholungsträumen heimgesucht. Er erlebte sich dabei in der Wüste, wie ein Wüs-

tenbewohner gekleidet. Die Träume endeten meistens damit, dass er seltsamerweise in Sand versank und dabei eine Frauenstimme »Suliman« rufen hörte, wobei er die Bedeutung dieses Wortes nicht verstand. Neben seinem Medizinstudium hatte er auch Archäologie studiert. Ägypten und seine Pyramiden zogen ihn besonders an. Zu seinem vierzigsten Geburtstag schenkte ihm seine Gattin Judith eine Reise nach Ägypten.

Als die beiden auf ihrer Schiffreise am Nil Edfu besuchten, schien ihnen beiden alles seltsam vertraut zu sein. Judith glaubte sogar, die Sprache der Leute auf einmal verstehen zu können. In der Tempelanlage in Luxor erblickten sie einen ägyptischen Touristenführer, von dem Allen meinte, er sehe genauso aus wie eine Person, die er in Träumen immer wieder gesehen habe. Er erzählte dann, dass jener und er sich in einem früheren Leben befunden hätten, wobei diese Person damals sein älterer Bruder Ahran gewesen wäre. Ihr Vater sei damals ein Schreiber gewesen.

Als der Blick des Touristenführers schließlich seine Blicke zu Allen richtete, hielt er plötzlich im Satz inne und schaute ihn unentwegt an. Weil nun die gesamte Gruppe auf ihn blickte, fühlt sich Allen unwohl und verließ mit seiner Gattin die Gruppe, und sie begaben sich allein zurück auf ihr Nilschiff.

Am Abend erhielten sie von der Schiffsrezeption einen Anruf, dass ein Gast auf sie wartete. Es war der ägyptische Touristenführer. Er stellte sich als Emil vor, er sei ein koptischer Christ, glaube aber, schon viele Male auf Erden gewesen zu sein. Heute hätte er bei der Tempelführung Allen als seinen Bruder aus einem früheren Leben in Edfu erkannt. Auch Judith sei damals Familienmitglied gewesen, sie war mit Allen auch damals verheiratet. Nach ihrer Hochzeit seien sie nach Luxor gezogen. Er sei wie sein Vater Schreiber geworden. Emil erklärte, dass Allen damals ein Schreiber wie sein Vater wurde, während er selbst als der Älteste, dem dieser Beruf nach der Tradition eigentlich zugestanden wäre, einen anderen erlernen musste, da seine rechte Hand verkrüppelt war und sich nicht zum Schreiben eignete. Allens Aufgabe sei unter anderem gewesen, die abgelieferten Säcke mit Weizen zu zählen und in den Kornspeicher bringen zu lassen. In diesem sei es auch geschehen, dass er in Korn fiel und darin unterging, so dass er nur mehr tot geborgen werden konnte. Seine Frau wäre damals auch dabei gewesen und hätte, als er ins Korn fiel, einen Schrei ausgestoßen, indem sie seinen Namen »Suleiman« rief.

So klärten sich für Allen zwei ungelöste Fragen aus seinen Wiederholungsträumen. Er war nicht, was ihm unlogisch erschien, in Sand, sondern in Korn versunken, und die Frau, seine Frau, hatte mit dem Ausruf »Suleiman« seinen eigenen Namen, den er in dem Wüstenleben gehabt hatte, gerufen.

Judith und Allen sind seither Freunde von Emil und besuchen sich gegenseitig.[149]

Das Beeindruckende an diesem Fall ist, dass sich drei Personen erinnern. Die Brüder haben sich beide an das Leben in Ägypten erinnert, wobei das bei Emil besonders bemerkenswert ist, weil dieses Leben für ihn nicht traumatisch endete. Auch Judith hatte in Edfu das Gefühl, schon einmal da gewesen zu sein, und sie war es ja, die die Reise organisierte.

Rick Brown: Die Wiedergeburt des U-Boot-Matrosen James Johnston[150]

Es gibt einige sehr gut recherchierte Fälle. Der Fall des amerikanischen Handelsvertreters Bruce Kelly (geb. 19. 1. 1953 in Glendale, California, als Wiedergeburt des U-Boot-Matrosen James Johnston) ist einer der überzeugendsten Fälle, der in einem überschaubaren Umfang darstellbar ist.

Bruce litt an Klaustrophobie und an Wasserphobie. Zusätzlich klagte er über Brustschmerzen, für die seine Ärzte keine Erklärung fanden. Seine Angst vor engen Räumen war vor allem bei Flugreisen sehr belastend, zumal da er als Handelsreisender oft fliegen musste. Panikgefühle zeigten sich beim Schließen der Flugzeugtüre und wenn Wasser bis zu seinen Knien aufstieg – auch in der Badewanne. Duschen bereitete ihm ebenfalls Probleme.

Bei seiner Suche nach sich selbst brachte ihn die Lektüre des Buches »Zwischenleben« von Shirley McLain in seinem vierunddreißigsten Lebensjahr auf die Idee, sich in frühere Leben rückführen zu lassen. Er besuchte den amerikanischen Hypnotherapeuten Rick Brown zunächst ohne konkrete Frage.

In der **ersten Rückführung**, nicht bezogen auf die oben geschilderten Symptome, sah er sich 1860 als etwa 60-jähriger Farmer in Kansas.

Danach entschloss er sich zu einer weiteren Rückführung, wobei diesmal die Suche nach der Ursache seiner Ängste und Schmerzen als konkrete Fragestellung im Zentrum stand.

Rick Brown vermutete einen Flugzeugabsturz ins Meer, Bruce erwartete ein Erlebnis mit der Titanic. In der Rückführung ruft er plötzlich aus: »Ich bin ein U-Boot-Mann … und ich sterbe.« (Die folgenden in Klammer gesetzten Zahlen beziehen sich auf die Ordnungszahl nach der die Aussagen von Bruce geordnet und später überprüft wurden.) Er findet sich in einer Kammer eingesperrt, die sich zunehmend mit Wasser füllt und in der er und der Mechaniker Walter Pilgram (3) ertrinken. Das Boot geht unter und mit ihm die gesamte Mannschaft. Niemand überlebt (27). Bruce gab an, das U-Boot habe den Namen »Shark« (1) und die Nummer 174 (1) getragen. Das Boot hatte Pearl Harbour (39) als Heimathafen und der Untergang fand im Jahre 1942 (4) statt. Rick wollte nun den Ort des Unterganges wissen. Bruce zeichnete nach der Rückführung eine Landkarte der Insel Celebes (Sulawesi) (5) und markierte die Stelle des Untergangs (35). Hier sei noch bemerkt, dass Bruce bis zu der Rückführung keinerlei Bezug zu U-Booten hatte und auch nicht wusste, wo die Insel Celebes liegt.

Die **erste Nachprüfung** wollte Bruce, der an der Echtheit dessen, was er in der Hypnose wahrgenommen hatte, eher zweifelte, in der Bibliothek durchführen. Er stieß dabei auf das Buch *United States Submarine Losses WW II*. Zu seiner Überraschung fand er nicht nur ein U-Boot mit der Bezeichnung *Shark SS-174* (1) sondern auch eine Namensliste der untergegangenen Personen mit den Namen James E. Johnston und Walter E. Pilgram (3). Das Schiff hatte am 8. 2. 1942 (4) den Befehl, entlang der Nordküste der Insel Celebes (5) Richtung Makassar zu fahren. Danach gab es keinen Kontakt mehr zum U-Boot, und es wurde am 7. 3. 1942 als vermutlich verloren klassifiziert.

Nach diesem raschen Erfolg beschlossen Bruce und Rick **weitere Rückführungen** durchzuführen und erst dann weitere Nachforschungen anzustellen.

Die nachfolgenden Rückführungen wurden nun auf Tonband aufgezeichnet. Man kann den Aufzeichnungen folgende Informationen entnehmen:

Das U-Boot war Teil der asiatischen Kriegsflotte der USA und in der Bucht von Manila (22) stationiert. Ihr Auftrag bestand in der Aufklärung und »Beschattung« japanischer Schiffe. Sie erfüllten ihre Aufgabe mit den Begleitschiffen *Porpoise* (28) und *Spearfish* (29) sowie mit den U-Booten »*37*« (30) und »*38*« (31). In den Tagen vor dem Untergang war die Mannschaft sehr enttäuscht, weil ein auf einen japanischen Zerstörer abgefeuertes Torpedo (33) nicht getroffen hatte. (34)

Am 8. 2. 1942 (36) wurde das U-Boot von einer Wasserbombe getroffen. James Johnston verletzte sich bei diesem Angriff durch einen Flaschenzug und war bis zum Untergang nicht im Dienst.

Ein weiterer Angriff von einem japanischen Zerstörer (25), bei dem zwei Wasserbomben (26) das U-Boot trafen, fand am 11. 2. 1942 (23) um 11:30 Uhr (24) statt. Die Beschädigung des U-Bootes war so groß, dass es sank.

James Johnston, der im Boot üblicherweise im Bereich der Notausstiege in der Nähe des Torpedoraumes mit dem seit seiner Ausbildung bekannten Matrosen Robert Miller (21) arbeitete, war zum Zeitpunkt des tödlichen Angriffs mit dem Mechaniker und Ingenieur Walter Pilgram (3) zusammen. Dieser war Mitte dreißig, also etwas älter als James. Den eigenen Todeskampf schilderte Bruce in der Rückführung sehr detailliert. Dies kann natürlich nicht verifiziert werden, aber er beschreibt die Todesangst in einem engen Raum mit verschlossenen Türen, das Stehen im stetig steigenden Wasser, von oben angespritzt und ohne Hoffnung sehr dramatisch.

Wichtig sind auch noch **private Details**, die in der Rückführung genannt werden:

James Johnston wurde 1921 (6) geboren. Seine Mutter starb an einer Lungenentzündung, als er fünfzehn Jahre alt war. Da war ein jüngeres Mädchen mit Namen Katharina (Pseudonym) (9) bei ihm, das am 21. 4. 1929 (12) geboren worden war. Es hatte haselnussbraune Augen (11) und langes braunes Haar (10).

Er liebte ein Mädchen namens Molly (16). Beide verband auch die Tatsache, dass sie ihre Mütter verloren hatten. Ihre Verbindung scheiterte am Widerstand von Mollys Vater Ike (18).

James war ein ergebener (20) Soldat. Er beschrieb sich selbst auch als einsam (8).

Therapeutisches Ergebnis nach diesen Rückführungen: Bruce war seine Angst in engen Räumen und vor Wasser los. Auch die Brustschmerzen – vielleicht eine Folge von James Rippenverletzung, die er sich beim ersten Angriff mit Wasserbomben zugezogen hatte – waren nun verschwunden.

Dann erfolgte **die zweite Nachprüfung, die nun von Rick Brown gemacht wurde**, der später die Ergebnisse in einem Buch und einem wissenschaftlichen Artikel zusammenfasste:

Er forschte im März 1988 in verschiedenen Washingtoner Archiven selbst nach und fand dort die Geburtsurkunde des James Edward Johnston sowie Aufzeichnungen über dessen Besuch der Highschool. Dann fuhr er dreimal nach Jacksonville und sprach mit Verwandten und Freunden von James.

Die frühere Person James Johnston wurde am 1. 2. 1921 (6) in Jacksonville, Alabama, geboren. Somit konnte das in der Rückführung angegebene Jahr bestätigt werden. Ebenso konnte bestätigt werden, dass James mit fünfzehn Jahren (7) seine Mutter verloren hatte und sich deshalb sehr allein fühlte (8). Rick Brown traf in Jacksonville James Cousine Katharina (Pseudonym) (9). Die Angaben in der Rückführung über die braunen Haare, die braunen Augen und das Geburtsjahr 1929 waren richtig. Bemerkenswert ist, dass es sich dabei um sogenanntes privates Wissen handelt, das man keinen offiziellen Quellen entnehmen kann.

Auch die unglückliche Liebe zu Molly (16) konnte bestätigt werden. Auch Mollys Mutter war in der Tat früh gestorben (17) und ihr Vater Ike (18) Lassiter, der Sheriff der Gegend, lehnte die Beziehung (19) entschieden ab.

Ein früherer Freund von James beschrieb diesen als glücklichen, aber einsamen (8) Burschen. Ein anderer bestätigte die Dienstbeflissenheit und den Patriotismus (20) den James als Marinesoldat an den Tag legte. Es konnte auch bestätigt werden, dass James die Ausbildung an den Rettungsgeräten der U-Boote mit Robert Miller (21) zusammen machte.

Das U-Boot Shark SS-174 (1) war tatsächlich in der Bucht von Manila (22) stationiert und wurde laut japanischen Quellen mit hoher Wahrscheinlichkeit vom japanischen Zerstörer (25) »Amatsukaze« am 11. 2. 1942 (23) durch Wasserbomben (26) versenkt. Es gab keine Überlebenden (27).

Die »Shark« hatte tatsächlich zwei Schwesterschiffe mit Namen »Porpoise« (28) und »Spearfish« (29). Sie operierte auch mit U-Booten mit den Nummern 37 (30) und 38 (31). In der Mannschaftsliste für die letzte Fahrt fanden sich die Namen James Johnston, Robert F. Miller (21), Schütze 2. Klasse, und Walter Pilgram (3), Chefelektriker (3). Hier gab es die einzige kleine Differenz in den Angaben, denn Pilgram war nicht – wie geschätzt – Mitte dreißig sondern einunddreißig Jahre alt. Auch die sehr spezielle Information über den »ein paar Tage vor dem Untergang« (2. 2. 1942) gescheiterten Torpedoangriff (33) auf ein japanisches Schiff konnte anhand einer Meldung der »Shark« an das Hauptquartier bestätigt werden. Es handelt sich dabei um sogenanntes »verstecktes Wissen«.

Hinsichtlich des Untergangsortes tauchte zunächst eine Diskrepanz auf. Die Navy gab den Untergangsort fünfzig Meilen weiter östlich von dem von Bruce in der Rückführung geäußerten Ort an. An sich ist dies keine wirkliche Diskrepanz, denn es besteht nicht immer Kontakt zu den U-Booten. Die Navy ist hier auf Schätzungen angewiesen. Der genaue Ort wurde in einem Buch eines deutschen Autors gefunden, der nach dem Krieg alle japanischen Aufzeichnungen ausgewertet hatte (verstreute Quellen). Die Daten des zerstörenden Feindes sind da exakter als jene des fernen Hauptquartiers. Der dort ausgewiesene Untergangsort der »Shark« entsprach genau den Angaben in der Rückführung. Dies ist eine Korrektur zugunsten der Aussagen des Rückgeführten.

Auch der zweite Wasserbombenangriff auf die »Shark«, am 8. 2. 1942 (36), konnte bestätigt werden. Die starken Erschütterungen bei derartigen Angriffen sind üblicherweise Ursache für diverse Verletzte in der Mannschaft. Eine Rippenverletzung passt sehr gut in so ein Verletzungsbild bei einem knapp überstandenen Angriff mit Wasserbomben.

Die Aufgaben der »Shark« waren – genau wie Bruce es angegeben hatte – in der Aufklärung (37) und »Beschattung« (38) feindlicher Schiffe. Der Heimathafen des Bootes war tatsächlich Pearl Harbor (39) gewesen.

Nach Abschluss der Rückführungen machten Rick und Bruce einen Besuch **»vor Ort«**. Sie besichtigten gemeinsam das in San Francisco ausgestellte U-Boot »SS-383 – The Pampatino«, das zur gleichen Baureihe wie die »Shark« gehört. Bruce war vom ersten Moment an sichtlich betroffen. Er wurde blass und bekam Magenkrämpfe. Er sprach nur noch ganz leise. Aber er kannte sich im Boot bestens aus. Sofort rannte er zu jener Stelle, auf dem Schiff, an dem er in der »Shark« als James ertrunken sein wollte. Er beschrieb alles noch einmal und durchlebte die Todesangst erneut. Er sprach die ganze Zeit nur in Ichform, denn für ihn gab es keinen Zweifel, dass er einst tatsächlich James war.

Danach lief er zu »seiner« früheren Arbeitsstelle auf dem baugleichen U-Boot, dem Notausstieg mit der »Momsen-Lunge«, die er in seinem Leben als Besatzungsmitglied der »Shark« bediente. Er erklärte genau die Details der Funktion – man bedenke, dass er als Bruce nie mit U-Booten zu tun gehabt hatte. Er wies auch auf Dinge hin, die auf diesem Boot etwas anders waren. Seine Koje fehlte, aber den entsprechenden Spind konnte er zeigen. Einen Notausstieg, um dessen Existenz er genau wusste, fand er schließlich hinter einer Kunststoffverschalung.

Bei einer **dritten Reise** nach Jacksonville, der Heimatstadt von James, nahm Rick Bruce mit. Dabei wurde für die Fernsehserie »Unsolved Mysteries«[151] gefilmt. Bruce erinnerte sich bei diesem Besuch, dass er als James sein Elternhaus nur durch die Hintertüre (40) betreten und verlassen durfte. Seine Cousine Katharina bestätigte dies (Wiedererkennung) ebenso wie die in der Rückführung schon erwähnte Marotte, eine Vorliebe für die Endstücke von Brotlaiben (41) gehabt zu haben. Das sind die kleinen Dinge, die man als verstecktes und privates Wissen bezeichnen kann.

Beurteilung des Falls »Die Wiedergeburt des U-Boot-Matrosen James Johnston«

Die heutige Person Bruce Kelly hatte in ihrem aktuellen Leben keinerlei Beziehung zu Orten oder Personen, die in Kontakt mit der früheren Person James Johnston standen. Auch hatte er keinen Bezug zum Thema U-Boote. Ein normaler Informationstransfer scheidet als Erklärung aus. Es wurde eindeutig eine frühere Person nachgewiesen, auf welche die in den Rückführungen getätigten Aussagen passen.

Bei dem Fall konnten 36 von 41 Angaben als unzweideutig und definitiv richtig nachgewiesen werden. Bei den Aussagen 23 bis 27, bei denen es sich um den Zeitpunkt, Ort und die Umstände des Untergangs handelte, gibt es Differenzen zwischen den mangels Kontakten mit dem Boot getroffenen Angaben der Navy und den Angaben aus den Rückführungen. Es konnten aber bessere Angaben aus den Archiven der japanischen Gegner gefunden werden, die mit den Angaben von Bruce völlig übereinstimmten. Als »falsche« Antwort (32) kann nur die Differenz des Alters von Walter Pilgram von Mitte dreißig in der Rückführung zu einunddreißig Jahren aus den Personalunterlagen angesehen werden. Von den 36 bestätigten Aussagen können 26[152] als so speziell angesehen werden, dass sie kaum alternativ beschaffbar wären. Dazu gehören sehr spezielle Kenntnisse über Unterseeboote sowie private Kenntnisse oder Kenntnisse aus sehr verstreuten Datenquellen, als dass man sie beschaffen könnte.

Die Phobien, Angst vor engen Räumen und vor Wasser, passen genau zu dem geschilderten Drama eines U-Boot-Unterganges. Zu erwähnen sei auch, dass sowohl Rick als auch Bruce ihnen vor der Rückführung falsche Vermutungen (Rick: Flugzeugabsturz ins Wasser, Bruce: Untergang der Titanic) zuordneten. Auch die Brustschmerzen sind wegen des früheren Angriffs mit Wasserbomben erklärbar. Leider konnte nicht nachgewiesen werden, dass James Johnston durch einen Flaschenzug verletzt wurde.

Heilungen nach Rückerinnerungen

Ein wesentlicher Grund für Rückführungen sind körperliche und psychische Krankheitssymptome. In sehr vielen Fällen handelt es sich nachweislich um auf herkömmlichen medizinischen Weg nicht beseitigbare Symptome. Vielfach sind es Symptome, denen man nach Untersuchungen durch Ärzte keine physischen Ursachen zuordnen kann. Es gibt aber auch einige Fälle mit Krebsdiagnosen, deren Heilung über Jahre nachgewiesen ist.

Von Fällen mit Heilungen oder dem Verschwinden von unerklärlichen Symptomen gibt es in vielen Veröffentlichungen Schilderungen. Dieter Hassler hat sich die Mühe gemacht, in einer umfangreichen Literaturstudie 291 solcher Fälle zu sammeln und diese auszuwerten. Folgende Symptome traten auf: Ängste/Phobien (82 Fälle), Schmerzen (61), Ehe- und Beziehungsprobleme (21), Sexualprobleme (15), Atemwege (12), Internistisches (11), Süchte (9), Zwänge (9), Schuldgefühle

(8), Haut (7), Verschiedenes (körperlich) (7), Allergien (6), Essstörungen (5), Übergewicht (5), Verschiedenes (psychisch) (5), Depressionen (4), Minderwertigkeitsgefühle (4), Krebs (4), Albträume (3), Schlaf (3), Workoholics (3), Wut, Ärger (3), Schreibblockade (2) und Zysten (2).

In diesen Fällen zeigt sich durchwegs ein logischer Zusammenhang zwischen den Symptomen und Beschwerden der heutigen Person und Erlebnissen, die diese in vergangenen Leben hatten. Sehr oft haben die Beschwerden mit den Umständen des Todes der Person im Vorleben zu tun. Der jeweils verletzte Teil des Körpers korrespondiert mit dem Ort der Symptome im Leben der hypnotisierten Person.

Zwei Beispiele: Die Person im Vorleben hatte die Aufgabe, Seuchentote auf Wagen zu laden und wegzufahren. Der Zwang im derzeitigen Leben, sich ständig die Hände zu waschen, wurde ausgelöst, als die Person ihren überfahrenen Hund von der Straße holte.[153] Die frühere Person wurde als Indianerin wegen ihrer Schönheit geraubt, vergewaltigt, misshandelt und nahm in der Folge stark zu. Auch im derzeitigen Leben will sie nicht sexuell anziehend sein und ist daher übergewichtig. Nach der Regression kann sie abnehmen, und dieser Erfolg ist vier Jahre dokumentiert.[154]

Die von Dieter Hassler zusammengestellten Fälle sind natürlich nur eine kleine Auslese der tatsächlich vorkommenden Fälle, denn nur vereinzelt veröffentlichen die behandelnden Personen ihre Fälle; und da natürlich auch nur die am besten recherchierten oder spektakulärsten.

Bei vielen der Fälle werden die Personen nur mit einem Pseudonym angegeben. Die Nachprüfung der Heilungen erfolgte nur in seltenen Fällen von dritter Stelle.

Bei dem Phänomen der Heilungen nach Rückführungen handelt es sich um eine gute Methode zum Nachweis der Existenz von Seelen. Einerseits ist das Phänomen schon sehr allgemein, so dass viele Personen diese Heilungsalternative nutzen. Andererseits mangelt es noch an der nachhaltigen wissenschaftlichen Analyse des Phänomens.

Es gibt also eine große Diskrepanz zwischen der Nutzung der Hypnose als Mittel zur Heilung von verschiedensten körperlichen und psychischen Beschwerden und der wissenschaftlichen Durchdringung des Phänomens. Die Medizin und auch die Psychotherapie werden heute sehr stark von der Pharmaindustrie beeinflusst und unterstützt. Für diese sich gegenseitig fördernde Symbiose stellen die Themen der

Rückführungen eine Behinderung und Belastung dar, weshalb es verständlich erscheint, dass die Themen ausgeblendet, ignoriert und auch bekämpft werden. Eine kurzfristige Änderung dieser Haltung ist nicht zu erwarten. Andererseits bilden viele alternative Therapeuten mit ihren Patienten ebenfalls eine Symbiose, die sich nicht über akademische Forschung und Veröffentlichung in Zeitschriften, die ein Peer-Review-Verfahren nutzen, sondern über Bücher und vereinzelt über Publikumszeitschriften bekannt macht.

Xenoglossie – die Kenntnis fremder Sprachen während der Hypnose

Das Phänomen der Xenoglossie wäre ein sehr überzeugendes Argument für die Existenz von Seelen. Es tritt offensichtlich immer wieder auf, aber die Qualität der Dokumentation und detaillierten Untersuchung befindet sich noch nicht auf einem hohen wissenschaftlichen Standard.

In einer ersten überblicksartigen Untersuchung hat Dieter Hassler nur drei umfangreich und kompetent beschriebene Fälle gefunden. Einer sei hier angeführt.

»Die japanische Hausfrau Lisa wurde 2005 und 2009 in insgesamt nur zwei Sitzungen in ein Leben zurückgeführt, welches sie als Dorfoberhaupt in Nepal verbracht haben will. Nachdem sie in der ersten Rückführung zwei Sätze in Nepalesisch gesagt hatte, wurde in einer zweiten ein Nepalesisch sprechender Student hinzugezogen, und es kam über vierundzwanzig Minuten zu einer Unterhaltung in dieser Sprache. Was Lisa gesagt hatte, wurde sprachlich analysiert. … Ihre Sprachfähigkeit erreichte dabei nicht das Niveau eines Einheimischen. Es blieb bei kurzen Antwortsätzen. Vierunddreißig unterschiedliche Worte benutzte sie, wobei zwanzig von ihr erstmals kamen. In 39% der Redezeit beantwortete sie Fragen sinngemäß richtig, in 37% verstand sie die Frage nicht, in 16% blieb die Antwort unklar und in 9% der Zeit waren ihre Antworten unpassend. Dass klingt zunächst nicht sehr beeindruckend. Es kamen aber Besonderheiten hinzu:

- Lisa verstand das Wort »Frau« (shirmati) nicht, das in der Hochsprache benutzt wird. Aber das umgangssprachliche (swasni) verstand sie sofort.

- Lisa benutzte die komplizierte Konjugation von »sein« in der passenden Form.
- Zahlen sprach Lisa aus, indem sie die niedrigste Stelle zuerst nannte (wie im Deutschen). Das ist im Nepalesischen ungebräuchlich, passt aber zu der Gegend, aus der die frühere Frau vermutlich stammte.

Lisa hatte keinen Bezug zur nepalesischen Sprache. Diese ist auch in keiner Weise mit ihrer Muttersprache, dem Japanischen, verwandt.

Obwohl Lisa den Wohnort und alle Namen der Familienmitglieder der früheren Person genannt hatte, konnte nur der vermutlich richtige frühere Wohnort ausgemacht werden, ohne eine Bestätigung der Personennamen zu erhalten.«[155]

Ein Fall von Xenographie

Unter Xenographie (gr. ξένος xénos »fremd« und γραφία graphía (-graphie) »Schreibung«: »Fremdschreibung«) versteht man hier die Fähigkeit, in Hypnose eine fremde Schrift schreiben zu können. In einem von Dr. Joal Whitton und Joe Fisher geschilderten Fall vom Verhaltensforscher Harold Jaworski, der hier nicht näher beschrieben wird, tritt auch ein gut dokumentierter Fall von Xenographie auf.

Als Harold in tiefer Trance in den Inkarnationen als Wikinger namens Thor und als Zarathustra-Priester namens Xando war, konnte er die Sprachen hören, die um ihn herum gesprochen wurden. Dr. Whitton forderte Herold auf, das Gehörte phonetisch aufzuschreiben. Harold schrieb daraufhin zweiundzwanzig Wörter auf einen Zettel, deren Bedeutung er aber nicht verstand. Sprachwissenschaftler konnten später zehn davon als Altnorwegisch identifizieren. Andere Worte ergaben Sinn, wenn man russische, serbische und slawische Wurzeln akzeptierte. Passend war dabei auch, dass die meisten Worte, trotz der verschiedenen Sprachwurzeln, sich auf die Seefahrt bezogen. Laut der Wissenschaftler ist diese Sprachenvermischung nicht unwahrscheinlich, weil die Wikinger auf ihren Fahrten weit herumkamen und sicher Worte aus anderen Sprachen entlehnt haben.

Bei der Regression in das Leben eines Zarathustra-Priesters forderte Dr. Whitton den hypnotisierten Harold auf, in den damaligen Spra-

chen die Worte »Bruder«, »Haus«, »Bekleidung« oder »Dorf« aufzuschreiben. Experten für Altpersisch identifizierten das »Gekritzel« als
eine authentische Wiedergabe der schon lange nicht mehr verwendeten
Sprache, des sassanidischen Pahlavi, die vom 7. bis ins 3. vorchristliche
Jahrhundert in Mesopotamien gesprochen wurde. Diese sei nicht mit
dem modernen Persisch verwandt.[156]

Beurteilung Xenoglossie und Xenographie

Wie schon erwähnt, handelt es sich hierbei um ein wichtiges Thema,
das die Existenz von Seelen beweisen könnte, wenn es genügend überzeugende, gut recherchierte und schließlich auch verifizierte Fälle gäbe.
Es existieren allerdings viele Fälle, bei denen in der Hypnose seltsam
altmodische Begriffe oder Formulierungen vorkommen. Dies ist zwar
nicht Xenoglossie, aber es hat denselben Entstehungshintergrund, nämlich die Regression in eine alte Zeit. Hinzurechnen kann man noch
die von Ian Stevenson veröffentlichten Fälle einer spontan, also ohne
Hypnose aufgetretenen Xenoglossie[157] beziehungsweise des Auftretens
von Xenoglossie bei Medien.[158]

Alles in allem steht dieses Forschungsgebiet erst am Anfang. Es hat
die Phase der systematischen Erfassung noch nicht erreicht. Die bemerkenswerte Zusammenfassung von Dieter Hassler ist *ein Beginn.*

Das Phänomen Xenoglossie fügt sich allerdings in das monistisch-
pantheistische Weltbild harmonisch ein, die Existenz des Phänomens
wäre also zu erwarten.

Gruppenrückführungen unter Hypnose als Seelenbeweis

Zunächst zur Forscherin Dr. Helen Wambach. Sie hat das Fach Psychologie studiert, weil sie etwas darüber erfahren wollte, wie der menschliche Geist arbeitet und wie Menschen auf unterschiedliche Situationen
reagieren. Aber die Forschung entwickelte sich entgegen ihren Erwartungen und Wünschen in eine andere Richtung. Sie bemerkte, dass die
Forschungsgegenstände üblicherweise Ratten und Studienanfänger sei-
en, weil diese leicht zur Verfügung stünden. Als Konsequenz begann
sie sich 1955 neben ihrer Lehrtätigkeit mit praktischer Psychotherapie
zu beschäftigen. Einige Schlüsselerlebnisse brachten sie dann im Jahre

1966 zur Parapsychologie. Eines davon ergab sich aus einer Hausaufgabe für ihre Studenten, nämlich sich einen Traum zu merken. Eine Studentin träumte, wie sie bei einem Autounfall zu Tode kam. Drei Monate später erfuhr Dr. Wambach, dass dieser Unfall inzwischen tatsächlich geschehen war – und dies bis in Einzelheiten hinein.

Das Verfahren der Gruppenrückführungen

Bekannt wurde sie durch eine einzigartige Studie mittels eines standardisierten Verfahrens von Gruppenrückführungen mit großen Fallzahlen. Wambach hielt die Ergebnisse von Einzelregressionen nicht für signifikant genug, um tatsächlich Reinkarnation als erwiesen betrachten zu können.

Sie wollte Gruppenrückführungen vornehmen, um eine so große Zahl an Rückführungen zu haben, dass das Material statistisch untersucht werden konnte. Man kann eine sehr große Anzahl an Rückführungen nicht mündlich durchführen. Darum ließ sie jeden Teilnehmer nach dem Ende der Gruppenregression einen umfangreichen Fragebogen ausfüllen. Zunächst wurden 800 Probanden rückgeführt. Die Ergebnisse wurden analysiert und dann ein weiterer Durchgang mit nochmals 300 Probanden durchgeführt. Wambach wollte wissen, ob die zweite Gruppe zu vergleichbaren Ergebnissen kommt. Somit umfasste die gesamte Untersuchung insgesamt 1100 Rückführungen und auswertbare Fragebögen.[159]

Sie teilte die Probanden in zwei Zeitgruppen, eine sollte über die Jahre 1850, 1700, 1500 und 25 sowie 500 vor Christus berichten. Zu diesen Zeitperioden lieferte die Geschichtsschreibung umfangreiches Material, und einige konnten sich dabei auch auf ihre geschichtlichen Kenntnisse stützen. Die zweite Gruppe sollte über 2000 und 100 v. Chr. sowie die Jahre 400, 800, 1200 n. Chr. berichten. Über diese Zeiträume gab es, so die Vermutung von Dr. Wambach, wesentlich weniger Informationen. Wenn die erinnerten Szenen lediglich Phantasien waren, dann sollten die Schilderungen der zweiten Gruppe wesentlich weniger detailliert ausfallen.

Im gesamten Versuch zeigten sich keinerlei derartige Unterschiede. Damit war die Annahme von Phantasie bei den Studienteilnehmern nicht begründbar.

Westliche Wertvorstellungen könnten beispielsweise ein ehemaliges Leben als männliche, reiche und berühmte Personen bevorzugen. In ihrem Buch legte die Autorin dazu Kurven zur Geschlechterverteilung und sozialen Schichtung über die Zeitspanne von 4000 Jahren vor, die den Verdacht auf Phantasieergebnisse nicht bestätigen.

Bezüglich des Geschlechts fand Frau Dr. Wambach das geschichtlich richtige Verhältnis von annähernd 50%:50% (+/-1%) mit korrekten Schwankungen in Kriegsjahrhunderten. Das Ergebnis ist für beide Datensätze (800 und 300 Fragebögen) gleich, obwohl sie sich in der Zusammensetzung der untersuchten Gruppen zwischen männlich und weiblich stark unterscheiden.

Soweit die Daten eine Zuordnung zu sozialen Schichten zuließen, fand sie der geschichtlichen Realität entsprechende Angaben: Ober-, Mittel- und Unterschicht im historisch richtigen Verhältnis (5%:28%:67%).

Berühmte Persönlichkeiten traten nicht in Erscheinung. Die Berichte spiegeln zumeist unspektakuläre, fast langweilige Leben wider.

Im Buch finden sich weitere Kurven zur Rassenzugehörigkeit, Körper- und Fußbekleidung, Ernährung, Essgeschirr und Geburtenhäufigkeit. Das Erstaunliche daran ist nach Dr. Wambach, dass die Ergebnisse die geschichtliche Realität erstaunlich gut wiedergeben und sich die Teilnehmer durch tendenziöse Fragestellungen nicht fehlleiten ließen.

Laut Fragebogen wussten die Probanden mehrheitlich, ab wann zum Beispiel Hosen getragen, drei- und vierzinkige Gabeln benutzt wurden oder wie die Münzen um Christi Geburt im östlichen Mittelmeerraum aussahen.

Es kam immer wieder vor, dass sie ihren hypnotischen Erkenntnissen nicht trauten, weil sie im Widerspruch zu ihrem bewussten Geschichtswissen standen. Aber ihre bildhaften Erinnerungen erwiesen sich mitunter erst nach einigen Recherchen durch Dr. Wambach als zuverlässiger, denn nur in elf Aussagen auf den 1088 Fragebögen ergaben sich nachweisbar Unstimmigkeiten.

Interessant ist auch, dass die Erinnerungen an den Tod und die Zeit kurz danach den Nah-Todes-Berichten stark ähnelten, wie sie in dem Buch von Raymond Moody *Leben nach dem Tod* dargestellt sind, welches damals aktuell war. Doch Helen Wambach sagt, es sei sehr unwahrscheinlich, dass alle, die berichtet haben, das Buch oder dessen Inhalt kannten.

Beurteilung der Gruppenrückführungen durch Helen Wambach

Die Idee von Helen Wambach, durch eine große Anzahl Rückführungen die Ergebnisse statistisch auswertbar zu machen, stellt eine Pioniertat dar. Ein derartiges Projekt als Einzelperson durchzuziehen, ist respekteinflößend. Die begrenzte Personalressource ist die Ursache für die Grenzen, die sich bei der Arbeit aus wissenschaftlicher Sicht zeigen. Helen Wambach hat die Ergebnisse zwar in zwei Büchern veröffentlicht; dabei fehlt aber der Fragebogen sowie genaue Informationen über die Zusammensetzung des Untersuchungskollektivs. Es gibt keine Veröffentlichung in einem Fachmagazin und keine Auseinandersetzung mit der einschlägigen Literatur. Die wichtigen geschichtlichen Abklärungen der Aussagen aus den Rückführungen sollten durch Einbeziehung namhafter Historiker nachvollziehbar werden.

Leider hat sich noch kein Forscherteam gefunden, das mit dem Forschungsansatz eine nach allen Regeln der wissenschaftlichen Kunst durchgeführte Studie erarbeitet. Hier liegt Arbeit für die Zukunft.

Das Phänomen der Rückführungen mittels Hypnose in Vorleben als Beweis für die Existenz von Seelen

Das Phänomen an sich ist existent. Ich wollte gerade schreiben, dass es »nicht abzuleugnen« ist. Es wird dies auch kaum noch abgeleugnet. Aber es wird von wissenschaftlichen Kreisen weitgehend ignoriert, also so behandelt, als gäbe es das Phänomen nicht.

Das Phänomen ist von breiten Bevölkerungsschichten akzeptiert, weil sie das Phänomen nutzen. Man wendet es vor allem bei Fällen an, in denen die Schulmedizin keine Lösung findet. Wenn es darum geht, sich einer Aufgabe des Lebens – besser der Inkarnation – bewusst zu werden, dann helfen Chemiepräparate einfach nicht. Dass die schulmedizinische Ärzteschaft oder von der Chemieindustrie unterstützten Forschungsinstitutionen da nicht aufspringen (können), ist verständlich. Aber angesichts der ständig zunehmenden Breite der Akzeptanz des Phänomens ist es nur eine Frage der Zeit, bis es allgemeine Akzeptanz finden wird.   .

Trotz allem muss auch festgehalten werden, dass die wissenschaftliche Durchdringung des Phänomens noch verbessert werden muss. Dies ist vor allem notwendig, weil die weltanschauliche Auseinandersetzung mit dem Phänomen noch bevorsteht. Aber auch hier läuft die Zeit. Bernard Jakoby, der Nahtodforscher, bemerkt, dass überraschend viele Schüler in ihren sogenannten vorwissenschaftlichen Arbeiten über das Thema Nahtod schreiben.[160] Ich habe dieselbe Erfahrung mit dem Thema Reinkarnation gemacht. Aus diesen Jugendlichen wird sich eine neue Forschergeneration rekrutieren.

Kapitel 13

Spiritistische Kontakte
zur jenseitigen Welt

Es ist ein verständliches Bedürfnis von Angehörigen von Verstorbenen, etwas über den Verbleib ihrer Lieben zu erfahren. Gleichzeitig, wenn es Seelen und ein Jenseits gibt, müssen auch die Verstorbenen ein starkes Bedürfnis haben, ihren lebenden Angehörigen die Information ihres Wohlergehens zukommen zu lassen.

Im Spiritismus, der sich im 19. Jahrhundert stark entwickelt hatte, haben Medien in sogenannten Séancen versucht, die Kommunikation zwischen dem Diesseits und dem Jenseits herzustellen. Die spiritistische Bewegung hatte einen hohen wissenschaftlichen Anspruch.

Bald entstand auch eine Gegenbewegung, die den gesamten Spiritismus als Betrug brandmarken wollte. Durch das große Interesse der Menschen an Kontakten mit Verstorbenen gab es offensichtlich auch üble Scharlatane. Dadurch ist das Thema noch heute belastet.

Angesichts der Ergebnisse der letzten beiden Kapitel ist die Möglichkeit eines Kontaktes zwischen dem Diesseits und dem Jenseits aber zu erwarten.

Es sollen nun nur zwei der am besten recherchierten und eindrucksvollsten Fälle dargestellt werden.

Was ist Spiritismus?

Unter Spiritismus versteht man die Lehre, Technik und Praxis, mit
Seelen von Verstorbenen Kontakt herzustellen. Geisterbeschwörungen
lassen sich bis in die Antike zurückverfolgen. Die Bewegung des Spiritismus entstand erst im 19. Jahrhundert als Versuch, das Thema wissenschaftlich zu untersuchen. Hier war der wegen seiner pädagogischen
Studien sehr geachtete Franzose **Allan Kardec** (eigentlich Hippolyte
Léon Denizard Rivail) (1804 – 1869) ein unermüdlicher Forscher. Er
sammelte die von Medien in Séancen gemachten Aussagen und veröffentlichte sie in zwei bemerkenswerten Büchern: *Buch der Geister*
(1857) und *Buch der Medien* (1861). Ein wesentlicher Bestandteil des
Spiritismus war die Reinkarnationslehre.

Die Techniken des Spiritismus sind vielfältig. Eine einfache Form ist
das bekannte Tischerücken. Für entwickeltere Formen benötigt man
üblicherweise ein Medium, also eine Person, die den Kontakt herstellen und die Kommunikation auf verschiedenste Weise realisieren kann.
Aus esoterischer Sicht bestehen dabei auch Gefahren. Es können beispielsweise psychische Krankheiten ausgelöst werden.

Die Kommunikation kann durch das Bewegen eines Glases in einem Buchstabenkreis erfolgen, durch das Ouija-Brett oder durch ein
auf Rollen beweglichen Tischchen, in welches ein Bleistift eingespannt
ist. Der Geist kann sich auch durch Klopfen melden (Klopfgeister).
Schreibmedien können in Trance automatisch schreiben. Stimmmedi-
en können die Stimmen der verstorbenen Seelen hörbar machen. Eine
schwierigere Stufe ist es, wenn die Geister durch die Ausscheidung von
Ektoplasma sichtbar gemacht werden können.

Ich möchte zwei herausragende Beispiele vorstellen:

- **Die Frederic-Myers Kreuzkorrespondenz**
  Dies ist ein außergewöhnlicher Fall, weil ein bekannter Parapsy-
  chologe selbst aus dem Jenseits Kontakt aufnimmt.
- **Das Medium Franek Kluski**
  Ein ebenso außergewöhnlicher Fall mit einem objektiven Beweis
  für die Existenz von Geistern beziehungsweise Seelen.

Die Frederic-Myers-Kreuzkorrespondenz

Frederic W. H. Myers (1843 – 1901) war ein klassischer Philologe, der durch profunde Essays über antike Dichtungen bekannt war, bevor er sich völlig der parapsychologischen Forschung verschrieb. Die ersten Forschungen waren geprägt durch äußerste Skepsis. Er und seine Mitarbeiter galten als die strengsten Betrugsentlarver. Ihre Beweisansprüche waren so rigoros, dass verärgerte Medien die Forschungsgruppe als »Gesellschaft zur Unterdrückung von Beweismaterial« bezeichneten. Aber die gesammelten Informationen überzeugten Frederic Myers letztlich, und so sah er seine Hauptaufgabe schließlich darin, die schon bewiesenen Tatsachen in eine Sprache zu bringen, die auch für einen stark mit dem damaligen Paradigma verhafteten Menschen begreifbar war.

Abb. 30: Frederic Myers (1843-1901)

Im Jahre 1901 stand der Frage bezüglich des Fortlebens nach dem Tod vor allem die Gedankenübertragungs-Hypothese Telepathie entgegen. Als die Telepathie als Reales und immer wieder vorkommendes Phänomen bewiesen war, überstürzte man sich förmlich, alle Kommunikationen ohne weitere Prüfung als bewusste oder unbewusste Phantastereien des Mediums zu erklären. Man behauptete, es hätte seine Informationen durch Gedankenübertragung oder »Anzapfung« des Bewusstseins lebender Menschen bezogen.

Dies war die Situation in der Myers nach Möglichkeiten suchte, die Existenz von Seelen beziehungsweise einer jenseitigen Welt klar und unwiderlegbar ersichtlich zu machen.

Aus heutiger Sicht können wir sagen, dass er damit nicht oder nicht dauerhaft erfolgreich war, denn heute ist seine Arbeit außer unter Parapsychologen relativ unbekannt. Aber er schaffte es, das Thema für mehrere Jahrzehnte im Gespräch zu halten.

Wie schaffte er das? Wie ging er vor?

Zunächst erarbeitete er ein monumentales zweibändiges Werk, das allerdings erst nach seinem Tod erschien: *Human Personality and Its Survival of Bodily Death* (Die Persönlichkeit des Menschen und ihr Überleben des körperlichen Todes).

Ab 1906, also fünf Jahre nach Myers Tod, entdeckten einige der britischen Parapsychologie-Gesellschaft nahestehende Damen, dass sie die Fähigkeit des automatischen Schreibens hatten. Man kann sich dies so vorstellen, dass die Medien in Trance sehr rasch bis zu 2.000 Worte pro Stunde schrieben, meist ohne Wortabstände und Interpunktionen. Es war vielfach notwendig, dem Medium behilflich zu sein, indem man die vollgeschriebenen Blätter entfernte und durch leere ersetzte.

Die Texte enthielten die »Unterschrift« Myers und eine Aufforderung, alles an die Society for Psychical Research zu senden. Dort erkannte man, dass die ihr zugesandten Botschaften, die zum Teil aus aller Welt stammten, zusammengehörten. Myers hatte noch vor seinem Tod einen Code hinterlassen, der verwendet werden konnte, um die Botschaften richtig zu einem umfassenden Werk zusammenzusetzen. Man nennt diese Kommunikation mit dem Jenseits **»Kreuzkorrespondenz«**, weil sie eben aus vielen von verschiedenen Medien erhaltenen Botschaften zusammengefügt wurde und dies über zwei Jahrzehnte hinweg. Wenn ein Medium während dieser langen Periode gestorben war, meldete sich bald ein neues mit weiterführenden Botschaften. Die Urheberschaft von Myers zeigte sich auch bei Stilanalysen und durch viele Anspielungen auf antike Mythen – Myers war zu »Lebzeiten« ein bedeutender Altphilologe gewesen.[161]

Die Texte schilderten, wie die jenseitige Welt beschaffen war und nannten als Sinn der Existenz die Entwicklung des Bewusstseins – des Bewusstseins von allem. Das Jenseits unterteilte sich in sieben Ebenen, die Schritt für Schritt durchlebt werden. Für jeden Übergang sei so etwas wie Tod und Wiedergeburt erforderlich. Dies erklärt auch die lange Zeit, in der Botschaften kamen, denn Myers – es ist anzunehmen, dass er der Sender war – musste die Ebenen erst selbst erreichen und dann auch erforschen.

Anhand von »Fallstudien« beschreibt Myers unterschiedliche Abfolgen, wie diese Ebenen von Durchschnittsseelen oder entwickelteren Seelen durchschritten werden. Die Schilderungen kommen zu sehr vergleichbaren Ergebnissen wie etwa jene von Annie Besants »*Uralte Weisheit*«.

Für die damalige Zeit war das Thema Reinkarnation, das in den Texten der »Kreuzkorrespondenz« prominent behandelt wurde, relativ ungewohnt. Die Reinkarnation gibt den Schilderungen den verbindenden logischen Faden.

Erwähnen möchte ich auch noch die vielfältigen Warnungen, die in den zwischen 1906 und ca. 1925 entstandenen Texten vorkommen, denn diese muten sehr modern an: Bevölkerungsexplosion, Umweltverschmutzung, zum Krieg treibende Komplotte von Industrie und Militär, die beängstigende Entwicklung der politischen Maschinerie zur Beherrschung des menschlichen Geistes, der übermäßige Materialismus – diese heute »brennenden« Themen wurden in den Kreuzkorrespondenzen thematisiert.

Obwohl die Kreuzkorrespondenzen im *Journal of the Society for Psychical Research* über Jahrzehnte in mehr als 3.000 Seiten veröffentlicht wurden, fehlt heute eine gute Analyse und Würdigung dieses Werkes von Myers immer noch. Die Tatsache, dass diese Texte von verschiedensten Medien über mehrere Jahrzehnte ein wohldurchdachtes Gesamtwerk bilden, ist aber unbezweifelbar.

Franek Kluski und der Paraffinhandschuh

Die wohl spektakulärsten Hinweise für das Vorhandensein von Seelen treten bei spiritistischen Sitzungen auf. Ich möchte hier vor allem das polnische Medium **Franek Kluski**, im 'normalen' Leben ein Bankier namens **Teofil Modrzejewski** (1873 – 1943), beschreiben, weil von ihm bei vielen Séancen von den »Erscheinungen« mittels eines Wachsbades damals sogenannte »Paraffinhandschuhe« erzeugt wurden. Als wesentliche Quelle wird die 1926 in der *Zeitschrift für Parapsychologie* erschienene Abhandlung von F. W. Pawlowski, Professor für Anatomie an der Universität Michigan, verwendet.[162]

Zur Persönlichkeit des Mediums:

»Franek Kluski ist ein hochgebildeter und kultivierter Mann.
Er stammt aus einer angesehenen und wohlbekannten Familie,
ist vollendeter Dichter und nimmt eine hervorragende Stellung

in einer Bank ein. Er ist bei seinen Freunden bekannt als sehr
angenehmer Kamerad und als Gesellschafter sehr beliebt und
geachtet. Obgleich seine Mediumschaft, wie auch die anderer
hervorragender Männer hereditärer (Anm.: vererbt) Art ist,
hat sie sich erst nach dem (ersten) Weltkrieg zu ihrer heutigen
Größe entfaltet. Kluski selbst erscheint sie rätselhaft, und er ist
ängstlich bemüht, sie auch richtig zu verstehen.

Er experimentiert, oder glaubt sich verpflichtet, mit einigen
persönlichen Freunden Versuche zu machen, zieht aber nur
ungern Fremde zu, da er fürchtet, man möchte ihm durch un-
angebrachten und falschen Übereifer auf der Jagd nach »Betrügereien« körperlichen Schaden zufügen. Durch die verleumde-
rischen Anklagen, die von voreingenommenen Forschern und
Gelehrten gegen Medien erhoben werden, wurde er sehr ver-
ärgert und misstrauisch, weshalb er seinen wahren Namen unter einem Pseudonym verbirgt. (...) Herr Kluski schlägt häufig
Angebote von tausenden von Dollars aus, die ihm von Fremden
für eine einzige Sitzung geboten werden. (...)

Natürlich ist Herr Kluski gerne bereit, Forscher und Gelehrte,
die sich für die Phänomene ernsthaft interessieren, zuzulassen,
und fügt sich allen möglichen Kontrollbedingungen, sobald er
sich von der Loyalität der Herren ihm gegenüber überzeugt hat.
Er machte Reisen zu Versuchszwecken nach Frankreich und
Italien und wurde auch in Warschau von fremden Gelehrten für
Sitzungen gewonnen.«

Zu den Vorbereitungen für die Sitzungen:

»Die gewöhnlichen Vorarbeiten vor Beginn einer Sitzung bestehen in einer genauen Untersuchung des Versuchsraumes und
der darin sich befindenden Gegenstände, dem Verschließen
und Versiegeln der Fenster und Türen und deren Bekleben mit
Wachspapierstreifen, auf welche die Sitzungsteilnehmer geheime Zeichen oder ihre Unterschrift anbringen. Auf Wunsch und
wenn keine Damen beim Zirkel anwesend sind, arbeitet Herr
Kluski vollkommen nackt.«

Die Phänomene und Erscheinungen, die Pawlowsky schildert, sind schier »unglaublich«. Die umfangreichste Schilderung des Phänomens Kluski stammt von Gustave Geley.[163]

»Im Falle Kluskis erschienen die Phantome meist unerwartet hinter oder neben dem Medium. Ich sah dann etwas wie einen leuchtenden Rauch oder Nebel, der über dem Kopf des Mediums wie eine kleine Wolke lag. Die Wolke ging seitwärts, und in wenigen Sekunden wurde daraus ein menschlicher Kopf; oder sie breitete sich senkrecht aus, und es wurde aus ihr eine ganze menschliche Erscheinung, die sofort anfing herumzugehen. Sehr oft erschienen sie in Entfernung vom Medium hinter den Rücken der weit weg sitzenden Teilnehmer und oft auch in einem entfernten Teil des Sitzungsraumes.

Bei verschiedenen Gelegenheiten erschienen die Phantome hinter meinem Rücken. Ich wurde ihrer durch das Geräusch ihres Atems gewahr, das ich deutlich hören konnte, noch bevor die mir gegenüber Sitzenden sie sahen. Wenn ich mich umdrehte, sah ich ihre Gesichter einen Fuß breit von mir entfernt, sie lächelten und sahen mich aufmerksam an. Manche von ihnen atmeten so heftig, als kämen sie von einem anstrengenden Lauf, und bei dieser Gelegenheit fühlte ich ihren Atem auf meinem Gesicht. Einmal horchte ich auf den Herzschlag eines Phantoms.

Die Erscheinungen bewegten sich rund um den Tisch und um die Teilnehmer. Sie machten so seltsame Sprünge und Bewegungen, dass, wenn sie wirklich mit dem Medium durch eine ektoplasmatische Schnur (= Ein Stoff, der bei vielen anderen Medien aus Körperöffnungen tritt, und den Ausgangspunkt oder Stoff für die Materialisationen bildet. Bei Kluski wurde von Ektoplasma nicht berichtet. Anm. d. V.) oder ein ebensolches Band verbunden gewesen wären, die Teilnehmer davon hätten umwickelt werden müssen. Ich habe in diesem Zirkel von den Teilnehmern nie eine derartige ektoplasmatische Verbindung nennen hören.

Das Gewicht der Phantome war, nach dem Klang ihrer Schritte auf dem Fußboden, normal. Auch hatte man beim Befühlen der Körper den Eindruck von Dichtigkeit. Trotzdem

flogen manche Erscheinungen durch die Luft, über den Tisch
und die Teilnehmer hinweg, wenn man es wünschte. Bei einer
solchen Gelegenheit sah ich zwei Phantome über unsere Köpfe
im hohen Zimmer fliegen und seltsame Volten machen, während eines das andere mit Leuchtplatten[164] beleuchtete. Es war
wirklich ein schöner Anblick, eine Art Luftballett.

Sehr oft legten die Phantome, nachdem sie eine Runde um
den Tisch gemacht hatten und bevor sie verschwanden, gerade vor mich die Leuchtplatten hin. Ich versuchte zweimal, die
nächste Erscheinung vom Ergreifen der Leuchtplatten dadurch
abzuhalten, dass ich sie selbst in die Hand nahm. Sie wurden
mir aber jedes Mal mit einem festen starken Griff weggenom-
men.

Das Überraschendste und Interessanteste an den Erscheinungen, sozusagen das Wichtigste für mich daran, war das vollkommen menschliche Betragen derselben. Sie benahmen sich
wie Teilnehmer an einer Gesellschaft. Bei ihrem Rundgang
um den Tisch begrüßten sie die mehr familiären Teilnehmer
mit einem Lächeln des Erkennens, während sie im Zirkel neue
Personen aufmerksam musterten. Der neugierige Ausdruck in
ihren Augen ist schwer zu beschreiben und gleicht dem von
Kindern im Alter des Erwachens ihrer Intelligenz. Man denkt
unwillkürlich daran, wer von beiden, Mensch oder Phantom,
interessierter ist, den anderen zu sehen.

Einige Phantome sind sehr abgeklärt, andere zeigen eine hei-
tere Veranlagung. Ich konnte aus ihren Bemühungen, unsere
Blicke, unser Lächeln, unser Fragen und Antworten zu verstehen, und aus ihren Handlungen entnehmen, dass es ihnen sehr
darum zu tun war, uns davon zu überzeugen, dass sie wirkliche
Wesenheiten und keinen Illusionen oder Halluzinationen sind.

Da die Erscheinungen so vollkommen menschliche und zu-
gleich realistische sind, wird der kritiklose Skeptiker sagen:
»Ja, das ist einfach, es sind eben wirkliche Menschen.« Doch
dies würde die teilweise Materialisation von lebenden Händen,
Armen und Köpfen nicht erklären. Auch sind die Erscheinungen nicht immer von normaler Größe. Gegen Ende der Sitzung,
wenn das Medium bis zu einem gewissen Grade erschöpft ist

oder wenn es schon vor der Sitzung weniger gut disponiert war, haben die Phantome nicht die volle Größe, sondern nur zwei Drittel oder ein halb davon. Als ich ein solches Phantom zum ersten Mal erblickte, glaubte ich, es sei ein Kind, aber bei näherer Betrachtung sah ich an dem faltenreichen Gesicht, dass es eine alte Frau oder ein alter Mann war, nur unter Normalgröße. Der Zirkelleiter pflegt in einem solchen Fall zu sagen: »Wir wollen dem Medium helfen«, (ein technischer Ausdruck im Zirkel). Er fängt dann an, im Takt zu klopfen, wobei alle Teilnehmer tief und regelmäßig atmen. Der Effekt dieser Prozedur ist wunderbar: die verkleinerte Phantomgestalt wächst und erreicht in wenigen Sekunden ihre volle Größe.

Die bei Kluski sich zeigenden Phantome gehören verschiedenen Nationen an und sprechen gewöhnlich ihre Muttersprache. Dessen ungeachtet verstehen sie die in jeder Sprache an sie gerichteten Worte sehr gut. (Gewöhnlich wird im Zirkel Polnisch gesprochen.)

Sie scheinen die Gabe zu haben, in den Seelen anderer zu lesen, denn es ist nicht nötig, einen Wunsch oder eine bestimmte Frage auszusprechen. Der Gedanke allein genügt schon, um ausgeführt zu werden. Man braucht nur zu denken, dass das Phantom dies oder jenes tun soll, so wird es ausgeführt oder die Ausführung verweigert. In der Tat, einige von ihnen weigern sich manchmal, gewisse Dinge zu tun, oder sie erklären, dass sie es gar nicht machen können oder nicht zu dieser Stunde, oder sie versprechen, es bei anderer Gelegenheit zu tun oder es zu versuchen.

Nicht alle Erscheinungen können sprechen. Viele ziehen es vor, sich durch Klopfen zu verständigen, was sehr langweilig und zeitraubend ist, weil man immer mit dem Alphabet von vorne buchstabieren muss. Die Stimmen sind vollkommen deutlich und von normaler Tonstärke. Sie hören sich auch an wie ein leises Flüstern.

Der beim Sprechen die Gesichter belebende Ausdruck ist sehr überzeugend. Bei einer Gelegenheit konnte ich deutlich den Ausdruck der Erwartung im Gesicht der Erscheinung eines Türken (von den anderen Teilnehmern oft gesehen) wahrnehmen, der sich vor mir verneigte und sagte:»Chokyash Lehistan«. Als er bemerkte, dass ich ihn nicht verstand, wiederholte er freundlich lächelnd dieselben Worte. Nicht wissend, was er wollte, aber aus dem Sympathiegefühl des Polen auf seine ritterliche Nation heraus, sagte ich zu ihm:»Vive la Turquie.« Man konnte deutlich sehen, wie erfreut er darüber war. Er lächelte, seine Augen strahlten, er kreuzte die Arme, verbeugte sich und verschwand. Ich notierte mir die Worte in polnischphonetischen Lauten auf meinen Notizblock. Am nächsten Tag ließ ich sie mir von einem Kenner der Sprache übersetzen und fand, dass es heißt:»Vive la Pologne.««[165]

Nun zum Thema der **Paraffinformen von Händen und Füßen**, die ja über die jeweilige Sitzung hinausgehende Beweisstücke darstellen. Pawlowsky berichtet:

Die Phantome»gehen, wenn sie den mit flüssigem, erwärmtem Paraffin gefüllten Eisentopf auf dem Tisch wahrnehmen, mit sichtlichem Vergnügen daran und machen auf Wunsch Formen von ganz speziellen und komplizierten Stellungen. Ich hörte, dass Zirkelteilnehmer bei verschiedenen Gelegenheiten dem Paraffin Farbstoffe und besondere Chemikalien, die man später in den Formen feststellen konnte, beigemengt haben, dass man vor und nach dem Experiment das Gewicht des restierenden Paraffins, der Formen und der Paraffinabfälle abwog und komplementär fand. Diese Vorsichtsmaßregeln wurden in meiner Gegenwart nicht angewendet, doch waren verschiedene Begleitumstände so überzeugend, dass man von weiteren Kontrollmaßnahmen absehen konnte; für mich waren sie überflüssig. Das auf einem zweiten Tisch sonst bei derartigen Versuchen befindliche Gefäß mit kaltem Wasser ist in diesem Zirkel nicht nötig.
Die Phantome tauchen ihre Hände in das Paraffin und lassen die handschuhartigen Formen auf den Tisch fallen. Wenn die Phantomhand selbstleuchtend ist, so sieht man sie im flüssigen Paraffin plätschern, wie einen Goldfisch im Aquarium.
Die Handschuhe wurden ziemlich unsorgfältig von den Phantomen abgelegt, und bei der Gelegenheit fiel ein Paar davon

vom Tisch herab auf meinen Schoß und von da zu Boden. Ich machte die anderen Teilnehmer darauf aufmerksam und bat sie, die Füße nicht zu bewegen, damit die Formen nicht beschädigt würden. Ein Teilnehmer bat das Phantom, die Formen zu holen und auf den Tisch zu legen, was sofort geschah. Dabei wurde mein Fußknöchel fest angefasst und mein Bein beiseitegeschoben, damit mehr Platz würde unter dem Tische, wo sich vierzehn Beine (inkl. der des Mediums) befanden.

Das Phantom braucht 30 – 45 Sekunden Zeit zur Herstellung einer Form, bis das Paraffin nur so weit abgekühlt war, dass er ihn abstreifen konnte. Wenn ein Mensch dies versuchte, dauerte es viel länger, und auch dann war es unmöglich, den Handschuh, ohne ihn zu zerbrechen, von der Hand zu streifen. Ja, ich konnte es nicht einmal mit einem einzigen Finger, der bis zum zweiten Glied im Paraffin getaucht war, fertigbringen.

(…) Ich fand es ziemlich schwer, (Abgüsse) herzustellen, und will deshalb den Lesern einige praktische Hinweise aus meiner Erfahrung geben. Die Paraffin-Handschuhe oder -Formen sind so zart, dass sie, wenn sie mehrere Stunden auf dem Tische liegen, durch ihr eigenes Gewicht in sich zusammenfallen; sie dann wieder auseinanderzubringen, ist unmöglich. Ich versuchte es, zerstörte aber dabei die Form. Beim Ausfüllen der Form mit Gips wird durch den hydraulischen Druck des Gipses die Form sehr leicht zerrissen. Deshalb habe ich dieselbe mit Sand umgeben, dass sie dem Druck von innen leichter standhält. Damit hatte ich sehr zufriedenstellende Resultate; es gehören auch zur Ausführung drei Personen. Die erste mischt und sorgt für genügend vorbereitetes Gipsmaterial, die zweite füllt ein, die dritte muss immerzu Sand um die eingefüllte Form häufen.

Wenn die Form gekrümmte Vertiefungen, die von gebogenen oder gefalteten Fingern herrühren, aufweist, so müssen diese Vertiefungen durch Drehen des Handschuhes zuerst ausgefüllt werden, da sonst durch die Luftblase die Einfüllung verhindert wird.«[166]

Zwei sehr bemerkenswerte Details möchte ich noch hervorheben:

»Als ich das Paraffin einer Männerhand von dem Gipsabguss durch Eintauchen in heißes Wasser ablöste, bemerkte ich eine Anzahl von Haaren, die im Wasser schwammen. (Gewöhnliche Haare, von der Art, wie sie auf Handrücken und dritten Fingergliedern vorkommen.) Da ich vollkommen sicher war, ganz reines Wasser und eine weiße Porzellanschüssel beim Versuch verwendet zu haben, war ich durch diese Entdeckung sehr überrascht. Ich betrachtete also nochmals die bisher gemachten Abgüsse und bemerkte bei einem davon durch die relativ dünne Paraffinschicht einige Haare oder Haarflaume, die sich im Paraffin befanden.«[167]

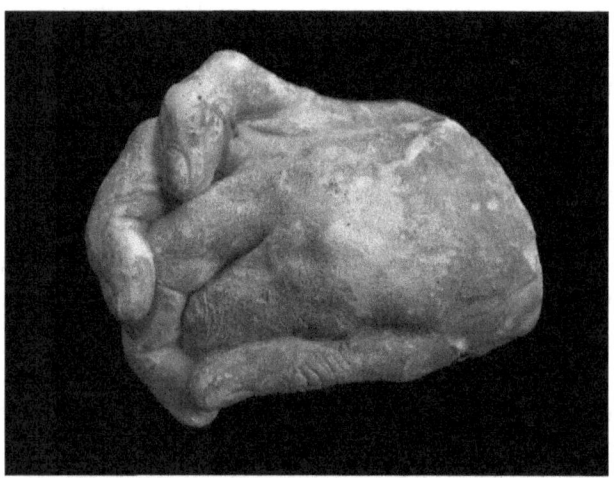

*Abb. 31: Ein Gipsabdruck eines in einer Sitzung von Franek Kluski
entstandenen Paraffinhandschuhs
(Quelle: http://helenaaether.blogspot.co.at)*

Das Abstreifen des Paraffinhandschuhs ist, vor allem wenn dieser wie hier nur aus einer einzigen Schicht besteht, ohne der Möglichkeit des »Verschwindens«, des Übergehens in einen feinstofflichen Zustand, der physische Materie ungehindert durchdringen kann, nicht möglich. Das Beispiel mit den Härchen zeigt, dass die Phantome zumindest teilweise in den vollen physischen Zustand kommen. Es überrascht, dass die Härchen nicht so wie die Hand wieder in einen feinstofflichen Zustand übergehen und ebenfalls »verschwinden«. Dass hier physische Artefakte des Phantoms selbst erhalten bleiben, birgt aber die interessante Möglichkeit, bei identifizierbaren Phantomen mittels eines DNS-Tests die Identität zu überprüfen. Dies gilt natürlich auch für die Fingerabdrücke.

>Zirkelteilnehmer sagten mir, dass man bei einer Sitzung die Form von zwei Händen erhalten habe, die gegeneinander gefaltet waren, die bei näherer Untersuchung aber sich als ein und dieselbe Hand erwies, die zweimal gleichzeitig geformt worden war. Dies ist ein rätselhafter und unerklärbarer Fall.«[168]

Es ist auch von anderen spiritistischen Fällen bekannt, dass Phantome durchaus bemerkenswert sind, um anerkannt zu werden. Sie beteiligten sich auch hier mit Vergnügen an der Erzeugung der Wachshandschuhe. Darum kommt es vor, dass sie eigene Ideen verwirklichen, um Überzeugendes oder Rätselhaftes zu produzieren. Sie verhalten sich auch in dieser Hinsicht geradezu menschlich.

Schließlich seien noch die Tierphantome erwähnt:

>Von Tierphantomen zeigten sich meistens Eichhörnchen, Hunde und Katzen. Bei einer Gelegenheit kam ein Löwe und ein andermal ein großer Vogel, ein Falke oder Bussard. Ich selbst sah die zwei zuerst erwähnten Beispiele: das Eichhörnchen hüpfte ganz natürlich auf dem Tische umher. (Ich kenne die Art dieser Tiere ganz genau, da ich viel auf dem Lande lebe.)

Der Hund lief schweifwedelnd um den Tisch, sprang auf den Schoß der Teilnehmer und leckte ihr Gesicht. Kurzum, er betrug sich nach jeder Hinsicht so wie ein erzogener Hund sich gebärdet.

Der Löwe aber benahm sich, wie mir berichtet wurde, bedrohlich; er schlug mit dem Schweife und streifte dabei Möbel. Die erschrockenen Sitzungsteilnehmer waren unfähig, dieses Tier zu kontrollieren, sie brachen die Sitzung ab, indem sie das Medium weckten.

Der Bussard flog herum, mit den Flügeln an den Wänden und an der Decke anschlagend, wurde er mit Blitzlicht fotografiert, da ein gebrauchsfertiger Apparat vor Kluski stand.«[169]

*Abb. 32: Franek Kluski mit einem in einer Sitzung materialisierten
Bussard oder Falken*

Untersuchen wir das bisherige begrenzte Material durch Betrachtungen
aus den Sichtweisen der drei Weltanschauungstypen.

Beurteilung des Phänomens »Phantomhandschuhe«

Aus der Sicht des **materialistisch-atheistischen Paradigmas** gibt es
keine plausible Erklärung für derartige Phänomene. Alle mir zugängli-
chen Quellen geben lediglich Beschreibungen der Phänomene und keinerlei Erklärungen an. Darum ist es verständlich, dass das Phänomen
einfach in der Versenkung verschwindet und keinerlei weitere wissenschaftliche Betrachtung nach sich zieht. Es ist bezeichnend, dass das
Stichwort »Franek Kluski« im deutschen Wikipedia (20.1.2012) keine
eigene Seite hat. Unter dem Stichwort »Parapsychologie« findet man
folgende Formulierung:

> »Die ersten Forschungen fanden statt mit dem Medium Franek
> Kluski, dem nachgesagt wurde, Tiere und menschliche Formen
> materialisieren zu können.«[170]

Hier sei noch eine Art von Kritik angefügt, die im Internet zu finden ist. Sie stammt von den Varietékünstlern Massimo Polidoro und Luigi Garlaschelli, die sich zum Ziel gemacht haben, parapsychologische Phänomene auf konventionelle Weise zu erklären. Sie haben versucht, die Wachshandschuhe zu produzieren und geben vor, dies geschafft zu haben. Sie behaupten, dass es möglich sei, Wachshandschuhe in den komplizierten Formen, wie man sie bei Kluski fand, herzustellen. Sie erzeugten die Wachsformen offensichtlich durch mehrmaliges Eintauchen, wodurch diese sehr dick wurden. In diesem Zustand kann man mit viel Mühe und Knetarbeit offensichtlich die Wachshandschuhe abstreifen.

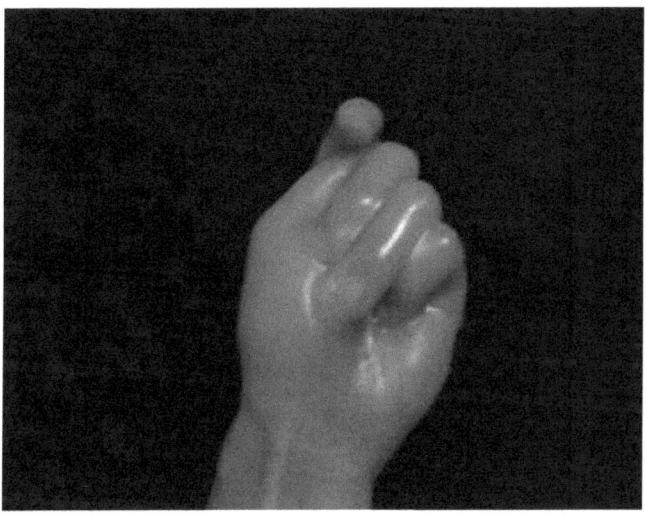

Abb 33: Ein von Massimo Polidoro und Luigi Garlaschelli nachgemachter Wachshandschuh noch an der Hand. Man erkennt am Übergang des Mittelfingers und Zeigefingers zur Handfläche deutlich, dass die Hand mehrere Male eingetaucht wurde. (Quelle: http://www.paranormalium.pl/zawstydz-franka-kluskiego-czyli-jak-wykonac-swoj-w,805,16,artykul.html)

Damit ist aber keineswegs der Beweis für einen Betrug von Kluski geführt, denn man kann damit nicht erklären, wie vorgefertigte Paraffinformen in das Zimmer gelangt sein könnten. Es ist nicht geklärt, wie man die Produktion der Formen durch Geister vortäuschen konnte und die die Wachsformen produzierenden Hände stammen offensichtlich nicht von Kluski. Außerdem deutet die Schilderung von Prof. Pawlows-

ky auf eine rasche und damit extrem dünnschichtige Produktion der
Paraffinformen hin.

Da Massimo Polidoro und Luigi Garlaschelli keine dieser ihre Arbeit
einschränkenden Argumente auch nur andeuten, muss man ihre Arbeit
als illusionistische Effekthascherei klassifizieren, so wie dies auch bei
ihren anderen Versuchen, etwa das *Turiner Grabtuch* zu reproduzieren,
ersichtlich wird. Nur Teile des Phänomens zu »erklären«, bringt uns
der Lösung nicht näher, sondern kann uns, indem es einen falschen
Anschein erweckt, sogar davon entfernen.

Aus der Sicht der **dualistisch-theistischen Weltsicht** sind derartige
Phänomene möglich. Sie gelten als Wunder, denn man weiß nicht, wie
sie produziert werden. Das dualistisch-theistische Weltbild hat kaum
Untersuchungsmethoden entwickelt und auch keine detaillierteren
Theorien, auch wenn die verschiedensten Phänomene untersucht wer-
den und ihr Vorhandensein zumindest festgestellt wird.

Im **monistisch-pantheistischen Weltbild** ist die Erklärbarkeit vieler
Phänomene gegeben. Dies bedeutet nicht, dass klare Theorien zur Erklärung von Phänomenen öffentlich existieren. Aber man kann mit den
vorhandenen Basistheorien plausible Erklärungen entwickeln.

Versuchen wir das im Falle der Phänomene von Kluski. Zunächst ist
die Existenz von Seelen und feinstofflichen Wesenheiten ein integrierter Bestandteil des Weltbildes. Alle feinstofflichen Existenzebenen sind
vollkommen ineinander geschachtelt und funktionieren trotzdem weitgehend unabhängig. Eine spezielle Art von Spuk wird zum Beispiel so
erklärt, dass es gewisse feinstoffliche »Kadaver« gibt, die aber trotzdem
einen Restwillen zum Überleben haben. Sie zeigen sich unter Anstren-
gung manchmal Menschen, um diese zu erschrecken und aus der Ener-
gieausschüttung des Erschreckten Energie zu gewinnen. Diese Energie
ermöglicht den Kadavern eine weitere »Lebenszeit«. Der Mensch ist nach
einem derartigen Schock üblicherweise erschöpft und benötigt Erholung.

Auch die Medien sind nach Sitzungen mehr oder weniger lang erschöpft. Bei Kluski waren die Erschöpfung und die notwendige Rege-
nerationszeit erstaunlich gering. Natürlich wird auch viel Energie von
den vorhandenen Sitzungsteilnehmern beigesteuert.

Bei den meisten anderen Medien, die in der Lage waren, Phantome zu erzeugen, bildeten sich diese üblicherweise im vom Medium ausgeströmten Ektoplasma ab. Die Phantome von Kluski sind jedoch viel realistischer beschrieben. Sie waren sogar in der Lage, auf Aufforderung eine 30 kg schwere Büste zu verstellen.

Das **Phänomen der Variabilität der Größe der Phantome** ist allerdings ein rätselhaftes Phänomen. Die Phantome sind physisch spürbar, aber ein »alter Mann« kann die Größe eines Kindes haben und dann einfach an Größe zunehmen oder, wenn wenig Energie da ist, auch wieder abnehmen. Wie verhalten sich die Zellen, Moleküle und auch die Atome? Werden die auch größer und kleiner?

Kluski behauptete, nicht zu wissen, wie man solche Phänomene hervorbringt. Sein Interesse für objektive Untersuchungen zeigt dies auch. Aber er muss im Detail doch nicht wissen, wie es funktioniert, so wie wir nicht wissen, wie unser Körper im Detail funktioniert, oder wie die Wissenschaft mit der Elektrizität und dem Magnetismus sehr gut umgehen kann, ohne zu wissen, was Elektrizität und Magnetismus wirklich sind?

Braucht ein Yogi, wenn er ein Phänomen hervorbringen kann, das Detailwissen darüber, wie er das vollbringt? Nein, er braucht es nicht. Braucht ein Mensch aus dem Umfeld des Yogis, der die hervorgebrachten Phänomene beobachtet, das Detailwissen über deren Funktionsweise? Nein, er braucht es nicht. Aber wir, weil die Phänomene mit unserem »herkömmlichen« Weltbild nicht übereinstimmen, wir brauchen Erklärungen.

Interessanterweise bringt gerade die materialistische Sichtweise technische Instrumente hervor, mit denen man die Phänomene immer genauer untersuchen kann. Wir müssen es aber auch tun.

* **Kann das Phänomen des Paraffinhandschuhs
   die Existenz von Seelen beweisen?**
Ein unumstößlicher Beweis ist der Paraffinhandschuh bislang nicht. Er ist ein starkes Indiz, aber es fehlt die Wiederholbarkeit des Phänomens. Zwar ist es nicht immer unumgänglich, alles reproduzierbar machen zu müssen, aber seit der Zeit Kluskis haben sich Verbesserungen bei den Aufnahmetechnologien ergeben, so dass man sich einem derartig außergewöhnlichen Phänomen heute viel besser nähern und das Phä-

nomen wesentlich besser fassbar machen könnte. Ich denke hier an die
Infrarotfilmtechnologie, an die DNS-Analyse für die Härchen, an die
Untersuchung der Fingerabdrücke bei den Paraffinhandschuhen, Be-
wegungsmelder, feinste sonstige Messgeräte zur Erfassung von Feldern
und vieles mehr.

Dies wäre realisierbar, wenn man wollte und wenn es so ein heraus-
ragendes Medium wie Franek Kluski noch einmal geben würde. Man
kann allerdings annehmen, dass, wenn die Haltung der Menschen den
Phänomenen gegenüber sich wieder etwas ändert, man auch wieder besondere Medien vorfinden wird.

Hier sei noch das Schlusswort von Prof. Pawlowsky zu seinem Bericht aus dem Jahr 1926 angeführt, das auch heute noch gültig ist.

»In jedem Fall bin ich überzeugt, dass wir an der Schwelle einer
neuen Wissenschaft und vielleicht auch einer neuen Ära sind.

Es ist jedermann unmöglich, diese Phänomene zu verneinen oder zu verwerfen, und es ist unmöglich, sie mit Taschen-
spielertricks zu erklären. Ich erkenne vollkommen an, dass es
für die Mehrzahl schwer ist, sie zu glauben, dass es schwer ist,
die Möglichkeit zu begreifen, dass innerhalb weniger Sekunden
lebende menschliche Wesen erscheinen, deren Knochen man
durch das Fleisch betasten kann, deren Herzschlag zu hören
und zu fühlen ist ... ich erkenne an, dass dies alles außerhalb
unseres Fassungsvermögens liegt. Wir sind durch die Wunder
der modernen Wissenschaft verdorben. Wir können an das Na-
türliche, das in so großer Schönheit zu uns kommt, wir können an das Geheimnis nicht mehr glauben. Dies anzunehmen,
würde unseren ganzen Standpunkt sowohl dem Leben und dem
Tod gegenüber von Grund auf verändern als auch den der Philosophie und Wissenschaften.«[171]

Kapitel 14

Die Meta-Analyse
zu den Seelenbeweisen

1. Schritt:
Wir haben zunächst einen Einblick in die Weltanschauungen gewon-
nen, die unterschiedliche Haltungen zum Begriff der Seele bewirken.
Das Ergebnis war, dass die monistisch-pantheistische Weltsicht stoffli-
che, aber feinstoffliche Seelen annimmt. Dies hat einen Vergleich der
Seelenvorstellungen ermöglicht.

2. Schritt:
Dann wurde untersucht, ob das Verwerfen der Hypothese des Lichtäthers zu Beginn des 20. Jahrhunderts richtig oder fehlerhaft war. Es
war falsch! Ergo, der Lichtäther existiert! Die Auswirkungen dieser
Tatsache auf die moderne Physik sind »kopernikanisch«. Die Auswirkungen umfassen auch die Möglichkeit der Existenz von Seelen!

3. Schritt:
Hier werden die engeren Beweise für die Existenz von Seele zusammengefasst. Die Beweise stützen sich gegenseitig, weil man auf verschiedenen Wegen zu identischen Ergebnissen gelangt. Da funktioniert
die Praxis, einfach ein beliebiges Gegenargument gegen eine Untersuchung als wahr zu präsentieren, nicht mehr. So viele Hinweise auf die
Existenz von Seelen lassen punktuelle Gegenargumente nicht zu.

Metabetrachtung der

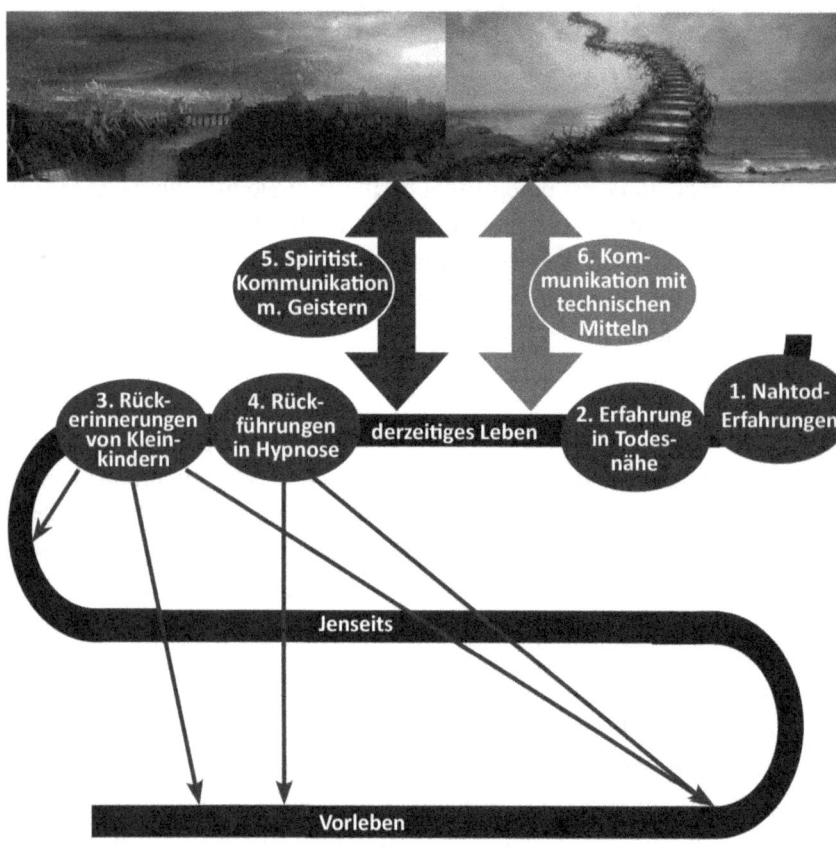

wichtigsten Seelenbeweise

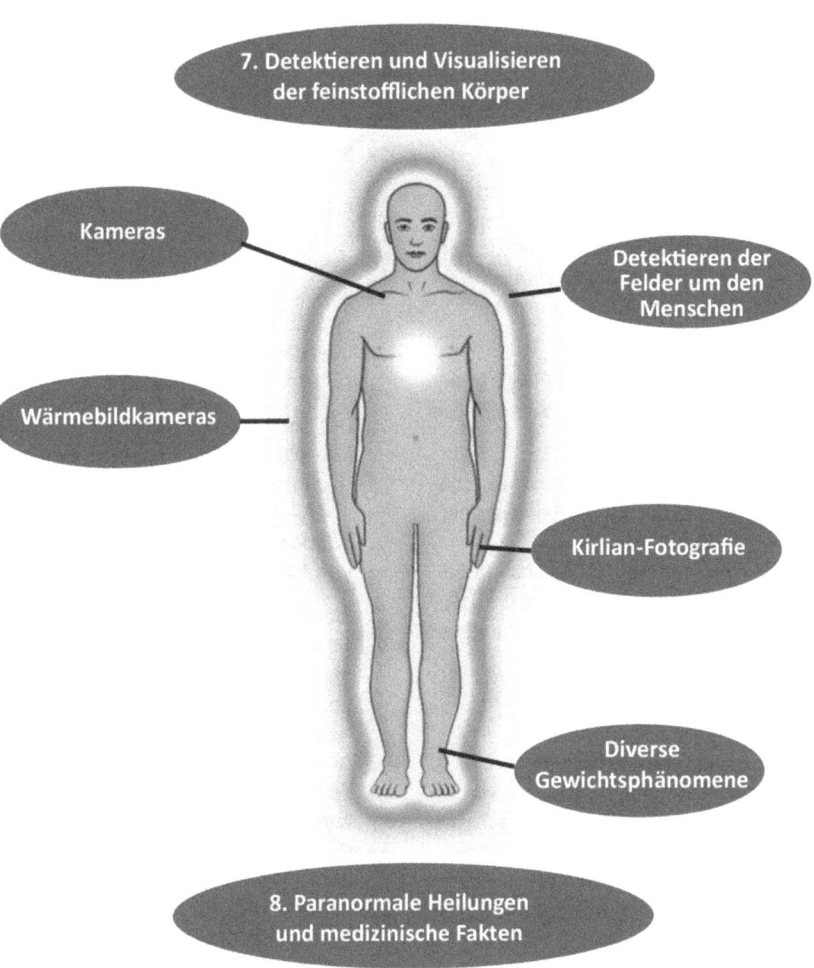

7. Detektieren und Visualisieren der feinstofflichen Körper

Kameras

Detektieren der Felder um den Menschen

Wärmebildkameras

Kirlian-Fotografie

Diverse Gewichtsphänomene

8. Paranormale Heilungen und medizinische Fakten

Metabetrachtung der

Die ganzheitliche Sichtweise, der META-SEELENBEWEIS!

In dieser Arbeit wurde versucht, mehrere Fachgebiete zu einer METASTUDIE zu vereinen.

- **Der Vergleich von Weltanschauungen:** Die Kritik an den "Seelenbeweisen" hat vielfach die Ursache in einer starken Ausrichtung auf **eine** Denkweise und der Unkenntnis anderer Weltsichten. Weltanschauungen werden vorgestellt, die viele Aspekte erklären können.

- **Die Einbindung der Physik in der Frage der Existenz feinstofflicher Materiearten.**

- **Der Vergleich der Forschungsbereiche, die auf die Existenz von Seelen hindeuten.**
  Die folgenden Punkte haben Gemeinsamkeiten, die nicht zufällig sind, sondern auf eine übergeordnete Deutung warten.

1. Nahtod-Erfahrungen

Nahtoderfahrungen sind Bewusstseinsphänomene, die bei vorübergehenden Zuständen des klinischen Todes auftreten. Konventionelle Theorien erklären sie mit Halluzinationen durch Sauerstoffmangel im Hirn und Ähnlichem.

Im Laufe der Untersuchung von mehreren tausend Fällen haben sich aber etwa zehn Aspekte ergeben, bei denen die Zuordnung zu halluzinativen Hirnaktivitäten sehr willkürlich erscheint. Es gibt zu viele Hinweise, dass das Bewusstsein bei Nahtod-Erfahrungen nicht körperlich lokalisiert werden kann.

2. Ungewöhnliche Phänomene in Todesnähe

Der Tod ist ein Rätsel. Auch weil rund um ihn viele Phänomene auftauchen. In Todesangst bei Unfällen werden diese oft schon vor dem Zusammenstoß von außen erlebt. In Todesnähe gibt es Visionen, bei denen Tote gesehen werden, von deren Ableben man nichts wusste, himmlische Musik wird gehört, Lichter und strahlende Nebel werden von manchen Anwesenden gesehen. Heilungen und unerwartete Symptomverbesserungen wie auch unerklärliche Geistesklarheit können kurz vor dem Tod auftreten.

Das Gebiet ist noch nicht sehr weit erforscht, aber die Phänomentypen sind unzweifelhaft.

3. Spontane Rückerinnerungen von Kleinkindern an Vorleben

Kleinkinder machen Aussagen, dass sie schon einmal gelebt haben. In manchen Fällen kann die beschriebene Familie gefunden werden. Die Aussagen lassen sich dann überprüfen. Diese Kinder erkennen Personen richtig, auch wenn sie anders vorgestellt werden, wissen Unbekannte intime Details, haben Verhaltensweisen, die auf das Vorleben schließen lassen, und haben manchmal sogar Narben, die mit Verletzungen aus dem Vorleben übereinstimmen.

Dieses Forschungsgebiet ist sehr gut untersucht, und alle zur Reinkarnation alternativen Erklärungsversuche scheitern.

wichtigsten Seelenbeweise

4. Rückerinnerungen an Vorleben unter Hypnose

Bei Krankheiten hat man Hypnose angewandt und kam dabei in Vorleben und auch in jenseitige Zwischenwelten. Es gibt einige Fälle, in denen die Aussagen weitgehend verifiziert werden konnten. Dies ist bei Erwachsenen aber viel schwieriger, weil ein Erwachsener viel mehr Möglichkeiten hat, zu Informationen zu kommen.

Durch die Gruppenhypnosen von Studenten konnte Prof. Helen Wambach geschichtliche Fakten nachweisen und auch zu unerwarteten, aber dann nachprüfbaren Ergebnissen kommen. Besonders aussagekräftig wären Fälle mit **Xenoglossie**, also der Fähigkeit in unbekannten Sprachen zu sprechen. Sie sind sehr selten, und nur wenige davon sind gut untersucht.

5. Spiritistische Kommunikation mit Geistern

Der Forschungsschwerpunkt ist älter. Der Höhepunkt war im 19. und beginnenden 20. Jahrhundert. Heute gibt es wenig spiritistisches Interesse. Die Phänomene sind aber parapsychologisch gut untersucht und bestätigt.

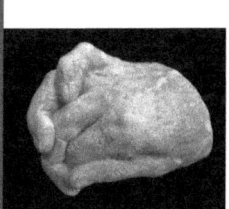

Der Fall Kluski mit dem **Phänomen der Paraffinhandschuhe** ragt heraus – Geister tauchten ihre Hände in Wachs und "zogen" die entstandenen Wachshandschuhe unversehrt aus.

Ausblick

6. Kommunikation mit Geistern mittels technischer Hilfsmittel

7. Nachweis der feinstofflichen Körper des Menschen

8. Spontane Heilungen und sonstige medizinische Phänomene

9. ......

Was fehlt noch?

- **Mehr Einblick in das monistisch-pantheistische Weltbild**
  Man wird ein Weltbild nur akzeptieren, wenn man es versteht. Hier ist noch viel verständlich zu machen.

- **Auseinandersetzung mit Parapsychologie und Yoga**
  Hier gibt sehr erhellende Parallelen. Es bietet sich auch ein Weg, sich außergewöhnlich zu vervollkommnen.

- **Weiterführung des Nachweises feinstofflicher Ebenen**
  Der physikalische Nachweis des Lichtäthers ist in einer Minimallösung geführt. Die immensen Auswirkungen dieser Erkenntnis sind aber sehr wichtig zu verstehen. Das ist aber für ein umfassendes Verständnis unumgänglich.

Warum Metabetrachtungen und was beweisen die Beweise?

Es ist verständlicherweise schwierig, Beweise zu akzeptieren, wenn die Veränderung des eigenen Weltbildes damit verbunden ist. Dies wird noch weiter erschwert, wenn das »neue Weltbild« fremd erscheint, weil man bisher keine Kenntnisse darüber sammeln konnte.

Genau hier liegt das wesentliche Problem der scheinbaren Unmöglichkeit, die Existenz von Seelen zu beweisen. Der Züricher ETH-Ingenieur Karl E. Müller, ehemals Präsident der »Internationalen Spiritualistischen Vereinigung«, sieht die Ursache darin,

> »dass der wahre Aberglaube unserer Zeit darin besteht, dass die Mehrheit der akademischen Welt fälschlicherweise glaubt, ihre materialistische Weltanschauung sei wissenschaftlich erwiesen.«[172]

Ich kann jetzt nicht davon ausgehen, dass jeder Leser den angedeuteten Switch des Denkens gemacht hat oder ihn machen möchte. Es geht eher um den Beginn eines Weges, der zur eigenen Einsicht über sein innerstes Wesen und sein Weltbild führt. Der wirkliche Weg zum Seelenbeweis beginnt jetzt – nach der Lektüre des Buches.

Nichts ist fertig. Aber ich denke, es ist gelungen, einen neuen Zugang zum Thema zu liefern, der im Laufe der Zeit eine Eigendynamik gewinnen kann. Das Thema der Existenz von Seelen gehört ins Bewusstsein der Menschen und der Gesellschaften.

Hier noch eine Zusammenfassung der Schritte zur Meta-Analyse zu den Seelenbeweisen:

1. Schritt: Die philosophisch-weltanschauliche Analyse

Es galt zunächst klarzustellen, dass die Hypothese der Existenz von Seelen jenseits der weltanschaulichen Grenzen des materialistisch-atheistischen Weltbildes liegt. Daher ist der Widerstand, der sich aus diesem Umstand ergibt, verständlich. Zudem wurde klargestellt, dass die Basis des materialistisch-atheistischen Weltbildes unbeweisbar ist und damit eine Begründung des Weltbildes durch eine Art von Glauben erfolgen muss.

Das heutige weltanschauliche Problem zeigt sich im unentschiedenen »Kampf« zwischen dem materialistisch-atheistischen und dem dualistisch-theistischen Weltbild. Dabei stehen auf der einen Seite die Theoriegebäude Evolutions- und Urknall-Theorie und auf der anderen Seite der Kreationismus, also die Schöpfungslehre. Ein neuer Ansatz ergibt sich durch Bewusstmachung des dritten existierenden weltanschaulichen Ansatzes, der monistisch-pantheistischen Weltsicht.

Es erscheint wichtig, diese Weltsicht heute neu zu begründen und in den wissenschaftlichen Diskurs einzuführen, weil sie die Möglichkeit einer Vermittlung zwischen den oben erwähnten derzeit unentschieden und unentscheidbar streitenden Ansätzen bietet.

Die Postulierung feinstofflicher Ebenen schließt, wegen der Stofflichkeit, eine wissenschaftliche Beweisbarkeit ein. Auf der anderen Seite erweisen sich die neu gefundenen Ebenen als belebt und bestätigen die Vorstellungen eines Jenseits. Damit sind beide Weltsichten zumindest teilweise bestätigt und doch verbunden in einer dritten. Man könte das monistisch-pantheistische Weltbild wegen der Notwendigkeit von feinstofflichen Ebenen auch als **»Spirituellen Materialismus«** bezeichnen. In dieser Weltsicht hat der Mensch mehrere feinstoffliche Körper. Mit anderen Worten: Die Existenz von Seelen ist tragender Bestandteil dieser Weltsicht.

2. Schritt: Der physikalisch-wissenschaftliche Zugang

Ohne die Vorstellung der Möglichkeit feinstofflicher Ebenen ist ein wissenschaftlicher Nachweis von Seelen nicht denkbar. Diese Strategie, eine feinstoffliche Ebene nachzuweisen, wurde in diesem Buch begonnen. Sie kann noch viel weiter geführt werden und in einer neuen Physik münden. Dies ist ein Ziel der weiteren Forschung.

3. Schritt: Die gesamthafte Betrachtung

Im dritten Teil des Buches wurden einige der eindrucksvollsten Indizien, Hinweise und Beweise für die Existenz von Seelen vorgestellt. Sie sollen als Summe wirken. Viele parapsychologische Phänomene sind bewiesen, aber so oft man sie auch beweist, bleiben sie unter den aktuellen Rahmenbedingungen doch immer unbeachtet und damit gewissermaßen »unbewiesen«.

Diese Pattsituation kann nur überwunden werden, wenn man die Hinweise, Indizien und Beweise bündelt und Ausflüchten und Pseudo-Argumenten den Boden entzieht oder besser sie gar nicht aufkommen lässt. Was hier allerdings noch fehlt, sind gesamthaft erklärende Theorien; denn wenn die Phänomene als Phänomene auch bestätigt sind, es braucht plausible Erklärungen, wie derartige Phänomene zustande kommen können. Damit sind wir wieder bei der ersten Strategie. Solange die philosophische Basis für Erklärungen nicht geschaffen wird, kommt man hier nicht zu einer standfähigen Basis, auf der Theorien und Hypothesen formuliert und überprüft werden können.

Weitere Schritte

Wie das Schaubild zu diesem Kapitel zeigt, wurden aus Platzgründen nur einige der möglichen Ansätze der Grenzwissenschaften in dieses Buch aufgenommen. So fehlt der große Bereich der technischen Möglichkeiten, die Existenz von Seelen zu beweisen.

Dazu gehören die Möglichkeiten, mit technischen Geräten Kontakt mit jenseitigen Seelen aufzunehmen. Es gibt auch einige Ansätze, die feinstofflichen Körper zu detektieren, sowohl bei Menschen im Stadium der physischen Existenz als auch bei Seelen, die als sogenannte »Verstorbene« gerade über keinen physischen Körper verfügen.

Karma und der Lebenssinn

Die Therapeuten, die sich mit Rückführungen beschäftigen, kamen ganz natürlich zu der Frage, warum es solche Schicksalsverknüpfungen zwischen verschiedenen Leben geben kann und was dies mit der Frage nach einem Lebensinn zu tun haben könnte. Die Idee ist aus den östlichen Religionen oder der orientalischen Philosophie bekannt. Der dort gebräuchliche Begriff Karma (Sanskr.: *Wirken, Tat*) lehrt ein psychisches Ursache-Wirkungsgesetz oder ein Prinzip des lebensübergreifenden Lernens.

Die Frage des Karmas und des Lebensinns gibt uns eine interessante Möglichkeit, die verschiedenen Phänomene, die Existenz von Seelen zu beweisen, zu verknüpfen.

Am deutlichsten hat sich das Thema Karma bei den Rückführungen in »frühere Leben« durch Hypnose gezeigt. Dieter Hassler hat aus der Fülle der von ihm untersuchten Fälle **dreiundzwanzig Arten** von Karma abzuleiten versucht.[173]

Unter dem Begriff Karma wird heute üblicherweise eine Art Strafe (»schlechtes« oder »negatives« Karma) und auch eine Art Belohnung (»gutes« Karma) verstanden. Die Rückführungen unter Hypnose sind natürlich eine sehr gute Gelegenheit, das Konzept des Karmas zu untersuchen. Es bestätigt sich hier, dass man es besser als Hilfsmittel zur Bewusstwerdung, also als Lernhilfe, ansehen sollte, denn die Krankheitssymptome verschwinden üblicherweise, wenn die in einem Vorleben befindlichen Ursachen der Symptome erkannt werden.

> »Ein Geschäftsmann war über seine seit über einem Jahr anhaltenden, nicht kurierbaren Magenschmerzen derart verzweifelt, dass er sich auf der Suche nach der Ursache sogar den Bauch aufschneiden ließ. Es wurde aber nichts gefunden. In seiner Not lässt er sich nun zurückführen und sieht sich dabei als Söldner in China, der damals mehr als 200 Menschen, die der Herrscher für Feinde hielt, getötet und regelmäßig ausgeweidet hatte. Er tat dies, ohne Schuldgefühle zu entwickeln, denn er hielt es für seine Dienstpflicht. Dieses Rückführungserleben führte aber noch nicht zu einer Heilung. Im Gespräch stellte sich dann zusätzlich heraus, dass der Mann vor einem Jahr als Jude zum Katholizismus übergetreten war und dabei das religiöse Versprechen abgegeben hatte, für alle seine Sünden bezahlen zu wollen. Das war offenbar der überraschende und versteckte Auslöser für sein heutiges Leiden: Er bezahlte heute seine karmische Schuld in Form der Magenschmerzen für die Taten als chinesischer Söldner. Die Heilung gelang nun und hält schon seit zehn Jahren an.«[174]

Ich kenne Fälle, bei denen die in der Rückführung erkannten Ursachen wieder aus dem Bewusstsein gedrängt wurden – und die Symptome kamen zurück.

Man sollte das Konzept des Karmas nicht zu einfach sehen, denn für das Schicksal spielen auch bewusste Entscheidungen von Seelen eine Rolle.

Ein Ehepaar hat in seinem früheren Leben sein Kind vernach-
lässigt und sogar verhungern lassen. Die Seele dieses Kindes
(oder eine andere) erklärt sich bei der Lebensplanung im Jenseits bereit, in der nächsten Inkarnation des Elternpaares, wenn
beide gemeinsam wieder Eltern sind, z. B. als behindertes oder
frühzeitig sterbendes Kind zu ihnen zu kommen. Die Kinder-
seele lebt im selbstgewählten Aufopferungskarma. Die Eltern
erhalten eine neue Gelegenheit, mit Kindern nun verantwor-
tungsvoll umzugehen und (vielleicht erst nach dem Tod des
Kindes durch die Trauer bewirkt) Kinder schätzen zu lernen
oder auf spirituelle Sinnsuche zu gehen.[175]

Fast alle Seelenbeweise berühren die Frage des Lebenssinns. Er besteht
in einer langfristigen Entwicklung der unsterblichen Essenz des Menschen. Der Sinn der physischen Existenz liegt in der Erkenntnis seines
eigenen Seins und des allumfassenden kosmischen Seins. Alle Fehler
führen zu Wiederholungen von Situationen. Die Wiedergeburt lässt die
konkreten Erinnerungen hinter sich. Sie wirken aber über das Unterbewusstsein. So kann eine Situation wieder neu durchlebt werden. Wenn
die intuitiv beeinflusste Handlung richtig war, dann sind die triebhaften
Impulse im Menschen offensichtlich (besser) unter Kontrolle, und ein
Lernschritt ist vollzogen.

Das heute dominierende materialistisch-atheistische Weltbild hat
keinen Zugang zur Frage nach dem Lebenssinn. Weshalb man davon
ausgeht, dass es keinen Seele gibt und damit auch keine Weiterexistenz
nach dem physischen Tod. Die Entstehung des Universums wie auch
die Entstehung des Lebens werden mit dem Zufall erklärt. Sogar jeder
Moment der Evolution ist geleitet vom Prinzip des Zufalls. Damit fehlt
dieser Weltsicht jede Zielgerichtetheit. Darum ist es nicht möglich, aus
ihr einen Lebenssinn abzuleiten.

Bertrand Russell argumentiert, dass man aus dem objektiven Natur-
prozess keinen Sinn ableiten kann.[176]

Ludwig Marcuse (1894 – 1971), ein deutsch-amerikanischer Philosoph, drückte dies so aus: »Der Sinn des Lebens ist ein sinnvolles
Wort, aber es lässt sich nichts Sinnvolles aussagen.«[177] Aus dieser
Haltung wird dann Religion als die Suche nach einem Ausweg aus
dieser Sinnlosigkeit angesehen. Wer ängstlich ist, braucht eine posi-

tive Lebenshypothese, die in der Absurdität der Religion gefunden wird.

Die Parapsychologie und die Todesforschung führen dieses Argument ad absurdum.

Abschließend noch einmal:
Es ist wesentlich zu wissen, ob man eine Seele ist oder nicht!

Die Frage nach der Existenz von Seelen ist eine Frage nach der eigenen Identität. Es macht einen Unterschied, ob man sich als Haufen »selbstorganisierender« Materie oder als Seele mit einer Aufgabe und einem Ziel sieht. Es macht einen Unterschied, ob die Vorstellung von Leben mit der Zeugung beginnt und mit dem Tod endet oder ob die Existenz über die Grenzen der Geburt und des Todes hinausreicht.

- **Das Bewusstsein als Seele macht Verantwortung bewusst.**
Sind unsere Taten ohne tiefere Bedeutung? Gibt es nichts ohne Bedeutung? Wenn unsere Taten über das Karma-Gesetz Wirkungen nach sich ziehen, dann sollte man auf seine Taten achten. Da Taten immer durch Gefühle und Gedanken ausgelöst werden, sollte man auch auf seine Gefühle und Gedanken achten.

- **Das Bewusstsein als Seele gibt dem Leben einen übergeordneten Sinn.**
Wozu sind wir auf der Welt? Haben wir eine Mission? Gibt es Aufgaben in diesem Leben? Wenn es solche gibt, dann ist es sehr hilfreich zu wissen, DASS es Aufgaben gibt. Mit dem Bewusstsein als Seele wird man Probleme als Proben auffassen. Und schon diese Haltung hilft bei der Lösung sehr.

- **Das Bewusstsein als Seele macht selbstbewusst.**
Wenn man sich als Seele fühlt, dann ist man in einen umfassenden Vorstellungsrahmen eingebunden, der auch große Aufgaben und Ziele als machbar und Probleme als überwindbar erscheinen lässt. Dies hat Auswirkungen darauf, was man als Erfolg ansehen kann. Kleine und materielle Ziele verlieren an Bedeutung. Die eigene Beherrschung, also

die Kontrolle der Emotionen, Gedanken und Sinne, wird bedeutender.
Der Wunsch, wirklich große Ziele anzugehen, nimmt zu.

- **Das Bewusstsein als Seele lässt achtungsvoller sein.**
Wer sich selbst als Seele empfindet, der sieht andere Wesen auch als
Seelen. Daraus entsteht ein grundsätzliches Empfinden von Achtung
gegenüber anderen Wesen.

- **Das Bewusstsein als Seele macht freier und lässt die Kräfte
leichter fokussieren.**
Wer sich als Seele empfindet, der muss nicht alles in ein Leben »stop-
fen«. Er kann leichter die Entscheidung treffen, dieses derzeitige Leben
einer bestimmten Sache zu widmen. Das schafft Erfolg und Zufrieden-
heit.

- **Das Bewusstsein als Seele lässt uns unsere Umwelt tiefer empfinden.**
So wie der Mensch in Entwicklung empfunden wird, so kann man alles uns Umgebende als in Entwicklung empfinden. Dies lässt die Tiere
und Pflanzen zu unseren »jüngeren Brüdern und Schwestern« werden.
Alles, was existiert, ist in seiner Weise auf dem Weg.

Das in der Antike in Delphi in der Vorhalle zum Apollon-Heiligtum
eingemeißelte Motto Γνῶθι σεαυτόν – »Erkenne Dich selbst« ist Ziel
und Weg.

In der Selbsterkenntnis wird die Seele ihrer eigenen Existenz gewiss!

Literaturverzeichnis

Alexander, Eben: *Blick in die Ewigkeit – Die faszinierende Nahtodeserfahrung eines Neurochirurgen*; München 2012.

Andreas, Peter; Kilian, Caspar: *Die phantastische Wissenschaft – Parapsychologie: Beweise für das Unglaubliche*; Düsseldorf 1973.

Andres, Peter: *Lichtbilder des Unsichtbaren: Phantom und Hologrammeffekte in Kirlianfotos aus den USA*. In: *Esotera* 7/1977, S. 593 – 597.

Arroyo, Stephen: *Astrologie, Psychologie und die vier Elemente*; Reinbek bei Hamburg 1989.

Ashby, Muata Abhaya: *Das Yoga der alten Ägypter*, Band 1; Burgrain 2001.

Asimov, Isaak: *Wege und Irrwege der Naturwissenschaft*; Düsseldorf/Wien 1969.

Assmann, Jan: *Moses, der Ägypter – Entzifferung einer Gedächtnisspur*; Frankfurt am Main 2000.

-----: Bommas, Martin (Hrsg.): *Ägyptische Mysterien?*; München 2002.

-----: *Ägyptische Geheimnisse*; München 2004.

Baer, Günther: *Spur eines Jahrhundertirrtums*; Dresden 1997.

Barborka, Geoffrey A.: *Der Göttliche Plan – Ein Kommentar zu »Die Geheimlehre« von H. P. Blavatsky*; Freiburg 2005.

Barnet, Lincoln: *Einstein und das Universum*; Frankfurt am Main 1956.

Barrow, John D.: *Die Entdeckung des Unmöglichen – Forschung an den Grenzen des Wissens*; Heidelberg/Berlin 2001; www.miriup.de/spur/index.html

Barth, Gotthard: *Der gigantische Betrug mit Einstein – Historisch und mathematisch*; Zwingendorf 1924.

Beauregard, Mario; O'Leary, Denyse: *The Spiritual Brain – How Neuroscience is Revealing the Existence of the Soul*; New York 2004.

Beckermann, Angar: *Das Leib-Seele-Problem: Eine Einführung in die Philosophie des Geistes*; Paderborn 2008.

Bedford, James; Kennsington, Walt: *Das Delpasse-Experiment – Eine Entdeckung im Zwischenbereich von Tod und Leben*; München 1977.

Beierwaltes, Werner: *Plotin – Über Ewigkeit und Zeit*; Frankfurt am Main 1967.

-----: *Platonismus und Idealismus*, Frankfurt am Main 1972.

-----: *Proklos – Grundzüge seiner Metaphysik*; Frankfurt am Main 1979.

Bender, Hans: *Unser sechster Sinn*; Stuttgart 1971.

-----: *Telepathie, Hellsehen und Psychokinese*; München 1984.

-----: *Parapsychologie*; Mühlheim bei Freiburg i. Br. 1999.

Bering, Jesse: *Die Erfindung Gottes – Wie die Evolution den Glauben schuf*; München 2011.

Berman, Phillip L.: *Wir sind nicht getrennt vom Himmel – Mystik und Nahtod-Erfahrung*; Amerang 2012

Bernstein, Morey: *Protokoll einer Wiedergeburt – Der weltbekannte Fall Bridey Murphy: Der Mensch lebt nicht nur einmal*; München 1973.

Besant, Annie: *Die uralte Weisheit*; München 1981.

-----:   *Die siebenfältige Natur des Menschen*; Graz 1985

-----:   *Der Mensch und seine Körper*; Grafing 2012

Bierach, Alfred: *Bioelektrizität – Erdstrahlen und atmosphärische Strahlung, elektrische Felder*; München 1984.

Biron, Georg: *Gibt es ein Jenseits – Übersinnliche High-Tech-Kontakte*; Wien 1994.

Blavatsky, Helena Petrowna: *Die Geheimlehre*, 4 Bände; Den Haag o. J.

-----:   *Die Geheimlehre – Die Synthese von Wissenschaft, Religion und Philosophie, Adyar Studienausgabe*; Satteldorf 1999.

-----:   *Glosario Teosófico – Explicación de los Principales Términos Ocultistas de Todas las Lenguas Antiguas*; Barcelona 1993.

-----:   *Haben die Tiere eine Seele?*; München 1994.

Bleibtreu-Ehrenberg, Gisela: *Der Leib als Widersacher der Seele – Ursprünge dualistischer Seinskonzepte im Abendland*. In: Jüttmann, Gerd et alii: a. a. O., S. 75 – 96.

Blum, Wilhelm; Seitter, Walter: *Georgios Gemistos Plethon (1355 – 1452) – Reformpolitiker, Philosoph, Verehrer der alten Götter*; Zürich, Berlin 2005.

Blumenthal, Otto; Sommerfeld, Arnold: *Das Relativitätsprinzip – Eine Sammlung von Abhandlungen*; Leipzig/Berlin 1913 (englische Originalausgabe aus 1904).

Böhme, Gernot; Böhme, Hartmut: *Feuer, Wasser, Erde, Luft: eine Kulturgeschichte der Elemente*; München 2010.

Born, Max: *Die Relativitätstheorie Einsteins*; Erstausgabe 1920.

Boyle, Robert: *The Origins of Forms and Qualities*; http://www.earlymoderntexts.com/pdfs/boyle 1666.pdf.

Bozzano, Ernesto: *Apparitions of deseased persons at death-beds*; Annals of Psychical Science, 3/1906, S. 67 – 100.

Breuer, Reinhard (Hrsg.): *Immer Ärger mit dem Urknall – Das kosmologische Standardmodell in der Krise*; Reinbek bei Hamburg 1993.

Brennan, James H.: *Astralprojektion – Anleitung zu außerkörperlichen Erfahrungen*; Freiburg im Breisgau 1989.

O'Brien, Denis: *Plotinus on Evil – A Study of Matter and Soul in Plotinus' Conception of Human Evil*. In: Schuhl, Pierre Maxime; Hadot, Pierre (Hrsg.): *Le néoplatonisme*; Paris 1971, S. 113 – 146.

-----:   *Plotinus on the Origin of Matter – An Exercise in the Interpretation of the Enneads*; Neapel 1991.

Born, Max: *Die Relativitätstheorie Einsteins und ihre physikalischen Grundlagen*, Berlin 1922.

Bourbaki, Georges: *Der Sündenfall der Physik*; München, o. J.

Brinkmann, Karl: *Grundfehler der Relativitätstheorie*; Tübingen, Zürich, Paris 1988.

Brock, Thomas: *Das Zwillingsparadoxon – Warum die Relativitätstheorie nur eine Theorie ist*; Erfurt 2001.

Brosche, P.; Liebscher, D.-E.: *Fallstricke zum Thema Aberration*, Version vom 12.3.1989.

Brown, George Burniston: *Have we abandoned the physical theory of nature?*; Zusammenfassung einer Vorlesung am Royal Institute of Philosophy, Okt. 1955. In: *Science progress*, 44, 1956, Nr. 176, S. 619 – 634.

Brown, Rick: *The Reincarnation of James – The Submarine Man*; Glendora CA USA 1989.

-----: *The Reincarnation of James, the Submarine Man*. In: *The Journal of Regression Therapy*, Vol. 1, No. 1, Dec. 1991, S. 62 – 71.

Bruno, Giordano: *Von der Ursache, dem Prinzip und dem Einen*; Hamburg 1993.

-----: *Über das Unendliche, das Universum und die Welten*; Stuttgart 1994.

-----: *Über die Monas, die Zahl und die Figur*; Hamburg 1991.

Brunton; Paul: *Von Yogis, Magiern und Fakiren – Begegnungen in Indien*; Freiburg im Breisgau 1974.

Brüntrup, Godehard: *Das Leib-Seele-Problem – Eine Einführung*; Stuttgart 1996.

Bucke, Richard Maurice: *Die Erfahrung des kosmischen Bewusstseins – Eine Studie zur Evolution des menschlichen Geistes*; Freiburg im Breisgau 1988.

Bührke, Thomas: *Einsteins Jahrhundertwerk – Die Geschichte einer Formel*; München 2015.

Cahill, Reginald T.: *Absolute Motion and Gravitational Effect*. In: *Apeiron*, Vol. 11, No.1, Januar 2004, S. 53 – 111.

Campbell, Donald D.: *'Downward Causation' in Hierarchically Organized Biological Systems*. In: Ayala, Francisco Jose; Dobzhansky, Theodosius (Hrsg.): *Studies in the philosophy of biology: Reduction and related problems*; London, Basingstoke 1974, S. 179 – 186.

Capra, Fritjof: *Das Tao der Physik*, München 1977.

-----: *Lebensnetz – Ein neues Verständnis der lebendigen Welt*; Bern/München/ Wien 1996.

Cerminara, Gina: *Erregende Zeugnisse von Karma und Wiedergeburt*; München 1963.

Cohen, Floris: *Die zweite Erschaffung der Welt – Wie die moderne Naturwissenschaft entstand*; Frankfurt New York 2010.

Collins, Harry M.: *Gravity's Shadow – The Search for Gravitational Waves*; Chicago, 2004.

Collins, Harry M.; Pinch, Trevor J.: *Der Golem der Technologie: Wie unsere Wissenschaft die Wirklichkeit konstruiert*; Berlin 2000.

-----: *Der Golem der Forschung: Wie unsere Wissenschaft die Natur erfindet*; Berlin 1999.

Conklin, E. K.: *Velocity of the Earth with Respect of the Cosmic Background Radiation*. In: *Nature* 222, S. 971 – 972 (7. Juni 1969).

Corey, B. E.; Wilkinson, David Todd: *Bulletin of the American Astronomical Society* 8, 351.

Cramer, Wolfgang: *Grundlegung einer Theorie des Geistes*; Frankfurt am Main 1999.

Crone, Katja; Schnepf, Robert; Stolzenberg, Jürgen (Hrsg.): *Über die Seele*; Berlin 2010.

Crowell, Ben: *Historical photos and information about the Hafele-Keating experiment*; http://www.lightandmatter.com/article/hafele_keating.html

Czernin; Rudolf: *Vom Liberalismus zur Anarchie – Dem Sturz ins Chaos begegnen!*; Graz 2002.

Czycholl, Dietmar (Hrsg.): *Als ich am gestrigen Tag entschlief – Erfahrungen Wiederbelebter in der Weltliteratur – Eine Anthologie aus drei Jahrtausenden*; o.O. 2003.

Daim, Wilfried: *Experimente mit der Seele*; Graz, Wien 1949.

Dalai Lama, Ekman, Paul: *Gefühl und Mitgefühl – Emotionale Achtsamkeit und der Weg zu seelischem Gleichgewicht*; Heidelberg 2013.

Darwin, Charles Galton: *The Clock Paradox in Relativity*. In: *Nature* 180, S. 976 – 977, 9. Nov. 1957.

Davidson, John: *Das Geheimnis des Vakuums – Schöpfungstanz, Bewusstsein und Freie Energie – Die Neue Physik aus mystischer Sicht*; Düsseldorf 1996.

Davis, Paul: *Gott und die moderne Physik*; München 1986.

Dawkins, Richard: *Der Gotteswahn*; Berlin 2007.

-----: *Die Schöpfungslüge – Warum Darwin recht hat*; Berlin 2010.

-----: *Is Science a Religion?*. In: *The Humanist*, 1997 Jan./Feb.; www.scepticalscience.com/essays/ science-religion-richard-dawkins/

De Meo, James: *Dayton Miller's Ether-drift Experiments – A Fresh Look*; www.orgonelab.org/miller .htm.

Descartes, Rene: *Prinzipien der Philosophie*; Hamburg 2005.

d'Inverno, Ray: *Einführung in die Relativitätstheorie*; Weinheim, New York, Basel Cambridge, Tokyo 1995.

Ditfurth, Hoimar von: *Innenansichten eines Artgenossen*; Düsseldorf 1989.

Dossey, Larry: *One Mind – Alles ist mit allem verbunden*; Amerang 2014.

Doucet, Friedrich W.: *Parapsychologie in Russland*; München 1983.

Döring, Heinrich; Kaufmann, Franz-Xaver: *Kontingenzerfahrung und Sinnfrage*. In: *Christlicher Glaube in moderner Gesellschaft*, Bd. 9; Freiburg, Basel, Wien 1981.

Dörrie, Heinrich; Baltes, Matthias: *Platonismus in der Antike*, 8 Bände; Stuttgart/Bad Cannstadt, ab 1991.

Driesch, Hans: *Unsterblichkeit*. In: *Zeitschrift für Parapsychologie*, Leipzig 1926, S. 38 – 41.

Du Prel, Carl: *Monistische Seelenlehre – Ein Beitrag zur Lösung des Menschenrätsels*; Leipzig 1888; https://archive.org/details/diemonistisches00prelgoog

Dürr, Hans Peter (Hrsg.): *Physik und Transzendenz*; Bern 1986.

-----: *Traumzeit – Über die Grenzen zwischen Wildnis und Zivilisation*; Frankfurt am Main 1984.

Eadie, Betty J.: *Licht am Ende des Lebens – Bericht einer außergewöhnlichen Nah-Todeserfahrung*; München 2000.

Eagelman, David: *The Brain – Die Geschichte von Dir*; München 2017.

Ebon, Martin: *PSI in der UDSSR – Religion ohne Kreuz*; München/Wien 1977.

Edwards, Michael Hobert: *Speaking to the Dead with Radios – Radio Sweep Electronic Voice Phenomena*; o.O. 2012.

Eddington, Arthur Stanley: *Raum, Zeit und Schwere – Ein Umriß der allgemeinen Relativitätstheorie*; Braunschweig 1923.

Ehrenfest, Paul: *Gleichförmige Rotation starrer Körper und Relativitätstheorie*. In: *Physikalische Zeitschrift*, Band 10, S. 918; de.wikisource.org/wiki/Gleichförmige_Rotation_starrer_ Körper_und_ Relativitätstheorie

-----: *Zur Krise der Lichtäther-Hypothese – Rede gehalten beim Antritt des Lehramtes an der Reichsuniversität zu Leiden*; Berlin 1913.

Einstein, Albert: *Zur Elektrodynamik bewegter Körper*. In: *Annalen der Physik* 1905, S. 891 – 921.

-----:   *Über einen die Erzeugung und Verwandlung des Lichts betreffenden heu-*
ristischen Gesichtspunkt. In: *Annalen der Physik*, 322, Nr. 6, 1905, S. 132 – 148.

-----:   *Über den Einfluss der Schwerkraft auf die Ausbreitung des Lichts.* In: *An-*
nalen der Physik, 1911, S. 898 – 908; http://www.itp.kit.edu/~schreck/general_re-
lativity_seminar/Ueber_den_Einfluss _der_ Schwerkraft_auf_die_Ausbreitung_
des_Lichtes.pdf

-----:   *Die Relativitäts-Theorie.* In: *Vierteljahresschrift der Naturforschenden Ge-*
sellschaft Zürich, Jahrgang 56, 1911, S. 1 – 14.

-----:   *Erklärung der Perihelbewegung des Merkurs aus der allgemeinen Rela-*
tivitätstheorie. In: *Sitzungsberichte der Königlich-Preußischen Akademie der*
Wissenschaften, Band 2, 1915, S. 831 – 839; ia801403.us.archive.org/25/items/
sitzungsberichte1915deut/sitzungsberichte1915deut.pdf

-----:   *Über die spezielle und die allgemeine Relativitätstheorie*; Braunschweig
1920.

-----:   *Über den Äther.* In: *Verhandlungen der schweizerischen naturforschenden*
Gesellschaft; Band 105, 1924, S. 85 – 93; http://dx.doi.org/10.5169/seals-90341

-----:   *Grundzüge der Relativitätstheorie – Vier Vorlesungen zur Relativitätstheo-*
rie; Braunschweig 1956.

-----:   Leopold Infeld: *Die Evolution der Physik – Von Newton bis zur Quanten-*
theorie; Hamburg 1959.

-----:   *Über die Spezielle und Allgemeine Relativitätstheorie – (gemeinverständ-*
lich); Braunschweig 1965.

-----:   *Die Hypothese der Lichtquanten*; Stuttgart 1965.

-----:   *How I created the theory of relativity.* In: *Physics Today* 1982, S.47; *AECP*,
Bd. 13, S. 638.

Eliade, Mircea: *Yoga – Unsterblichkeit und Freiheit*; Frankfurt am Main 1985.

-----:   *Das Okkulte und die moderne Welt – Zeitströmungen in der Sicht der Reli-*
gionsgeschichte; Salzburg 1978.

-----:   *Schamanismus und archaische Ekstasetechnik*; Frankfurt am Main 1989.

Essen, Louis: *Relativity and Time Signals.* In: *Wireless world*, 84, Okt. 1978.

-----:   *RELATIVITY – joke or swindle?.* In: *Electronics & Wireless World*, Feb.
1988, S. 126 – 127.

Eusterschulte, Anne: *Giordano Bruno – zur Einführung*; Hamburg 1997.

Gerhardt, Volker: *Der Sinn des Sinns – Versuch über das Göttliche*; München 2014.

Feld, Helmut: *Das Ende des Seelenglaubens – Vom antiken Orient bis zur Spätmo-*
derne; Berlin 2013.

Fenwick, Peter; Fenwick, Elizabeth: *The Art of Dying*; London 2008.

-----:   *The Truth of the Light: Investigations of Over 300 Near Death Experiences*;
Guildford UK 2011.

Ferguson, Marilyn: *Die Revolution der Gehirnforschung – Geheimnisse und Gefah-*
ren; Olten 1981.

Feyerabend, Paul: *Wider den Methodenzwang*; Frankfurt 1976.

Fickinger, William: *Miller's Waves – An Informal Scientific Biography*; Cleveland
2010; www.phys.cwru.edu/history/millerbook.pdf.

Field, George B.; Chaisson, Eric J.: *Das unsichtbare Universum – An den Grenzen der*
modernen Astrophysik; Basel/Boston/Stuttgart 1986.

Findlay, Arthur: *Beweise für ein Leben nach dem Tod*; Freiburg im Breisgau 1983.

Fischer, Ernst P.: *Das Genom*; Frankfurt am Main 2002.

Fischer, Len: *Der Versuch die Seele zu wiegen – und andere Sternstunden von Forschern und Fantasten*; Frankfurt/New York 2005.

Fischinger, Lars A.: *Der Blick ins Jenseits II – Was wir noch über das Leben nach dem Tod wissen*; Coesfeld-Lette 2004.

Fizeau, Hippolyte: *Ueber die Hypothese vom Lichtäther und über einen Versuch, welcher zu beweisen scheint, daß die Geschwindigkeit, mit welcher sich das Licht im Innern der Körper fortpflanzt, durch deren Bewegung geändert wird.* In: *Annalen der Physik, Ergänzungsband 3*, Leipzig 1853, S. 457 – 465; https//de.wikisource. org/wiki/Ueber_die_Hypothese_vom_Lichtäther.

FitzGerald, George Francis: *The Ether and the Earth's Atmosphere.* In: *Science*, 1889, 13, S. 390; https://archive.org/stream/science131889mich#page/390/mode/2up.

Frankl, Viktor E.: *Der Mensch vor der Frage nach dem Sinn*; München 2015.

-----: *Der unbewusste Gott – Psychotherapie und Religion*; München 2014.

Friedli, Richard: *Zwischen Himmel und Hölle – Die Reinkarnation. Ein religionswissenschaftliches Handbuch*; Freiburg i. Ue. 1981.

Frietsch, Wolfram: *Newtons Geheimnis – Wissenschaft und Esoterik – Zwei Seiten einer Medaille*; Gaggenau 2006.

Fromm, Erich: *Haben oder Sein – Die seelischen Grundlagen einer neuen Gesellschaft*; München 1982.

Fuller, John Grant: *The Ghost of Flight 401*; New York 1976.

Galeczki, Georg; Marquardt, Peter: *Requiem für die Spezielle Relativität*; Frankfurt am Main 1997.

Gehrcke, Ernst: *Die Kritik und Geschichte der neueren Gravitationstheorien.* In: *Annalen der Physik*, 51, 1916, S. 119 – 124.

Geissler, Kurt: *Gemeinverständliche Widerlegung des formalen Relativismus (von Einstein und verwandten) und zusammenhängende Darstellung einer grundwissenschaftlichen Relativität*; Leipzig 1921.

Geley, Gustave: *L'Ectoplasmie et la Clairvoyance*; Paris 1924.

Genz, Henning: *Die Entdeckung des Nichts – Leere und Fülle im Universum*; München/Wien 1994.

Gerber, Paul: *Über die räumliche und zeitliche Ausbreitung der Gravitation.* In: *Zeitschrift für Mathematik und Physik*, 43, 1898, H. 2, S. 93 – 104.

Goenner, Hubert: *Einsteins Relativitätstheorien – Raum, Zeit, Masse, Gravitation*; München 2002.

Greber; Johannes: *Der Verkehr mit der Geisterwelt Gottes – seine Gesetze und sein Zweck – Selbsterlebnisse eines katholischen Geistlichen*; Teaneck 1985.

Green, Brian: *Der Stoff aus dem der Kosmos ist – Raum, Zeit und die Beschaffenheit der Wirklichkeit*; München 2006.

Greenblatt, Stephen: *DIE WENDE – Wie die Renaissance begann*; München 2011.

Greiner, Walter: *Ist das Vakuum wirklich leer? Gedanken eines Physikers*; Wiesbaden 1980.

Gribbin, John: *Schrödingers Kätzchen und die Suche nach der Wirklichkeit*; Frankfurt am Main 1996.

Grof, Stanislav; Grof, Christina: *Jenseits des Todes – An den Toren des Bewußtseins*; München 1984.

Hafele, Joseph Carl; Keating, Richard E.: *Around-the-World Atomic Clocks – Predicted Relativistic Time Gains*. In: *Science*, 177, 1972, S. 166 – 168; ivanic3.narod. ru/Science/1972/177/Science_vol 177_1972.pdf.

-----: *Around-the-World Atomic Clocks – Observed Relativistic Time Gains*. In: *Science*, 177, 1972, S. 168 – 170; ivanic3.narod.ru/Science/1972/177/Science_vol 177_1972.pdf

Halfwassen, Jens: *Plotin und der Neuplatonismus*; München 2004.

-----: *Die Seele und ihr Verhältnis zum Geist*. In: Crone, Katja; Schnepf, Robert; Stolzenberg, Jürgen (Hrsg.): *Über die Seele*, Frankfurt am Main 2010, S. 56 – 76.

-----; Gabriel, Markus; Zimmermann, Stephan (Hrsg.): *Philosophie und Religion*; Heidelberg 2011.

Haraldson, Elendur: *Erscheinungen und Berichte über Begegnungen mit Verstorbenen*. In: Resch, Andreas: *Aspekte der Paranormologie – Die Welt des Außergewöhnlichen*. Innsbruck 1992, S. 469 – 484.

-----: Haraldson, Elendur; Osis, Karlis: *At the hour of Death – A New Look at Evidence for Life After Death*; Guildford UK 1977.

Harder, Michael: *Einsteins Irrtümer – Eine neue Geschichte von Raum und Zeit*; Norderstedt 2008.

Hardo, Trutz: *Wiedergeburt – Die Beweise ... und die Bedeutung für ein neues Bewusstsein*; Güllesheim 2012.

-----: *Das große Buch der Sexualität – Was Trancerückführungen offenbaren*; Güllesheim 2004.

Harris, Sam: *Das Ende des Glaubens: Religion, Terror und das Licht der Vernunft*; Winterthur 2007.

Harrison, Tom: *Leben nach dem Tod: Der schlüssige Beweis – Mein Leben mit den physikalischen Phänomenen der Materialisationen durch die Medialität von Minnie Harrison*; England 2013.

Hartmann, Franz: *Was ist Yoga?*; Calw Wimberg o.J.

Hartmann, Franz: *Theophrastus Paracelsus von Hohenheim*; Calw Wimberg o. J.

Hasmann, Gabriele: *Geisterjäger – Auf den Spuren des Übersinnlichen*; Wien 2009.

Hassler, Dieter: *...früher war ich mal groß. Und... – Indizienbeweise für das Leben nach dem Tod und die Wiedergeburt – Band 1: Spontanerinnerungen kleiner Kinder an ihr »früheres Leben«*; Aachen 2011

-----: *Geh zurück in eine Zeit... – Indizienbeweise für ein Leben nach dem Tod und die Wiedergeburt; Band 2a und 2b: Rückführung in »frühere Leben« und deren Nachprüfung*; Aachen 2015

Häusermann Potschar, Olga; Becker, Klaus Jürgen: *Russische Informationsmedizin – Die neun Basis-Techniken und ihre praktische Anwendung*; München 2014.

Hawking, Stephen: *Die illustrierte kurze Geschichte der Zeit - Aktualisierte und erweiterte Ausgabe*; Reinbeck bei Hamburg 1997.

-----: Mlodinow, Leonhard: *Der große Entwurf – Eine neue Erklärung des Universums*; Reinbeck bei Hamburg 2010.

Hawranke, Nina: *Der Tod ist nicht der Tod – Instrumentelle Transkommunikation als Draht zur Ewigkeit*. In: *Nexus* 27/2010, S. 28 – 47.

Heer, C. V.; Kohl, R. H.: *Theory for the Measurement of the Earth's Velocity through the 3 °K Cosmic Radiation*. In: *Physical Review* 174, 1968, S. 1611.

Heinisch, Klaus J. (Hrsg.); Morus, Thomas; Campanella, Tommaso; Bacon, Francis: *Der utopische Staat: Utopia. Sonnenstaat. Neu-Atlantis*; Reinbek 1960.

Heisenberg, Werner: *Wandlungen in den Grundlagen der Naturwissenschaft*; Leipzig 1943.

-----: *Das Naturbild der heutigen Physik*; Hamburg 1955.

-----: *Physik und Philosophie*; Frankfurt am Main, Berlin, Wien 1984.

-----: *Der Teil und das Ganze – Gespräche im Umkreis der Atomphysik*; München 1969.

Hermanni, Friedrich; Buchheim, Thomas (Hrsg.): *Das Leib-Seele-Problem – Antwortversuche aus medizinisch-naturwissenschaftlicher, philosophischer und theologischer Sicht*; München 2006.

-----: *Das Leib-Seele-Problem – Ein heterodoxer Lösungsvorschlag*. In: Hermanni, Friedrich; Buchheim, Thomas (Hrsg.): *Das Leib-Seele-Problem – Antwortversuche aus medizinisch-naturwissenschaftlicher, philosophischer und theologischer Sicht*; München 2006, S. 163 – 179.

Hermanowski, Georg: *Nikolaus Kopernikus – Zwischen Mittelalter und Neuzeit*; Graz Wien Köln 1996.

Heuser, Harro: *Unendlichkeiten – Nachrichten aus dem Grand Canyon des Geistes*; Wiesbaden 2008.

-----: *Als die Götter lachen lernten – Griechische Denker verändern die Welt*; München 1992.

Hinterhuber, Hartmann: *Die Seele – Natur- und Kulturgeschichte von Psyche, Geist und Bewusstsein*; Wien 2001.

Hitchens, Christopher: *Der Herr ist kein Hirte – Wie die Religion die Welt vergiftet*; München 2007.

Hoffmann, Hellmuth: *Widerschein der Seele – Der Kirlian-Effekt: Fotografie des Unsichtbaren*. In *Esotera* 10/1974, S. 907 – 919.

-----: *Revolutionäres aus Rumänien: Neue epochale Entdeckungen der »Elektrografie nach Kirlian«*. In: *Esotera* 9/1976, S. 792 – 797.

Holbe, Rainer: *Bilder aus dem Reich der Toten – Die paranormalen Experimente des Klaus Schreiber*; München 1987.

Hood, Bruce M.: *übernatürlich? natürlich! – Warum wir an das Unglaubliche glauben*; Heidelberg 2011.

Hooper, Dan: *Dunkle Materie – Die kosmische Energielücke*; Berlin, Heidelberg 2012.

Horkel, Wilhelm: *Botschaft von drüben*; St. Goar 2004.

Horkheimer, Max: *Zur Idee der Seele*. In: Schultz, Hans Jürgen: *Was weiß man von der Seele? Erforschung und Erfahrung in Psychologie, Philosophie und Theologie*; Stuttgart 1967.

Hoyle, Fred: *Das intelligente Universum – Eine neue Sicht von Entstehung und Evolution*; Frankfurt am Main 1984.

Hubble, Edwin Powell: *Cepheids in Spiral Nebulae*. In: *The Observatory*, Vol.48, S. 139 – 142, Mai 1925; adsabs.harvard.edu/abs/1925Obs...48..139H.

Huygens, Christiaan: *Abhandlung über das Licht*; Leipzig 1890.

Hübner, Kurt: *Kritik der wissenschaftlichen Vernunft*; Freiburg, München 1978.

Hyslop, J. H.: *A Case of Veridical Hallucinations*. In *Proc.* A.S.P.R., Band 3; 1909, S. 1 – 469.

-----: *Contact with the Other World*; New York 1919.

Imhof, Beat: *Wie auf Erden so im Himmel – Wie das Leben als Mensch das Leben im Jenseits bestimmt*; Grafing 2013.

-----: *Woher wir kommen, wohin wir gehen – Der Himmel ist unsere Heimat*; Grafing 2014.

Jacobi, Lis: *Schöpfungs- und Entstehungsmythen*; Schaffhausen 1981.

Jaeger, Lars: *Die Naturwissenschaft – Eine Biografie*; Berlin Heidelberg 2015.

Jameison, Bryan: *The Search for Past Lives – Exploring Reincarnation's Mysteries the Amazing Healing Power of Past Lives Therapy*; San Diego 2002.

Jammer, Max: *Der Begriff der Masse in der Physik*; Darmstadt 1974.

Jung, Carl Gustav: *Erinnerungen, Träume, Gedanken*; Freiburg im Breisgau 1979.

Jüttemann, Gerd; Sonntag, Michael; Wulf, Christian (Hrsg.): *Die Seele: Ihre Geschichte im Abendland*; Göttingen 2005.

Kaempgen, Dieter: *Paranormale Informationen aus Tonbandstimmen und ihre Nutzung in der Medizin*; www.transkommunikation.ch/dateien/diverse_tbs_infos/Paranormale Informationen aus Tonbandstimmen und ihre Nutzung in der Medizin.pdf.

Kamenov, Kamen George: *Space, Time, and Matter and the Falsity of Einstein's Theory of Relativity*; USA, 2008.

Kant, Immanuel: *Grundlegung der Metaphysik der Sitten, Akademieausgabe Kant Werke IV*; Berlin 1968.

Kantor, Wallace: *Relativistic Propagation of Light*; Lawrence, Kansas 1976.

Karb, Wolfgang: *Uhrkraft – Universum Zeit und Zukunft*; Berlin 2005

Kardec, Allan: *Das Buch der Geister – Grundsätze der spiritistischen Lehren*; Freiburg im Breisgau 1999.

-----: *Das Buch der Medien*; Freiburg im Breisgau 1987.

Kelly, Al: *Challenging modern Physics – Questioning Einstein's Relativity Theories*; Boca Raton 2005.

Kelly, Alphonsus Gabriel: *Hafele & Keating Tests: A New Theory on the Behavior of Light*. In: *The Institution of Engineers in Ireland*, Monograph No.2, February 1996.

-----: *Did They Prove Anything?*; www.cartesio-episteme.net/H&KPaper.htm.

Khoury, Raif Georges; Halfwassen, Jens (Hrsg.): *Platonismus im Orient und Okzident – Neuplatonische Denkstrukturen im Judentum, Christentum und Islam*; Heidelberg 2005.

Killer, Walter: *Hylê – Die Neue Äthertheorie*; Zürich 2009.

Kippenhahn, Rudolf: *Kosmologie für die Westentasche*; München/Zürich 2003.

Kirchhoff, Jochen: *Räume, Dimensionen, Weltmodelle – Impulse für eine andere Wissenschaft*; Kreuzlingen/München 1999.

-----: *Die Vielheit und das Eine – Nachdenken über Kosmos und Schwere*. In: *Philosophia naturalis*, S. 208 – 226.

Kirk, Geoffrey S.; Raven, John E.; Schofield, Malcolm: *Die vorsokratischen Philosophen – Einführung Texte und Kommentare*; Ulm 2001.

Kohl, Christian Thomas: *Buddhismus und Quantenphysik – Die Wirklichkeitsbegriffe Nagarjunas und der Quantenphysik*; Aitrang 2004.

Koizar, Karl Heinz: *Die Erforschung des Jenseits*; Wien 1989.

Kolb, Edward W.; Turner, Michael S.: *The Early Universe*; o.O. 1990.

Krausz, Edouard: Gravitation – *Kosmisches Blut*; Umstadt 1991.

Krippner, Stanley; Rubin, Daniel: *Lichtbilder der Seele – Psi sichtbar gemacht – Alles über Kirlians Aurafotografie*; Bern/München 1975.

Kuhn, Thomas: *Die Struktur wissenschaftlicher Revolutionen*; Frankfurt am Main 1973.

Küppers, Bernd-Olaf: *Das »Paradoxon« der Evolution. Erkenntnistheoretische Überlegungen zum Ursprung des Lebens*. In: Müller, Helmut A.: *Naturwissenschaft und Glaube*; Bern/München/Wien 1988.

Laszlo, Ervin: *Kosmische Kreativität – Neue Grundlagen einer einheitlichen Wissenschaft von Materie, Geist und Leben*; Frankfurt am Main 1995.

Laughlin, Robert Betts: *Abschied von der Weltformel – Die Neuerfindung der Physik*; München 2007.

La Verne Twinings, Harry: *The Physical Theory of the Soul – A Presentation of Psychic Phenomena from the Physical and Scientific Standpoint in Order to Form a Real Basis upon which to Build a Logical and Probable Theory of the Constitution of the Soul, and a Real Scientific Explanation of it's Phenomena;* Westgate California 1915.

Leadbeater, Charles Webster: *Die Chakras – Eine Monografie über die Kraftzenten im menschlichen Astralkörper*; Freiburg im Breisgau 1965.

-----: *Unsere unsichtbaren Helfer – Wie wir täglich geistige Hilfe erfahren*; Grafing 2011.

-----; *Der sichtbare und der unsichtbare Mensch*; Grafing 2009.

-----: *Das Höhere Selbst*, Grafing 2014.

Leininger, Bruce; Leininger, Andrea, Gross, Ken: *Soul Survivor – The Reinkarnation of a World War II Fighter*; New York/Boston 2009.

Lennox, John: *Hat die Wissenschaft Gott begraben?*; Witten 2009.

-----: *Stephen Hawking – Das Universum und Gott*; Witten 2012.

Lewin, Roger: *Is Your Brain Really Necessary? – John Lorber a British neurologist, claims that some patients are more normal than would be inferred from their brain scans.* In: *Science* Vol. 210, 12 Dec. 1980, S. 1232 – 1234; www.rifters.com/real/articles/Science_No-Brain.pdf.

Liebi, Roger: *Der Mensch, ein sprechender Affe?*; Berneck 1991.

-----: *Herkunft und Entwicklung der Sprachen*; Holzgerlingen 2007.

Lilly, John C.: *Im Zentrum des Zyklons – Eine Reise in die inneren Räume – Neue Wege der Bewusstseinserweiterung*; Aarau 2000.

-----: *Der Scientist*; München 1984.

Livio, Mario: *Ist Gott ein Mathematiker?*; München 2010.

Livraga-Rizzi, Jorge Angel: *Theben*; Graz 2002.

Locher, Theo: *Jenseitskontakte mit technischen Mitteln – Ergebnisse der instrumentellen Transkommunikation*; Groß-Gerau 2007.

Long, Jeffrey; Perry, Paul: *Beweise für ein Leben nach dem Tod – Die umfassende Dokumentation von Nahtoderfahrungen aus der ganzen Welt*; München 2010.

Lorentz, Hendrik Antoon: *Der Interferenzversuch Michelsons.* In: Blumenthal, Otto; Sommerfeld, Arnold: *Das Relativitätsprinzip – Eine Sammlung von Abhandlungen*; Leipzig Berlin 1913 (englische Originalausgabe aus 1904), S. 1 – 5.

-----: *Die relative Bewegung der Erde und des Äthers*. In: *Abhandlungen über theoretische Physik*, Leipzig 1907. (Der holländische Originalartikel stammt aus dem Jahre 1892.); http://de.wikisource.org/wiki/Die_relative_Bewegung_der_Erde_und_des_Äthers.

-----: *Elektromagnetische Erscheinungen in einem System, das sich mit beliebiger, die das Licht nicht erreichender Geschwindigkeit bewegt*. In: Blumenthal, Otto; Sommerfeld, Arnold: *Das Relativitätsprinzip – Eine Sammlung von Abhandlungen*; Leipzig Berlin 1913 (englische Originalausgabe aus 1904), S. 6 – 26.

-----: *Versuch einer Theorie der electrischen und optischen Erscheinungen in bewegten Körpern*; Leiden 1895; de.wikisource.org/wiki/Versuch_einer_Theorie_der_electrischen_und_optischen_Erscheinungen_in_bewegten_Körpern.

Luck, Georg: *Magie und andere Geheimlehren in der Antike*; Stuttgart 1990.

Lutz, Josef: *Ratlos vor der Großen Mauer – Das Scheitern der Urknall-Theorie*; Essen 1994.

Lutz, Peter: *Einstein verstehen lernen – Licht, Masse, Energie, Relativitätstheorie*; Lichtenau 2005.

MacDougall, Duncan: *Hypothesis concerning soul substance together with experimental evidence of the existence of such substanc*. In: *American Medicine*, April 1907, Vol. II, S. 240 – 243, S. 395 – 397.

Mach, Ernst: *Die Mechanik in ihrer Entwicklung*; Leipzig 1901.

Magueijo, João: *Schneller als die Lichtgeschwindigkeit – Hat Einstein sich geirrt?*; München 2003.

Mainzer, Klaus: *Zeit – Von der Urzeit zur Computerzeit*; München 2002.

Mandel, Peter: *Energetische Terminalpunkt-Diagnose – energetisch diagnostische Analyse durch den Kirlian-Effekt*; Essen 1983.

Mansfeld, Jaap: *Die Vorsokratiker I – Milesier, Pythagoreer, Xenophanes, Heraklit, Parmenides*; Stuttgart 1999.

-----: *Die Vorsokratiker II – Zenon, Empedokles, Anaxagoras, Leukipp, Demokrit*; Stuttgart 2000.

Marcuse, Ludwig: *Philosophie des Un-Glücks*; Zürich 1981.

Marinov, Stefan: *Measurement of the Laboratory's Absolute Velocity*. In: *General Relativity and Gravitation*, vol. 12, 1980, Nr. 1, S. 57 – 65.

Markowitsch, Hans J.: *Dem Gedächtnis auf der Spur – Vom Erinnern und Vergessen*; Darmstadt 2002

Marmet, Paul; Couture, Christine: *Relativistic Deflektion of Light near the Sun Using Radio Signals and Visible Light*. In: *Episteme – Physis e Sophia nel III millennio – An International Journal of Science, History and Philosophy*, N.1 – 21 giugno 2000, S. 187 – 215; http://www.volta.alessandria.it/ episteme/epist1.html.

Marryat, Florence: The Spirit World; New York 1894; https://archive.org/dettails/spiritworld00marr

Martín, Juan: *El Libro Secreto de los Médicos*; Madrid 2001.

Marthaler, Roland: *Maître Philippe de Lyon – Zeugnisse und Lehren*; Neukirchen 2009.

Mattiesen, Emil: *Der jenseitige Mensch – Eine Einführung in die Metapsychologie der mystischen Erfahrung*; Berlin, New York 1987.

-----:   *Das persönliche Überleben des Todes – Eine Darstellung der Erfahrungs-weise*, Band 1 – 3; Berlin 1968.

May, Brian; Moore, Patrick; Lintott, Chris: *BANG! Die ganze Geschichte des Uni-versums*; Stuttgart 2007.

Mayr, Ernst: *Evolution und die Vielfalt des Lebens*; Berlin, Heidelberg, New York 1979.

McKirahan, Richard D.: *Philosophy Before Socrates – an Introduction with Texts and Commentary*. Indianapolis, Cambridge 2010.

Meadows, Dennis; Meadows, Donella; Randers, Jørgen; Behrens, William W.: *Die Grenzen des Wachstums – Bericht des Club of Rome zur Lage der Menschheit*; Stuttgart 1972.

Meadows, Dennis; Meadows, Donella; Randers, Jørgen: *Die neuen Grenzen des Wachstums – Die Lage der Menschheit: Bedrohung und Zukunftschancen;* Stutt-gart 1992.

Meadows, Donella; Randers, Jørgen; Meadows, Dennis: *Grenzen des Wachstums – Das 30-Jahre_Update: Signal zum Kurswechsel;* Stuttgart 2006.

Mettenheim, Christoph von: *Albert Einstein oder Der Irrtum eines Jahrhunderts*; Norderstedt 2012.

Michel, Peter: *Weltreligion – Das Bewusstsein bestimmt das gesellschaftliche Sein;* Grafing 2008.

-----:   Das illustrierte Aura-Buch – Die Aura verstehen und deuten; Grafing 2009.

Michelson, Albert A.: *The Relative Motion of the Earth and the Luminiferous Ether*; In: *American Journal of Science*, 1881, Art. XXI, S. 120 – 129.

Michelson, Albert A.; Morley, Edward W.: *On the Relative Motion of the Earth and the Luminiferous Ether.* In: *American Journal of Science*, 1887, Art. XXXVI, S. 333 – 345.

Michelson, Albert A; Lorentz, Hendrik Antoon; Miller Dayton C.; Kennedy, R. J.; He-drick, E. R.; Epstein, P.S.: *Conference on the Michelson-Morley Experiment Held at Mount Wilson, February, 1927.* In: *Astrophysical Journal*, vol. 68, 12/1928, p.341; http://articles.adsabs.harvard.edu/cgi-bin/nphiarticle_query?1928ApJ... 68..341M&data_type=PDF_HIGH&whole_paper=YES&type=PRINTER&filetype=.pdf.

Miller, Dayton C.: *Ether Drift Experiments at Mount Wilson.* In: *Proceedings of the National Academy of Sciences of the United States of America*, 1925 - 11(6), S. 306 – 314.

-----:   *The ether-drift and the determination of the absolute motion of the earth.* In: *Reviews of modern physics*, USA, 5-1933, Nr. 3, S. 203 – 242; www.anti-relativity.com/Miller1933.pdf.

Milton, Richard: *Verbotene Wissenschaften*; Rottenburg 2014.

Monot, Jacques: *Zufall und Notwendigkeit*; München 1971.

Monroe, Robert: *Der Mann mit den zwei Leben – Reisen außerhalb des Körpers*; München 1986.

Moody, Raymond A.: *Leben nach dem Tod*; Reinbek 2007.

Mooser, Paul: *Evolution – Gott, Zufall oder Geist? Die Analyse eines Spekulanten*; Münster 2009.

Mueller, G. O.: *Über die absolute Größe der Speziellen Relativitätstheorie*, März 2002; http://www.ekkehard-friebe/partner.htm

Müller, Karl H.: *Informationen aus dem Jenseits – Eine Studie über mediale Mitteilungen*; Bietingheim 1963.

Muldoon, Sylvan J.; Carrington, Hereward: *Die Aussendung des Astralkörpers*; Freiburg im Breisgau 1995.

Mullin, H. Glenn: *Die Schwelle zum Tod – Sterben, Tod und Leben nach tibetischem Glauben*; Köln 1987.

Myers, Frederick H. W.: *Human Personality and its Survival of Bodily Death*, 2 Bände; London, New York, Bombay 1903

Mynarek, Hubertus: *Die Neuen Atheisten – Ihre Thesen auf dem Prüfstand*; Essen 2010.

Naegeli-Osfjord, Hans: *Erklärungsmöglichkeiten der sogenannten Wunderheilungen.* In: Resch, Andreas: *Paranormale Heilungen.* Innsbruck, S. 551 – 568.

Nagel, Thomas: *Geist und Kosmos – Warum die materialistisch neodarwinistische Konzeption der Natur so gut wie sicher falsch ist*; Berlin 2014.

Needleman, Jacob: *Vom Sinn des Kosmos – Moderne Wissenschaft und alte Wahrheiten.* Frankfurt am Main 1993.

Neffe, Jürgen: *Einstein. Eine Biografie*; Reinbeck bei Hamburg 2005.

Newton, Isaak: *Opticks*, London 1704.

Newton, Michael: *Die Reisen der Seele – Karmische Fallstudien*; Wettswil 1996.

----- (Hrsg.): *Erinnerungen aus dem Zwischenreich – Leben zwischen den Leben – Erzählungen persönlicher Transformationen – 32 Fallstudien von Rückführungstherapeuten des Michael Newton Institute*; Wettswil 2009.

Nogier, Paul: *Lehrbuch der Auriculotherapie*; Maissoneuve 1969.

Oberhummer, Heinz: *Kann das alles Zufall sein – Geheimnisvolles Universum*; Salzburg 2008.

Onfray, Michel: *Wir brauchen KEINEN GOTT – Warum man jetzt Atheist sein muss;* München, Zürich 2014.

Orlov, Walter: *Umstürzen der Relativitätstheorie*; Hamburg 2014.

Osis, Karlis; Haraldson, Elendur: *At the Hour of Death*, Guildford UK 1977 und 2012.

Otto, Rudolf: *Das Heilige – Über das Irrationale in der Idee des Göttlichen und sein Verhältnis zum Rationalen*; München 1979.

Pagels, Kurt: *Es geht nur OHNE EINSTEIN – Mathematisch-physikalische Kritik der RELATIVITÄTSTHEORIE*; Rhede 1995.

Pais, Abraham: *»Raffiniert ist der Herrgott...« – Albert Einstein eine wissenschaftliche Biografie*; Braunschweig, Wiesbaden 1986.

Papus: *Die Kabbala*; Wiesbaden 2000.

Passian, Rudolf: *Wiedergeburt – Ein Leben oder viele?*; München 1985.

Patañjali: *Yogadarśana – Der königliche Weg der Verwirklichung – Rājayoga; Übersetzung aus dem Sanskrit und Kommentar von Raphael*; Bielefeld 2006.

Paturi, Felix R.: *Die letzten Rätsel der Wissenschaft*; Frankfurt am Main 2006.

Pauli, Wolfgang: *Physik und Erkenntnistheorie*; Braunschweig, Wiesbaden 1984.

Pawlowsky, F. W.: *Die Mediumschaft des Franek Kluski*. In: *Zeitschrift für Parapsychologie,* Leipzig 1926, S. 5 – 26.

Pickering, Andrew: *Constructing Quarks – A Sociological History of Particle Physics;* Edinburgh 1986.

Pietsch, Reinhard: *Relativitätstheorie in 60 Minuten*; München Wien 2012.

Pietschmann, Herbert: *Das Ende des naturwissenschaftlichen Zeitalters*; Frankfurt am Main, Berlin 1983.

-----: *Die Spitze des Eisbergs – Von dem Verhältnis zwischen Realität und Wirklichkeit*; Stuttgart, Wien 1994.

-----: *Phänomenologie der Naturwissenschaft: Wissenschaftstheoretische und philosophische Probleme der Physik*; Wien 2007.

-----: *Die großen Paradigmenwechsel der Physik in unserem Jahrhundert und ihre Konsequenzen.* In: *Plus Lucis* 2/98, S. 3 – 9.

Plank, Max: *Religion und Naturwissenschaft*; Leipzig 1958.

Platon: *Sämtliche Werke in zehn Bänden*; Frankfurt am Main 1999.

-----: *Parmenides – mit einem einführenden Essay von Hans von Steuben*; Stuttgart 1981.

Plesch, Alexander: *Plotins Unsterblichkeitslehre und ihre Rezeption bei Porphyrios*; Heidelberg 2002.

Plog, Friedrich M. W.: *Kirlian-Fotos in der Diagnose.* In: *Esotera* 3/1975, S. 246 – 254.

-----: *Kirlian Fotografie und Akupunktur.* In: *Esotera* 5/1975, S. 417 – 422.

Popper; Karl: *Logik der Forschung*; Tübingen 1971.

-----: *Alles Leben ist Problemlösen*; München, Zürich 1996.

Postman, Neil: *Keine Götter mehr – Das Ende der Erziehung*; Berlin 1995.

Powell, Arthur E.: *Der Astralkörper – Der Gefühlskörper des Menschen und seine Fähigkeiten*; Grafing 2002.

-----: *Der Mentalkörper – Die Gedanken und ihre Auswirkungen*; Grafing 2003.

-----: *Der Astralkörper – Der Gefühlskörper des Menschen und seine Fähigkeiten*; Grafing 2002.

-----: *Der Kausalkörper – Die unsterbliche Individualität und ihre Lebensfelder*; Grafing 2013.

Radin, Dean: *Supernormal – Faszinierende Beweise für die unglaublichen Kräfte des Menschen*; Amerang 2015.

Ramacharaka, Yogi: *Advanced Course in Yogi Philosophy and Oriental Occultism*; Chicago 1905.

Raphael, Simcha Paull: *Jewish Views of the Afterlife*; Lanham Boulder New York Toronto Plymouth (UK) 2009.

Ratcliffe, Hilton: *The Virtue of Heresy – Confessions of a Dissident Astronomer;* o.O. 2008.

Ratey, John J.: *Das menschliche Gehirn – Eine Gebrauchsanweisung*; Düsseldorf/ Zürich 2001.

Raudive, Konstantin: *Unhörbares wird hörbar*; Bietigheim 1968.

-----: *Überleben wir den Tod – Neue Experimente mit dem Stimmenphänomen*; Remagen 1973.

Reich, Wilhelm: *Äther, Gott und Teufel*; Frankfurt am Main 1983.

Reinbeck, Johann Gustav: *Nachricht Von Gichtels Lebenslauf Und Lehren: Da Jener Aus Seinen Eigenen Brieffen Zusammen Gezogen Ist ......*; Berlin 1732; reader. digitalesammlungen.de/de/fs1/ objects/ display/bsb10063470_00005.html.

Resch, Andreas (Hrsg.): *Paranormale Heilung.* Innsbruck 1984.

----- (Hrsg.): *Geheime Mächte – Der Innenraum des Menschen.* Innsbruck 1984.

----- (Hrsg.): *Welt, Mensch und Wissenschaft morgen.* Innsbruck 1984.

----- (Hrsg.): *Psyche und Geist – Fühlen, Denken, Weisheit*. Innsbruck 1986.

----- (Hrsg.): *Fortleben nach dem Tod*. Innsbruck 1987.

----- (Hrsg.): *Aspekte der Paranormologie – Die Welt des Außergewöhnlichen*. Innsbruck 1992.

-----: *Paranormologie: Die Welt des Außergewöhnlichen*. In: Resch, Andreas (Hrsg.): *Aspekte der Paranormologie – Die Welt des Außergewöhnlichen*, Innsbruck 1992, S. 31 – 65.

Ring, Kenneth; Cooper, Sharon: *Wenn Blinde sehen – MINDSIGHT: Nahtoderfahrungen von Blinden*; Goch 2011.

Ringger, Peter, Mystik im Irrsinn. In: Neue Wissenschaft, 8/1958, S. 217 – 220.

Ripota, Peter: *Mythen der Wissenschaft – Teil 1: Die Relativitätstheorien*; Norderstedt 2011.

Ritchie, George; Sherill, Elisabeth: *Rückkehr von morgen*; Marburg 2008.

Rogo, Scott; Bayless, Raymond: *Phone Calls from the Dead*; London 1980.

Rogo, Scott; D.: *Leaving the Body – A Complete Guide to Astral Projection – A step by step presentation of eight different systems of out-of-body-travel*; New York, London, Toronto, Sydney, Tokyo, Singapore 1986

Rohde, Erwin: *Psyche – Seelenkult und Unsterblichkeitsglaube bei den Griechen*; Freiburg im Breisgau, Leipzig, 1894.

Rong, Jiang: Der Zorn der Wölfe; München 2011.

Roob, Alexander: *Alchemie & Mystik – Das hermetische Museum*; Köln 2006.

Rossi, Bruno; Hall, David B.: *Variation of the Rate of Decay of Mesotrons with Momentum*. In: *Physical Review* 59, 1941, S. 223 – 228; www.physics.princeton. edu/~mcdonald/examples/EP/rossi_pr _59_223_41.pdf.

Russel, Bernhard: *Philosophie des Abendlandes*; München, Zürich 2013.

-----: A Free Man's Worship (1903). In: Mysticism and Logic; New York, London 1918; http://www3.nd.edu/~afreddos/courses/264/fmw.htm.

Ryzl, Milan: *Parapsychologie – Tatsachen und Ausblicke*; Genf 1970.

Sabom, Michael: *Light and Death – One Doctor's Fascinating Account of Near-Death-Experiences*; Michigan 1998.

Sambursky, Shmuel: *Das physikalische Weltbild der Antike*; Zürich Stuttgart 1965.

-----: *Der Weg der Physik – 2500 Jahre physikalisches Denken – Texte von Anaximander bis Pauli*; München 1978.

Sartori, Penny: *Nahtod-Erfahrungen als Neuanfang – Was wirklich wichtig ist im Leben*; Grafing 2015.

Shapira, Robert: *Schöpfung und Zufall*; München 1987.

Schaffner; Kenneth F.: *Nineteenth-Century Aether Theories*; Oxford/NewYork/Toronto/Sydney/Braunschweig 1972; www.sciencemadness.org/scipics/Nineteenth-CenturyAetherTheories.pdf.

Schäfer, Hildegard: *Stimmen aus einer anderen Welt – Chronik und Technik der Tonbandstimmenforschung*; Freiburg im Breisgau 1983.

-----: *Brücke zwischen Diesseits und Jenseits – Theorie und Praxis der Transkommunikation*; Freiburg im Breisgau 1989; www.rodiehr.de/a_22_bruecke_inhalt. htm #buchinhalt.

Schauberger, Viktor: *Unsere sinnlose Arbeit*; Bad Ischl 2001.

Schiebeler, Werner: *Die Verbindung mit dem Jenseits – Möglichkeiten, Grenzen und*

Gefahren. In: Resch, Andreas: *Aspekte der Paranormologie – die Welt des Außergewöhnlichen.* Innsbruck 1992, S. 485 – 532.

-----: *Leben nach dem irdischen Tod – Die Erfahrungen von Verstorbenen – Der Bericht eines Physikers*; Güllesheim 2000.

-----: *Der Tod, die Brücke zu neuem Leben – Erfahrungsbericht für ein persönliches Fortleben nach dem Tod – Der Bericht eines Physikers*; Ravensburg-Torkenweiler 2003.

-----: *Zeugnis für die jenseitige Welt – Die Darstellung der Erfahrungsbeweise – Bildbericht eines Physikers*; Melsbach/Neuwied 1989.

Schill, Brian: *Stalking Darkness*; o.O.. 2008; Verfügbar bei Google Books.

Schjelderup, Vilhelm: *Holographische Heilmethoden.* In: Resch, Andreas: *Paranormale Heilmethoden.* Innsbruck 1984, S. 281 – 310.

Schmidt-Salomon, Michael: *Manifest des evolutionären Humanismus – Plädoyer für eine zeitgemäße Leitkultur;* Aschaffenburg 2005.

Schnabel, Jim: *Geheimwaffe Gehirn – Die PSI-Agenten der CIA*; München, Essen, Ebene Reichenau 1998.

Schneider, Alex: *Die paranormalen Tonbandstimmen.* In Resch, Andreas (Hrsg.): *Welt, Mensch und Wissenschaft morgen.* Innsbruck 1984.

Schneider, Peter: *Einführung in die Extragalaktische Astronomie und Kosmologie*; Berlin, Heidelberg 2006.

Schreiber, Mathias: *Was von uns bleibt – Über die Unsterblichkeit der Seele*; Hamburg 2008.

Schrödinger, Erwin: *Geist und Materie*; Braunschweig 1959.

Schröter, Willy: *Praesenzwirkung – Vom Wesen der Heilung durch Kontakt*; Ulm 1960.

Schröter-Kunhardt; Michael: *Nah-Todeserfahrungen aus psychiatrisch-neurologischer Sicht.* In: Soeffner, H.-G.; Knoblauch, H. (Hrsg.): *Todesnähe: Interdisziplinäre Zugänge zu einem außergewöhnlichen Phänomen*; Konstanz 1999, S. 65 – 99.

Schulitz, John: *Jakob Böhme und die Kabbalah – Eine vergleichende Werkanalyse*; Frankfurt am Main, New York 1993.

Schultz, Hans Jürgen (Hrsg.): *Was weiß man von der Seele? Erforschung und Erfahrung in Psychologie, Philosophie und Theologie*; Stuttgart 1967.

Schwarz, Fernand: *Das unsichtbare Ägypten*; Graz 2010.

Seeliger, Hugo von: *Bemerkung zu P. Gerbers Aufsatz:* »*Die Fortpflanzungsgeschwindigkeit der Gravitation*«. In: *Annalen der Physik*, 53, 1917, S. 31 – 32; zs.thulb.uni-jena.de/servlets/MCRFileNodeServlet/ jportal_derivate_00152215/19173580904_ ftp.pdf.

Seidl, Franz: Phänomen Transzendentalstimmen – Entdeckung, Aufnahmetechnik und die Konstruktion des Psychophons; Wien o. J.

Senkowski, Ernst: *Instrumentelle Transkommunikation – Dialog mit dem Unbekannten*, Frankfurt am Main 1989.

Sexl, Roman U.; Sexl, Hannelore: *Weiße Zwerge, Schwarze Löcher – Einführung in die relativistische Astrophysik*; Braunschweig 1979.

Shah, Indries: *Die Sufis – Botschaft der Derwische, Weisheit der Magier*; München 1976.

Shankara: *Die Erkenntnis der Wahrheit – Eines der großen Weisheitsbücher der Menschheit*; Düsseldorf 1990.

Sharov, Alexander S.; Navikov, Igor D.: *Edwin Hubble – Der Mann, der den Urknall entdeckte*; Basel, Boston, Berlin 1994.

Sheldrake, Rupert: *Das Gedächtnis der Natur – Das Geheimnis der Entstehung der Formen in der Natur*; Bern 1996.

-----: Fox, Matthew: *Die Seele ist ein Feld – Der Dialog zwischen Wissenschaft und Spiritualität*; München 1998.

-----: *Das schöpferische Universum – Die Theorie des morphogenetischen Feldes*; München 1984.

-----: *Das Gedächtnis der Natur – Das Geheimnis der Entstehung der Formen in der Natur*; Bern München Wien 1990.

-----: *Der siebte Sinn des Menschen*; Frankfurt am Main 2009.

-----: *Der siebte Sinn der Tiere*; Frankfurt am Main 2007.

-----: *Der Wissenschaftswahn – Warum der Materialismus ausgedient hat*; München 2012.

-----: *Die Wiedergeburt der Natur – Wissenschaftliche Grundlagen eines neuen Verständnisses der Lebendigkeit und Heiligkeit der Natur*; Bern 1993.

-----: *Sieben Experimente, die die Welt verändern könnten – Anstiftung zur Revolutionierung des wissenschaftlichen Denkens*; Ulm 2002.

Silvertooth; Ernest Wilbur: *Experimental Detection of the Ether.* In: *Spec. Sci. Tech.*, Vol. 10, Nr. 1, 1986, S. 3 – 11, doi: www.rexresearch.com/ether/silvertooth.pdf

-----: *Motion through the ether.* In: *Electronics & Wireless World*, Mai 1989, S. 437 – 438; http://www.spirit-science.fr/ArchivesScientifiques/1989Silvertooth.pdf

Simson, Georg von (Hrsg.): *Mahabharata – Die Große Erzählung von den Bharatas*; Berlin 2011.

Sloterdijk, Peter (Hrsg.): *Descartes – Ausgewählt und vorgestellt von Stephan Meier-Oeser*; München 1997.

Smart, Ninian: *Weltgeschichte des Denkens – Die geistigen Traditionen der Menschheit*; Darmstadt 2002.

Soldner, Johann Georg von: *Ueber die Ablenkung eines Lichtstrahls von seiner geradlinigen Bewegung, durch die Attraktion eines Weltkörpers, an welchem er nahe vorbei geht.* In: *Astronomisches Jahrbuch für das Jahr 1804*, S. 161 – 172; http:/de.wikisource.org/wiki/Ueber_die_Ablenkung_eines_Lichtstrals_von_seiner_geradlinigen_Bewegung.

Sonderegger, Erwin: *Proklos – Grundkurs über Einheit – Grundzüge der neuplatonischen Welt*; St. Augustin 2004.

Spitzer, Manfred: *Musik im Kopf: Hören, Musizieren, Verstehen und Erleben im neuronalen Netzwerk*; Stuttgart 2002.

Steiner, Frank (Hrsg.): *Albert Einstein: Genie, Visionär und Legende*; Berlin, Heidelberg 2005.

Stritter, Peter: *Seelsorge an Geistesschwachen.* In: *Blau, Paul: Seelsorge an den Erwachsenen*; Gütersloh 1930, S. 172 – 191.

Steiger, Brad: *You will live again*; Grass Valley, 1996.

Stelter, Alfred: *PSI-Heilung – Parapsychologie und Medizin*; Bern/München/Wien 1977.

Stevenson, Ian: Stevenson, Ian: *Xenoglossy – A Review and Report of a Case*. In: *University Press of Virginia*, Charlotteville 1974, S. 5, oder: *Vol 31 of Proceedings of the American Society for Psychical Research*.

-----: *Reinkarnation – Der Mensch im Wandel von Tod und Wiedergeburt – 20 überzeugende und wissenschaftlich bewiesene Fälle*; Freiburg im Breisgau 1976.

-----: Stevenson, Ian: *Unlearned Language – New Studies in Xenoglossy*, Charlotteville 1984.

-----: *Wiedergeburt – Kinder erinnern sich an frühere Erdenleben*; Grafing 1989.

-----: *Reinkarnationsbeweise – Geburtsnarben und Muttermale belegen die wiederholten Erdenleben des Menschen*; Grafing 2011.

-----: *Reinkarnation in Europa – Dokumentierte Fälle*; Grafing 2014.

-----: *Reincarnation and Biology: A Contribution to the Etiology of Birthmarks and Birth Defects, Volume 1: Birthmarks* and *Reincarnation and Biology: A Contribution to the Etiology of Birthmarks and Birth Defects Volume 2: Birth Defects and Other Anomalies*; Westport 1997.

Strasser, Peter: *Warum überhaupt Religion? – Der Gott, der Richard Dawkins schuf*; München 2008.

Stelter, Alfred: *PSI-Heilung – die wissenschaftliche Erforschung und praktische Anwendung medialer Kräfte*; Bern, München 1973.

Strohm, Harald: *Die Geburt des Monotheismus im alten Iran – Ahura Mazda und sein Prophet Zarathustra*; Paderborn 2014.

Swenson, Loyd S., Jr.: *The Michelson-Morley-Miller Experiments before and after 1905*. In: Journal for the History of Astronomy, Vol. 1 1970, S. 56 – 78. http://articles.adsabs.harvard.edu//full/1970JHA....1...56S/0000056.000.html.

-----:   *The Ethereal Aether – A History of the Michelson-Morley-Miller Aether-Drift Experiments, 1880 – 1930*, Austin 1972.

Szlezák, T. A.: *Platon und Aristoteles in der Nuslehre Plotins*; Basel, Stuttgart 1979.

Tansley, David V.: *Energiekörper*; München 1985.

Tarazi, Linda: *An Unusual Case of Hypnotic Regression with Some Unexplained Contents*. In: *The Journal of the American Society for Psychical Research*, 1990, Vol. 84, No. 4, S. 309 – 344.

Tarazi, Linda: *Under the Inquisition – An Experience Reviled*; Charlotteville 1997.

Theimer, Walter: *Die Relativitätstheorie – Lehre, Wirkung, Kritik*; Graz 2005.

Thorwald, Jürgen: *Macht und Geheimnis der frühen Ärzte – Ägypten, Babylonien, Indien, China, Mexiko, Peru*; München 1985.

Tiller, William A.: *Die heilenden Nadeln*. In: Rubin, Daniel: *Lichtbilder der Seele*, Bern München 1975.

Tipler, Frank J.: *Die Physik der Unsterblichkeit – Moderne Kosmologie Gott und die Auferstehung der Toten*; München 1997.

Tipler, Paul A.; Mosca Gene: *Physik für Wissenschaftler und Ingenieure*; Heidelberg 2009.

Trautmann, Werner: *Naturwissenschaftler bestätigen Re-Inkarnation – Fakten und Denkmodelle*; Olten 1983.

Unzicker, Alexander: *Auf dem Holzweg durchs Universum – Warum sich die Physik verlaufen hat*; München 2012.

-----: *Vom Urknall zum Durchknall – Die absurde Jagd nach der Weltformel*; Berlin, Heidelberg 2010.

Vaitl, Dieter: *Veränderte Bewusstseinszustände – Grundlagen - Techniken - Phäno-menologie*; Stuttgart 2012.

Van der Waerden, B. L.: *Die Pythagoreer – Religiöse Bruderschaft und Schule der Wissenschaft*; Zürich, München 1979.

Van Lommel, Pim: *Endloses Bewusstsein – Neue medizinische Fakten zur Nahtod-erfahrung*; o. O. 2011.

Vivekananda: *Karma Yoga und Bhakti Yoga*; Grafing 2012.

-----: *Jnana-Yoga: Der Pfad der Erkenntnis*, Band I und II, Freiburg im Breisgau, 1973.

-----: *Raja-Yoga mit den Yoga-Aphorismen von Patañjali*, Freiburg im Breisgau, o.J.

Volkamer, Klaus: *Feinstoffliche Erweiterung unseres Weltbildes*; Berlin 2009.

Voll, Reinhold: *Wechselbeziehungen von Odontonen und Tonsillen zu Organen Stör-feldern und Gewebssystemen;* Uelzen 1977.

Walther, Thomas; Walther, Herbert: *Was ist Licht? – Von der klassischen Optik zur Quantenoptik*; München 1999.

Wambach, Helen Steward: *Seelenwanderung – Wiedergeburt durch Hypnose*; Mün-chen 1978.

-----: *Leben vor dem Leben*; München 1984.

Warren, Joshua P.: *How to Hunt Ghosts – A Practical Guide*; New York London To-ronto Sidney Singapore 2003.

Watson, Lyall: *Das geheime Leben der Dinge – Warum Computer und Autos ein Eigenleben führen*; Amerang 2013.

Weigl, Hanspeter: *Auf der Suche nach der unsterblichen Seele*; München 1999.

Weinberg, Steven: *Die ersten drei Minuten – Der Ursprung des Universums*; Mün-chen 1997.

Weischedel, Wilhelm: *Die philosophische Hintertreppe – Die großen Philosophen im Alltag und Denken*; München 1975.

Weiss, Brian L.: *Die zahlreichen Leben der Seele – Die Chronik einer Reinkarnati-onstherapie*; München 1994.

-----: Heilung *durch Reinkarnationstherapie – Ganzwerdung durch die Erfahrung früherer Leben*; München 1995.

-----: Seelenwege – Reinkarnation und zukünftige Leben;München 2010.

Whitten, L. Joel; Fisher, Joe: *Das Leben zwischen den Leben – Ein Forschungsbericht aus der Welt jenseits unserer physischen Existenz*; München 1998.

Williams, Kevin: *Religious Interpretations of Near-Death Experiences by Dr. David San Filippo*; www.near-death.com/resources/articles/religious-interpretations-of-ndes.html.

Wilson, Robert Anton: *Die neue Inquisition – Irrationaler Rationalismus und die Zitadelle der Wissenschaft*; Frankfurt am Main 1992.

Winkler, Wigbert: *Die Kirlian-Fotografie – Lichtbilder des Unsichtbaren*. In: *Aben-teuer Philosophie* 95-1/2004, S. 30 – 33.

-----: *Magie und Magier*. In: *Abenteuer Philosophie* 100-2/2005, S. 26 – 35.

-----: *Perpetuum mobile*. In: *Abenteuer Philosophie* 101-3/2005, S. 32 – 36.

-----: *Alles relativ – 100 Jahre Relativitätstheorie*. In: *Abenteuer Philosophie* 102-4/2005, S. 35 – 38.

-----: *Hier Albert Einstein – Kritiken an Einsteins Relativitätstheorie*. In: *Abenteuer Philosophie* 102-4/2005, S. 39 – 42.

-----: *Wie schwer ist die Seele?*. In: *Abenteuer Philosophie* 105-3/2006, S. 44 – 47.

-----: *Kreavolution – Evolution, Schöpfung ... oder eine dritte Theorie*. In: *Abenteuer Philosophie* 107-1/2007, S. 30 – 37.

-----: *Kann man Gold machen? – Über Alchemie und die moderne Physik*. In *Abenteuer Philosophie* 109-3/2007, S. 36 – 39.

-----: *Heute schon Ihr Weltbild hinterfragt? – Das Geheimnis der drei Weltanschauungen*. In: *Abenteuer Philosophie* 110-4/2007, S. 32 – 35.

-----: *Die Wiederentdeckung der Metaphysik*. In: *Abenteuer Philosophie* 115-1/2009, S. 8 – 11.

-----: *The Silent Bang of the Big Bang – Eine Kritik der Urknalltheorie*. In: *Abenteuer Philosophie* 116-2/2009, S. 8 – 14.

-----: *Wissenschaft und Religion*: In: *Abenteuer Philosophie* 117-3/2009, S. 8 – 11.

-----: *Das magische Weltbild*. In: *Abenteuer Philosophie* 118-4/2009, S. 8 – 11.

-----: *Gott Zufall*. In: *Abenteuer Philosophie* 119-1/2010, S. 12 – 15.

-----: *Die Wahrheit und die »Wissenschaffer«*. In: *Abenteuer Philosophie* 120-2/2010, S. 14 – 15.

-----: *Die Sprache der Bilder in der Wissenschaft*. In: *Abenteuer Philosophie* 123-1/2011, S. 14 – 19.

-----: *Wer ist G. O. Müller? – Anatomie eines Wissenschaftsskandals*. In: *Abenteuer Philosophie* 124-2/2011, S. 8 – 10.

-----: *Platon und die Wiedergeburt*. In: *Abenteuer Philosophie* 126-4/2011, S. 14 – 17.

-----: *Aufstieg oder Niedergang – Das ist hier die Frage*. In: *Abenteuer Philosophie* 128-2/2012, S. 32 – 35.

-----: *Das Mädchen – Geburt und Ende eines Baustils*. In: *Abenteuer Philosophie* 129-3/2012, S. 44 – 47.

Witting, Alexander (Hrsg.): *Verhandlungen der Gesellschaft Deutscher Naturforscher: 87. Versammlung zu Leipzig, Hundertjahrfeier, vom 17. – 24. Sept. 1922*.

Wünsch, Daniela: *Der Weg der Wissenschaft im Labyrinth der Kulturen – Sieben zentrale Aufgaben der Wissenschaftsgeschichte*; Göttingen/Stuttgart 2008.

-----: *»Zwei wirkliche Kerle« – Neues zur Entdeckung der Gravitationsgleichung der Allgemeinen Relativitätstheorie durch David Hilbert und Albert Einstein*; Göttingen 2007.

Wazeck, Milena: *Einsteins Gegner um die Relativitätstheorie in den 1920er Jahren*; Frankfurt am Main 2009.

Weinberg, Steven: *Die ersten drei Minuten – Der Ursprung des Universums*; München, Zürich 2000.

Whittaker, Edmund Taylor: *A History of the Theories of Aether and Electricity – from the Age of Descartes to the Close of the Nineteenth Century*, London, New York, Bombay, Calcutta 1910; https://archive.org/stream/historyoftheory00whitrich#page/n5/mode/2up

Wilkinson, D. T; Cheng, E. S.; Saulson, P. R.; Corey, B. E.: Large-scale anisotropy in the 2.7 k radiation; Ap. J. Lett. 232, S. 139-143.

Young, Arthur: *Der kreative Kosmos – Am Wendepunkt der Evolution*; München 1987.

Young, Thomas: *The Bakarian Lecture: On the Theory of Light and Colours*. In: *Philosophical Transactions of the Royal Society of London*, Bd. 92, 1802, S. 12-48; 10.1098/rst.1802.0004

Zander, Helmut: *Geschichte der Seelenwanderung in Europa – Alternative Traditionen von der Antike bis heute*; Darmstadt 1999.

Zeh, Dieter H.: *Physik ohne Realität: Tiefsinn oder Wahnsinn?*; Berlin Heidelberg 2012.

Zeilinger, Anton: *Einsteins Schleier – Die neue Welt der Quantenphysik*; München 2003.

-----: *Einsteins Spuk – Teleportation und weitere Mysterien der Quantenphysik*; München 2005.

Zintzen, Clemens: *Bemerkungen zur neuplatonischen Seelenlehre*. In: Jüttemann, Gerd; Sonntag, Michael; Wulf, Christian (Hrsg.): *Die Seele: Ihre Geschichte im Abendland*; Göttingen 2005, S. 43 – 58.

Anmerkungen

1   Lier, Gerda: Das Unsterblichkeitsproblem – Teil2, S. 804.
2   Schroedter, Willy: *Praesenzwirkung*; Ulm 1960, S. 162f; und: Naegeli-Osfjord, Hans: *Erklärungsmöglichkeiten der sogenannten Wunderheilungen*. In: Resch, Andreas: *Paranormale Heilung*; a.a.O. S. 554f.
3   Ebenda, S. 164.
4   Marthaler, Roland: Maître Philippe de Lyon – Zeugnisse und Lehren; Neukirchen 2009, S. 44.
5   Vgl.: Marthaler, Roland: Maître Philippe de Lyon – Zeugnisse und Lehren; 2009 Neukirchen S. 45 – 53.
6   $E = m*c^2 = 30$ kg * (300.000.000 m/s)^2 = 2,7 * 10^6 Terrajoule. Die Atombombe »Litte Boy«, die auf Hiroshima abgeworfen wurde, hatte eine Stärke von 13 Kilotonnen TNT, also 13.000 t TNT. Eine Kilotonne TNT entspricht einer Energiemenge von 4,18 Terrajoule. Die Hiroshima-Bombe hatte somit eine Explosionskraft von etwa 54 Terrajoule. Dividiert man den oben errechneten Energiewert des verschwundenen Gewebes von 2.700.000 TJ durch die 54 TJ der Bombe ergibt sich exakt der Wert 50.000.
7   Exakter formuliert ist eine Sekunde das 9.192.631.770-fache der Periodendauer der dem Übergang zwischen den beiden Hyperfeinstrukturniveaus des Grundzustandes von Atomen des Nuklids ^{133}Cs entsprechenden Strahlung.
8   Vgl.: Graf, Helmut: Das »Manifest des evolutionären Humanismus« von Michael Schmidt-Salomon – Eine Zusammenfassung. In: Fromm forum (deutsche Ausgabe), Tübingen (Selbstverlag – ISSN 1437-0956) Nr. 15 / 2011, S. 66 – 68; unter: http://www.fromm-gesellschaft.eu/images/pdf-Dateien/Graf_H_2011.pdf
9   Shankara: *Die Erkenntnis der Wahrheit – Eines der großen Weisheitsbücher der Menschheit*; Düsseldorf 1990, S. 107.
10 Vgl.: Zeidler, Helmut: *Geschichte der Seelenwanderung in Europa – Alternative religiöse Traditionen von der Antike bis heute*; Darmstadt 1999, S. 598 – 602.
11 Friedli, Richard: *Zwischen Himmel und Hölle – Die Reinkarnation. Ein religionswissenschaftliches Handbuch*; Freiburg i. Ue. 1981, S. 20.
12 Du Prel, Carl: *Die monistische Seelenlehre – Ein Beitrag zur Lösung des Menschenrätsels*; Leipzig 1888, S. 102.
13 Markowitsch, Hans J.: *Dem Gedächtnis auf der Spur – Vom Erinnern und Vergessen*; Darmstadt 2002, S. 24ff.
14 Ebenda S. 75 und 105.
15 Spitzer, Manfred: *Musik im Kopf: Hören, Musizieren, Verstehen und Erleben im neuronalen Netzwerk*; Stuttgart 2002, S. 49.
16 Fischer, Ernst P.: *Das Genom*; Frankfurt am Main 2002, S. 390.
17 Vgl. Winkler, Wigbert M.: *Platon und die Wiedergeburt*. In: *Abenteuer Philosophie* 126-4/2011, S. 14 – 17.
18 Platon wird üblicherweise heute als Dualist bezeichnet, weil er in seinen Schriften die Seele nicht weiter unterteilt. Man sollte sich da aber nicht so sicher sein,

denn gerade diese Schriften waren an die Öffentlichkeit gerichtet und die dort getätigten Aussagen benötigten an dieser Stelle keine weitere Differenzierung.

19   Aristoteles: *De anima* II 1, 413a4.

20   Vgl.: Halfwassen, Jens: *Die Seele und ihr Verhältnis zum Geist bei Plotin.* In: Crone, Katja; Schnepf, Robert; Stozenberg, Jürgen (Hrsg.): *Über die Seele,* Frankfurt am Main 2010, S. 56.

21   Die Quellenangabe bezieht sich auf Plotins *Enneaden.*

22   Jüttemann, Gerd; Sonntag, Michael; Wulf, Christian (Hrsg.): *Die Seele – Ihre Geschichte im Abendland,* S. 46.

23   Blavatsky, Helena Petrovna: *Die Geheimlehre, Band 3,* S. 551ff; vgl. dazu auch: Besant, Annie: *Der Mensch und seine Körper* bzw. Michel, Peter: *Das illustrierte Aura-Buch – Die Aura verstehen und deuten.*

24   Vergleiche dazu bzw. viele weitere Informationen über den pranischen Körper kann man erhalten bei: Powell, Arthur E.: *Der Ätherkörper – Das feinstoffliche Energiesystem des Menschen,* Grafing 2013.

25   Reinbeck, Johann Gustav: *Nachricht von Gichtels Lebenslauf und Lehren*; Berlin 1732; reader.digitale-sammlungen.de/de/fs1/objects/display/ bsb10063470_00005.html

26   Vgl.: Blavatsky, Helene Petrovna: *Die Geheimlehre,* Band II, S. 440.

27   *Genesis*; 2,17.

28   *Genesis*; 3,22.

29   Zitat konnte nicht eruiert werden.

30   Zumtaugwald, Claudia: *Die Lehre der Wiedergeburt und das 5. Konzil von 553 in Konstantinopel; Luzern 2005,* S. 8; http://www.advo-kanzlei.ch/download/ council_553_en.pdf

31   Solomon, Lewis D.: *Das kabbalistische Totenbuch*; Amerang 2012, S. 213.

32   *Quran* 2:26, Übersetzung von Abel Theodor Khoury.

33   Vgl.: Raphael, Simcha Paull: *Jewish Views of the Afterlife*; Lanham Boulder New York/Toronto/Plymouth (UK) 2009, S. 149 – 154, 184 – 206, 296 – 298, 308 – 313, 348 – 351. Zit. in: Solomon D. Lewis: *Das kabbalistische Totenbuch*; Amerang 2012, S. 183ff.

34   Siehe dazu: *Sohar* IV, 211b.

35   Vgl.: Besant, Annie: *Die uralte Weisheit,* S. 38 – 124.

36   Vgl.: Weisungen des Ge-she Nga-wang Dra-gye: *Tibetische Überlieferungen zur Meditation über den Tod.* In: Mullin, Glenn H.: *Die Schwelle zum Tod,* S. 94.

37   Vgl.: Newtons Brief an Bentley am 25. Februar 1693; zitiert nach Pietschmann, Herbert: *Phänomenologie der Naturwissenschaft,* a.a.O., S. 295.

38   Descartes, René: *Abhandlung über die Methode, die Vernunft richtig zu gebrauchen*; Wiesbaden 2006.

39   Vgl. die Kapitel *»Über das Dasein Gottes«* und *»Über das Wesen der materiellen Dinge und nochmals über das Dasein Gottes«.* In: *Meditationen über die Grundlagen der Philosophie.* In: *Descartes – Ausgewählt und vorgestellt von Stephan Meier-Oeser;* München 1997.

40   Huygens, Christiaan: *Abhandlung über das Licht*; Leipzig 1890; zit. in: Baer, Günther: *Spur eines Jahrhundertirrtums*; http://www.miriup.de/spur/index. html, Kap. 4.10.1

41 Vgl.: Frietsch, Wolfram: *Newtons Geheimnis*, S. 191.

42 Newtons Brief an Bentley am 25. Februar 1693. Zit. in: Pietschmann, Herbert: *Phänomenologie der Wissenschaft*, S. 295.

43 Vgl.: Newton, Isaak: *Opticks*; London 1704.

44 Young, Thomas: *The Bakarian Lecture: On the Theory of Light and Colours.* In: *Philosophical Transactions of the Royal Society of London*, Bd. 92, 1802, S. 12-48; http://rstl.royalsocietypublishing.org/content/92/12.full.pdf+html

45 Magueijo: *Schneller als die Lichtgeschwindigkeit – Hat Einstein sich geirrt?*, S. 62f

46 Michelson, Albert Abraham: *The Relative Motion of the Earth and the Luminiferous Ether.* In: *The American Journal of Science*, 1881, 22, S. 129. (Übersetzung durch den Autor) The small displacements -0.0004 and -0.015 are simply errors of the experiment. The results obtained are, however, more strikingly shown by constructing the actual curve together with the curve that should have been found if the theory had been correct. This is shown in fig. 4. The dotted curves drawn on the supposition that the displacement to be expected is one-tenth of the distance between the fringes, but if this displacement were only 1/100, the broken line would still coincide more nearly with the straight line than with the curve. The interpretation of these results is that there is no displacement of the interference bands. The result of the hypotheses of a stationary ether is thus shown to be incorrect, and the necessary conclusion follows that the hypotheses is erroneous. This conclusion directly contradicts the explanation of the phenomenon of aberration which has been hitherto generally accepted, and which presupposes that the earth moves through the ether, the latter remaining at rest.

47 Dort konnten Geschwindigkeitsdifferenzen in der Größenordnung von wenigen m/s gemessen werden.

48 »... the relative motion of the earth and the ether is probably less than one sixth of the earth's orbital velocity, and certainly less than one-fourth.«, http://www.aip.org/history/gap/PDF/michelson.pdf, S. 341

49 Vgl. ebenda.

50 Miller, Dayton Clearence: *The ether-drift and the determination of the absolute motion of the earth.* In: *Reviews of modern physics*; USA, 5-1933, Nr. 3, S. 207 – 208.

51 Fickinger, William: *Miller's Waves – An Informal Scientific Biography*; Cleveland 2010.

52 Miller, Dayton C.: *The Ether-Drift Experiment and the Determination of the Absolute Motion of the Earth.* In: *Review of Modern Physics*, July 1933, S. 203 – 242.

53 Heer, C. V.; Kohl, R. H.: *Theory for the Measurement of the Earth's Velocity through the 3°K Cosmic Radiation.* In: *Physical Review* 174, 1968, S. 1611.

54 Vgl.: Conklin, Edward K.: *Velocity of the Earth with respect to the Cosmic Background Radiation.* In *Nature* 222, S. 971 – 972 (7. Juni 1969). Vgl. auch: Muller, Richard A.: *The Cosmic Background Radiation and the New Aether Drift*; muller.lbl.gov/COBE-early_history/SciAm.pdf

55 Corey, B. E.; Wilkinson, David Todd: *Bulletin of the American Astronomical Society* 8, 351, bzw.: Wilkinson, D. T; Cheng, E. S.; Saulson, P. R.; Corey,

B. E.: Large-scale anisotropy in the 2.7 k radiation; Ap. J. Lett. 232, S. 139 – 143.

56 Silvertooth; Ernest Wilbur: *Motion through the ether*. In: *Electronics & Wireless World*, Mai 1989, S. 438, http://www.spirit-science.fr/ArchivesScientifiques/198 9Silvertooth.pdf

57 Marinov, Stefan: *Measurement of the Laboratory's Absolute Velocity*. In: *General Relativity and Gravitation*, vol. 12, 1980, Nr. 1, S. 57 – 65.

58 Vgl.: Kirchhoff: S. 296.

59 Fitz Gerald, George Francis: *The Ether and the Earth's Atmosphere*. In: *Science*, 1889, 13, S. 390. »I have read with much interest Messrs. Michelson and Morley's wonderfully delicate experiment attempting to decide the important question as to how far the ether is carried along by the earth. Their result seems opposed to other experiments showing that the ether in the air can be carried along only to an inappreciable extent. I would suggest that almost the only hypothesis that can reconcile this opposition is that the length of material bodies changes, according as they are moving through the ether or across it, by an amount depending on the square of the ratio of their velocity to that of light.…« Übersetzung durch den Autor

60 Vgl.: Lorentz, Hendrik Antoon: *Die relative Bewegung der Erde und des Äthers*. In: *Abhandlungen über theoretische Physik*, Leipzig 1907. (Der holländische Originalartikel stammt aus dem Jahre 1892.), http://de.wikisource.org/wiki/ Die_relative_Bewegung_der_Erde_und_des_Äthers

61 Einstein, Albert: *Zur Elektrodynamik bewegter Körper*. In: *Annalen der Physik und Chemie*, Jg. 17, 1905, S. 891 – 921.

62 Freundeskreis Naturphilosophie Baden-Württemberg: *Die Entzauberung Einsteins*, S. 115.

63 Di Trocchio, Federico: *Newtons Koffer*, S. 15.

64 Witting, Alexander (Hrsg.): *Verhandlungen der Gesellschaft Deutscher Naturforscher: 87. Versammlung zu Leipzig, Hundertjahrfeier, vom 17. – 24. Sept. 1922.*

65 Ebenda

66 Es gibt ein vom Autor mit G. O. Müller geführtes Interview: *Interview mit G. O. Müller*. In: *Abenteuer Philosophie* 124-2/2011, S. 11 – 15 und: *Wer ist G. O. Müller? – Anatomie eines Wissenschaftsskandals*. In: *Abenteuer Philosophie* 124-2/2011, S. 8 – 10.

67 Im oben erwähnten Interview äußerte G. O. Müller, dass die Anzahl an kritischen Arbeiten zur Speziellen Relativitätstheorie über 5.000 erreicht hat. Publiziert wurden im Jahre 2011 aber bislang erst 3798 kritische Arbeiten. G. O. Müller bemerkte, dass die Zahl nicht so wesentlich sei, sondern dass es vor allem um die Anzahl an kommentierten Veröffentlichungen geht. Da wäre die Gruppe noch weit hinter dem Plan.

68 Ebenda.

69 Born, Max: *Die Relativitätstheorie Einsteins und ihre physikalischen Grundlagen*, S. 163 und 166.

70 Zeilinger, Anton: *Einsteins Spuk: Teleportation und weitere Mysterien der Quantenphysik*; München 2007, S. 42f.

71 Michelson, A. A.; Lorentz, H. A.; Miller, D. C.; Kennedy, R. C.; Hedrick, E.

R.; Epstein, P. S.: *Conference on the Michelson-Morley-Experiment held at the Mount Wilson Observatory, February 1927.* In: *Astrophyical Journal*, vol. 68, S. 341 – 402.

72 Hawking, Steven: *Die kurze illustrierte Geschichte der Zeit*; Reinbek bei Hamburg 1997, S. 30.

73 Einstein in einen Brief an Edwin E. Slosson, 8. Juli 1925 (von einer Kopie im hebräischen Hochschularchiv in Jerusalem)

74 Bd. 3, 1927, S. 36.

75 Radin, Dean: *Supernormal – Faszinierende Beweise für die unglaublichen Kräfte des Menschen;* Amerang 2015, S. 9.

76 Quelle: *Grenzwissenschaften*; *Wikipedia* 3. 9. 2015.

77 Licht gehört auch zu den »unsichtbaren« Phänomenen. Man kann Licht nur »sehen«, wenn es die Netzhaut anregt, wenn es also direkt ins Auge fällt. Ein vorbeieilender Lichtstrahl ist unsichtbar.

78 Vgl.: www.youtube.com/watch?v=MvFBxS7nPf0.

79 www.youtube.com/watch?v=MvFBxS7nPf0.

80 Maleficus (lat.): Zauberer, gottloser, ruchloser Übeltäter.

81 Kakodämon (lat.): böser Geist, Dämon.

82 Die Autoren des *Malleus maleficorum* (Erstdruck 1487) waren Jakob Sprenger und Heinrich Institoris. Dieses kulturgeschichtlich wichtige Buch enthält eine Anleitung für Hexenjäger zur Entdeckung und Verurteilung von Hexen und steht für die Schattenseiten des Christentums.

83 Bruno, Giordano: *Über Magie.* In: *Giordano Bruno – Ausgewählt und vorgestellt von Elisabeth von Samsonow*, München 1995, S. 117.

84 Als Gymnosophen (gebildet aus altgriechisch γυμνός *gymnós* »nackt« und altgriechisch σοφία *sophía* = »Weisheit« griechisch γυμνοσοφισταί, »nackte Weise«) bezeichneten die Griechen indische Asketen, denen Alexander der Große während seines Feldzugs nach Indien begegnet war.

85 Ebenda, S. 115.

86 Vgl.: Winkler, Wigbert: *Magie und Magier.* In: *Abenteuer Philosophie* 2/2005, S. 27.

87 Van Lommel, Pim: *Endloses Bewusstsein – Neue medizinische Fakten zur Nahtoderfahrung*, S. 57.

88 Ebenda, S. 35.

89 Vgl. Czycholl, Dietmar: *Als ich am gestrigen Tag entschlief;* a.a.O.

90 Van Lommel, Pim: S. 48f.

91 Jung, Carl Gustav: *Erinnerungen, Träume, Gedanken*, S. 293

92 Vgl.: Ring, Kenneth; Cooper, Sharon: *Wenn Blinde sehen – MINDSIGHT: Nahtoderfahrungen von Blinden*; Goch 2011.

93 Van Lommel, Pim: *Endloses Bewusstsein – Neue medizinische Fakten zur Nahtoderfahrung*, S. 51.

94 Ebenda, S. 52f.

95 Ebenda, S. 60.

96 Ebenda, S. 185.

97 Ebenda, S. 185f.

98 Ebenda, S. 185ff.

99   Ebenda, S. 188f.

100   Ebenda, S. 64.

101   Long, Jeffrey; Perry, Paul: *Beweise für das Leben nach dem Tod*, S. 162ff.

102   Van Lommel, Pim: *Endloses Bewusstsein – Neue medizinische Fakten zur Nahtoderfahrung*, S. 66

103   Platon: *Der Staat*; (614a-623d)

104   Vgl.: Long Jeffrey; Perry, Paul: *Beweise für das Leben nach dem Tod*, S. 278.

105   Der gesamte Fall ist unter www.nderf.org/NDERF/NDE-Experiences/anita_m's-nde.htm einsehbar. Das übersetzte Zitat stammt aus: Long Jeffrey; Perry, Paul: *Beweise für das Leben nach dem Tod*, S. 271ff.

106   Sartori, Penny; Badham, Pail; Fenwick, Peter: *A Prospectively Studied Near-Death Experience with Corroborated Out-of-Body Perceptions and Unexplained Healing.* In: *Journal of Near-Death Studies* 25 (2006), S. 69 – 84; iands.es/bibliografia/Sartori_Fenwick.pdf

107   Vgl. auch: Long Jeffrey; Perry, Paul: *Beweise für das Leben nach dem Tod*, S. 277f.

108   Ebenda, S. 357.

109   Vgl.: Williams, Kevin: *Religious Interpretations of Near-Death Experiences by Dr. David San Filippo*; www.near-death.com/resources/articles/religious-interpretations-of-ndes.html letzter Absatz.

110   Beauregard, Mario; O'Leary, D: *The Spiritual Brain – How Neuroscience is Revealing the Existence of the Soul*; New York 2004, S. 125 – 180.

111   Van Lommel, Pim, a.a.O., S. 219.

112   Vgl.: Nahm, Michael: *Wenn die Dunkelheit ein Ende findet – Terminale Geistesklarheit und andere Phänomene in Todesnähe*, S. 200ff.

113   Bozzano, Ernesto: *Apparitions of deseased persons at death-beds*; *Annals of Psychical Science*, 3/1906, S. 89f.; Zit. in: Nahm, Michael: *Wenn Dunkelheit ein Ende findet*, Amerang 2012.

114   Vgl.: Nahm, Michael: *Wenn die Dunkelheit ein Ende findet*, Amerang 2012.

115   Brayne, Sue et al: *End-of-Life Experiences and the dying Process in a Gloustershire Nursing Home as Reported by Nurses and Care Assistants; America Journal of Palliative Care*, 2008, Vol. 25, No3, S. 195 – 206.

116   Nach Rogo, D. Scott: *A psychic study of the music of the spheres*; San Antonio 1970, S. 77f. Zit. in: Nahm, Michael: *Wenn die Dunkelheit ein Ende findet – Terminale Geistesklarheit und andere Phänomene in Todesnähe*; Amerang 2012, S. 221.

117   Nahm, Michael: *Wenn die Dunkelheit ein Ende findet – Terminale Geistesklarheit und andere Phänomene in Todesnähe*, Amerang 2012, S. 228f.

118   Bericht von Hazel Cornwell. In: Sartori, Penny: *Nahtod-Erfahrungen als Neuanfang – Was wirklich wichtig ist im Leben*, Grafing 2015, S.139.

119   Nahm, Michael: *Wenn die Dunkelheit ein Ende findet – Terminale Geistesklarheit und andere Phänomene in Todesnähe*, Amerang 2012, S. 238f.

120   Vgl.: Nahm, Michael: *Wenn die Dunkelheit ein Ende findet – Terminale Geistesklarheit und andere Phänomene in Todesnähe*, Amerang 2012, S. 233.

121   Fenwick, Peter; Fenwick, Elizabeth: *The Art of Dying*: S. 160; Zit. in: Nahm, Michael: *Wenn die Dunkelheit ein Ende findet – Terminale Geistesklarheit und andere Phänomene in Todesnähe*, S. 233.

122 Fenwick, Peter; Fenwick, Elizabeth: *The Art of Dying*: S. 161; Zit. in: Nahm, Michael: *Wenn die Dunkelheit ein Ende findet – Terminale Geistesklarheit und andere Phänomene in Todesnähe*, S. 244.

123 Marryat, Florence: The Spirit World; New York 1894, S. 116f; https://archive.org/dettails/spiritworld00marr; Zit. in: Nahm, Michael: *Wenn die Dunkelheit ein Ende findet – Terminale Geistesklarheit und andere Phänomene in Todesnähe*, S. 249.

124 Das leicht umformulierte und in modernere Sprache gesetzte Zitat findet sich bei Nahm, Michael: *Wenn die Dunkelheit ein Ende findet*, S. 133.

125 Vgl.: Brayne, Sue; Lovelace und Fenwick

126 Bloch, Oskar: *Vom Tode, 2 Bände*; Berlin, Stuttgart Leipzig 1903, S. 110.

127 Zusammengestellt aus den beiden Schilderungen in Stritter, Paul: *Seelsorge an Geistesschwachen,* 1930, S. 176; bzw. Ringger, Peter: *Die Mystik im Irrsinn.* In *Neue Wissenschaft*, 8/1958, S. 217 – 220, S. 219.

128 Ringger, Peter: *Die Mystik im Irrsinn.* In *Neue Wissenschaft*, 8/1958, S. 217 – 220, S, 220. Zit in: Nahm, Michael: *Wenn die Dunkelheit ein Ende findet*, S. 63.

129 Stritter, Paul: *Seelsorge an Geistesschwachen,* 1930, S.176f. Zit in: Nahm, Michael: *Wenn die Dunkelheit ein Ende findet – Terminale Geistesklarheit und andere Phänomene in Todesnähe*, S. 64.

130 Sartori, Penny: *Nahtod-Erfahrungen als Neuanfang – Was wirklich wichtig ist im Leben*; 2015, S. 141f.

131 Vgl. ebenda S. 158.

132 Vgl. Schiebeler, Werner: *Der Tod, die Brücke zu neuem Leben – Erfahrungsbeweise für ein persönliches Fortleben nach dem Tod – Der Bericht eines Physikers,* Ravensburg – Torkenweiler 2003, S. 73.

133 Die meisten Familiennamen der Zeugen sind Pseudonyme.

134 Vgl.: Schiebeler, Werner: *Der Tod, die Brücke zu neuem Leben*; Ravensburg-Torkenweiler 2003, S. 73 ff.

135 Powerpointfolie von Dieter Hassler im Interview von Alpenparlament.tv: https://www.youtube.com/watch?v=6vTPwgnbEfg&feature=youtu.be, bei 17:39 min.

136 Der Titel lautet: *Nachweise vom Leben nach dem Tod durch behauptete Erinnerungen an frühere Inkarnationen.*

137 Der folgende Abschnitt ist eine gekürzte Bearbeitung aus: Hassler, Dieter: *Indizienbeweise für ein Leben nach dem Tod und die Wiedergeburt*; a.a.O., S 144ff. Zu dem Fall gibt es auch ein von den Eltern verfasstes Buch: Leininger, Bruce; Leininger, Andrea; Gross, Ken: *Soul Survivor – The Reincarnation of a World War II Fighter Pilot*, New York 2009.

138 Vgl. zum Spielverhalten: Hassler, Dieter: *Indizienbeweise für ein Leben nach dem Tod und die Wiedergeburt*, a.a.O., S. 284ff.

139 Stevenson, Ian: *Wiedergeburt*, S. 69ff.

140 Vgl.: Stevenson, Ian: *Reinkarnationsbeweise – Geburtsnarben und Muttermale belegen die wiederholten Erdenleben des Menschen*, Grafing 2011, S. 116f.

141 Ebenda, S. 341ff.

142 Ebenda, S. 86 – 10.

143 Ebenda, S. 35 – 50.

144 Ebenda, S. 342f.

145 Ebenda, S. 344: »Solche spontanen Wiedererkennungen erfolgten z. B. in den Fällen Gnanatilleka, Imad, Sorliss Chotkin jun. und Swarnlata.«

146 Es sei hier auf die umfangreiche Bearbeitung der Frage bei Stevenson: *Reinkarnation*, S. 352 – 375 verwiesen.

147 Stevenson: *Reinkarnation*, S. 377. Vgl. hierzu auch: Hyslop, James H.: *A Case of Veridical Hallucinations*. In: *Proc. A.S.P.R.*; Bd. 3 1909, S. 1 – 469 bzw. Hyslop, James H.: *Contact with the Other World*, New York 1919.

148 Ebenda, S. 377f.

149 Siehe: Steiger, Brad: *You will live again*; Grass Valley, 1996; Zit. in: Hardo, Trutz: *Wiedergeburt – Die Beweise und die Bedeutung für unser Bewusstsein*; Güllesheim 2017.

150 Vgl.: Brown, Rick: *The Reincarnation of James – The Submarine Man*, Glendora, CA, USA 1989; Brown, Rick: *The Reincarnation of James, the Submarine Man*. In: *The Journal of Regression Therapy*, Vol. 1, No. 1 Dec. 1991, S. 62 – 71. Zusätzlich verwendet wurde die Zusammenfassung von Hassler, Dieter: *Geh zurück in eine Zeit... – Indizienbeweise für ein Leben nach dem Tod und die Wiedergeburt*, Band 2a, S. 318 – 337.

151 Fernsehserie *Unsolved Mysteries*: http://unsolved.com/gallery/submarine-reincarnation/

152 Verstecktes Wissen (x): 1, 2, 3, 6, 7, 9, 12, 13, 14, 15, 16, 17, 18, 21, 22, 28, 29, 30, 31, 32, 33, 34, 35, 36, 40, 41. Vgl.: Hassler, Dieter: *Geh zurück in die Zeit... – Indizienbeweise für ein Leben nach dem Tod und die Wiedergeburt*, Band 2a, S. 325.

153 Jameison, Bryan: *The Search for Past Lives – Exploring Reincarnation's Mysteries – The Amazing Healing Power of Past Lives Therapy*; San Diego 2002, S. 152.

154 Weiss, Brian L.: Heilung *durch Reinkarnationstherapie – Ganzwerdung durch die Erfahrung früherer Leben*, München 1995, S. 165.

155 Vgl.: Masayuki, Ohkado; Satoshi, Okamoto: *A Case of Xenoglossy Under Hypnosis*. In: *Edgescience*, 17, S. 7 – 12; Zitat entnommen aus Hassler, Dieter: *Geh zurück in eine Zeit... – Indizienbeweise für ein Leben nach dem Tod und die Wiedergeburt*, Band 2b, S. 542.

156 Vgl.: Whitton, Joel L.: Xenoglossia: A Subject with Two Possible Instances. In: New Horizons, 2(4), S 18 – 26 und Hassler, Dieter: Geh zurück in eine Zeit – Indizienbeweise für ein Leben nach dem Tod und die Wiedergeburt, Band 2b, S. 573.

157 Vgl.: Stevenson, Ian: *Unlearned Language – New Studies in Xenoglossy*, Charlotteville 1984, S.73.

158 Vgl.: Stevenson, Ian: *Xenoglossy – A Review and Report of a Case*. In *University Press of Virginia*, Charlotteville 1974, S. 5, oder: *Vol 31 of Proceedings of the American Society for Psychical Research*.

159 Vgl.: Wambach, Helen Steward: *Seelenwanderung – Wiedergeburt durch Hypnose*, München 1978, S. 97.

160 Interview von Jochen Bendele mit Bernard Jakoby in der KLEINEN ZEITUNG vom 1. 11. 2017, S. 6f.

161 Vgl.: Cummins, Geraldine: *The Road to Immortality*; Guildford 2012 (Die Originalausgabe stammt aus dem Jahre 1932.)

162 Pawlowski, F. W.: *Die Mediumschaft des Franek Kluski*. In: *Zeitschrift für Parapsychologie*, Leipzig 1926, S. 5 – 22.
163 Geley, Gustave: *L'Ectoplasmie et la Clairvoyance*, Paris 1924.
164 Dies sind Platten, die mit einer phosphoriszierenden Farbe bestrichen sind. Sie werden vor der Sitzung mit einen sehr hellen Licht »aufgeladen«.
165 Pawlowsky, F. W.: *Die Mediumschaft des Franek Kluski*. In: *Zeitschrift für Parapsychologie*, Leipzig 1926, S. 19ff.
166 Ebenda, S. 12ff.
167 Ebenda, S. 15f.
168 Ebenda.
169 Mattiesen, Emil: *Das persönliche Überleben des Todes – Eine Darstellung der Erfahrungsweise*, Band 3; Berlin 1968, S. 281.
170 Vgl.: www.de.wiki.org/wiki/Parapsychologie (30. 1. 2012).
171 Pawlowsky, F. W.: *Die Mediumschaft des Franek Kluski*. In: *Zeitschrift für Parapsychologie*, Leipzig 1926, S. 21.
172 Müller, Karl H.: *Informationen aus dem Jenseits – Eine Studie über mediale Mitteilungen*, Bietingheim 1963; zit in: Imhof, Beat: *Wie im Himmel so auf Erden – Wie das Leben als Mensch das Leben im Jenseits bestimmt*, S. 43.
173 Vgl.: Hassler, Dieter: *Indizienbeweise für ein Leben nach dem Tod und die Wiedergeburt*, Band 2b; Aachen 2015, S. 548ff.
174 Hassler, Dieter: *Indizienbeweise für das Leben nach dem Tod und die Wiedergeburt*, Band 2b, S. 549.
175 Vgl.: Hardo Trutz: *Das große Karmabuch – Wiedergeburt und Heilung*, Güllesheim 2004, S. 283, bzw. Hassler, Dieter: *Geh zurück in eine Zeit... – Indizienbeweise für ein Leben nach dem Tod und die Wiedergeburt*, S. 550.
176 Russel, Bertrand: *A free man's worship* (1903). In: *Mysticism and Logic*, New York, London 1918.
177 Marcuse, Ludwig: *Philosophie des Un-Glücks*, Zürich 1981, S. 233.

Michel Nahm
Wenn die Dunkelheit ein Ende findet
Terminale Geistesklarheit und andere
ungewöhnliche Phänomene in Todesnähe

Dieses Buch ist die erste umfassende Studie
über eines der geheimnisvollsten Phänomene
der Seele – die Terminale Geistesklarheit.

Es beschreibt die Erfahrung mit Menschen,
die Jahre- oder Jahrzehntelang im Koma lagen
oder unter nahezu vollständiger, irreparabler
Gehirnschädigung litten, bis sich kurz vor ihrem Tod etwas Unglaubliches ereignet.
Plötzlich, nach schier endloser geistiger Um-
nachtung, setzen sich diese Menschen auf, sind geistig völlig klar, gewinnen
ihre alten harmonischen Gesichtszüge zurück und richten an die völlig ver-
blüfften Verwandten oder Familienmitglieder eine letzte Botschaft mit wichtigen persönlichen Nachrichten. Dann legen sie sich entspannt und offenbar
ganz mit sich im Reinen zurück – und verlassen ihre physische Hülle.
Dr. Michael Nahm beschreibt die beeindruckendsten Fälle von „Terminaler
Geistesklarheit" und versucht eine erste Erklärung für eines der ungewöhn-
lichsten und bisher kaum erforschten Gebiete der modernen Geisteswissen-
schaft. So entsteht ein einzigartiges Dokument über die Macht des Geistes
über die Materie.
Am Ende eines langen und oft leidvollen Lebensweges zeigt sich, dass auch die
längste Dunkelheit einst ihr Ende nimmt.
An der Schwelle zu einer höheren Welt leuchtet erneut das LICHT auf!

ISBN: 978-3-86191-024-4

Larry Dossey
One Mind
Alles ist mit allem verbun-
den

Larry Dossey ist seit Jahrzehnten einer der wichtigsten Vordenker für ein neues
Bewusstsein. Er hat bahn-
brechende Arbeiten über
den Einfluss von Gedanken
auf Heilungsprozesse bei
Krankheiten verfasst. Er
gilt als entscheidender Brü-

ckenbauer zwischen der Avantgarde der modernen Naturwissenschaft und den spirituellen Traditionen der Welt.
Mit ONE MIND legt er seine große Gesamtschau über die
verschiedenen Erkenntniswege der Menschheit dar und
enthüllt auf beeindruckende Weise, dass hinter allen Phänomenen und Ereignissen EIN BEWUSSTSEIN waltet. Alles
ist mit allem verbunden; und nur wer die innere Vernetzt-
heit und Verwobenheit des Lebens versteht, vermag den
tieferen SINN hinter allen Geschehnissen zu entdecken!
Das Schlüsselwerk zum Verständnis des kommenden großen Bewusstseinswandels!

ISBN: 978-3-86191-051-0

One Mind

Bernard Haisch
Warum Gott nicht würfelt
Geist, Kosmos und Physik

In der Anfangszeit der Quantenphysik gab es
heftige Diskussionen um eine „kausale Interpretation" der beobachteten Phänomene. Dies
führte zu der berühmten Aussage Einsteins:
„Gott würfelt nicht." Lange Zeit hatte es den
Anschein, als ob Einstein sich geirrt hätte. Inzwischen kommen immer mehr Physiker zu der
Überzeugung, die James Jeans schon vor einem
Dreivierteljahrhundert zum Ausdruck gebracht
hat, dass hinter allen Geschehnissen eine ver-
borgene Intelligenz wirken muss, weshalb das
Universum keinesfalls eine gigantische Maschi-
ne, sondern weit eher eine geistige Wirklichkeit ist. Bernard
Haisch gelangt als renommierter Astrophysiker des 21. Jahr-
hunderts zu eben dieser Einsicht, welche bereits die großen
spirituell ausgerichteten Physiker der ersten Hälfte des 20.
Jahrhunderts vertraten.
Eine brillante Synthese von moderner Physik und Technologie,
die vom Nullpunktfeld bis zum Urknall alle aktuellen Forschungsergebnisse behandelt und aufzeigt, warum hinter der
Schöpfung ein verborgener SINN liegt!

ISBN: 978-3-86191-054-1